工程测量学

李朝奎 李爱国 刘正才
于红波 张兴福 魏德宏 编著

中南大学出版社
www.csupress.com.cn

图书在版编目(CIP)数据

工程测量学/李朝奎,李爱国,刘正才等编著. —长沙:中南大学出版社,2009

高等学校土木工程专业"十二五"规划教材

ISBN 978-7-81105-870-3

Ⅰ.工... Ⅱ.①李...②李...③刘... Ⅲ.工程测量 – 高等学校 – 教材 Ⅳ.TB22

中国版本图书馆 CIP 数据核字(2009)第 198135 号

工 程 测 量 学

(第2版)

李朝奎　李爱国　刘正才　编著
于红波　张兴福　魏德宏

□责任编辑　　刘　辉

□责任印制　　易红卫

□出版发行　　中南大学出版社

　　　　　　　社址:长沙市麓山南路　　　　邮编:410083

　　　　　　　发行科电话:0731-88876770　　传真:0731-88710482

□印　　装　　长沙德三印刷有限公司

□开　　本　　787×1092 1/16　□印张 17.25　□字数 436 千字

□版　　次　　2011 年 12 月第 2 版　□2016 年 11 月第 3 次印刷

□书　　号　　**ISBN 978 – 7 – 81105 – 870 – 3**

□定　　价　　**36.00 元**

高等学校土木工程专业"十二五"规划教材编审委员会

出版说明

————— ••••••

　　为了适应培养21世纪复合型、应用型创新人才培养的需要，结合我国高等学校教学的现状，立足培养学生能跟上国际经济的发展水平，按照教育部最新制定的教学大纲，遵循"学科属性及好教好学"原则，中南大学出版社组织专家教授编写了这套《高等学校土木工程专业"十二五"规划教材》。

　　土木工程专业作为我国高等学校的专业设置仅十年之久，它是我国高等教育专业设置调整后的一个新兴专业，土木工程专业与建筑工程、交通土建和岩土工程等传统专业相比，在培养目标、教学内容和教学方法上都有较大的区别，以"厚基础、宽口径、强能力"作为学生培养目标，理论阐述以"必需、够用"为原则，侧重定性分析和实际工程应用。

　　鉴于我国行业技术标准和规范不统一的现状，大部分高校将土木工程专业分为几个专业方向或课程群组织教学，本套教材是在调查十几所高校多年教学实践的基础上进行编写，编委会成员均为长期从事专业教学的资深教师，具有丰富的教学经验和科研水平。本套教材具有以下特点：

1. 以理论"必需、够用"为原则，以工程实际应用为重点

　　改变了过于注重知训传授和科学体系严密性的传统教学思想，注重应用型人才培养的特点，结合现行的人才培养计划，做到理论阐述以"必需、够用"为原则，侧重定性分析及其在工程中的应用，充分利用多媒体教学的特点，扩充工程信息量，培养学生的工程概念。

2. 注重培养对象终身发展的需要

　　土木工程领域范围广，行业标准多，本教材注重专业基础理论与规范的关系，重点阐述规范编制的基本理论、方法和原则，适当介绍土木工程领域的新知识、新技术及其发展趋势，以适应学生今后职业生涯发展的需要。

3. 文字教材和多媒体教学相结合

　　随着多媒体教学的发展和应用，综合多媒体教学在教学中的优势，提高教学效率，在编写文字教材的同时，配套编写多媒体教案和相关计算软件，使学生适应现代计算技术的发展和提高学生自我训练的能力。

4. 编写严谨规范，语言通俗易懂

　　根据我国土木工程最新设计与施工规范、规程和技术标准编写，体现了当前我国土木工程施工技术与管理水平，内容精练、叙述严谨。采取逻辑关系严谨、循序渐进的编写思路，深入浅出，图文并茂，文字表达通俗易懂。

　　希望本系列教材的出版，能促进土木工程专业的教材建设，为培养符合市场需要的高水平人才起到积极推动作用。

内 容 简 介

　　本书主要面向高等院校的土木、矿业、水利、国土及交通等领域的相关专业开设的专业基础课程。全书共分 13 章：第 1 章至第 5 章主要介绍工程测量学的基本原理和方法，包括水准测量、角度测量、距离测量及测量误差的基础知识。第 6 章介绍控制测量。第 7 章介绍地形图的基本知识及传统测绘方法。第 8 章介绍数字测图。第 9 章至第 12 章分别介绍道路与桥梁工程测量、建筑工程测量、水利工程测量、地下工程测量。第 13 章介绍变形观测的理论与方法。本书侧重基本概念与方法，强调典型工程案例分析。为便于学生掌握和加深理解课程内容，每一章均提供了学习指导和练习题。

　　本书也可作为测绘专业的通识教材，同时可供相关专业的生产技术人员参考。

前　言

　　测量学是一门古老的科学。随着科学技术的发展和社会的进步，工程测量学逐渐从普通的测量学中分离，并成为一门相对独立的学科，其主要目的是为各种工程建设进行测量和测设工作，并提供空间位置信息。由于不同领域的工程各有其特点，因此工程测量的方法也就各有千秋。

　　从工程的角度审视，常见的工程有建筑工程、道路（含公路与铁路）工程、桥梁与隧道工程、港口工程、国土资源工程、水利工程、地下工程、电力工程、大型机电安装工程以及海洋工程等。因此，在同一本教材中同时介绍各类典型工程的测量方法，对于学生面向社会，应对职业变化具有一定的实用性和灵活性。

　　从应用的角度看，工程测量是一门服务性技术。除了其本身的理论与技术体系外，主要面向广泛的工程应用，为工程建设服务。因此，学生必须具备扎实的测量理论基础，同时还应具备一定的工程知识背景。有鉴于此，本教材第 1 章至第 6 章主要介绍测量学的基本知识，包括水准测量、角度测量和距离测量的基本原理和方法，以及测量误差的基础知识，并在此基础上介绍了控制测量的基本理论与方法。第 7 章至第 12 章介绍几个典型领域的工程测量应用。教师可以根据学生的专业特点选择几个应用领域的工程测量内容进行讲授，旨在扩大学生视野，同时培养学生的举一反三能力。

　　本书侧重工程测量的基本原理与技术方法的理解和掌握，强调典型工程案例分析。为了满足教学的需要，便于学生掌握和理解课程内容，每一章均提供了学习指导和练习题。

　　本书由李朝奎教授（编写第 6 章、编写第 13 章）、李爱国副教授（编写第 3 章、第 4 章、第 10 章）、张兴福博士（编写第 11 章）、魏德宏讲师（编写第 8 章）、刘正才教授（编写第 5 章）、王唤良教授（编写第 1 章、第 2 章）、于红波老师（编写第 9 章、第 12 章）联合编写，由李朝奎教授统稿和主审。

本书在编写和修订过程中得到了杨命青老师、张金平老师、舒清海老师、研究生郑拴宁等的大力支持，在此一并表示感谢，同时对书中的引文作者表示衷心感谢。

由于水平有限，书中定存在不当和错漏之处，恳请广大读者批评指正！

编　者

目 录

第1章 绪 论

【学习指导】 了解工程测量的研究内容和任务，理解地球形状和大小的概念及研究方法。掌握测量常用坐标系统即地球表面点位置的确定方法及测量原理。了解用平面代替水准面的限度。

1.1 概 述

工程测量学是以测量学为基本理论，研究各种工程在规划设计、施工放样、竣工验收和运营中测量的理论和方法。

测量学是研究地球的形状、大小和确定地球表面（包括空中、地表、地下和海洋等）对象的空间位置，以及对这些空间位置信息进行处理、存储、管理的基础科学。

测量学的基本内容包括测绘和测设。测绘是指使用各种测量仪器和工具，通过观测、计算，得到一系列测量数据，并将地球表面地物地貌缩小绘制成地形图供人们使用。测设是指将图纸上规划设计好的建（构）筑物或特定的位置在地面上经过测量工作标定出来，作为施工的依据，它是测绘的逆过程。

1.1.1 工程测量学的研究内容

工程测量学是测量学科的一个分支，测量学科按照研究范围和对象的不同，可分为以下几个分支学科。

大地测量学：凡研究对象为地表上一个较大的区域甚至整个地球时，就必须考虑地球的曲率影响。这种以研究广大地区为对象的测量科学是大地测量学的范畴。大地测量学又可分为卫星大地测量、空间大地测量、几何大地测量（空间大地测量与几何大地测量又称为天文大地测量）、重力大地测量、海洋大地测量等。大地测量主要研究地球的形状与大小（精化水准面）；地球的整体运动（地球的自转和极移等）；地球的局部运动（板块运动和区域性地壳形变等），为地球表面（包括陆地和海洋）进行地表及地物测量提供定位控制。

普通测量学：研究地球表面小范围测绘的基本理论、技术和方法，不考虑地球曲率的影响。把地球局部表面当作平面看待，是测量学的基础。内容主要包括图根控制网的建立、地形图测绘及一般工程测量。

摄影测量与遥感学：摄影测量与遥感是指通过对研究对象进行摄影或者辐射感应所得到的相片（模拟的和数字的）进行测量工作的科学。摄影测量与遥感又可分为航天摄影测量、航空摄影测量、地面立体摄影测量、遥感测量等。

海洋测量学：海洋测量学是研究以海洋水体和海底为对象所进行的测量和海图编制理论与方法的学科，主要包括海道测量、海洋大地测量、海底地形测量、海洋专题测量以及航海图、海底地形图、各种海洋专题图和海洋图集等图的编制。

工程测量学：工程测量学是研究在工程建设和自然资源开发各个阶段进行测量工作的理

论和技术的学科，它是测量学在国民经济和国防建设中的直接应用。对工程项目而言，工程测量可划分为规划设计阶段的测量、施工建设阶段的测量和运营管理阶段的测量。每个阶段测量工作的重点和要求各不相同。规划设计阶段的测量，主要是提供地形资料和配合地质勘探、水文测验所进行测量工作；施工建设阶段的测量，主要是按照设计要求，在实地准确地标定出工程结构各部分的平面位置和高程，作为施工和安装的依据；运营管理阶段的测量，是指工程竣工后为监视工程的状况和保证安全所进行的周期性重复测量，即变形观测。

地图制图学与地理信息工程：地图制图学是研究模拟地图和数字地图的基础理论、地图设计、地图编绘和制印的技术方法及其应用的学科。传统地图制图学的研究内容包括：地图投影，即研究如何将地球椭球球面上的内容描绘在地图平面上；地图编绘及设计，即制图资料的分析和处理，也就是如何将数据以地图的方式进行表达及制定新编地图的内容、表现形式及其生产工艺程序；地图制印，即研究复制和印刷地图过程中的各种工艺；地图应用，即研究地图分析、地图评价、地图阅读、地图量算和图上作业等。地理信息系统（Geographic Information System，简称 GIS）是在计算机软件和硬件支持下，把各种地理信息按照空间分布及属性以一定格式输入、存储、检索、更新、显示、制图和综合分析应用的技术系统。地理信息工程注重于将地理信息技术应用于实际工作中，地理信息工程侧重于地理信息系统技术的工程实际应用。

本教材以普通测量学为理论基础，着重讲述各种工程中测量工作的基本原理和方法。

1.1.2 工程测量学的主要任务

1. 研究地形图测绘的理论和方法

地形图是工程勘察、规划、设计的依据。工程测量研究确定地球表面局部区域建（构）筑物、天然地物和地貌、地面起伏形态的空间三维坐标的原理和方法。研究局部地区地图投影理论，以及将测量资料按比例绘制成地形图或电子地图的原理和方法。

2. 掌握测量仪器设备的原理、使用方法

先进仪器设备的使用促进着测量事业的发展，提高生产效益和减少劳动强度，提高测量精度。

3. 研究地形图上工程规划、设计的基本原理和方法

工程测量研究在地形图上进行土地平整、土方计算、道路选线、房屋设计和区域规划的基本原理和方法。

4. 研究建（构）筑物施工放样、建筑质量检验的技术和方法

施工放样测量是工程施工的依据。工程测量研究如何将规划设计在图纸上的建（构）筑物准确地标定和放样在地面上；研究施工过程及大型金属结构物安装的监测技术，以保证施工质量和生产安全。

5. 大型建筑物安全运营和变形监测

在大型建筑物施工过程和竣工后，为确保建筑物的使用安全，应对建筑物进行位移和变形监测。

1.1.3 工程测量学在工程建设中的应用

在土木工程建设的勘测设计、施工建设和运营管理各个阶段，都需要用到测量的基本知识和技术，测量工作贯穿于工程建设的全过程。在城乡建设规划、国土资源利用、环境保护等工作中，必须进行土地测量和测绘各种地图，供规划和管理使用。在地质勘探、矿产开发、水利、交通等建设中，必须进行控制测量、矿山测量、路线测量和绘制地形图，供地质普查和各种建筑物设计施工用。在军事上需要军用地图，供行军、作战用，还要有精确的地心坐标和地球重力场数据，以确保远程武器精确命中目标。

例如，工程测量学在土木工程建设的应用分下面几个阶段。

1. 勘测设计阶段

每项工程建设都必须按照自然条件和预期目的进行规划设计。在这个阶段中的测量工作，主要是测绘各种比例尺的地形图，另外还要为工程、水文地质勘探以及水文测验等进行测量。对于重要工程(如某些大型特种工程)或地质条件不良地区(如膨胀土地区)的工程建设，则还要对地层的稳定性进行观测。

以长江三峡水利枢纽工程为例进行说明。该工程规模之大、技术之复杂、综合效益之显著、历时之久都堪称世界之最。大坝总长 2 309.47 m，最大坝高 181 m，总混凝土工程量约 1 600 万 m³，库容 393 亿 m³，装机 26 台，总功率 1 820 万 kW；永久船闸是目前世界上规模最大、水头最高的双线连续 5 级船闸，年单向通过能力为 5 000 万 t，船闸人工边坡的最大坡高达 170 m，茅坪溪防护坝顶长 1 062 m，最大坝高 104 m。

对于像三峡水利枢纽工程这样的超级大型建筑物，规划设计阶段的测量历时长达数年或更长，除了大坝选址需要做许多测量供方案比选外，还要做几千公里的水库淹没调查与测量，计算不同设计坝高下的库容、淹没面积、搬迁人口等，并要进行河道比降、纵断面、横断面测量，流速、流量、水深等水文测量，区域和局部的地质测量。对大坝选址的比选区和库区的不良地质区段，还要作地表变形监测，所测绘的各种比例尺的地形图、地质图、水文图以及其他调查与测量资料，是工程各类设计的基础。

2. 施工建设阶段

工程建设的设计经过论证、审查和批准之后，即进入施工阶段。这时，首先要根据工地的地形、地质情况、工程性质及施工组织计划等，建立施工测量控制网；然后，再按照施工的要求，采用不同的方法，将图纸上所设计的抽象几何实体在现场标定出来，使之成为具体几何实体，这就是常说的施工放样。施工放样的工作量很大，是施工建设阶段最主要的测量工作。施工期间还要进行施工质量控制，对于施工测量来说，主要是几何尺寸的控制，例如高耸建筑物的竖直度、曲线、曲面型建筑的形态、隧道工程的断面等。为了监测工程进度，测绘人员要作土石方量测量，还要进行竣工测量，变形测量以及设备的安装测量等。其中，机器和设备的安装往往需要达到计量级精度，为此，需要研究专门的测量方法并研制专用的测量仪器和工具。施工中的各种测量是施工管理的耳目，工程质量、工程加固措施的制定乃至施工设计的部分改变都需要测量提供实时、可靠的数据。在工程进行的中后期，需要做竣工测量，并绘制竣工图。

三峡水利枢纽工程从大坝建设及坝区交通布设、导流围堰施工、大坝基础开挖，厂房、溢洪闸、船闸、副坝施工，至后勤管理及生活区建设，无不需要经常进行繁杂的施工测量工作。起重机、闸门、水轮机发电机组以及升船机等大型机器设备的安装、调校，都需要精密工程测量来保障。每天的挖填土石方、浇筑混凝土都需要准确地测量计算；在施工建设阶段，为全面、准确地掌握工程各建筑物(含基础与边坡岩体)及近坝区岸坡在施工、蓄水过程中的形状变化和安全状态，要建立三峡工程安全监测系统，并包含高边坡、建筑物及基础两大部分的各种变形监测，以及近坝区地壳形变监测与滑坡监测。外部要布设变形监测网，在重要部位布置变形监测目标点，进行周期性的观测。内部布设纵横交错的多层观测廊道，安置包括测量水平位移、垂直位移、坝体挠度、坝基倾斜、接缝和裂缝开合度的各种仪器和传感器成千上万。

3. 运营管理阶段

在工程建筑物运营期间，为了监视工程的安全和稳定情况，了解设计是否合理，验证设计理论是否正确，需要定期对工程的动态变形，如水平位移、沉陷、倾斜、裂缝以及震动、摆动等进行监测，即通常所说的变形观测。为了保证大型机器设备的安全运行，要进行经常性检测和调校。为了对工程进行有效的维护和管理，要建立变形监测系统和工程管理信息系统。

对于土建工程技术人员，测量是一门必须掌握的基本技能。学习完本门课程之后，要求掌握测量学的基本理论和知识；能正确使用测绘仪器，完成一般工程测量工作；掌握大比例地形图的测绘方法；掌握地形图的应用知识；了解土木建筑工程项目各过程中测量工作的内容，并具备运用工程测量知识管理土建工程的建设与运营过程的初步能力；同时对现代测绘与更广义的工程测量学有一定的了解。

1.2　地球几何特征和地面点位确定

1.2.1　地球的形状和大小

测量工作是在地球表面进行的，而地球自然表面很不规则，有高山、丘陵、平原和海洋，世界第一高峰珠穆朗玛峰高出海平面 8 844.43 m，而在太平洋西部的马里亚纳海沟低于海平面达 11 022 m。尽管有这样大的高低起伏，但相对于地球半径(约 6 371 km)来说仍可忽略不计。又因为地球表面海洋面积约占 71%，陆地面积约占 29%，因此，测量中把地球总体形状看作是由静止的海水面向陆地延伸所包围的球体。

由于地球的自转运动，地球上任意一点都要受到离心力和地球引力的双重作用，这两个力的合力称为重力，重力的方向线称为铅垂线(图 1-1)。铅垂线是测量工作的基准线。自由、静止的水面称为水准面，水准面是受地球重力的影响而形成的，是一个处处与重力方向垂直的连续曲面，并且是一个重力场的等位面。任一点与水准面相切的平面称为水平面。水准面可高可低，因此符合以上特点的水准面有无数多个，其中与平均海水面吻合并向大陆、岛屿延伸而形成的闭合曲面，称为大地水准面。大地水准面是测量工作的基准面。由大地水准面包围的地球形体，称为大地体。

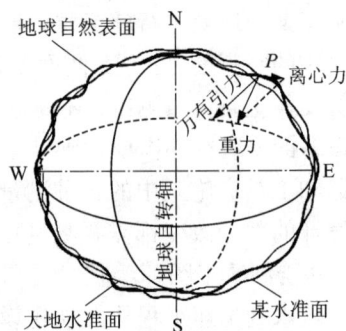

图 1-1　地球重力线

大地水准面和铅垂线是测量作业所依据的基准面和基准线。用大地体表示地球形体是恰当的，但由于地球内部质量分布不均匀，引起铅垂线的方向产生不规则的变化，致使大地水准面是一个复杂的曲面（如图 1 - 2），而无法在这曲面上进行测量数据处理。为了使用方便，通常用一个非常接近于大地水准面，并可用数学式表达的几何形体（即地球椭球）的表面来代替地球的形状（如图 1 - 3），作为测量计算工作的基准面。地球椭球是一个椭圆绕其短轴旋转而成的形体，故地球椭球又称为旋转椭球。旋转椭球体的形状和大小是由其基本元素决定的。椭球的基本元素是：长半轴 a、短半轴 b 和扁率 $\alpha = \dfrac{a-b}{a}$。测量中，取一个与大地体最为接近的旋转椭球作为地球的参考形状和大小，即确定一个参考椭球近似代替大地体。我国 1980 年国家大地坐标系采用了 1975 年国际椭球，该参考椭球的基本元素是：$a = 6\ 378\ 140$ m，$b = 6\ 356\ 755.3$ m，$\alpha = 1/298.257$。

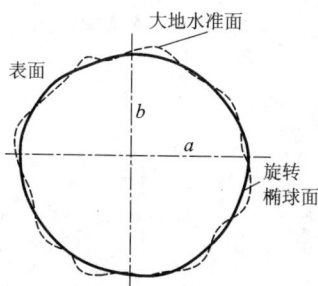

图 1 - 2　大地水准面

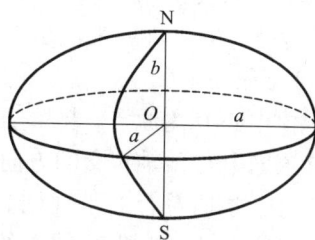

图 1 - 3　地球旋转椭球

根据一定的条件确定参考椭球与大地体之间的相对位置关系，使得参考椭球面与大地水准面之间拟合最好，也就是两个曲面之间的差距尽量最小，这样的工作称为参考椭球体的定位。在椭球定位的工作中，要确定大地原点，以大地原点为基础建立用来确定地面点位置的空间坐标系。我国的大地原点位于陕西泾阳县永乐镇，以此建立的坐标系称为"1980 年国家大地坐标系"。

由于参考椭球体的扁率很小，当测区不大时，可将地球当作圆球看待，其半径近似值为 6 371 km。

1.2.2　地面点位的确定

测量工作的基本任务是在测绘和测设工作中确定地面点的位置，为此，需要建立测量坐标系。一个点在现实三维空间中的位置，需要三个量来表示。在一般测量工作中，使用一个二维坐标系（球面坐标系）与一个一维坐标系的组合来表示这个点位在三维空间中的位置，例如，常将地面点的空间位置用经、纬度和高程表示，它们分别从属于地理坐标系和指定的高程系统。由于卫星大地测量的迅速发展，地面点的空间位置也可采用三维空间直角坐标表示。

1. 大地坐标系

在大地坐标系中，为了确定地面上一点 P 在地球表面上的二维空间位置，可用大地经度 L 和大地纬度 B 来表示。大地坐标系是以参考椭球面作为基准面，以法线为基准线，以起始子午面（即通过格林尼治天文台的子午面）和赤道面作为在椭球面上确定某一点投影位置的两个参考面。

过地面某点的子午面与起始子午面之间的夹角，称为该点的大地经度，用 L 表示（图 1-4）。规定从起始子午面起算，向东为正，由 0°至 180°称为东经；向西为负，由 0°至 180°称为西经。

过地面某点的椭球面法线 Pp 与赤道面的交角，称为该点的大地纬度，用 B 表示。规定从赤道面起算，由赤道面向北为正，由 0°至 90°称为北纬；由赤道面向南为负，由 0°至 90°称为南纬。

P 点的大地经度、纬度，可由天文观测方法测得 P 点的天文经度、纬度（λ，ϕ）再利用 P 点的法线与铅垂线的相对关系（称为垂线偏差）改算为大地经度、纬度（L，B）。在一般测量工作中，可以不考虑这种变化。

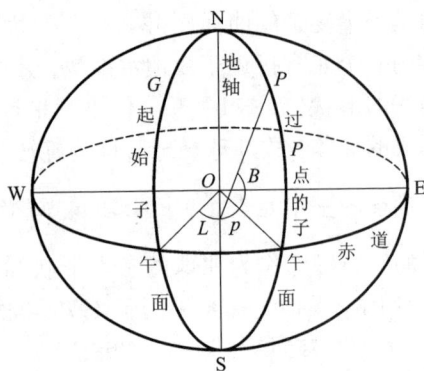

图 1-4　大地坐标

2. 空间直角坐标系

以椭球体中心 O 为原点，起始子午面与赤道面交线为 X 轴，赤道面上与 X 轴正交的方向为 Y 轴，椭球体的旋转轴为 Z 轴，指向符合右手规则。在该坐标系中，P 点的点位用 OP 在这三个坐标轴上的投影 x，y，z 表示（图 1-5）。

3. 独立平面直角坐标系

大地水准面虽是曲面，但当测量区域较小时（如半径不大于 10 km 的范围），常把球面投影面看作水平面，这样地面点在投影面上的位置就可以用平面直角坐标来确定。测量工作中采用的平面直角坐标系如图 1-6（a）所示。规定：纵轴为 x 轴，向上为正，一般指向北方；横轴为 y 轴，向右为正，一般指向东方。坐标原点有时是假设的，假设原点的位置应尽量使测区点的 x，y 值为正。另外，在某些情况下，也可以使 x 轴不指向正北方向而指向特定方向。

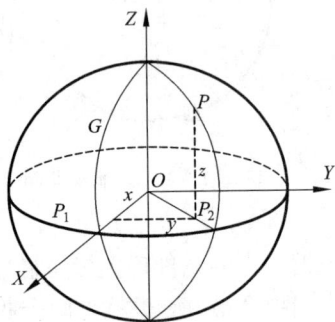

图 1-5　空间直角坐标系

测量平面直角坐标系与数学平面直角坐标系［如图 1-6（b）］的区别在于：第一，坐标轴互换，测量平面直角坐标系中的 x，y 坐标轴与数学平面直角坐标系中的 x，y 坐标轴位置互换；第二，象限顺序相反，测量平面直角坐标系中的象限顺序为顺时针，而数学平面直角坐标系中象限顺序为逆时钟。

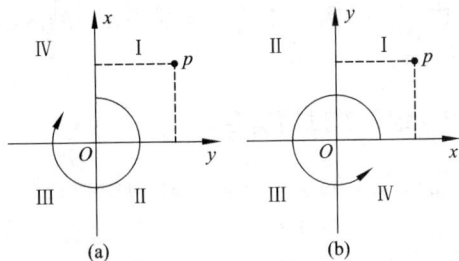

图 1-6

（a）测量学中平面直角坐标系；

（b）数学中平面直角坐标系

在测量平面直角坐标系中，角度的起始方向为指向北方的 x 轴正方向，这是因为北方向容易确定。测量中的方位角以北方向为起始方向，并且角度测量时一般为顺时针测量。但是由于两种坐标系中坐标轴与象限顺序刚好都相反，因此，三角函数在两者中的应用完全相同。

4. 高斯平面直角坐标系

(1) 高斯投影

高斯平面直角坐标系采用高斯投影方法建立。高斯投影是由德国测量学家高斯于 1825—1830 年首先提出，到 1912 年由德国测量学家克吕格推导出实用的坐标投影公式，所以又称高斯－克吕格投影。

如图 1-7 所示，设想有一个椭圆柱面横套在地球椭球体外面，使它与椭球上某一子午线（该子午线称为中央子午线）相切，椭圆柱的中心轴通过椭球体中心，然后用一定的投影方法，将中央子午线两侧各一定经差范围内的地区投影到椭圆柱面上，再将此柱面展开即成为投影面。故高斯投影又称横轴椭圆柱投影。

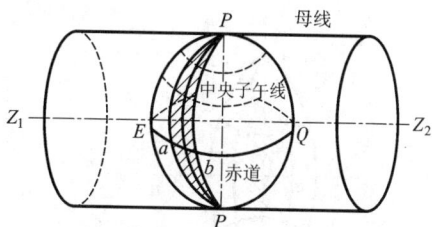

图 1-7 高斯投影面直角坐标系

(2) 投影带

高斯投影中，除中央子午线外，各处均存在长度变形，且距中央子午线越远，长度变形越大。为了控制长度变形，将地球椭球面按一定的精度差，分成若干范围不大的带，称为投影带。带宽一般分为经差 6°，3°，分别称为 6° 带、3° 带，将投影后展在高斯平面直角坐标系的 6° 带、3° 带一个个拼接起来，便得到图 1-8 所示的图形。

① 6° 带：从 0° 子午线开始，每隔经差 6° 自西向东分带，依次编号 1，2，3，…，60，各带的中间子午线称为中央子午线。带号 N 与相应的中央子午线经度 L_0 的关系是：

$$L_0 = 6N - 3 \tag{1-1}$$

② 3° 带：以 6° 带的中央子午线和分界子午线为其中央子午线，即自东经 1.5° 子午线起，每隔经差 3° 自西向东分带，依次编号 1，2，3，…，120，带号 n 与相应的中央子午线经度 l_0 的关系是：

$$l_0 = 3n \tag{1-2}$$

通常，3° 分带用于大于 1:2.5 万比例尺地图，6° 分带用于 1:2.5 万～1:50 万比例尺地图。

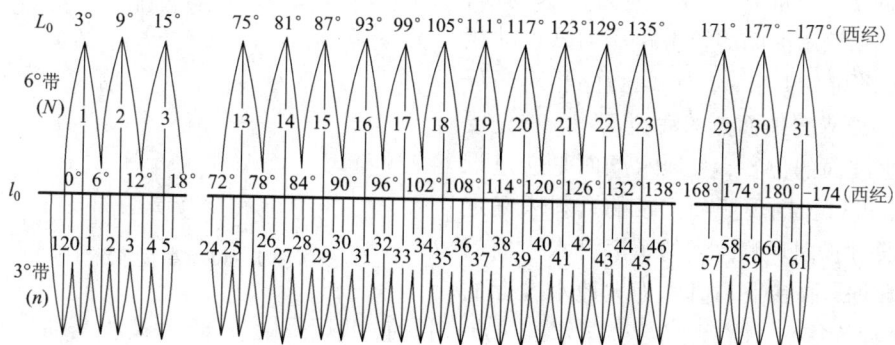

图 1-8 高斯投影带

中国版图处在东经 74°～135°，北纬 3°～54° 范围内，因此 3° 分带的带号在 25～45 带，6° 分带的带号在 13～23 带。

(3)高斯平面直角坐标系

在投影面上,中央子午线和赤道的投影都是直线。以中央子午线和赤道的交点 O 作为坐标原点,以中央子午线的投影为纵坐标轴 x,规定 x 轴向北为正;以赤道的投影为横坐标轴 y,y 轴向东为正,这样便形成了高斯平面直角坐标系(如图1-9)。

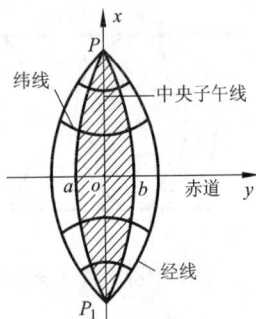

图1-9 高斯平面直角坐标系

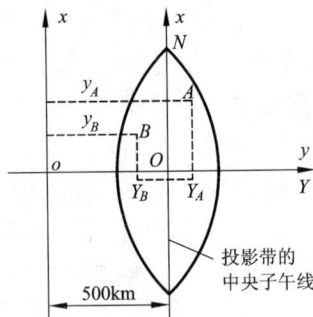

图1-10 国家统一坐标系

由于我国位于北半球,x 坐标均为正值,而 y 坐标值有正有负。为避免 y 出现负值,规定将 x 坐标轴向西平移500 km,即所有点的 x 坐标值均加上500 km(如图1-10)。此外为了便于区别某点位于哪一个投影带内,还应在横坐标值前冠以投影带号,这种坐标称为国家统一坐标。

例如,P 点的高斯平面直角坐标 $x_p = 3\,275\,611.188$ m;$y_p = -376\,543.211$ m,若该点位于第19带内,则 P 点的国家统一坐标表示为 $x_p = 275\,611.188$ m;$y_p = 19\,123\,456.789$ m。

5. 高程系统

地面点到大地水准面的铅垂距离称为该点的绝对高程或称海拔,简称高程,用 H 表示,如图1-11中,A,B 两点的绝对高程分别为 H_a,H_b。如果以一般水准面作为高程基准面,则某地面点到该水准面的铅垂距离为该点的相对高程,如图1-11中,A,B 两点的相对高程为 H'_a,H'_b。要求得地面点的海拔高程,首先要确定大地水准面的位置,大地水准面是通过设立验潮站,进行长期观测和记录的资料来确定的。我国通过长期观测得到的黄海海水水面的高低变化数据,取其平均值作为大地水准面的位置(其高程为零),并在青岛建立了水准原点。目前,我国采用"1985年高程基准",青岛水准原点的高程为72.260 m,全国各地的高程测量都以此为基准进行测算。但1987年以前使用的是1956年高程基准,其水准原点的高程值为72.289 m,地面同一点在这两种系统中的高程相差一个常数,利用旧的高程测量成果时,要注意高程基准的统一与换算。如1956年黄海高程系中一点的高程为63.260 m,在"1985年高程基准"中的高程则为63.231 m。另外需要注意的是,我国各地各行业,特别是水利方面有各种各样的高程系统,常见的有上海吴淞

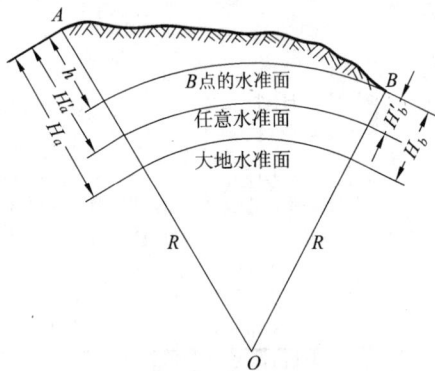

图1-11 高程系统

口高程系、珠江高程系等，这些高程系与国家通用的黄海高程系之间均有一个差值问题。

两点高程之差称为高差。图1-11中，H_a，H_b为A，B两点的绝对高程，H'_a，H'_b为相对高程，h_{AB}为A，B两点间的高差，即

$$h_{AB} = H_b - H_a = H'_b - H'_a \tag{1-3}$$

所以，两点之间的高差与高程的起算面无关。但是需要注意，高差有方向性或正负之分，如A到B的高差$h_{AB} = H_b - H_a$，而B到A的高差则是$h_{BA} = H_a - H_b$。高差值为正，表示该方向上地表是上坡；为负则表示该方向上地表是下坡。

1.3　工程测量工作内容

1.3.1　测量的基本工作

测量学的服务领域虽然十分广泛，内容也很繁杂，但其中心内容和任务是确定一点的空间位置。即将地面上点的位置在图纸上表示出来，称之为测绘或测定；或将图纸上设计的点标定到地面上，称之为测设或放样。

如图1-12所示，设A，B两点为已知点，即已知其$(x$，y，$H)$，欲确定1号点点位，只要知道β_1角和距离l_1，即可得到1号点的位置，另外还需测量A点和1点的高差h_{A1}，才知道1号点的高程，即$H_1 = H_A + h_{A1}$。因此，为了确定一点的空间位置，需要测角β_1、测距l_1和测高差h，所以角度、距离和高差是确定点位的基本元素；角度测量、距离测量和高程测量是测量的基本工作。另外，观测、计算和绘图是测量工作的基本技能。

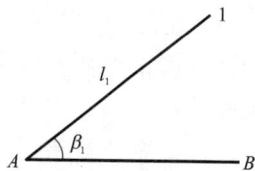

图1-12　测定点位的基本工作

1.3.2　测量工作的基本内容

在测量工作中将地球表面的形态分为地物和地貌两类，地物和地貌总称为地形。地面上的河流、道路、房屋等称为地物；地表高低起伏的山峰、沟、谷等称为地貌。测量学的主要任务是测绘地形图和施工放样。不论采用何种方法，使用何种仪器进行测定或放样，都会给其成果带来误差。因此，为了防止测量误差的逐渐传递，避免误差累计增大到不能容许的程度，要求测量工作遵循在布局上"由整体到局部"、在精度上"由高级到低级"、在次序上"先控制后碎部"的原则。以下分别阐述这个原则在测绘地形图和施工放样的应用。

1. 测绘地形图

如图1-13(a)所示，由于在A点只能测量附近的地物和地貌，对位于远处的地物和山背后的地貌观测不到，因此，需要在若干点上分区观测，最后才能拼成一幅完整的地形图，如图1-13(b)。实际测量时，应在测区范围内选择若干个具有控制意义的点$(A$，B，C，D，$E)$，称为控制点，用较严密的方法、较精密的仪器测定这些控制点的平面位置和高程，再根据控制点观测周围的地物和地貌。这样可以控制测量误差积累，使整个测区的地形图精度均匀。

2. 施工放样

如图 1-13(b)所示，在控制点 A，F 附近设计的建筑物 P，Q，R（虚线所示），需在施工前实地定出它们的位置。根据控制点 A，F 用仪器定出水平角 β_1，β_2 所指的方向，并沿着这些方向量出水平距离 D_1，D_2，在实地定出 1，2 等点，这就是设计建筑物的实地位置。由于 A，B，…，E，F 是控制点，是一个整体，因此不论建筑物的范围多大，由各个控制点定出的建筑物位置，必能联系成为一个整体。同样，可以根据控制点的高程放样建筑物的设计高程。由此可见，施工放样同样需要按"由整体到局部"、"先控制后碎部"的测量原则。

另外，在测量工作中，还要遵循"步步有检核"的原则。因为测量中包括观测和计算在内的工作，很容易由于人的疏忽大意造成错误（粗差），因此测量的每一项成果都需要经过检核，才能进行下一步的测量工作或提交给其他部门使用。整个测量工作中，若

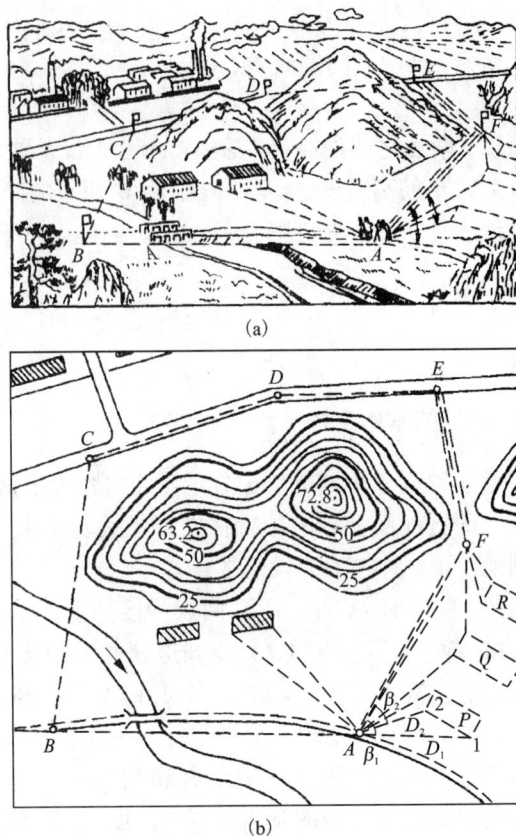

图 1-13 地形图测绘

有一个环节存在错误，都将会影响到以后的测量成果，并可能造成人力和物力上的巨大浪费，因此，坚持这一原则，可确保测量工作正确有序地进行。

1.3.3 测量工作的基本步骤

1. 技术设计

技术设计是从技术上可行、实践上可能和经济上合理三个方面，对测绘工作进行总体策划，选定出优化方案，安排好实施计划的工作。

2. 控制测量

其任务是先在全国布设高等级平面控制网和高程控制网，测定控制点的平面坐标和高程，作为全国的控制骨架，然后根据国民经济建设的需要，分区、分期进行加密控制测量，作为测量工作的控制基础。或在工程作业区域内，布设工程控制网，测定控制点的平面坐标和高程，作为工程的控制骨架。

3. 碎部测量或细部放样

在地形图测绘中，决定地物、地貌位置的特征点称为地形特征点，也称碎部点。碎部测量的任务是测定地貌、地物特征点的平面坐标和高程。特征点的平面坐标和高程是由邻近的控制点确定的，用多个特征点的空间位置，可以真实地描述地物、地貌的空间形态和分布。

细部放样即测设。对于测设，控制测量完成后，即可进行细部放样。细部放样的任务是将图纸上设计的建(构)筑物的几何要素标定到实地，作为施工的依据。

4. 检查和验收测量成果

测量成果必须经验收合格后才能交付使用。

以上步骤中，有些工作必须在野外进行，称为外业，主要任务是信息(数据、图像等)采集；有些工作可在室内进行，称为内业，主要任务是信息加工(数据处理和绘图)。现代测绘技术发展的总趋势，是逐步实现外业和内业一体化和自动化，提高效率，并确保测量成果的可靠性。

1.4　水平面代替水准面的限度

实际测量工作中，在一定的测量精度要求和测区面积不大的情况下，往往以水平面直接代替水准面，因此应当了解地球曲率对水平距离、水平角、高差的影响，从而决定在多大面积范围内能容许用水平面代替水准面带来的差值。在分析过程中，将大地水准面近似看成圆球，半径 $R = 6\ 371$ km。

1.4.1　水准面曲率对水平距离的影响

在图 1 – 14 中，AB 为水准面上的一段圆弧，长度为 S，对应圆心角为 θ，地球半径为 R。自 A 点作切线 AC，长为 t。如果将切于 A 点的水平面代替水准面，即以切线 AC 代替圆弧 AB，则在距离上将产生误差 ΔS：

$$\Delta S = t - S$$

式中

$$t = R\tan\theta$$
$$S = R\theta$$

则

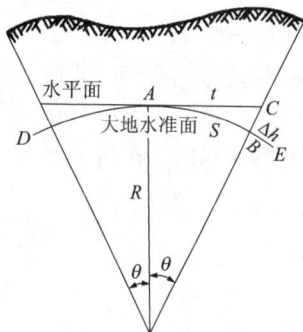

图 1 – 14　用水平面代替水准面

$$\Delta S = R\left(\frac{1}{3}\theta^3 + \frac{2}{15}\theta^5 + \cdots\right)$$

因 θ 角值一般很小，故略去五次以上各项，并以 $\theta = S/R$ 代入，则得

$$\Delta S = \frac{S^3}{3R^2} \text{ 或 } \frac{\Delta S}{S} = \frac{S^2}{3R^2} \tag{1-4}$$

当 $S = 10$ km 时，$\Delta S/S = 1/1\ 217\ 700$，小于目前精密距离测量的容许误差。因此可得出结论：在半径为 10 km 的范围内进行距离测量工作时，用水平面代替水准面所产生的距离误差可以忽略不计。

1.4.2　水准面曲率对水平角的影响

由球面三角学可知，同一个空间多边形在球面上投影的各内角之和，较其在平面上投影的各内角之和大一个球面角 ε，其大小与图形面积成正比。计算公式为

$$\varepsilon = \rho \frac{P}{R^2} \qquad (1-5)$$

式中：P——球面多边形面积；

R——地球半径；

$\rho = 206\ 265''$。

当 $P = 100\ \text{km}^2$ 时，$\varepsilon = 0.51''$。

由上式计算表明，对于面积在 $100\ \text{km}^2$ 内的多边形，地球曲率对水平角的影响只有在精密的测量中才考虑，一般测量工作时不必考虑。

1.4.3　水准面曲率对高差的影响

图 1-14 中 BC 为水平面代替水准面产生的高差误差。令 $BC = \Delta h$，则

$$(R + \Delta h)^2 = R^2 + t^2$$

即

$$\Delta h = \frac{t^2}{2R + \Delta h}$$

上式中，可用 S 代替 t，Δh 与 $2R$ 相比可略去不计，故上式可写成：

$$\Delta h = \frac{S^2}{2R} \qquad (1-6)$$

式(1-6)表明，Δh 的大小与距离的平方成正比。当 $S = 1\ \text{km}$ 时，$\Delta h = 8\ \text{cm}$。因此，地球曲率对高差的影响，即使在很短的距离内也必须考虑。

综上所述，在面积 $100\ \text{km}^2$ 的范围内，无论是进行水平距离或水平角测量，都可以不考虑地球曲率的影响，在精度要求较低的情况下，这个范围还可以相应扩大，但地球曲率对高差的影响却不能忽视。

练习题

1. 测量学的主要任务是什么？对你所学专业有何作用？

2. 测绘与测设的定义如何？有什么区别？

3. 何谓水准面？何谓大地水准面？测量工作的基准面和基准线分别是什么？

4. 绝对高程和相对高程分别指的是什么？何谓高差？

5. 确定地面点位的基本元素是什么？测量的基本工作是什么？

6. 测量学中的平面直角坐标系与数学中的平面直角坐标系有何区别？为何这样规定？

7. 表示地面点位有哪几种坐标系统？各有什么用途？

8. 某点的经度为 $117°30'$，试求该点所处的 $6°$ 带和 $3°$ 带的带号，以及中央子午线的经度。

9. 测量工作的基本原则是什么？为什么要遵循这样的原则？

10. 用水平面代替水准面，对距离、水平角和高程有何影响？

11. 确定地面点位的三项基本测量工作是什么？

第2章　水准测量

【学习指导】　本章重点掌握水准测量原理与方法，水准仪的基本构造、轴系关系和应满足的条件，水准路线施测方法和数据处理；了解四等水准测量方法和技术要求，水准测量的误差来源和注意事项。

　　测量地面上各点高程的工作，称为高程测量。按照所使用的仪器和施测的方法不同，高程测量可分为水准测量、三角高程测量和气压高程测量，另外，还可以通过 GPS 测量地面点位的高程。水准测量是高程测量中基本的、同时又是精度较高的一种测量方法，在国家高程控制测量、各种规模的工程勘测和工程施工与监测中被广泛采用。本章着重介绍水准测量，三角高程测量在后续章节中介绍。

2.1　水准测量原理

　　水准测量是利用水准仪提供的一条水平视线，并借助水准尺，测定地面两点间的高差，从而可由已知点的高程推算出未知点的高程。如图 2-1 所示，欲测定 A，B 两点之间的高差 h_{AB}，可在 A，B 两点上分别竖立有刻度的尺子——水准尺，在 A，B 两点之间安置水准仪，瞄准尺子 A 读数，设为 a；瞄准尺子 B 读数，设为 b；则 A，B 两点间的高差为

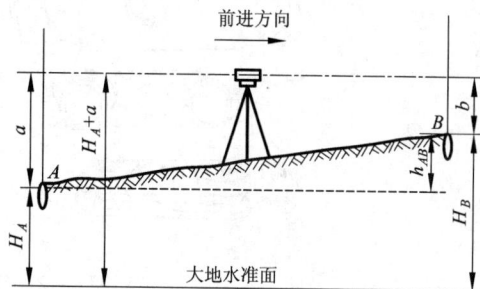

图 2-1　水准测量原理

$$h_{AB} = a - b \tag{2-1}$$

　　如果水准测量前进的方向为从 A 到 B，如图 2-1 中的箭头所示，则相对前进方向而言，A 点为后视点，其读数 a 称为后视读数；B 点为前视点，其读数 b 为前视读数。而高差等于后视读数减去前视读数。高差 h 是一个有方向含义的值，且有正负号之分，h_{AB} 指的是从 A 点到 B 点的高差。若 a>b，高差为正，表示从 A 到 B 为上坡；反之，高差为负，表示下坡。

　　若已知 A 点的高程 H_A，则 B 点的高程为

$$H_B = H_A + h_{AB} = H_A + (a - b) \tag{2-2}$$

此外，还可通过仪器的视线高程 H_i 计算 B 点的高程，即

令
$$H_i = H_A + a$$

则
$$H_B = H_i - b \tag{2-3}$$

　　式(2-2)是直接利用高差 h_{AB} 计算 B 点的高程，称高差法；而式(2-3)是利用仪器视线高程 H_i 计算 B 点高程的，称为仪高法(或视线高法)。高差法适合于测定两点间的高差；而仪高法适合于安置一次仪器根据一个后视点测定若干个前视点的高差，在此情况下，仪高法只

需观测一个后视读数，求得视线高程，然后再观测若干个前视读数，求得多个前视待求点的高程，此种情况较高差法方便快捷，较适合于面水准测量。

2.2 水准仪及水准尺

水准测量所使用的仪器为水准仪，配合使用的工具为尺垫和水准尺。水准仪按精度可分为 $DS_{0.5}$、DS_1、DS_3、DS_{10} 等不同等级（D，S 分别为大地测量和水准仪的汉语拼音首字母，下标指仪器每千米往返测高差中数的中误差，单位 mm）。水准仪按其构造可分为微倾式水准仪、自动安平水准仪和电子水准仪等。目前，DS_3 级微倾式水准仪、自动安平水准仪和电子水准仪在工程测量中得到广泛应用。

水准仪主要由望远镜、水准器及基座三部分构成。图 2-2 所示为我国生产的 DS_3 级微倾式水准仪。仪器架设在三角架上，转动图中基座上的脚螺旋 9 可使仪器竖轴保持铅垂位置；转动微倾螺旋 1 可使望远镜和水准管相对于支架作一定小范围的上、下微倾，从而保证望远镜视线水平。

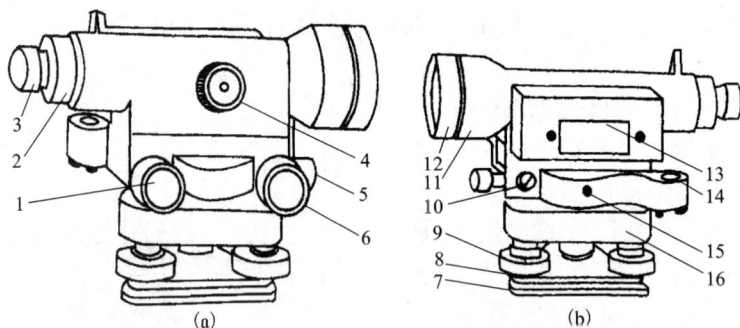

（a） （b）

图 2-2 DS_3 级水准仪

1—微倾螺旋；2—分划板护罩；3—目镜；4—物镜对光螺旋；5—制动螺旋；6—微动螺旋；
7—底板；8—三角压板；9—脚螺旋；10—弹簧帽；11—望远镜；12—物镜；13—管水准器；
14—圆水准器；15—连接小螺丝；16—轴座

2.2.1 水准仪的组成

1. 望远镜

如图 2-3 所示，水准仪的望远镜由物镜、目镜、调焦透镜和十字丝分划板组成。物镜和目镜一般采用复合透镜组，十字丝分划板上刻有两条互相垂直的长线，长竖线称为竖丝，长横线称为横丝（中丝）。在横丝上、下刻有对称且互相平行的两根较短的横线，这两根横线用于测量仪器与水准尺之间的距离，称为视距丝，又称为上丝和下丝。

十字丝交点与物镜光心的连线称为视准轴或视准线（图 2-3 中的 $C-C$）。在实际使用中，视准轴应保持水平，照准远处的水准尺；调节目镜调焦螺旋，可使十字丝清晰；旋转物镜调焦螺旋，使得水准尺放大（一般 DS_3 级水准仪放大倍数为 28 倍），且清晰成像在十字丝分划板所在平面上，此时用十字丝中丝截取目镜视野中的水准尺读数。图 2-4 为水准仪望远镜成像原理图。

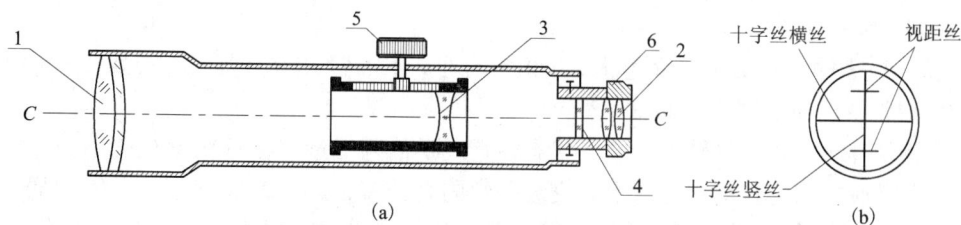

图 2 - 3　望远镜

1—物镜；2—目镜；3—对光凹透镜；4—十字丝分划板；5—物镜调焦螺旋；6—目镜调焦螺旋

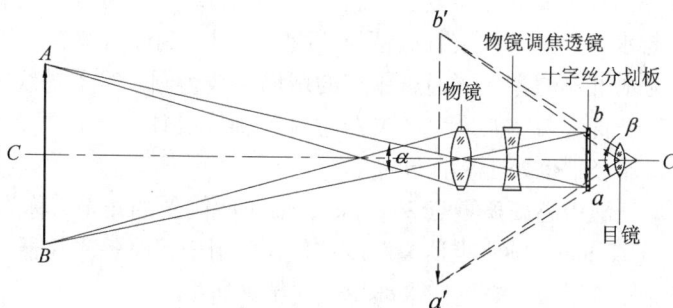

图 2 - 4　望远镜成像原理

2. 水准器

水准器是仪器整平操作的指示装置，水准器有管水准器和圆水准器两种，它们安装在水准仪上，并与仪器的某些轴线保持固定的平行或垂直关系，分别能指示仪器视准轴是否水平，或仪器竖轴是否竖直。

（1）管水准器

管水准器又称水准管，由玻璃圆管制成，其纵向内壁磨成一定半径的圆弧形，管内装有酒精或乙醚混合液，加热封闭，冷却后管内形成空隙，为液体的蒸气所充满，即为水准气泡（如图 2－5）。由于气泡较轻，故恒处于管内最高位置。

在水准管表面刻有 2 mm 间隔的分划线，如图 2－5 所示。分划线中点 O 与圆弧中点重合，O 点称为水准管的零点，过零点的圆弧纵向切线 L－L，称为水准管轴。当气泡的中点与水准管的零点重合时，气泡居中，此时水准管轴 L－L 处于水平状态。如果仪器制造时水准管轴设计成与视准轴保持平行关系，则可以由气泡是否居中来判断视准轴是否处于水平状态。

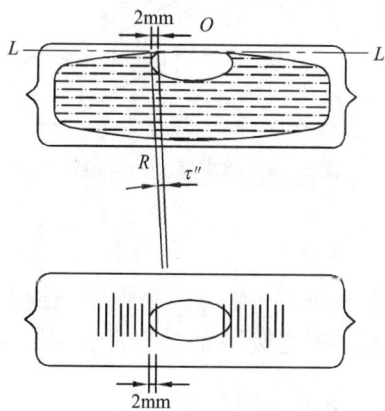

图 2 - 5　管水准器

水准管圆弧 2 mm 所对的圆心角 τ，称为水准管分划值。用公式表示为

$$\tau = \frac{2}{R}\rho$$

(2 - 4)

式中：$\rho = 206\ 265''$；

　　R——水准管圆弧半径，mm。

式（2-4）表明圆弧的半径 R 愈大，角值 τ 愈小，水准管灵敏度愈高。安装在 DS$_3$ 级水准仪上的水准管，其分划值不大于 $20''/2$ mm。

当气泡居中时，水准管轴处于水平状态，但人眼估判气泡居中的精度往往不高，为了提高精度，在微倾式水准仪的水准管上方安装一组附合棱镜，如图 2-6 所示，若气泡居中，则气泡两端的半像吻合。若两端气泡的半像错开，则说明气泡尚未居中，此时应调节微倾螺旋，使气泡的半像吻合。

（2）圆水准器

圆水准器是将一圆柱形玻璃盒装嵌在金属框中，如图 2-7 所示，其玻璃盒顶面内壁磨成一定半径的球面。与水准管一样内装有酒精或乙醚混合液，制成后留有一气泡。中央刻有圆分划圈，圆圈中心为水准器的零点。通过零点的球面法线为圆水准器轴线，当圆水准器气泡居中时，该轴线处于竖直状态。如果生产仪器时将此轴线设计成与仪器竖轴保持平行关系，则当气泡居中时，仪器竖轴也处于竖直位置。

当气泡不居中，气泡中心偏离零点 2 mm 时，轴线所倾斜的角值，称为圆水准器的分划值，一般为 $5'/2 \sim 10'/2$ mm。圆水准器灵敏度较低，只用于粗略整平仪器，使水准仪的竖轴大致处于铅垂位置，便于用微倾螺旋使水准管气泡精确居中。

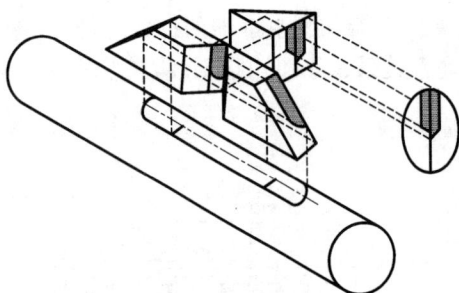

图 2-6　水准管的附合棱镜系统

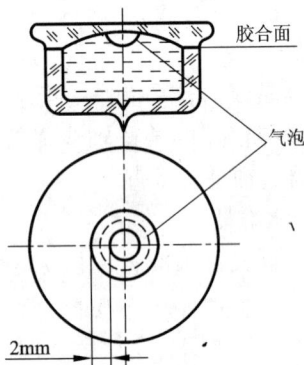

图 2-7　圆水准器

3. 基座

基座主要由轴座、脚螺旋和连接板构成，仪器上部通过竖轴插入轴座内，由基座托承，整个仪器用连接螺旋与三脚架连结，脚螺旋用来整平仪器。

2.2.2　水准尺和尺垫

水准尺是进行水准测量时竖立在目标点上的标尺，一般用不易变形且干燥的木材制成。常用的水准尺有直尺、塔尺和折尺等几种（图 2-8）。

双面水准尺多用于三、四等水准测量。其长度一般为 3 m，且两根尺为一对。每根尺的两面均有刻划，一面为红白相间称为红面，另一面为黑白相间称为黑面，两面刻划均为 1 cm，并在分米处注记。两根尺的黑面均由零开始；而红面，一根尺由 4.687 m 开始，另一根由

4.787 m 开始。同一根尺的两面起始刻划不同，主要目的是为了当尺子两面读数时可以互相检验校核。

塔尺、折尺多用于等外水准测量，目前常用合金制成，用两节或三节套接在一起，携带方便。尺的底部为零点，尺上有相间的黑白格，每格宽度为 0.5 cm 或 1 cm，有的尺上还有线划注记。

尺垫是由生铁铸成，为三角形，如图 2-9 所示。尺垫上方有一半球突起，用于竖立水准尺，下方有三个尖角用于插入地面固定尺垫。尺垫用在转点处放置水准尺以传递高程。

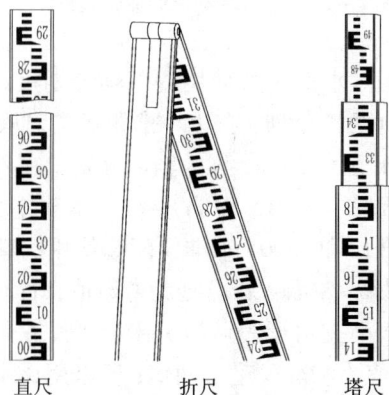

直尺　　　折尺　　　塔尺

图 2-8　水准尺

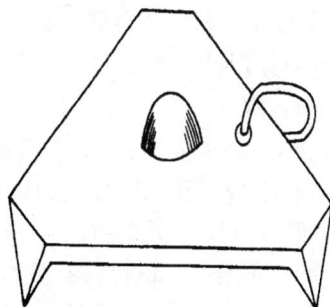

图 2-9　尺垫

2.2.3 精密水准仪和水准尺

精密水准仪主要用于高等级水准测量及精密工程测量，如国家一、二等水准测量，建筑物沉降观测、大型精密设备安装等。

1. 精密水准仪

我国将精度等级在 DS_1 以上的水准仪称为精密水准仪。图 2-10 是我国生产的 DS_1 级水准仪。精密水准仪与普通水准仪的主要区别在于：精密水准仪上装有光学测微器，读数精度得到提高；水准管分划值较小，一般为 $10''/2$ mm；望远镜放大率较大，一般不小于 40 倍；仪器结构稳定，受外界环境影响较小等。

为提高读数精度，精密水准仪上装有光学测微器，图 2-11 为其结构示意图。它由平行

图 2-10　DS_1 级水准仪

1—目镜；2—测微尺读数目镜；3—物镜对光螺旋；
4—测微轮；5—倾斜螺旋；6—微动螺旋

玻璃板、测微分划尺、传动杆、测微螺旋及测微读数系统构成。平行玻璃板装置在望远镜物镜前，其安置轴 A 与平行玻璃板的两个平面相平行，并与望远镜的视准轴成正交。平行玻璃板通过传动杆与测微尺相连。测微尺上有 100 个分格，它与水准尺上一个分格（1 cm 或 5 mm）相对应，所以测微时能直接读到 0.1 mm（或 0.05 mm）。当平行玻璃与视线正交时，视线将不受平行玻璃板的影响，对准水准尺上 B 处，读数为 148(cm) + a。转动测微轮带动传动杆，使平行玻璃板绕 A 轴俯仰一个小角，这时视线不再与平行玻璃板正交，而受平行玻璃

板折射影响，使得视线上下平移。当视线下移对准水准尺上 148 cm 分划时，从测微分划尺上可以读出视线平移的高度 a。

2. 精密水准尺

与精密水准仪配套使用的精密水准尺一般为木制尺身，在尺身的槽内，引入一根因瓦合金带，在带上刻有分划，数字注记在木尺上。根据不同的刻划注记方法，精密水准尺分为基辅分划尺和奇偶分划尺两种。

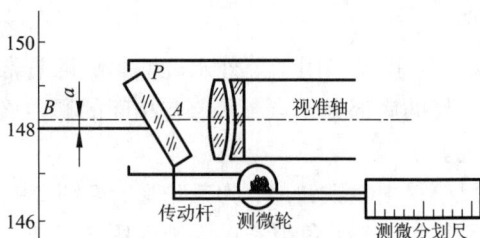

图 2 – 11　精密水准仪的测微装置

（1）基辅分划尺。图 2 – 12（a）所示为瑞士产 Wild N_3 水准仪所使用的基辅分划尺，其分划值为 1 cm。水准尺全长约 3.2 m，因瓦合金带尺上有两排分划，右边一排数字注记从 0 cm 至 300 cm，称为基本分划；左边一排数字注记从 300 cm 至 600 cm，称为辅助分划。在尺子同一高度上，基本分划和辅助分划的读数相差一个常数 K（$K = 3.015\ 50$ m），称为基辅差。

（2）奇偶分划尺。图 2 – 12（b）所示为靖江 DS_1 水准仪和 Ni004 水准仪配套使用的精密水准尺，为 0.5 cm 分划，该尺只有基本分划而无辅助分划。左面一排分划为奇数值，右面一排分划为偶数值；右边注记为米数，左边注记为分米数。小三角形表示半分米处，长三角形表示分米的起始线。厘米分划的实际间隔为 5 mm，尺面值为实际长度的两倍；所以用该水准尺观测高差时，实际高差值应除以 2。

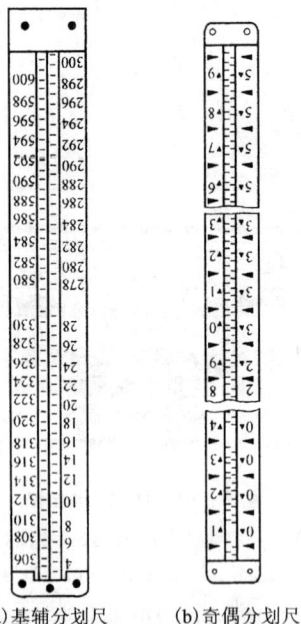

图 2 – 13　精密水准尺读数

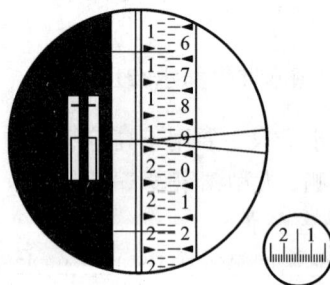

（a）基辅分划尺　　（b）奇偶分划尺

图 2 – 12　精密水准尺

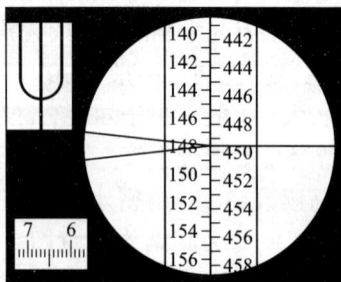

图 2 – 14　N_3 水准尺读数

3. 精密水准仪的使用

精密水准仪的使用方法与普通水准仪基本相同，其操作同样需要 4 个步骤：粗平、瞄准、精平和读数。不同的是读数时需要用光学测微器测出不足一个分划的数值，即在仪器精确整平(用微倾螺旋使目镜视场左面的符合水准气泡半像吻合)后,十字丝横丝往往不恰好对准水准尺上某一整分划线,这时需要转动测微轮使视线上、下平行移动,使十字丝的楔形丝正好夹住一个整分划线,如图 2 – 13 所示,被夹住的分划线读数为 1.97 m。视线在对准整分划过程中平移的距离显示在目镜右下方的测微尺读数窗内,读数为 1.50 mm。所以水准尺的全读数为 $1.97 + 0.0015 = 1.9715$ m,而其实际读数是全读数的 $1/2$,即 0.98575 m。

图 2 – 14 是 N_3 水准仪的视场图,楔形丝夹住的读数为 1.48 m,测微尺的读数为 6.5 mm,所以全读数为 1.48650 m。这就是实际读数,无需除以 2。

2.2.4 电子水准仪

电子水准仪又称数字水准仪(digital levels),是一种新型的智能化水准仪。电子水准仪在仪器望远镜光路中增加了分光镜和光电探测器等部件,采用条形码分划水准尺和图像处理电子系统构成光、机、电及信息存储与处理的一体化水准测量系统。电子水准仪的基本原理是水准尺上的条形码影像进入水准仪后,水准仪将光信号转换为数字信号,并与机器内已存储的条形码信息进行比较,从而获得水准尺上的水平视线读数和视距读数。在工作时,电子水准仪能够自动记录、检核和存储测量结果,大大提高了水准测量的速度和效率,且电子水准仪测量结果的精度高,并可避免人为读错、记错等问题。

电子水准仪的光学系统和机械系统两部分的工作原理与普通水准仪基本相同,因此也可与普通水准仪的测量一样,瞄准普通水准尺进行光学读数。

图 2 – 15、图 2 – 16 分别是徕卡 DNA03 全中文电子水准仪和条码水准尺。徕卡 DNA03 全中文电子水准仪每公里往返测高程精度为:使用标准水准尺 1.0 mm,铟钢尺 0.3 mm。测量时,通过键盘面板和有关操作程序使用仪器,并能以中文方式显示测量成果和仪器系统的状态。同时有配合仪器使用的专用数据处理软件,可以对观测成果做内业处理。该仪器如同自动安平水准仪一样,操作简单,易于掌握。其最大优点是仪器具有许多程序功能和相关软件可供使用,通过阅读使用手册,许多实用功能可得到充分使用。

图 2 – 15 电子水准仪

图 2 – 16 条码水准尺

2.2.5 水准仪应满足的条件

根据水准测量原理,水准仪必须提供一条水平视线,才能正确地测出两点间的高差。为此,水准仪应满足以下条件(如图 2 – 17):

(1)圆水准器轴 $L'L'$ 应平行于仪器的竖轴 VV;

(2)十字丝的中丝(横丝)应垂直于仪器的竖轴;

(3)水准管轴 LL 应平行于视准轴 CC。

通过仪器检验工作可以检查水准仪是否满足上述关系,通过校正工作调整校正螺丝可以使仪器满足上述关系。

2.2.6 水准仪的使用

水准仪的使用包括仪器的安置、粗略整平、瞄准、精确整平及读数等步骤。

1. 安置仪器

在两水准点的中点位置安置三脚架，并注意架头大致水平且高度适中。检查脚架是否安置稳固，在松软地面要将架腿插入土中踩紧，同时检查脚架伸缩螺旋是否拧紧。然后将水准仪置于三脚架头上，并用连接螺旋固定仪器。

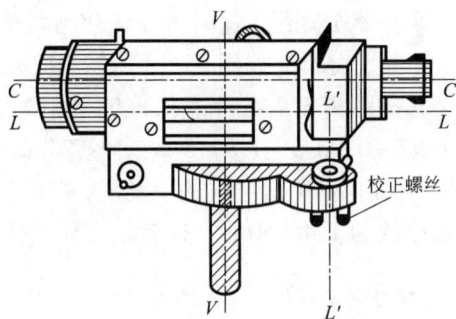

图 2–17 水准仪的轴线

2. 粗略整平

粗平是调节水准仪基座上的脚螺旋，并借助圆水准器的指示，使仪器竖轴大致竖直，从而使视准轴大致水平。如图 2–18(a)所示，仪器安置完成后，气泡一般不会处于圆水准器中心，若气泡处于 a 处，则先按图上箭头所指的方向用双手相对同时转动脚螺旋①和②，使气泡移动到脚螺旋①和②连线的垂直平分线上，如图 2–18(b)中的 b 位置，

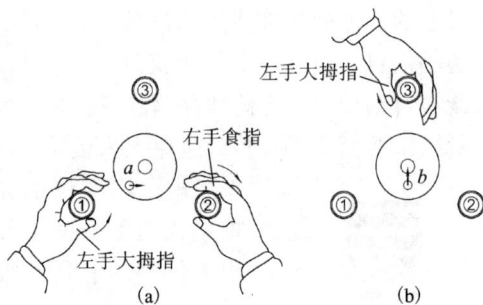

图 2–18 圆水准器整平方法

然后单手调节另一个脚螺旋③，即可使气泡居中。在调节脚螺旋的过程中，气泡的移动方向始终与左手大拇指运动方向一致。

3. 瞄准

当仪器粗略平后，首先进行目镜对光，即转动望远镜目镜调节螺旋，使十字丝清晰；然后转动望远镜，利用望远镜上的准星瞄准目标水准尺，拧紧水平制动螺旋，转动望远镜的物镜调焦螺旋，使水准尺成像清晰，再调节水平微动螺旋，使竖丝对准水准尺。

当眼睛在目镜端上下(或左右)微微移动时，可能发现十字丝与目标像有相对运动，这种现象称为"视差"。视差产生的原因是目标成像平面与十字丝分划板所在平面不重合(如图 2–19)，有视差就不可能进行精确瞄准与读数，因此必须消除视差。消除视差的方法是：转动目镜调焦螺旋使十字丝清

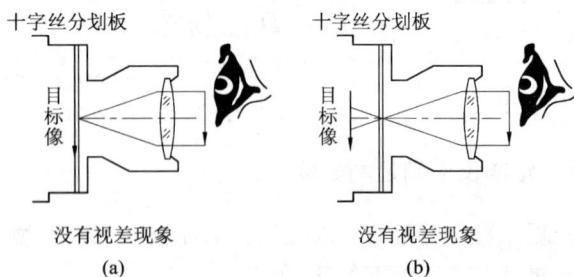

图 2–19 视差产生的原因

晰，再转动物镜调焦螺旋使目标清晰，反复调节上述两螺旋，直到十字丝和水准尺均成像清晰，眼睛上下晃动时，十字丝与目标像不发生相对位移，即十字丝横丝所截取的读数不变为止。

4. 精确整平及读数

观察位于目镜一侧的符合气泡观察窗口，转动微倾螺旋，使气泡两端成像吻合，此时，水准管轴水平，水准仪的视准轴精确水平，即可用十字丝的中丝在尺上读数，读数时，应按标尺注记从小数读到大数。在图 2－20 中，读数分别为 0.825 m 和 1.273 m。

精平和读数虽是两项不同的

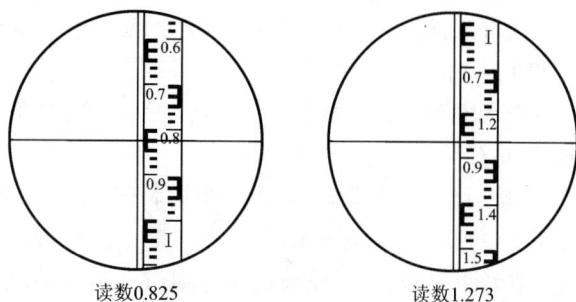

读数0.825　　　　　读数1.273

图 2－20　水准尺读数

操作步骤，但在水准测量的实施过程中，却把两项操作视为一个整体，即精平后再读数，读数后还要检查水准气泡是否完全符合，只有这样，才能获得正确的读数。

2.3　水准测量的外业施测

2.3.1　水准点和水准路线

水准点（Bench Mark，简记为 BM）是用水准测量方法求得其高程的地面标志点。为了将水准测量成果加以固定，必须在地面上设置水准点。水准点可根据需要，设置成永久性水准点和临时性水准点。永久性水准点应造标埋石，临时性水准点则可用木桩打入地下，桩顶钉以半球形铁钉，如图 2－21 所示。埋设好水准点之后，为了便于寻找，可在周围醒目处予以标记，同时绘出水准点与附近固定建筑物或其他地物的位置关系草图，在图上写明水准点的编号和高程，称为点之记。水准点编号常加 BM 字样，作为水准点的代号。

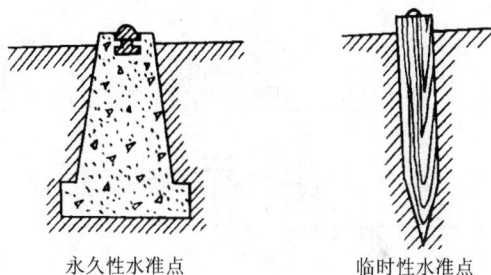

永久性水准点　　　　临时性水准点

图 2－21　水准点

水准路线。一般情况下，从一已知高程的水准点出发，要用连续水准测量的方法才能测出另一待定水准点的高程，在水准点之间进行水准测量所经过的路线称为水准路线。根据测区的情况不同，水准路线可布设成以下几种形式，如图 2－22 所示：

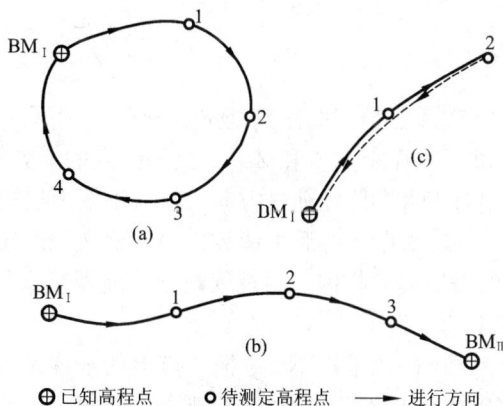

⊕ 已知高程点　　○ 待测定高程点　　—→ 进行方向

图 2－22　水准路线

（1）闭合水准路线：如图 2－22(a)，从一个已知水准点 BM_I 出发，经过待测点 1，2，3，

4，最后闭合回到 BM_1 点；

（2）附合水准路线：如图 2 - 22(b)，从一已知水准点 BM_1 出发，经过待测点 1，2，3，到达另一已知水准点 BM_{II}；

（3）支水准路线：如图 2 - 22(c)，从一已知水准点 BM_1 出发，经过待测点后 1，2 结束，即不闭合也不附合。

理论上，闭合环各段高差的总和应等于零、附合水准路线各段高差的总和应等于两端已知水准点间的高差，这可以作为水准测量正确与否的检验条件。支水准路线应进行往、返水准测量（或者重复观测），往测高差总和与返测高差总和绝对值应相等，而符号相反。

2.3.2 水准测量的实施

由一水准点测至另一水准点时，当两点间距离较远或高差较大时，就需要连续多次安置仪器以测出两点间的高差。如图 2 - 23 所示，水准点 A 的高程为 27.354 m，现拟测量水准点 B 的高程，其观测步骤如下：

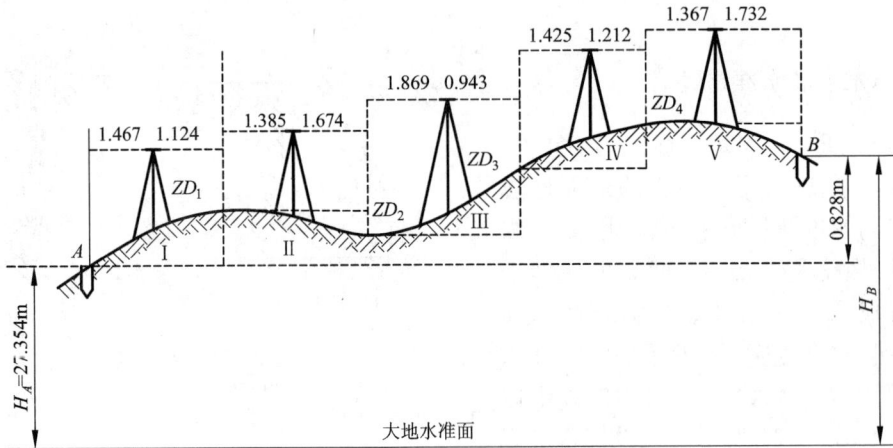

图 2 - 23　水准测量的实例

在离 A 点恰当的距离处选定转点 1，简写为 ZD_1，ZD_1 处放置尺垫，在 A、ZD_1 两点上分别立水准尺。在距点 A 和 ZD_1 大致等距离的 1 处安置水准仪。仪器粗平后，后视 A 点上的水准尺（相对于水准路线前进方向，观测 A 点为后视，ZD_1 点为前视），精平后读数得 1.467，记入表 2 - 1 观测点 A 的后视读数栏内。旋转望远镜照准 ZD_1 的水准尺，同法读数取 1.124，记入 ZD_1 的前视读数栏内。后视读数减去前视读数得到高差为 +0.343，记入高差栏内。此为一个测站上的工作。

ZD_1 上的水准尺不动，把 A 点上的水准尺移到选定的 ZD_2 上，ZD_2 上放置尺垫，仪器安置在 ZD_1 和 ZD_2 之间，同法进行观测和计算，依此测到 B 点。上述过程中，水准点 A，B 不要放置尺垫，而转点均需要放置尺垫，若转点选在地面稳固的突起处，也可不放尺垫。

显然，每安置一次仪器，便可测得一个高差，即

$$h_1 = a_1 - b_1$$
$$h_2 = a_2 - b_2$$

$$\cdots$$

$$h_5 = a_5 - b_5$$

将各式相加,得

$$\sum h = \sum a - \sum b$$

则 B 点的高程为

$$H_B = H_A + \sum h \qquad\qquad (2-5)$$

表 2-1 水准测量手簿

日期_____ 仪器_____ 观测_____

天气_____ 地点_____ 记录_____

测 点		水准尺读数		高差(m)		高程(m)	备 注
		后视(a)	前视(b)	+	−		
						27.354	
BM_A		1.467					
				0.343			
ZD_1		1.385	1.124				
					0.289		
ZD_2		1.869	1.674				
				0.926			
ZD_3		1.425	0.943				
				0.213			
ZD_4		1.367	1.212				
					0.365		
B			1.732			28.182	
计算校核	$\sum$	7.513	6.685	1.482	0.654		
		$\sum a - \sum b = 0.828$		$\sum h = +0.828$			

由上述可知,在观测过程中,ZD_1,ZD_2,$\cdots$,ZD_4仅起传递高程作用,它们无固定标志,无需算出高程;但从上述过程也可以发现,如果转点在未完成观测之前位置发生了变动,将会直接影响到 B 点高程,因此,要求转点选择在坚实的地面上,或将尺垫踩实,并注意尺垫不能意外碰动。

2.3.3 水准测量的检核

1. 测站检核

(1)变仪高法:在同一测站上改变仪器高度,观测两次,所测得的两个高差互相比较,进行检核。两次仪器高度变化应大于 10 cm,如两次所测高差之差不超过容许值(如等外水准测量容许值 6 mm),则认为观测合格,并取两次高差平均数作为此测站观测高差。超过容许值应进行重测。

(2)双面尺法:在同一测站保持仪器高度不变,分别两次瞄准水准尺的黑面和红面进行读数,观测两次,所得高差两个相互比较,进行检核。这样对每个测点既读黑面又读红面,黑面读数(加常数 K 后)与红面读数之差不超过 3 mm;且两次所测高差之差不超过 5 mm,则取其平均值作为该测站观测高差。超过容许值应进行重测。

2. 计算检核

由 $\sum h = \sum a - \sum b$ 关系可知,A,B 两点间的高差等于后视读数之和减去前视读数之和,此式可作为高差计算的检核。如表 2-1 中

$$\sum h = +0.828 \text{ m}$$

$$\sum a - \sum b = 7.513 - 6.685 = +0.828 \text{ m}$$

表明高差计算的过程正确。

计算检核只能检查计算是否正确,并不能检核观测和记录时是否发生错误。

3. 路线检核

在介绍水准路线时,提到闭合水准路线、附合水准路线各段的高差之和及支水准路线往返测两次高差均应满足一定条件,这些条件可以用来检核水准测量成果是否满足要求。

(1)附合水准路线高差闭合差

如图 2-24 所示附合水准测量,A,B 为两个水准点。A 点高程为 H_A,B 点高程为 H_B。

理论上,附合水准路线各段高差的代数和应等于终点与起点的高程之差,即

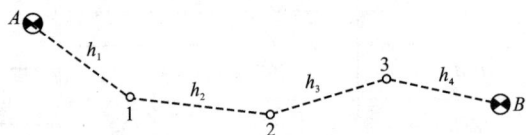

图 2-24 附合水准路线观测略图

$$\sum h_{\text{理}} = H_B - H_A$$

由于观测过程中不可避免存在着测量误差,使得上式不成立,等号两端差值即为高差闭合差,以符号 f_h 表示,即

$$f_h = \sum h_{\text{测}} - (H_R - H_A) \tag{2-6}$$

高差闭合差可用来衡量测量成果的精度,若高差闭合差不超过容许值,说明观测符合要求,否则须重测。不同等级水准测量有不同的高差闭合差容许值,如图根水准测量的高差闭合差规定为

平地:$f_{h容} = \pm 40\sqrt{L}$,mm

山地:$f_{h容} = \pm 12\sqrt{n}$,mm

式中:L——水准路线长度,km;

n——测站数。

(2)闭合水准路线高差闭合差

理论上,闭合水准路线各段高差的代数和应等于零,即

$$\sum h = 0$$

由于观测过程中不可避免存在着测量误差,必然产生高差闭合差

$$f_h = \sum h_{\text{测}} \tag{2-7}$$

若高差闭合差不超过容许值,则认为观测成果符合要求,否则须重测。

(3)支水准路线高差闭合差

为了检核成果,支水准路线一般采用往返观测,往返高差的代数和理论值应为零,其高差闭合差为

$$f_h = \sum h_{往} + \sum h_{返} \tag{2-8}$$

若高差闭合差不超过容许值，则认为观测成果符合要求，否则须重测。

2.4 水准测量的内业计算

通过对外业原始记录、测站检核和高差计算数据的严格检查，并经水准线路的检核，外业测量成果已满足有关规范要求，但高差闭合差 f_h 仍然存在。所以计算各待求点高程时，首先必须按一定的原则，把高差闭合差分配到各实测高差中去，确保经改正后的高差严格满足路线检核条件，最后才能用各段改正后的高差值来计算待求点的高程。上述工作即水准测量的内业。

2.4.1 附合水准路线内业

如图 2-25 的附合水准路线观测成果，A，B 为两个已知水准点，其高程分别为 56.345 m，59.039 m。各测段的高差分别为 h_1，h_2、h_3，h_4。首先将该次测量的成果填入表 2-2，然后按以下步骤完成内业工作：

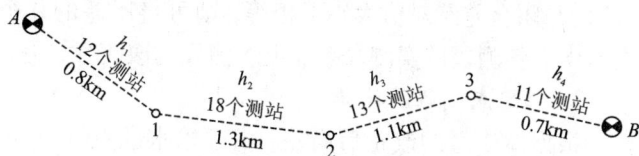

图 2-25 附合水准路线观测成果略图

表 2-2 水准测量成果计算表

波段编号	点名	距离L (km)	测站数	实测高差 (m)	改正数 (m)	改正后的高差 (m)	高程 (m)	备注
1	2	3	4	5	6	7	8	9
1	A	0.8	12	+2.785	-0.010	+2.755	56.345	
2	1	1.3	18	-4.369	-0.016	-4.385	59.120	
3	2	1.1	13	+1.980	-0.011	+1.969	54.735	
4	3	0.7	11	+2.345	-0.010	+2.335	56.704	
Σ	B	3.9	54	+2.741	-0.047	+2.694	59.039	
辅助计算		f_h=+47mm　　　n=54　　　$-f_h/n$=-0.87mm $f_{h容}$=±12$\sqrt{54}$=±88mm						

1. **高差闭合差的计算**

$$f_h = \sum h_{测} - (H_B - H_A) = 2.741 - (59.039 - 56.345) = +0.047 \text{ m}$$

假设此次测量为山地，则容许值

$$f_{h容} = \pm 12 \sqrt{n} = \pm 12 \sqrt{54} = \pm 88 \text{ mm}$$

$|f_h| < |f_{h容}|$，故认为观测成果可用。

2. **高差闭合差调整**

在同一水准路线上，可以认为每一测站的观测条件相同，即各站产生误差的机会相同，

所以闭合差的调整可以按照与测站数(或测段距离)成正比、反符号来分配。在本例中,总测站数为 54, 则每一测站改正数为

$$-\frac{f_h}{\sum n_i} = -\frac{47}{54} = -0.87 \text{ mm}$$

因此,各测段的改正数为

$$v_i = \frac{f_h}{\sum n_i} \cdot n_i \tag{2-9}$$

将计算结果填入表 2-2 的改正数一栏。一般工程水准测量中改正数保留到毫米即可,但改正数总和的绝对值应与闭合差的绝对值相等,符号相反。如果改正数之和由于"四舍五入"而与闭合差绝对值大小不相等,则可将所差的几个毫米作适当调整,分配到各个测段的高差中。各测段的实测高差加上各测段的改正数,得到改正后的高差。

3. 待定点高程的计算

根据检核过的改正后高差,由起始水准点 A 开始,逐点推算待求点的高程,填入表格。如表中待求点 1 的高程等于 A 点高程加上改正后的测段 1 高差。最后计算所得到的 B 点高程应当与水准点 B 的已知高程严格相等,否则,高程计算有误。

2.4.2 闭合水准路线内业

闭合水路线的高差闭合差计算公式为

$$f_h = \sum h_{测}$$

其内业计算与附合水准路线相同。

2.4.3 支水准路线内业

支水准路线一般采用往、返观测,其高差闭合差为

$$f_h = \sum h_{往} + \sum h_{返}$$

当高差闭合差不超过容许值时,按下式直接计算改正后高差

$$h = (\sum h_{往} - \sum h_{返})/2 \tag{2-10}$$

2.5　三、四等水准测量

在地形测图和施工测量中,多采用三、四等水准测量作为首级高程控制。在进行高程控制测量以前,必须先根据精度和需要,在测区范围内布置一定密度的水准点。水准点标志及标石的埋设也应符合有关规范的要求。

2.5.1　三、四等水准测量的技术要求

三、四等水准路线的布设,在加密水准点时,多布设为附合水准路线的形式;在独立测区作为首级高程控制时,应布设成闭合水准路线的形式;在特殊情况下,可布设为支水准路线,但应作往返观测或重复观测。我国工程测量规范(GB50026—93)对三、四等水准测量的主要技术要求如表 2-3 和表 2-4。

表 2 – 3　三、四等水准测量测站技术要求

等级	水准仪的型号	视线长度（m）	前后视较差（m）	前后视累积差（m）	视线离地面最低高度（m）	基本分划、辅助分划或黑面、红面读数较差（mm）	基本分划、辅助分划或黑面、红面所测高差较差（mm）
三等	DS₁	100	3	6	0.3	1.0	1.5
	DS₃	75				2.0	3.0
四等	DS₃	100	5	10	0.2	3.0	5.0

注：三、四等水准采用变动仪器高度观测单面水准尺时，所测两次高差较差，应与黑面、红面所测高差之差的要求相同。

表 2 – 4　三、四等水准路线的技术要求

等级	每千米高差中误差（mm）	路线长度（km）	水准仪的型号	水准尺	往返较差、附合或环线闭合差	
					平地（mm）	山地（mm）
三等	6	≤50	DS₁	因瓦	$12\sqrt{L}$	$4\sqrt{n}$
			DS₃	双面		
四等	10	≤16	DS₃	双面	$20\sqrt{L}$	$6\sqrt{n}$

注：①结点之间或结点与高级点之间，其路线的长度，不应大于表中规定的 0.7 倍；
②L 为往返测段，附合或环线的水准路线长度，km；n 为测站数。

2.5.2　三、四等水准测量的方法

1. 测站观测程序

照准后视标尺黑面，按视距丝、中丝读数；

照准前视标尺黑面，按中丝、视距丝读数；

照准前视标尺红面，按中丝读数；

照准后视标尺红面，按中丝读数。

这样的顺序简称为"后、前、前、后（黑、黑、红、红）"。四等水准测量每站的观测顺序也可以"后、后、前、前（黑、红、黑、红）"。

三、四等水准测量一般使用双面尺观测，观测记录及计算示例见表 2 – 5。

2. 计算与校核

首先将观测数据（1），（2），（3），…，（8）按表 2 – 5 的形式记录。

①视距计算

后视距离：（9）＝ 100 × [（1）－（2）]

前视距离：（10）＝ 100 × [（5）－（6）]

前后视距差值：（11）＝（9）－（10），此值应符合表 2 – 3 的要求。

视距差累积值：（12）＝前站（12）＋本站（11），此值应符合表 2 – 3 的要求。

②高差计算

先进行同一标尺红、黑面读数校核，后进行高差计算。

前视黑、红读数差：（13）＝ K ＋（4）－（7），K 为本站水准尺常数，如 K_{106}

后视黑、红读数差：$(14) = K + (3) - (8)$，K 为本站水准尺常数，如 K_{105}

(13)、(14)理论上应等于零，不符值应满足表 2-3 的要求。否则本站应重新观测。

黑面高差：$(15) = (3) - (4)$

红面高差：$(16) = (8) - (7)$

红、黑面高差之差：$(17) = (15) - (16) \pm 0.100$ m

计算校核：$(17) = (14) - (13)$

平均高差：$(18) = [(15) + (16) \pm 0.100$ m$]/2$

式中：0.100 m 表示两尺红面起始读数 K 值之差，根据两尺子在后、前测点的不同情况，分别取正负号。

表 2-5　三、四等水准测量记录、计算表（双面尺法）

测站编号	后尺 下丝 上丝	前尺 下丝 上丝	方向及尺号	标尺读数		K+黑−红	高差中数	备　注
	后视距	前视距		黑面	红面			
	视距差 d	$\sum d$						
	(1)	(5)	后	(3)	(8)	(14)		
	(2)	(6)	前	(4)	(7)	(13)		
	(9)	(10)	后—前	(15)	(16)	(17)	(18)	
	(11)	(12)						
1	1.571	0.739	后 105	1.384	6.171	0		
	1.197	0.363	前 106	0.551	5.239	−1		
	37.4	37.6	后—前	+0.833	+0.932	+1	+0.8325	
	−0.2	−0.2						
2	2.121	2.196	后 106	1.934	6.621	0		
	1.747	1.821	前 105	2.008	6.796	−1		K 为水准尺常
	37.4	37.5	后—前	−0.074	−0.175	+1	−0.0745	数，如
	−0.1	−0.3						$K_{105}=4.787$
3	1.194	2.055	后 105	1.726	6.513	0		$K_{106}=4.687$
	1.539	1.678	前 106	1.866	6.554	−1		
	37.5	37.7	后—前	−0.140	−0.041	+1	−0.1405	
4	1.965	2.141	后 106	1.832	6.519	0		
	1.700	1.874	前 105	2.007	6.793	+1		
	26.5	26.7	后—前	−0.175	−0.274	−1	−0.1745	
	−0.2	−0.7						
5	1.540	2.813	后 105	1.304	6.091	0		
	1.069	2.357	前 106	2.585	7.272	0		
	47.1	45.6	后—前	−1.281	−1.181	0	−1.2810	
	+1.5	+0.8						
每页检核								

③计算的校核

高差部分按页分别计算后视红、黑面读数总和与前视读数总和之差，它应等于红、黑面高差之和。

对于测站数为偶数

$$\sum[(3)+(8)]-\sum[(4)+(7)]=\sum[(15)+(16)]=2\sum(18)$$

对于测站数为奇数

$$\sum[(3)+(8)]-\sum[(4)+(7)]=\sum[(15)+(16)]=2\sum(18)\pm0.100\ m$$

视距部分，后视距总和与前视距总和之差应等于末站视距差累积值。校核无误后，可计算水准路线的总长度 $L=\sum(9)+\sum(10)$。

3. 成果整理

在完成一测段单程测量后，须立即计算其高差总和。完成一测段往、返观测后，应立即计算高差闭合差，进行成果检核。其高差闭合差应符合表 2-4 的规定。然后对闭合差进行调整，最后按调整后的高差计算各水准点的高程。

2.6 水准测量误差分析及注意事项

由于测量工作是使用测绘仪器，在野外条件下由人工进行的，因此，水准测量误差必然包括仪器误差、观测误差以及外界条件的影响三个方面。

1. 仪器误差

（1）仪器校正后的 i 角残差。理论上水准管轴应与视准轴平行，若两者不平行，虽经校正但仍然残存误差。即两轴线不平行形成 i 角，这种误差的影响与仪器至水准尺的距离成正比，属于系统误差。若观测时使前、后视距相等，可消除或减弱此项误差的影响。

（2）水准尺误差。由于水准尺刻划不准确、尺长发生变化、弯曲等原因，会对水准测量造成影响，因此水准尺在使用之前必须进行检验。若由于水准尺长期使用导致尺底端零点磨损，则可以在一水准测段中测量偶数站来消除。

2. 观测误差

观测误差是与观测过程有关的误差项，主要因为观测者自身素质、人眼判断能力及仪器本身精度限制所导致。因此，要减弱这些误差项的影响，要求测量工作人员严格、认真遵守操作规程。具体的，误差项主要包括：

（1）水准管气泡的居中误差；

（2）估读水准尺的误差；

（3）视差的影响；

（4）水准尺倾斜的影响。

3. 外界条件的影响

（1）仪器下沉

由于观测过程中仪器下沉，使视线降低，从而使观测高差产生误差。此种误差可通过采用"后、前、前、后"的观测程序减弱其影响。

（2）尺垫下沉

如果在转点发生尺垫下沉，将使下站的后视读数增大，这将引起高差误差。采用往、返观测的方法，取成果的中数，可以减弱其影响。

（3）地球曲率及大气折光
影响

如图2-26所示，水准面是
一个曲面，而水准仪观测时是用
一条水平视线来代替本应与大地
水准面平行的曲线进行读数，因
此会产生地球曲率所导致的误差
影响。由于地球半径较大，可以
认为当水准仪前、后视距相等时，
用水平视线代替平行于水准面的
曲线，前、后尺读数误差相等。

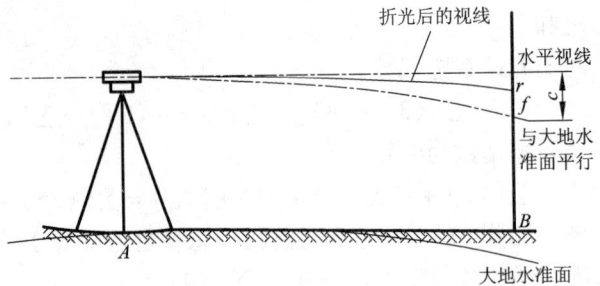

图2-26 地球曲率及大气折光误差

另外，由于大气密度不均匀，产生大气折光的影响，视线会发生弯曲，大气折光给读数
带来的影响与视距长度成比例。前后视距相等可消除大气折光影响，但当视线距地面太近
时，大气会影响水准测量精度。

综上所述，在水准测量作业时，若控制视线离地面的高度（大于0.3 m），并尽量保持前、
后视距相等，可大大减弱地球曲率及大气折光对高差结果的影响。

(4)温度影响

当烈日照射到水准管时，由于水准管本身和管内液体温度升高，气泡向着温度高的方向
移动，从而影响仪器水平，产生气泡居中误差。因此观测时要用阳伞遮住仪器，避免阳光直
射，或者使测量工作避开阳光强烈的中午时段。

练习题

1. 试述水准测量的原理，并画图示意。

2. 设 A 点为后视点，B 点为前视点。A 点高程为20.016 m。当后视读数为1.122 m，前
视读数1.356 m时，A，B 两点间的高差是多少？B 点的高程为多少？

3. 水准仪上圆水准器与管水准器的作用有何不同？圆水准器轴与水准管轴的定义是怎
样的？

4. 水准测量时，注意保持前后视距相等的意
义是什么？

5. 试对图2-27所示的闭合水准路线的观测
成果进行调整，若已知 $H_{BM1} = 163.751$ m，试求出
1，2，3点的高程。

6. 对表2-6所示的等外附合水准测量观测数
据进行调整，并计算各点的高程。

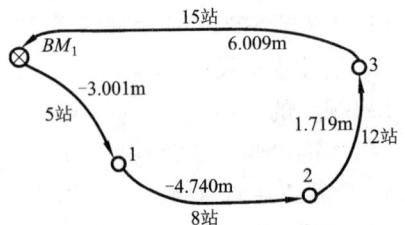

图2-27 所示的闭合水准路线

表 2-6 等外附合水准测量

测段	点号	距离 (km)	观测高差 (m)	改正数 (mm)	改正后高差 (m)	高程 (m)
Ⅰ	BM_1	1.6	+5.331			204.286
Ⅱ	A	2.1	+1.813			
Ⅲ	B	1.7	-4.244			
Ⅳ	C	2.0	+1.430			
	BM_2					208.579
Σ						
辅助计算	$f_i = \dfrac{-f_h}{\sum l_i} \times l_i$		$f_h = \sum h_i - (H_{BM_2} - H_{BM_1})$		$f_{h容} = \pm 40 \sqrt{\sum l_i}$	

7. 试列出水准仪的主要轴线，它们之间应满足怎样的关系？

8. 三、四等水准测量的观测、记录和计算与等外水准测量有什么不一样？

第3章　角度测量

【学习指导】　角度测量是测量工作的基本内容之一，角度测量分为水平角测量和垂直角测量。水平角用于推算直线的方位和计算点的平面坐标；垂直角用于测定高差或将倾斜距离改化成水平距离。本章重点是水平角和竖角的测量方法，难点是三角高程测量的原理。

3.1　角度测量原理

3.1.1　水平角测量原理

水平角是地面上一点到两目标的两条方向线投影到水平面上的夹角，即相交的两空间直线之间的夹角在水平面上的垂直投影，也就是过这两方向线所作两铅垂面所夹的二面角的平面角，其角值取值范围为 $0° \sim 360°$。如图 3 - 1 所示，测量中所要观测的水平角是 $\angle AOC$ 在水平面上的垂直投影，即 $\angle A_1B_1C_1$。

由图 3 - 1 可以看出，$\angle A_1B_1C_1$ 就是通过 OA 与 OC 的两铅垂面所形成的二面角平面角。此角在两铅垂面交线 OB_1 上任意一点叮进行测量。设想在 O 点放置一个按顺时针注记的全圆量角器（称为水平度盘），并使其处于水平位置。过 OA 的铅垂面与水平度盘的交线在水平度盘读数为 a，过 OC 的铅垂面与水平度盘的交线在水平度盘读数为 b，则 b 减 a 就是圆心角 β，即

$$\beta = b - a \qquad (3 - 1)$$

这个 β 就是水平角 $\angle A_1B_1C_1$。

3.1.2　竖直角测量原理

竖直角是指经纬仪中心 O 与目标方向连线与水平方向之间的夹角，简称竖角，又称为高度角，一般用 α 表示，其取值范围为 $0° \sim \pm 90°$。视线上倾所构成的角为仰角，仰角为正；视线下倾所构成的为俯角，俯角为负。而目标方向与天顶方向（即铅垂线的反方向）所构成的角，称为天顶距，一般用 Z 表示，天顶距的大小从 $0° \sim 180°$，没有负值，

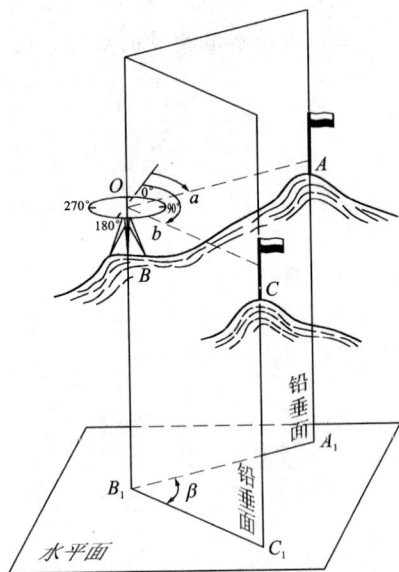

图 3 - 1　水平角测量原理

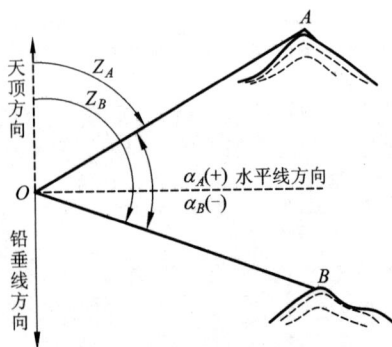

图 3 - 2　竖直角测量原理

其与竖角的换算关系：$Z = 90° - \alpha$，如图 3 - 2 所示。

根据竖直角的概念可知，测定竖直角与观测水平角一样，其角值也是度盘上两个方向读数之差。所不同的是竖直角的两方向中必有一个是水平方向。不过任何形式注记的竖直度盘（简称竖盘），当视线水平时，其竖盘读数应为定值，一般为 90° 的整倍数。所以在测定竖直角时只需观测目标点一个方向并读取竖盘读数，即可计算出竖直角。

3.2 光学经纬仪及其使用

经纬仪分为光学经纬仪和电子经纬仪两大类。光学经纬仪利用几何光学的放大、反射、折射等原理进行度盘读数；电子经纬仪则利用物理光学、电子学和光电转换等原理显示度盘读数，是现代电子技术高度集成的产物。

经纬仪按其精度可划分为 DJ07、DJ1、DJ2、DJ6 等级别，D，J 分别为"大地测量"和"经纬仪"两个词首字汉语拼音的第一个字母，07、1、2、6 分别为该经纬仪一测回方向观测的中误差，单位为秒。本节着重介绍光学经纬仪的基本结构并以工程测量中常用的 DJ6 和 DJ2 级光学经纬仪为例介绍其结构及读数方法。

3.2.1 光学经纬仪的基本结构

光学经纬仪主要由照准部、水平度盘和基座三部分组成。其基本结构如图 3 - 3 所示。

1. 照准部

照准部为经纬仪上部可转动的部分，由望远镜、竖直度盘、横轴、支架、竖轴、读数显微镜及其光学读数系统等组成。

（1）望远镜　望远镜用于精确瞄准目标。它在支架上可绕横轴在竖直面内作仰俯转动，并由望远镜制动扳钮和望远镜微动螺旋控制。经纬仪的望远镜与水准仪的望远镜相同，由物镜、调焦镜、十字丝分划板、目镜和固定它们的镜筒组成。经纬仪的十字丝分划板与水准仪的稍有不同，图 3 - 4 是经纬仪常见的三种十字丝分划板。

（2）竖直度盘　竖直度盘用于观测竖直角。它是由光学玻璃制成的圆盘，安装在横轴的一端，并随望远镜一起转动。在竖盘内装有自动归零装置，只要将支架上的自动归零开关转到"ON"，竖盘指标即处于正确位置。不测竖直角时，将竖盘指标自动归零开关转到"OFF"，以保护其自动归零装置。

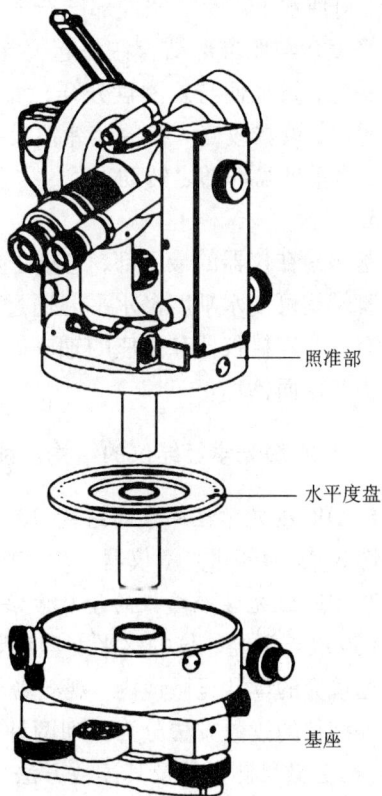

照准部

水平度盘

基座

图 3 - 3　光学经纬仪的基本结构

（3）水准器　照准部上设有一个管水准器，有的仪器还装有圆水准器，与脚螺旋配合，用于整平仪器。和水准仪一样，圆水准器用于粗平，而管水准器则用于精平。

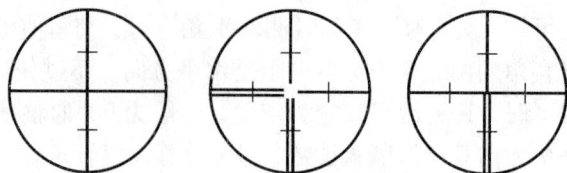

图 3 - 4　经纬仪常见的十字丝分划板

（4）竖轴　照准部的旋转轴即为仪器的竖轴，竖轴插入竖轴轴套中，该轴套下端与轴座固连，置于基座内，并用轴座固定螺旋固紧，使用仪器时切勿松动该螺旋，以防仪器分离坠落。照准部可绕竖轴在水平方向旋转，并由水平制动扳钮和水平微动螺旋控制。图 3 - 5 所示的经纬仪，其照准部上还装有光学对中器，用于仪器的精确对中。

2. 水平度盘

水平度盘是由光学玻璃制成的圆盘，其边缘按顺时针方向刻有 0°~360° 的分划，用于测量水平角。水平度盘与一金属的空心轴套结合，套在竖轴轴套的外面，并可自由转动。水平度盘的下方有一个固定在水平度盘旋转轴上的金属复测盘。复测盘配合照准部外壳上的转盘手轮，可使水平度盘与照准部结合或分离。按下转盘手轮，复测装置的簧片便夹住复测盘，使水平度盘与照准部结合在一起，当照准部旋转时，水平度盘也随之转动，读数不变；弹出转盘手轮，簧片便与复测盘分开，水平度盘也和照准部脱离，当照准部旋转时，水平度盘则静止不动，读数改变。有的经纬仪没有复测装置，而是设置一个水平度盘变换手轮，转动该手轮，水平度盘即随之转动。

3. 基座

基座是在仪器的最下部，它是主承整个仪器的底座。基座上安有三个脚螺旋和连接板。转动脚螺旋可使水平度盘水平。通过架头上的中心螺旋与三脚架头固连在一起。此外，基座上还有一个连接仪器和基座的轴座固定螺旋，一般情况下，不可松动轴座固定螺旋，以免仪器脱出基座而摔坏。

3.2.2　DJ6 级光学经纬仪的结构及读数方法

1. DJ6 级光学经纬仪的结构

图 3 - 5 为苏州光学仪器厂生产的 DJ6 级光学经纬仪，其各个部件名称见图中注记。

2. DJ6 级光学经纬仪的读数方法

DJ6 级光学经纬仪的水平度盘和竖直度盘的分划线通过一系列的棱镜和透镜作用，成像于望远镜旁的读数显微镜内，观测者从读数显微镜读取读数。出于测微装置的不同，DJ6 级光学经纬仪的读数方法分为下列两种：

（1）分微尺测微器及其读数方法

目前生产的 DJ6 光学经纬仪多数采用分微尺测微器进行读数。这类仪器的度盘分划值为 1°，按照顺时针方向注记每度的度数。在读数显微镜的读数窗上装有一块带分划的分微尺，度盘上 1°分划线间隔经显微物镜放大后成像于分微尺上。见图 3 - 6 就是读数显微镜内所看到的度盘和分微尺的影像，上面注有 H（或水平）的为水平度盘读数窗，注有 V（或竖直）的为

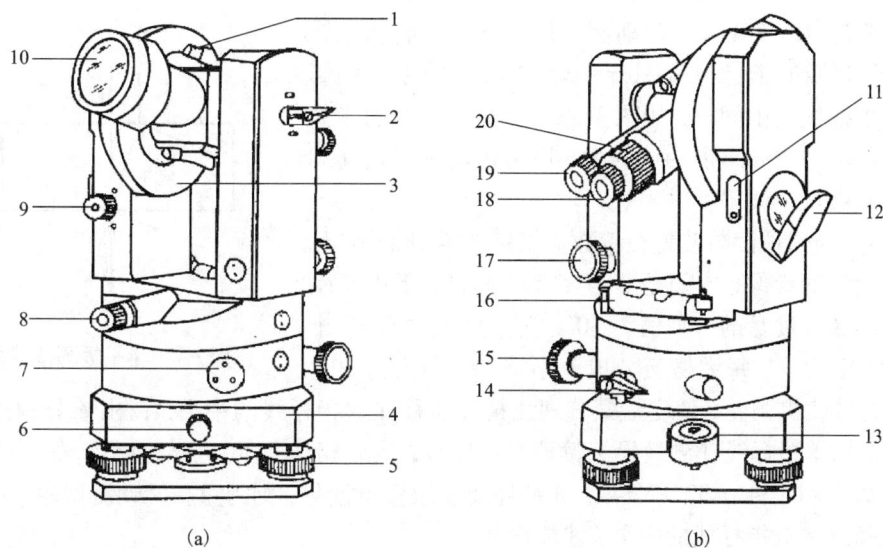

图 3 - 5　DJ6 级光学经纬仪

1—粗瞄器；2—望远镜制动螺旋；3—竖盘；4—基座；5—脚螺旋；6—固定螺旋；7—度盘变换手轮；8—光学对中器；9—自动归零旋钮；10—望远镜物镜；11—指标差调位盖板；12—反光镜；13—圆水准器；14—水平制动螺旋；15—水平微动螺旋；16—照准部水准管；17—望远镜微动螺旋；18—望远镜目镜；19—读数显微镜；20—对光螺旋

竖直度盘读数窗。分微尺的长度等于放大后度盘分划线间隔 1° 的长度，分微尺分为 60 个小格，每小格为 1′。分微尺每 10 小格注有数字，表示 0′，10′，20′，…，60′，其注记增加方向与度盘注记相反。这种读数装置直接读到 1′，估读到 0.1′。

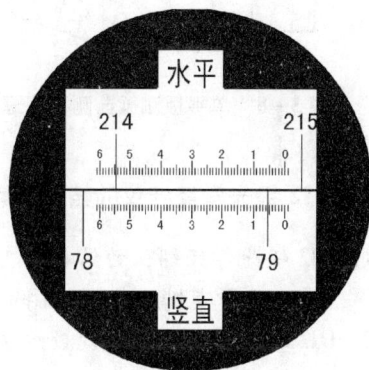

图 3 - 6　分微尺测微器读数装置

读数时，分微尺上的 0 分划线为指标线，它所指的度盘上的位置就是度盘读数的位置，例如在水平度盘的读数窗中，分微尺的 0 分划线已超过 214°，所以其数值，要由分微尺的 0 分划线至度盘上 214° 分划线之间有多少小格来确定，图中为 54.7 格，故为 54′42″。水平度盘的读数为 214°54′42″。同理，在竖直度盘的读数窗中，分微尺的 0 分划线超过了 79°，读数应为 79°05′30″。实际上在读数时，只要看度盘哪一条分划线与分微尺相交，度数就是这条分划线的注记数，分数则为这条分划线所指分微尺上读数。

（2）单平板玻璃测微器的读数方法

如图 3 - 7 所示，光线通过平板玻璃时，将产生平移，当平板玻璃的折射率及厚度 d 一定时，平移量 x 的大小将取决于光线的入射角 i。单平板玻璃测微器即是根据这一原理制成，它的组成部分主要包括平板玻璃、测微尺、连接机构和测微轮。

当转动测微轮时，平板玻璃和测微尺即绕同一轴作同步转动。如图 3 - 8 所示，光线垂直通过平板玻璃，度盘分划线的影像未改变原来位置，与未设置平板玻璃一样，此时测微尺上

读数为 c，如设置在读数窗上的双指标线读数应为 $92°+a$，读盘读数应为 $92°+a+c$。转动测微轮，平板玻璃随之转动，度盘分划线的影像也就平行移动，当 $92°$ 分划线的影像夹在双指标线的中间时，如图 3 – 8，度盘分划线的影像正好平行移动一个 a，而 $a+c$ 的大小则可由与平板玻璃同步转动的测微尺上读出。

图 3 – 9 为这种读数装置在读数显微镜中看到的情况。上面是测微尺的影像，中间是竖直度盘的影像，下面是水平度盘的影像。度盘的分划值为 $30'$，测微尺上共有 30 个大格，每大格为 $1'$，每大格又分成 3 小格，每小格为 $20''$。

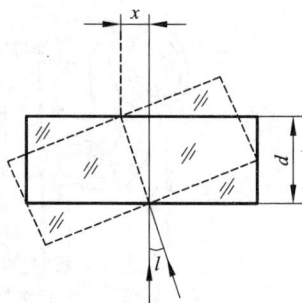

图 3 – 7　单平板测微器装置

读数时，先转动测微轮，使度盘某分划线精确地移在双指标线的中央，读出该分划线的度盘读数，再根据单指标线在测微尺上读取分、秒数，然后相加，即为全部读数。如图中水平度盘读数为 $92°+17'34''=92°17'34''$。如果还要读取竖盘读数，则需重新转动测微轮，把竖盘某分划线精确移在双指标线的中央，才能读数。

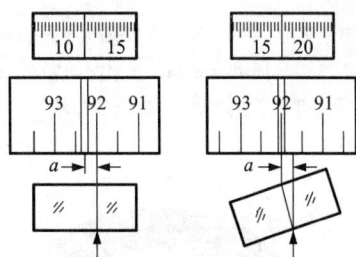

图 3 – 8　单平板测微器测微原理

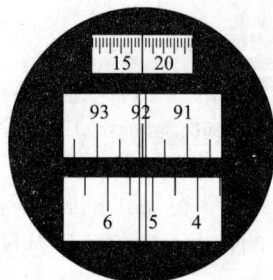

图 3 – 9　单平板测微器读数窗

3.2.3　DJ2 级光学经纬仪的结构及读数方法

1. DJ2 级光学经纬仪的结构

图 3 – 10 为北京博飞仪器公司生产的 DJ2 级光学经纬仪，其各个部件名称见图中注记。

2. DJ2 级光学经纬仪的读数方法

这类仪器的基本结构和 DJ6 级经纬仪相似，但是在度盘读数方面有以下几点不同之处：

（1）DJ2 级光学经纬仪采用重合读数法，相当于取度盘对径（直径两端）相差 $180°$ 处两个读数的平均值，由此可以消除照准部偏心误差的影响，以提高读数精度。

（2）在读数显微镜中只能看到水平度盘或竖直度盘一种影像，但是可以用旋转度盘换像轮来使其变换。

（3）设置双光楔测微器，分为固定光楔与活动光楔两组楔形玻璃，活动光楔与测微分划板相连。入射光线经过一系列棱镜和透镜后，将度盘某一直径两端的分划像同时反映到读数显微镜内，并被横线分隔为正像和倒像，图 3 – 11 为德国蔡司仪器厂的 THEO 010 型经纬仪读数镜中的度盘对径分划像（右边）和测微器分划像（左边），度盘的数字注为"度"数，测微分划左边注记为"分"数，右边注记为"十秒"数。

进行度盘读数前，先转动测微轮，使上、下分划线连成一线（重合），找出正像与倒像注

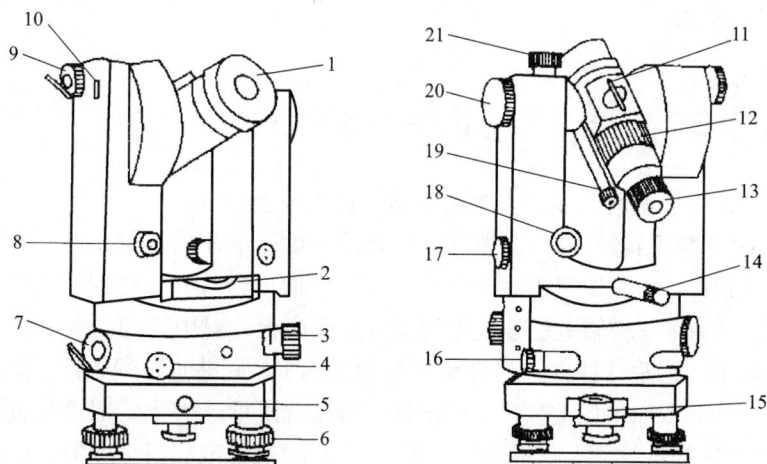

图 3-10　DJ2 级光学经纬仪

1—望远镜物镜；2—照准部水准管；3—度盘变换手轮；4—水平制动螺旋；5—固定螺旋；6—脚螺旋
7—水平读盘反光镜；8—自动归零旋钮；9—竖直度盘反光镜；10—指标差调位盖板；11—粗瞄器；
12—对光螺旋；13—望远镜目镜；14—光学对中器；15—圆水准器；16—水平微动螺旋；17—换像手
轮；18—望远镜微动螺旋；19—读数显示微镜；20—测微轮；21—望远镜制动螺旋

字相差 180°的分划线(正像分划线在左，倒像分划线在右)，读取正像注字的度数，并将该两线之间的度盘分格数乘以度盘分格值之半(10′)，得整 10′数，不足 10′的分、秒数在左边测微器窗口中读出，然后将两窗口的读数相加，得到完整的度盘读数。如图 3-11(a)所示的度盘读数为 174°02′02″，图 3-11(b)中的读数为 42°57′38″。

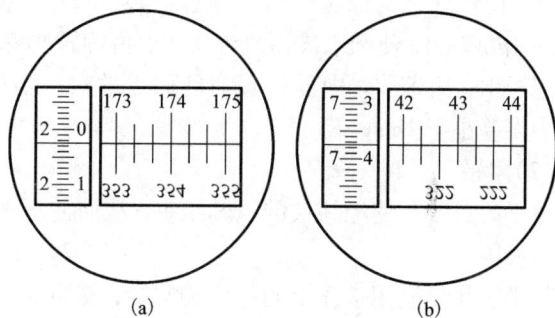

图 3-11　THEO 010 型经纬仪读数窗

为使读数方便和不易出错，近年生产的 DJ2 级光学经纬仪，如 T2 型经纬仪，采用如图 3-12 所示的读数窗。度盘对径分划像及度数和 10′数像分别出现于两个窗口，另一窗口为测微器读数。当转动测微轮使对径上、下分划对齐以后，从度盘读数窗读取度数和 10′数，测微器窗口读取分数和秒数。图 3-12(a)的读数为 94°12′44.7″，图 3-12(b)的读数为 142°47′16.0″。

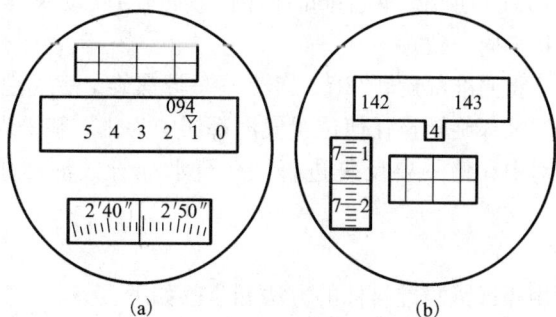

图 3-12　T2 型经纬仪读数窗

3.2.4 经纬仪的使用

1. 经纬仪的安置

经纬仪的安置包括对中和整平，具体操作方法如下：

（1）对中

对中的目的是要把仪器的纵轴安置到测站的铅垂线上。

具体做法是：按观测者的身高调整好三脚架的高度，张开三脚架，使三个脚尖的着地点大致与测站点等距离，使三脚架头大致水平。从箱中取出经纬仪，放到三脚架头上，一手握住经纬仪支架，一手将三脚架上的连接螺旋旋入基座底板。对中可利用垂球或光学对中器。

①用垂球对中　把垂球挂在连接螺旋中心的挂钩上，调整垂球线长度，使垂球尖与地面点的高差为 1~2 mm。如果偏差较大，可平移三脚架，使垂球尖大约对准地面点，将三脚架的脚尖踩入土中（在硬性地面，则用力踩一下），使三脚架稳定。当垂球尖与地面点偏差不大时，可稍微松动连接螺旋，在三脚架头上移动仪器，使垂球尖准确地对准测站点，再将连接螺旋转紧。用垂球对中的误差一般应小于 2 mm。

②用光学对中器对中　光学对中器是装在照准部的一个小望远镜，光路中装有直角棱镜，使通过仪器纵轴中心的光轴由铅垂方向折成水平方向，便于观察对中情况。光学对中的步骤如下：三脚架头大致水平，目估初步对中；转动光学对中器目镜调焦螺旋，使对中标志（小圆圈或十字丝）清晰；转动物镜调焦螺旋（对某些仪器为伸缩目镜），使地面点清晰；旋转脚螺旋，使地面点的像位于对中标志中心，此时，基座上的圆水准器气泡已不居中；伸缩三脚架的相应架腿，使圆水准器气泡居中，再旋转脚螺旋，使平盘水准管在相互垂直的两个方向气泡居中；从光学对中器检查与地面点的对中情况，可略松动连接螺旋，做微小的平移，使对中误差小于 1mm。

（2）整平

整平的目的是使经纬仪的纵轴铅垂，从而使水平度盘和横轴处于水平位置，竖直度盘位于铅垂面内。

整平工作是利用基座上的三个脚螺旋，使照准部水准管在相互垂直的两个方向上气泡都居中。整平的具体步骤如下：

①先松开水平制动螺旋，转动照准部，使水准管大致平行于任意两个角螺旋的连线，如图 3-13(a)所示，两手同时向内（或向外）转动脚螺旋使气泡居中。气泡移动的方向与左手大拇指方向一致。

②将照准部旋转90°，旋转另一脚螺旋，使气泡居中，如图 3-13(b)。如此反复几次，直到照准部旋转至任何位置气泡都居中为止。整平误差应小于水准管分划值一格。需要指出的是对中和整平要反复进行，直至水准管气泡居中，同时光学垂线仍对准测站标志中心为止。

2. 瞄准

用望远镜瞄准目标的方法和步骤如下：

（1）目镜调焦。将望远镜对向明亮的背景（例如白墙、天空等），转动目镜调焦螺旋，使十字丝最清晰。

（2）粗瞄目标。松开望远镜制动螺旋和水平制动螺旋，通过望远镜上的瞄准器（缺口和

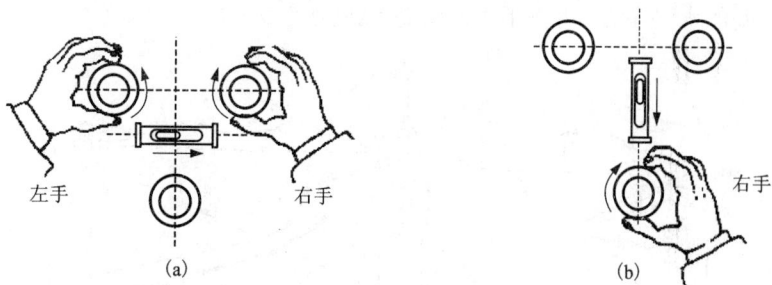

图 3 - 13 照准部水准管整平

准星），旋转望远镜，对准目标，然后旋紧制动螺旋。

（3）物镜调焦。转动物镜调焦环，使目标的成像十分清晰，再旋转望远镜微动螺旋和水平微动螺旋，使目标像靠近十字丝。

（4）消除视差。左、右或上、下微移眼睛，观察目标像与十字丝之间是否有相对移动。如果存在视差，则需要重新进行物镜调焦，直至消除视差为止。

（5）精确瞄准。用水平微动螺旋，使十字丝纵丝对准目标。观测水平角时，应尽量瞄难目标的基部，当目标宽于十字丝双丝距时，宜用单丝平分，如图 3 - 14（a）所示，目标窄于双丝距时，宜用双丝夹住，如图 3 - 14（b）所示；观测竖直角时，用十字丝横丝的中心部分对准目标位，如图 3 - 14（c）所示。

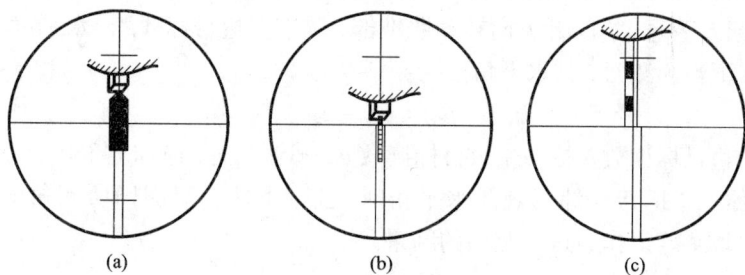

图 3 - 14 瞄准

3. 读数

读数时，应先调节反光镜使读数窗光线适宜，再调节读数显微镜目镜调焦螺旋使其中数字和分划清晰，然后读数。读数方法见图 3 - 6、图 3 - 9、图 3 - 11、图 3 - 12。

3.3 水平角观测

3.3.1 水平角的测量方法

常用水平角观测方法有测回法和方向观测法两种。

1. 测回法

竖盘在望远镜视准轴的左侧，称为盘左，也称正镜；竖盘在视准轴方向的右侧则称盘右，也叫倒镜。测回法适用于观测两个方向之间的单个水平角。如图 3 – 15 所示，欲测出地面上 OA，OB 两方向间的水平角 β，可按下列步骤进行观测。

图 3 – 15　测回法观测水平角

(1)在 O 点安置经纬仪，在 A，B 点上分别竖立花杆。

(2)以盘左位置照准左边目标 A，配置度盘得水平度盘读数 $a_{左}$，记入水平角观测手簿，见表 3 – 1。

(3)松开照准部和望远镜制动螺旋，顺时针转动照准部，瞄准右边目标 B，得水平度盘读数 $b_{左}$，记入观测手簿相应栏内，则盘左所测的角值为：

$$\beta_{左} = b_{左} - a_{左} \tag{3-2}$$

以上完成了上半个测回。为了检核及消除仪器误差对测角的影响，应以盘右位置再作下半个测回观测。

(4)松开照准部和望远镜制动螺旋，纵转望远镜成盘右位置，先标准右边目标 B，得水平度盘读数 $b_{右}$，记入手簿；逆时针方向转动照准部，瞄准左边目标 A，得水平度盘读数 $a_{右}$，记入手簿，完成了下半个测回，其水平角值为：

$$\beta_{右} = b_{右} - a_{右} \tag{3-3}$$

计算时，均用右边目标读数 b 减去左边目标读数 a，不够减时，应加上 360°。上、下两个半测回合称为一测回。用 J6 级经纬仪观测水平角时，上、下两个半测回所测角值之差应 ≤40″。达到精度要求，取平均值作为这一测回的结果。

$$\beta = \frac{1}{2}(\beta_{左} + \beta_{右}) \tag{3-4}$$

若两个半测回的不符值超过 40″时，则该水平角应重新观测。观测数据的记录格式及计算，见表 3 – 1。

表 3 – 1　水平角观测手簿

测站	目标	竖盘位置	水平度盘读数 (° ′ ″)	半测回角值 (° ′ ″)	一测回平均角值 (° ′ ″)
O	A	左	0 08 24	11 39 54	111 39 51
	B		111 48 18		
	A	右	180 08 48	111 39 48	
	B		291 48 361		

当精度要求较高时，可观测多个测回，为了消除度盘刻划不均匀误差，每测回应当变换度盘的起始位置，变换值为：$180°/n$，n 为测回数，各测回观测值之差不超过有关规定，取其算术平均值作为最终结果。

2. 方向观测法

在一个测站上，当观测方向在两个以上时，一般采用方向观测法，即从起始方向顺次观测各个方向后，最后要回测起始方向，最后一步称为"归零"，这种半测回归零的方法称为方向法，如图 3 – 16 中 OA 为起始方向，也称零方向。

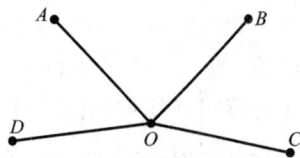

图 3 – 16　方向观测法

（1）方向观测法步骤

①在测站点 O 安置仪器，并置于左盘位置。选定一明显的目标 A 作为零方向。瞄准该目标，将水平度盘调整到略大于 0°，读数，记入观测手簿，见表 3 – 2。

②顺时针方向转动照准部，依次瞄准 B，C，D 每个目标，并分别读取水平度盘读数为 b，c，d，继续转动再照准起始方向，得水平度盘读数为 a'。这步观测称为"归零"，a' 与 a 之差，称为半测回归零差。J6 级经纬仪要求半测回归零差小于 18″。如归零差超限，则说明在观测过程中，仪器度盘位置有变动，此半测回应该重测。测量规范要求的限差参看表 3 – 3。以上观测过程为方向法的上半个测回。

③以盘右位置，按逆时针方向依次照准 A，D，C，B，A，并分别读取水平度盘读数。以上为下半个测回，其半测回归零差不应超过规定限差。每次读数都应按规定格式记入表 3 – 2 中。

上、下半测回合起来称为一测回。当精度要求较高时，可观测多个测回。为了消除度盘刻划不均匀误差，每测回应当变换度盘的起始位置，变换值为：$180°n$，n 为测回数，各测回观测值之差不超过有关规定，取其算术平均值作为最终结果。

表 3 – 2　方向观测法水平角观测手簿

| 测站 | 目标 | 读盘读数 | | 2c (″) | 平均读数 (° ′ ″) | 归零方向值 (° ′ ″) | 备　注 |
		盘左 (° ′ ″)	盘右 (° ′ ″)				
O	A	0 01 12	180 01 06	+6	(0 01 12) 0 01 09	0 00 00	
	B	87 44 16	267 44 08	+8	87 44 12	87 43 00	
	C	142 29 04	322 29 00	+4	142 29 02	142 27 50	
	D	305 14 50	125 14 40	+10	305 14 45	305 13 33	
	A	0 01 18	180 01 12	+6	0 01 15		

（2）方向观测法的计算

①计算两倍照准误差 2c 值。两倍照准误差为同一台仪器观测同一方向左盘、盘右读数之差，简称 2c 值。是由于视准轴不垂直于横轴引起的观测误差，计算公式为：

$$2c = 盘左读数 - （盘右读数 \pm 180°）$$

对于 DJ6 级经纬仪，2c 值只作参考，不作限差规定。如果其变动范围不大，说明仪器是稳定的，不需要校正，取盘左、盘右读数的平均值即可消除视准轴误差的影响。

② 一测回内各方向平均读数的计算。起始方向有两个平均读数，应再取其平均值，将算出的结果填入同一栏的括号内，如表 3 – 2 中的 0°01′12″。

③ 一测回归零方向值的计算。将各个方向（包括起始方向）的平均读数减去起始方向的平均读数，即得各个方向的归零方向值。显然，起始方向归零后的值为 0°00′00″。

④ 各测回平均方向值的计算。每一测回各个方向都有一个归零方向值，当各测回同一方向的归零方向值之差不大于 24″（针对 DJ6 级经纬仪），则可取其平均值作为该方向的最后结果。

⑤ 水平角值的计算。将右方向值减去左方向值即为该两方向的夹角。

（3）方向观测法的各项限差

《工程测量规范》规定，常用仪器方向观测法的各项限差见表 3 – 3。

表 3 – 3　方向观测法的各项限差　　　　　　　　　　　　　　单位：s

经纬仪型号	光学测微器两次重合读数差	半测回归零差	一测回内 2c 较差	同一方向值各测回较差
DJ1	1	6	9	6
DJ2	3	8	13	9
DJ6	—	18	—	24

3.4　竖直角观测

3.4.1　竖直度盘的构造

竖直度盘简称竖盘。图 3 – 17 为 J6 级经纬仪竖盘构造示意图。图中，竖盘固定在横轴的一端，当望远镜转动时，随望远镜在竖直面内一起转动。在竖盘上进行读数的指标是在读数窗上。竖盘指标水准管与竖盘转向棱镜、竖盘照明棱镜、显微物镜组固定在微动架上。竖盘分划的影像，通过竖盘光路成像在读数窗上。望远镜转动时（竖盘随着转动），传递竖盘分划的光路位置并不改变，所以可在读数窗内进行读数。但是，若转动竖盘指标水准管微动螺旋，可使光路产生变化，从而使呈像在读数窗上的竖盘部位发生变化，即读数发生变化。在正常情况下，当竖盘指标水准管气泡

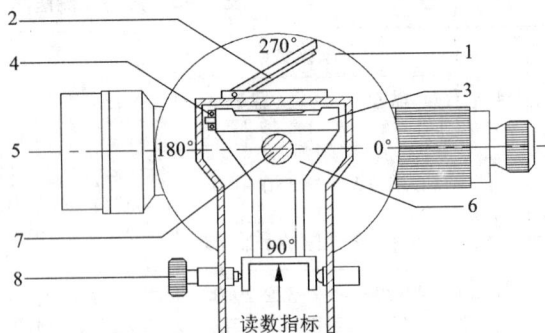

图 3 – 17　竖盘的构造

1—竖直度盘；2—竖盘指标管水准器反射镜；3—竖盘指标管水准器；4—竖盘指标管水准器校正螺丝；5—望远镜视准轴；6—竖盘指标管水准器支架；7—横轴；8—竖盘指标管水准器微动螺旋

居中时，竖盘指标就处于正确位置。所以每次竖盘读数前，均应先调节竖盘指标水准管使气泡居中。

竖盘刻度通常有顺时针注记和逆时针注记两种形式。图 3 - 18(a) 所示为顺时针方向注记，图 3 - 18(b) 所示为逆时针方向注记。

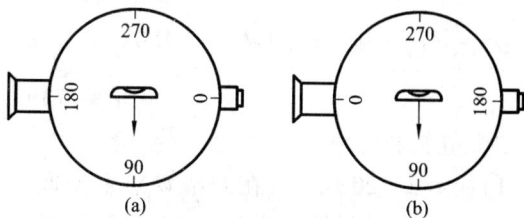

图 3 - 18 竖盘的注记形式

3.4.2 竖直角的计算与观测

1. 竖直角的计算

竖直角的计算公式，是由两个方向读数(即倾斜视线方向读数与水平视线方向读数)之差来确定的。问题在于应由哪个读数减哪个读数以及其中视线水平时的读数是多少，这就应由竖盘注记形式而确定。其判定方法，只需对所用仪器以盘左位置先将望远镜大致放平，看一下读数；然后将望远镜逐渐向上仰，再观察读数是增加还是减少，就可以确定其计算公式。当望远镜上倾竖盘读数减小时，竖角 =(视线水平时的读数) - (瞄准目标时的读数)；当望远镜上倾竖盘读数增加时，竖角 =(瞄准目标时的读数) - (视线水平时的读数)。计算结果为正，是仰角；结果为负，是俯角。现以 DJ6 级经纬仪中最常见的竖盘注记形式(图 3 - 19)来说明竖直角的计算方法。

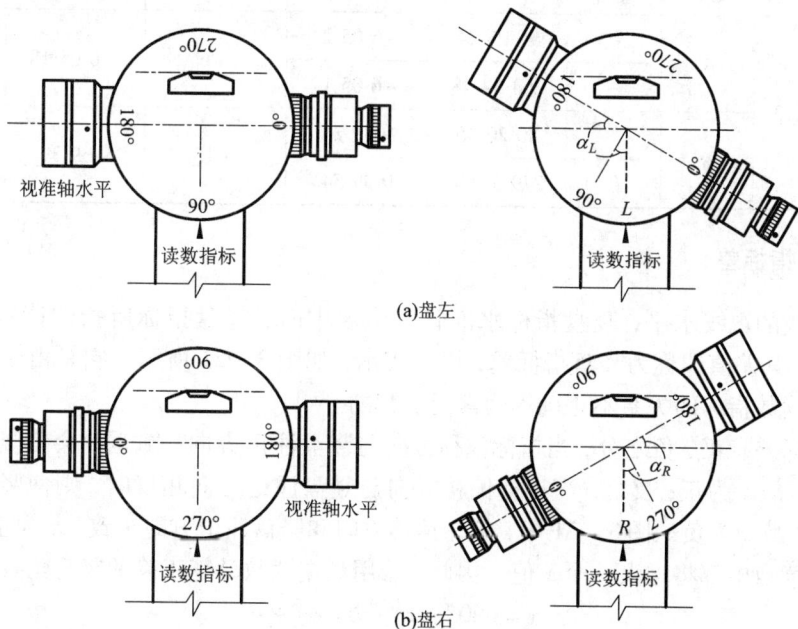

(a)盘左

(b)盘右

图 3 - 19 竖盘读数和竖直角计算

由图 3 - 19 可知，在盘左位置，视线水平时的读数为 90°，当望远镜上倾时读数减小；在盘右位置，视线水平时的读数为 270°，当望远镜上倾时读数增加。如以 L 表示盘左时瞄准目标时的读数，R 表示盘右时瞄准目标时的读数，则竖直角的计算公式为：

$$\alpha_L = 90° - L \qquad (3 - 5)$$

$$\alpha_R = R - 270° \qquad (3-6)$$

一测回的角值为：

$$\alpha = \frac{1}{2}(\alpha_L + \alpha_R) = \frac{1}{2}(R - L - 180°)$$

$$(3-7)$$

2. 竖直角的观测

（1）如图 3-20 所示，在测站 O 点上安置经纬仪，用小钢尺量取仪器高 i，以盘左位置用望远镜的十字丝横丝瞄准目标上某一点 M。

（2）转动竖盘指标水准管微动螺旋，使气泡居中，读取竖盘读数 L。

（3）倒转望远镜，以盘右位置再瞄准目标上 M 点。调节竖盘指标水准管气泡居中，读取竖盘读数 R。竖直角的观测记录手簿如表 3-4。

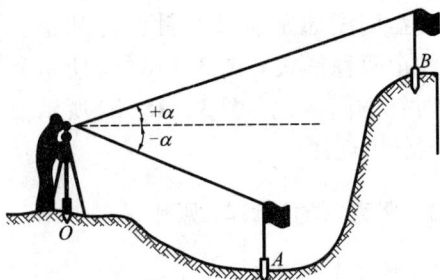

图 3-20　竖直角观测

表 3-4　竖直角观测手簿

仪器型号：DJ6　　观测者：×× 　　记录者：××　　日期 2006.10.11

测站	仪高	目标	竖盘位置	竖盘读数（° ′ ″）	半测回竖直角（° ′ ″）	指标差（″）	一测回竖直角（° ′ ″）	备注
O	1.513	A	左	96 05 24	-6 05 24	+6	-6 05 18	
			右	263 54 48	-6 05 12			
		B	左	80 20 36	9 39 24	+15	9 39 39	
			右	279 39 54	9 39 54			

3.4.3　竖盘指标差

当望远镜的视线水平，竖盘指标水准管气泡居中时，竖盘指标所指的读数应为 90° 或 270°。否则，其差值即称为竖盘指标差，以 x 表示，如图 3-21 所示。它是由于竖盘指标水准管与竖盘读数指标的关系不正确等因素而引起的。

竖盘指标差有正、负之分，当指标偏移方向与竖盘注记方向一致时，会使竖盘读数中增大一个 x 值，故 x 为正；反之，当指标偏移方向与竖盘注记方向相反时，则使竖盘读数减小了一个 x 值，故 x 为负。图 3-21 中，指标偏移方向和竖盘注记方向一致。x 为正值，那么在盘左和盘右读数中都将增大一个 x 值。因此，若用盘左读数计算正确的竖直角 α，则

$$\alpha = (90° + x) - L = \alpha_L + x \qquad (3-8)$$

若用盘右读数计算竖直角时

$$\alpha = \frac{1}{2}(\alpha_L + \alpha_R) = \frac{1}{2}(L - R + 180°) \qquad (3-9)$$

盘左盘右取平均值得

$$\alpha = \frac{1}{2}(\alpha_L + \alpha_R) = \frac{1}{2}(L - R + 180°) \qquad (3-10)$$

上式说明利用盘左、盘右两次读数求算竖角，可以消除竖盘指标差对竖直角的影响。同时根

(a)盘左

(b)盘右

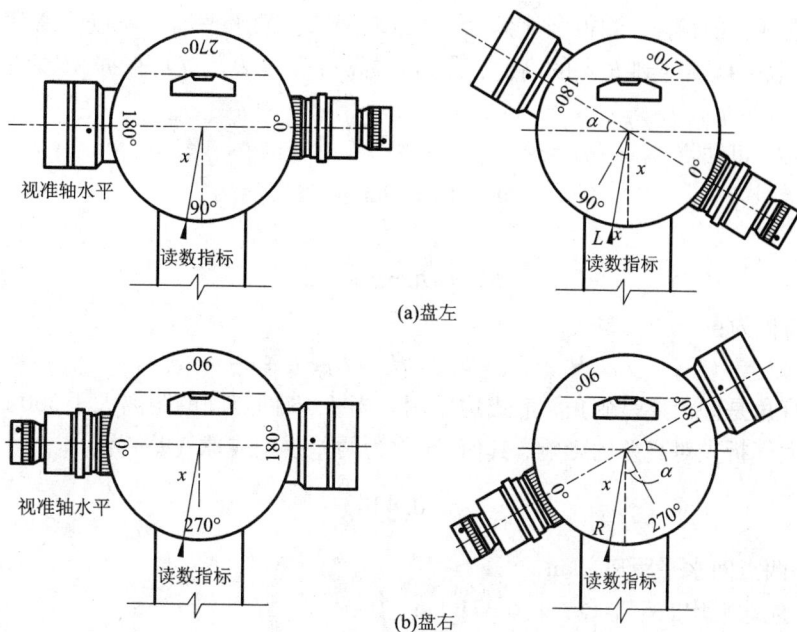

图 3 – 21 竖盘指标差的计算

据式(3 – 8)和式(3 – 9),可计算竖盘指标差:

$$x = \frac{1}{2}(\alpha_R - \alpha_L) = \frac{1}{2}(L + R - 360°) \qquad (3 - 11)$$

由表 3 – 4 中的观测数据和式(3 – 11),可求出 OA、OB 方向的竖盘指标差分别为 +6″和 +15″。

在测量竖直角时,虽然利用盘左、盘右观测能消除指标差的影响,但求出指标差的大小可以检查观测成果的质量。同一仪器在同一测站上观测不同的目标时,在某段时间内其指标差应为固定值,但由于观测误差、仪器误差和外界条件的影响,使实际测定的指标差数值总是在不断变化,对于 DJ6 级经纬仪该变化不应超过 25″。如果指标差超过规定值,应送有关检定部门检定。

3.4.4 三角高程测量

用水准测量测定高差,精度较高。但在山区和煤矿井下主要斜巷中,进行水准测量比较困难。在这种情况下,可以采用三角高程测量方法。这种方法既简便迅速,又能保证生产所必需的精度。

三角高程测量是根据两点间的水平距离(或倾斜距离)和竖直角计算两点间的高差。如图 3 – 22 所示。

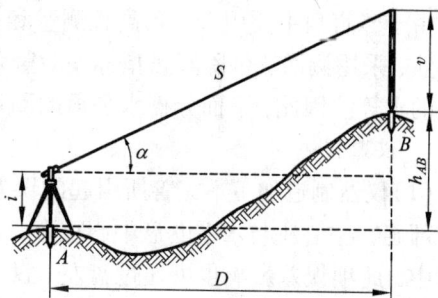

图 3 – 22 三角高程测量原理

已知 A 点高程为 H_A，欲测定 B 点高程 H_B，可在 A 点安置经纬仪，在 B 点竖立标杆，用望远镜横丝瞄准标杆的顶点，测得竖直角 α，并量取经纬仪的水平轴到 A 点的高度，即仪器高，用 i 表示；量取标杆顶部到 B 点的高度，称为觇标高，用 v 表示。再根据 AB 之间的水平距离 D，即可求得高差 h_{AB}。

由图 3 - 22 可知：

$$h_{AB} + v = D\tan\alpha + i \tag{3-12}$$

所以，

$$h_{AB} = D\tan\alpha + i - v \tag{3-13}$$

B 点的高程为：

$$H_B = H_A + h_{AB} = H_A + D\tan\alpha + i - v \tag{3-14}$$

不论竖直角是仰角还是俯角，上式均适用。当 A，B 两点间的距离大于 300 m 时，应考虑地球曲率和大气折光对高差的影响，其值 f（称为两差改正或球气差）为：

$$f = 0.43\frac{D^2}{R} \tag{3-15}$$

式中，D——两点间水平距离，km；

R——地球平均曲率半径，取 6 371 km。

考虑球气差改正 f 后，式(3-13)应改写为：

$$h_{AB} = D\tan\alpha + i - v + f \tag{3-16}$$

在煤矿井下测量时，往往直接测量 A，B 两点间的斜距 S，则：

$$h_{AB} = S\sin\alpha + i - v \tag{3-17}$$

三角高程测量一般应进行往返观测，既由 A 向 B 观测（称为直觇），又由 B 向 A 观测（称为反觇）。这样的观测，称为对向观测。对向观测可以减小地球曲率和大气折光的影响。

3.5　角度测量的误差分析

3.5.1　角度测量的误差来源

角度测量的误差主要来源于仪器误差、人为操作误差以及外界条件的影响三个方面。分析这些误差的目的，是找出消除或减小角度测量误差的方法，从而提高角度观测精度。

由于竖直角主要用于三角高程测量和视距测量，在测量竖直角时，只要严格按照操作规程作业，采用测回法消除竖盘指标差对竖角的影响，测得的竖直角值即能满足对高程和水平距离的求算。因此，下面分析水平角的测量误差。

1. 仪器误差

(1)仪器制造加工不完善所引起的误差。如照准部偏心误差、度盘分划误差等。经纬仪照准部旋转中心应与水平度盘中心重合，如果两者不重合，即存在照准部偏心差，在水平角测量中，此项误差影响也可通过盘左、盘右观测取平均值的方法加以消除。水平度盘分划误差的影响一般较小，当测量精度要求较高时，可采用各测回间变换水平度盘位置的方法进行观测，以减弱这一项误差影响。

(2)仪器校正不完善所引起的误差。如望远镜视准轴不严格垂直于横轴、横轴不严格垂直与竖轴所引起的误差，可以采用盘左、盘右观测取平均的方法来消除，而竖轴不垂直于水准管轴所引起的误差则不能通过盘左、盘右观测取平均或其他观测方法来消除。因此，必须认真做好仪器的检验、校正工作。检验校正，应送交国家认可的检定部门检定，并定期送检。

2. 观测误差

（1）对中误差　仪器对中不准确，使仪器中心偏离测站中心的位移叫偏心距。对中引起的水平角观测误差与偏心距成正比，并与测站到观测点的距离成反比。因此，在进行水平角观测时，仪器的对中误差不应超出相应规范的要求，特别对于短边的角度进行观测时，精确对中尤为重要。

（2）整平误差　若仪器未能精确整平或在观测过程中气泡不再居中，竖轴就会偏离铅直位置。整平误差不能用观测方法来消除，此项误差的影响与观测目标时视线竖直角的大小有关，当观测目标与仪器视线大致同高时，影响较小；当观测目标时，视线竖直角较大，则整平误差的影响明显增大，此时，应特别注意认真整平仪器。当发现水难管气泡偏离零点超过一格以上时，应重新整平仪器，重新观测。

（3）目标偏心误差　由于测点上的目标倾斜而使照准目标偏离测点中心所产生的偏心差称为目标偏心误差。目标偏心是由于目标点的标志倾斜引起的。观测点上一般都是竖立标杆，当标杆倾斜而又瞄准其顶部时，标杆越长，瞄准点越高，则产生的方向值误差越大；边长短时误差的影响更大。为了减少目标偏心对水平角观测的影响，观测时，标杆要准确而竖直地立在测点上，且尽量瞄准标杆的底部。

（4）瞄准误差　引起误差的因素很多，如望远镜孔径的大小、分辨率、放大率、十字丝粗细、清晰等，人眼的分辨能力，目标的形状、大小、颜色、亮度和背景，以及周围的环境，空气透明度，大气的湍流、温度等。其中与望远镜放大率的关系最大。经计算，DJ6 级经纬仪的瞄准误差为 $\pm 2'' \sim \pm 2.4''$，观测时应注意消除视差，提高瞄准精度。

（5）读数误差　读数误差与读数设备、照明情况和观测者的经验有关。一般来说，主要取决于读数设备。对于 6″ 级光学经纬仪，估读误差一般不超过分划值的 0.2 倍，即不超过 $\pm 12''$。

3. 外界条件的影响

影响角度测量的外界因素很多，大风、松土会影响仪器的稳定；地面辐射热会影响大气稳定而引起物像的跳动；空气的透明度会影响照准的精度，温度的变化会影响仪器的正常状态等。这些因素都会在不同程度上影响测角的精度，要想完全避免这些影响是不可能的，观测者只能采取措施及选择有利的观测条件和时间，使这些外界因素的影响降低到最小的程度，从而保证测角的精度。例如，观测视线应避免从建筑物旁、冒烟的烟囱上面和近水面的空间通过，这些地方都会因局部气温变化而使光线产生不规则的折射，使观测效果受到影响。

3.5.2　水平角观测的精度

对于水平角观测的精度，通常以某级经纬仪的标称精度作为基础，应用误差传播定律进行分析，求得必要的数据，再结合由大量实测资料经统计分析来确定。下面仅以标称精度为基础进行分析。

设 J6 经纬仪室外一测回的方向中误差为 $m_{方} = \pm 6''$，由于角值是两个方向值之差，故一测回角值的中误差为：

$$m_角 = m_方\sqrt{2} = \pm6''\sqrt{2} = \pm8.5''$$

由于一测回方向值是两个半测回方向值的平均值，故半测回方向值的中误差为：

$$m_{半方} = m_{1方} \cdot \sqrt{2} = \pm6''\sqrt{2} = \pm8.5''$$

因归零差是半测回中零方向两次观测值之差，故归零差中误差：

$$m_{归零} = m_{半方} \cdot \sqrt{2} = \pm6''\sqrt{2} \cdot \sqrt{2} = \pm12''$$

取限差为中误差的 2 倍，故归零差限差为 $\pm24''$。

3.5.3 角度测量的注意事项

用经纬仪测角时，往往由于粗心大意而产生错误，如望远镜瞄准目标不正确、读错数等。因此，为了避免错误，提高测量成果精度，角度测量时应注意以下事项：

(1)仪器安置的高度要合适，三脚架要踩牢，仪器与脚架连接要牢固，观测时不能手扶或碰动脚架。

(2)对中、整平要准确，测角精度要求越高或边长越短的，对中要求越严格；如观测的目标之间高低相差较大时，更应注意仪器整平。

(3)在水平角观测过程中，如同一测回内发现照准部水准管气泡偏离中央位置，不允许重新调整水准管使气泡居中；若气泡偏离中央超过一格时，则需重新整平仪器，重新观测。

(4)观测竖直角时，每次读数之前，必须使竖盘指标水准管气泡居中或将自动归零装置设置在"ON"位置。

(5)标杆要竖立直于测点上，尽可能用十字丝交点瞄准标杆或测钎的底部；竖角观测时，宜用十字丝中丝切于目标的指定部位。

(6)记录要规范清晰，并当场计算校核，若误差超限应立即查明原因并重测。

(7)观测水平角时，同一个测回不能转动度盘变换手轮或按水平度盘复测扳钮。

3.6 电子经纬仪和全站仪

随着光电技术、计算机技术的发展，20 世纪 60 年代出现了电子经纬仪。电子经纬仪利用光电转换原理和微处理器自动测量度盘的读数并将测量结果输出到到仪器显示窗显示，如将其与电子手簿连接，可以自动储存测量结果。图 3-23 为我国南方测绘公司生产的 ET-02 型电子经纬仪。

3.6.1 电子经纬仪的特点

电子经纬仪与光学经纬仪相比有如下特点：

(1)仅需对准目标，若仪器内置有驱动马达及 CCD 系统，还可自动搜寻目标。

(2)水平度盘和竖直度盘读数同时显示，省去了估读过程；通过接口可直接将数据输入计算机，不需手工记入手簿，消除了读数、记录时的误差或人为错误。

(3)采用双轴倾斜传感器来检测仪器倾斜状态，由仪器倾斜所造成的水平角和竖直角误差，可通过电子系统进行自动补偿。

（4）角度计量单位(六十进制，弧度十进制，400gon 百进制，6400 密位)可自动换算。

（5）带有输入键盘，且有若干功能键。如：水平度盘读数置零或锁定，水平角左、右角转换，坡度显示等。

（6）可单次测量(精度较高)，也可动态跟踪目标连续测量(精度较低，用于施工放样)，且可选择不同的最小角度单位。

3.6.2　电子经纬仪测角原理

电子经纬仪测角仍然是采用度盘来进行。与光学经纬仪测角不同的是，电子测角是从特殊格式的度盘上取得电信号，根据电信号再转换成角度，并且自动地以数字形式输出，显示在电子显示屏上，并记录在储存器中。电子测角度盘根据获得电信号的方式不同，可分为编码度盘测角、光栅度盘测角和格区式度盘动态测角等。

图 3 – 23　ET – 02 电子经纬仪

1. 编码度盘测角原理

编码度盘属于绝对式度盘，即度盘的每一个位置均可读出绝对的数值。如图 3 – 24 所示为一二进制编码度盘。整个圆盘被均匀地分成 16 个扇形区间，每个扇形区间由里到外分成四个环带，称为四条码道。图中黑色部分表示透光区，白色部分表示不透光区。透光表示二进制代码"1"，不透光表示"0"。这样通过各区间的四条码道的透光和不透光，即可由里向外读出四位二进制数来。

利用这样一种度盘测量角度，关键在于识别照准方向所在的区间。例如，已知角度的起始方向在区间 1 内，某照准方向在区间 8 内，则中间所隔六个区间所对应的角度值即为该角角值。

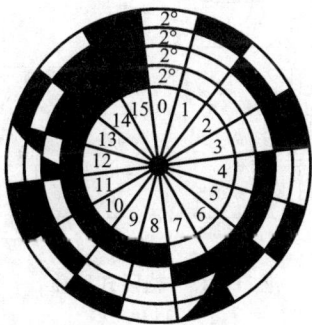

图 3 – 24　二进制编码度盘

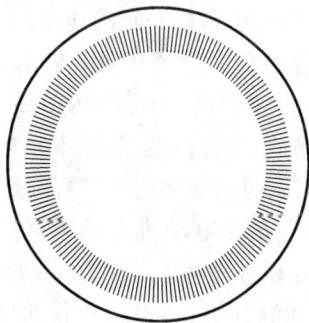

图 3 – 25　光栅度盘

2. 光栅度盘测角原理

在光学玻璃圆盘上全圆 360°均匀而密集地刻划出许多径向刻线，构成等间隔的明暗条——光栅，称做光栅度盘，如图 3 – 25 所示。通常光栅的刻线宽度与缝隙宽度相同，两者之和称为光栅的栅距。栅距所对应的圆心角即为栅距的分划值。如在光栅度盘上下对应位置安装照明器和光电接收管，光栅的刻线不透光，缝隙透光，即可把光信号转换为电信号。当照明器和接收管随照准部相对于光栅度盘转动时，由计数器计出转动所累计的栅距数，就可得到转动的角度值。因为光栅度盘是累计计数的，所以通常称这种系统为增量式读数系统。

仪器在操作中会发生顺时针转动和逆时针转动，因此计数器在累计栅距数时也有增有减。例如在瞄准目标时，如果转动过了目标，当反向回到目标时，计数器就会减去多转的栅距数。所以这种读数系统具有方向判别的能力，顺时针转动时就进行加法计数，而逆时针转动时就进行减法计数，最后结果为顺时针转动时相应的角值。

在 80 mm 直径的度盘上刻线密度已经达到 50 线/mm，如此之密，而栅距的分划值仍然很大(为 1′43″)，为了提高测角精度，还必须用电子方法对栅距进行细分，分成几十至上千等份。由于栅距太小，细分和计数都不易准确，所以在光栅测角系统中采用了莫尔条纹技术，借以将栅距放大，再细分和计数。莫尔条纹如图 3-26 所示，是用与光栅度盘相同密度和栅距的一段光栅(称为指示光栅)与光栅度盘以微小的间距重叠起来，并使两光栅刻线互成一微小的夹角 θ，这时就会出现放大的明暗交替的条纹，这些条纹就是莫尔条纹。

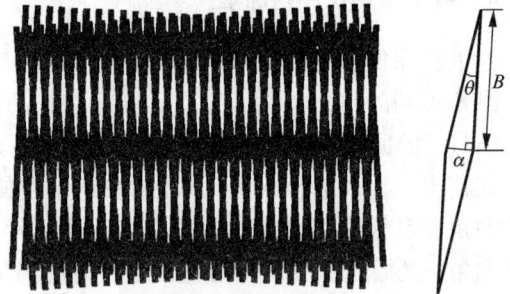

图 3-26 莫尔条纹

DT200 系列电子经纬仪采用的就是光栅度盘，其水平角、竖直角度数显示分辨率为 1″，测角精度可达 2″。

3. 格区式度盘动态测角原理

如图 3-27 所示为格区式度盘，度盘刻有 1 024 个分划，每个分划间隔包括一条刻线和一个空隙(刻线不透光，空隙透光)，其分划值为 ϕ_0。测角时度盘以一定的速度旋转，因此称为动态测角。度盘上装有两个指示光栏，L_S 为固定光栏，L_R 可随照准部转动，为可动光栅。两光栏分别安装在度盘的内、外缘。测角时，可动光栏 L_R 随照准部旋转，L_S 和 L_R 之间构成角度 ϕ_0。度盘在电动机带动下以一定的速度旋转，其分划被光栏上 L_S 和 L_R 扫描而计取两个光栅之间的分划数，从而求得角度值。

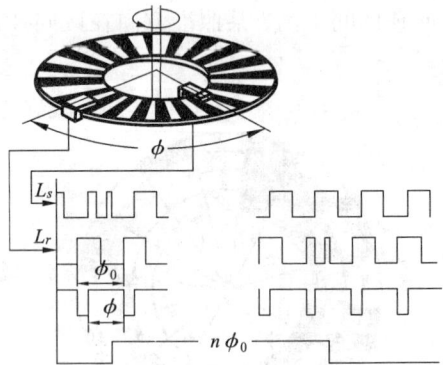

图 3-27 格区式度盘

瑞士徕卡公司威尔特厂生产的 T-2002 型电子经纬仪采用该形式的动态测角系统。

3.6.3 电子全站仪

全站仪是全站型电子速测仪的简称，它集电子经纬仪、光电测距仪和微处理器于一体。全站仪的外形和电子经纬仪相类似。图 3-28 是拓普康测绘仪器公司生产的 GTS-332 全站仪。在实际测量中，多数情况下需要角度和距离观测值，因此全站仪得到了广泛应用。全站仪的基本功能是在仪器照准目标后，通过微处理器的控制，能自动完成测距、水平方向和天顶距读数、观测数据的显示、存储等。

全站仪的主要特点有：

（1）水平角、垂直角、斜距自动显示，自动计算镜站坐标、高程、平距等数据；

（2）数据记录和存储方式多样：内存、PCMCIA 卡、串口通讯；

（3）自动对水平角和垂直角进行补偿；

（4）支持对距离进行气象改正和仪器常数改正；

（5）提供丰富的应用程序，例如：坐标放样、导线测量、后方交会、面积计算、悬高测量等；

（6）软件可升级，支持用户开发应用程序。

图 3 - 28　GTS - 332 全站仪

练习题

1. 什么是水平角？在同一铅垂面内，瞄准不同高度的目标，在水平度盘上的读数是否一样？

2. 什么是竖直角？为什么瞄准一个目标即可测得竖直角？

3. 什么是竖直度盘指标差？在观测中如何抵消指标差？

4. 观测水平角时，为什么要进行对中和整平？简述光学经纬仪对中和整平的方法。

5. 水平角测量的误差来源有哪些？在观测中如何抵消或削弱这些误差的影响？

6. 试述用测回法、方向观测法测量水平角的操作步骤。

7. 整理表 3 - 5 中测回法观测水平角的记录。

表 3 - 5　测回法观测手簿

测站	测回数	竖盘位置	目标	水平度盘读数 ° ′ ″	半测回角值 ° ′ ″	一测回角值 ° ′ ″	各测回平均角值 ° ′ ″	备注
O	1	左	A	01 10 00				
			B	91 43 00				
		右	A	181 10 15				
			B	271 43 12				
	2	左	A	90 10 24				
			B	180 43 30				
		右	A	271 10 33				
			B	01 43 44				

8. 角度测量中采用盘左、盘右观测可消除哪些测量误差？

9. 电子经纬仪有哪些特点？它与光学经纬仪的根本区别在哪里？

第4章 距离测量与直线定向

【**学习指导**】 距离测量是测量的基本工作之一。距离是指两点之间的直线长度。距离有平距和斜距之分。平距，即水平距离，是指两点间连线垂直投影在水平面上的长度；斜距，即倾斜距离，是指不在同一水平面上的两点间连线的长度。按照所用仪器、工具的不同，测量距离的方法可分为钢尺量距、视距测量、电磁波测距等。除了距离测量的有关内容外，本章还将介绍直线定向的有关知识。本章的重点和难点是视距测量的原理和坐标方位角的推算。

4.1 钢尺量距

4.1.1 量距工具

1. 钢尺

钢尺也称钢卷尺，它是由宽度 10 ~ 20 mm，厚度 0.1 ~ 0.4 mm 的薄钢带制成的带状尺，有盒装和架装两种。常用的钢尺按长度分，有 30 m 和 50 m 两种，钢尺的基本分划为毫米，在厘米、分米和整米处都有数字注记。按尺上零点位置的不同，钢尺有刻线尺和端点尺之分。在尺的前端刻有零分划线的称为刻线尺(图 4-1)；尺的零点是从尺环端起始的，称为端点尺(图 4-2)。刻线尺多用于地面点的丈量工作，端点尺多用于建筑物墙边开始的丈量工作较为方便。钢尺量距的相对精度一般高于 1/3 000。

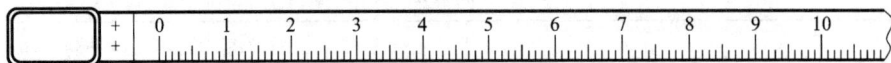

图 4-1 刻线尺

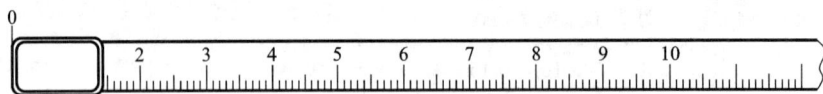

图 4-2 端点尺

2. 量距的辅助工具

钢尺量距的辅助工具有测钎、标杆、弹簧秤和温度计等(见图 4-3)。测钎一般用钢筋制成，上部弯成小圆环，下部磨尖，直径 3 ~ 6 mm，长度 30 ~ 40 cm。钎上可用油漆涂成红、白相间的色段。通常 6 根或 11 根系成一组。量距时，将测钎插入地面，用以标定尺端点的位置，亦可作为近处目标的瞄准标志。标杆多用木料或铝合金制成，直径约 3 cm、全长有 2 m、3 m 等几种规格，杆上油漆成红、白相间的色段，非常醒目。标杆下端装有尖头铁脚，便于插入地面，作为照准标志。弹簧秤和温度计分别用于控制拉力和测定温度，主要用于精度较高的量距工作。

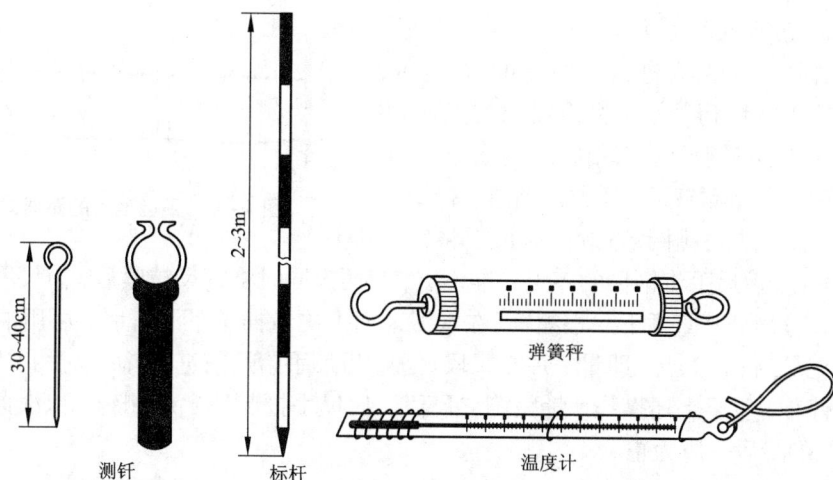

图 4-3　量距的辅助工具

4.1.2　直线定线

水平距离测量时，当地面上两点间的距离超过一整尺长时，或地势起伏较大，一尺段无法完成丈量工作时，逐段丈量时需要在两点的连线上标定出若干个点，这项工作称为直线定线。按精度要求的不同，直线定线有目估定线和经纬仪定线两种方法。

1. 目估定线

目估定线就是用目测的方法，用标杆将直线上的分段点标定出来。如图 4-4 所示，AB 是地面上互相通视的两个固定点，1，2，…为待定分段点。定线时，先在 A，B 点上竖立标杆，测量员位于 A 点后 1~2 m 处，视线将 A，B 两标杆同一侧相连成线，然后指挥测量员乙持标杆在 1 点附

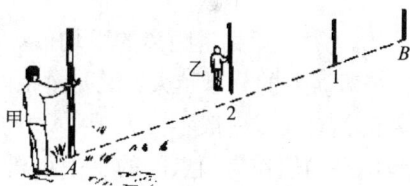

图 4-4　目估定线

近左右移动标杆，直至三根标杆的同侧重合到一起时为止。同法可定出 AB 方向上的其他分段点。定线时要将标杆竖直。在平坦地区，定线工作常与丈量距离同时进行，即边定线边丈量。

2. 经纬仪定线

若量距的精度要求较高或两端点距离较长时，宜采用经纬仪定线。如图 4-5 所示，欲在 AB 直线上定出 1，2，3 等点。在 A 点安置经纬仪，对中、整平后，用十字丝交点瞄准 B 点标杆根部尖端，然后制动照准部，望远镜可以上、下移动，并根据定点的远近进行望远

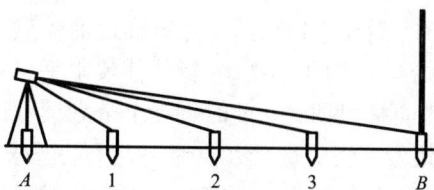

图 4-5　经纬仪定线

镜对光，指挥标杆左右移动，直至 1 点标杆下部尖端与竖丝重合为止；其他 2，3 等点的标定，只需将望远镜的俯角变化，即可定出。

4.1.3 钢尺量距的一般方法

1. 平坦地面的距离丈量

丈量工作一般由两人进行。如图 4−6 所示，清除待量直线上的障碍物后，在直线两端点 A，B 竖立标杆，后尺手持钢尺的零端位于 A 点，前尺手持钢尺的末端和一组测钎沿 AB 方向前进，行至一个尺段处停下。后尺手用手势指挥前尺手将钢尺

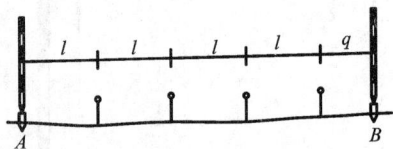

图 4−6　平坦地面的距离丈量

拉在 AB 直线上，后尺手将钢尺的零点对准 A 点，当两人同时将钢尺拉紧后，前尺手在钢尺末端的整尺段长分划处竖直插下一根测钎(在水泥地面上丈量插不下测钎时，可用油性笔在地面上划线做记号)得到 1 点，即量完一个尺段。前、后尺手抬尺前进，当后尺手到达插测钎或划记号处时停住，重复上述操作，量完第二尺段。后尺手拔起地上的测钎，依次前进，直到量完 AB 直线的最后一段为止。

最后一段长度一般不足一整尺，称为余长。丈量余长时，前尺手在钢尺上读取余长值。若设整尺长度为 l，余长为 q，共测了 n 个尺段，则 A，B 两点间的水平距离为：

$$D_{AB} = nl + q \tag{4−1}$$

在平坦地面，钢尺沿地面丈量的结果就是水平距离。为了防止丈量中发生错误和提高量距的精度，需要往、返丈量。上述为往测，返测时要重新定线。往、返丈量距离较差的相对误差 K 为：

$$K = \frac{|D_{AB} - D_{BA}|}{\overline{D}_{AB}} \tag{4−2}$$

式中，$\overline{D}_{AB}$ 为往、返丈量距离的平均值。在计算距离较差的相对误差时，一般将分子化为 1 的分式，相对误差的分母越大，说明量距的精度越高。对图根钢尺量距导线，钢尺量距往返丈量较差的相对误差一般不应大于 1/3 000，当量距的相对误差不超过上述规定时，取距离往、返丈量的平均值作为两点间的水平距离。

例如，A，B 的往测距离为 185.38 m，返测距离为 185.34 m，则相对误差 K 为：

$$K = \frac{|185.38 - 185.34|}{185.36} = \frac{1}{4\,634} < \frac{1}{3\,000}$$

2. 倾斜地面的距离丈量

（1）平量法

在倾斜地面上量距时，如果地面起伏不大时，可将钢尺拉平进行丈量。如图 4−7 所示，丈量时，后尺手以尺的零点对准地面 A 点，并指挥前尺手将钢尺拉在 AB 直线方向上，同时前尺手抬高尺子的一端，并目估使尺水平，将锤球绳紧靠钢尺上某一分划，用锤球尖投影于地面上，再插以插钎。此时钢尺上分划读数即为 A 和插钎两点间的水平距离。同法继续丈量其余各尺段。当丈量至 B 点时，应注意锤球尖必须对准 B 点。各测段丈量结果的总和就是 A，B 两点间的往测水平距离。为了方便起见，返测也应由高向低丈量。若精度符合要求，则取往返测的平均值作为最后结果。

（2）斜量法

当倾斜地面的坡度比较均匀时，如图 4−8 所示。沿斜坡丈量出 AB 的斜距 L，测出地面

倾斜角 α 或两端点的高差 h，按下式计算 A，B 两点间的水平距离 D

$$D = L\cos\alpha = \sqrt{L^2 - h^2} \qquad (4-3)$$

4.1.4　钢尺量距的精密方法

　　用一般方法量距，其相对精度只能达到 1/1 000 ~ 1/5 000。当要求量距的精度更高时，例如 1/5 000 ~ 1/10 000，就应使用精密方法丈量。精密量距的主要工具有：钢尺、弹簧秤、温度计、尺夹等。精密量距时，钢尺需经过检验，并得到其检定的尺长方程式，使用弹簧秤测定拉力，量取温度，计算拉力、温度等改正数。随着全站仪的普及，已经很少使用钢尺进行精密距离测量，其相关内容请参考有关书籍。

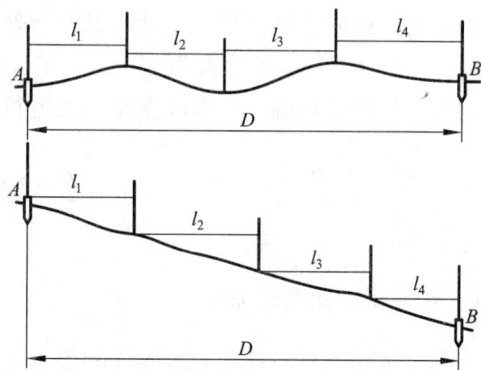

图 4-7　平量法

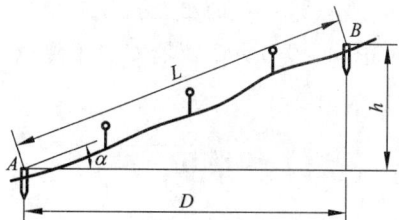

图 4-8　倾斜地面的距离丈量

4.1.5　钢尺量距的误差及注意事项

　　1. 尺长误差

　　钢尺的名义长度和实际长度不符，产生尺长误差。尺长误差是积累性的，它与所量距离成正比。

　　2. 定线误差

　　丈量时钢尺偏离定线方向，将使测线成为一折线，导致丈量结果偏大，这种误差称为定线误差。

　　3. 拉力误差

　　钢尺有弹性，受拉会伸长。钢尺在丈量时所受拉力应与检定时拉力相同。如果拉力变化 ± 2.6 kg，尺长将改变 ± 1 mm。一般量距时，只要保持拉力均匀即可。精密量距时，必须使用弹簧秤。

　　4. 钢尺垂曲误差

　　钢尺悬空丈量时中间下垂，称为垂曲，由此产生的误差为钢尺垂曲误差。垂曲误差会使量得的长度大于实际长度，故在钢尺检定时，亦可按悬空情况检定，得出相应的尺长方程式。在成果整理时，按此尺长方程式进行尺长改正。

　　5. 钢尺不水平的误差

　　用平量法丈量时，钢尺不水平，会使所量距离增大。对于 30 m 的钢尺，如果目估尺子水平误差为 0.5 m(倾角约 1°)，由此产生的量距误差为 4 mm。因此，用平量法丈量时应尽可能使钢尺水平。精密量距时，测出尺段两端点的高差，进行倾斜改正，可消除钢尺不水平的影响。

　　6. 丈量误差

　　钢尺端点对不准、测钎插不准、尺子读数不准等引起的误差都属于丈量误差。这种误差对丈量结果的影响可正可负，大小不定。在量距时应尽量认真操作，以减小丈量误差。

7. 温度改正

钢尺的长度随温度变化,丈量时温度与检定钢尺时温度不一致,或测定的空气温度与钢尺温度相差较大,都会产生温度误差。所以,精度要求较高的丈量,应进行温度改正,并尽可能用点温计测定尺温,或尽可能在阴天进行,以减小空气温度与钢尺温度的差值。

4.2 视距测量

4.2.1 普通视距测量的原理

视距测量是利用经纬仪、水准仪的望远镜内十字丝分划板的上的视距丝在视距尺(水准尺)上读数,根据光学和几何学原理,同时测定仪器到地面点的水平距离和高差的一种方法。这种方法具有操作简便、速度快、不受地面起伏变化的影响的优点,但测程较短,测距精度较低。目前,仅用于水准测量中的视线长度测量和常规测图中距离的测量。

1. 视线水平时的视距测量原理

如图 4 –9 所示,仪器安置于测点 A 上,视线水平,照准立于 B 点的标尺。

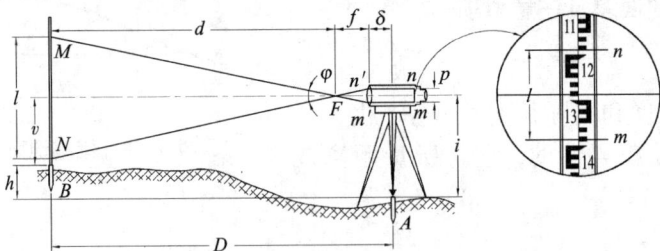

图 4 –9 视线水平时视距测量

设 d 为物镜前焦点 F 至视距尺间的距离,f 为物镜焦距,δ 为物镜至仪器中心的距离。由图 4 –9 可知,水平距离 D 可用下式表示:

$$D = d + f + \delta \tag{4 –4}$$

由于三角形 MFN 与 $m'Fn'$ 相似,设 p 为上、下两视距丝的间隔,l 为视距尺上所截取的尺间隔值,所以有:

$$\frac{d}{f} = \frac{l}{p} \tag{4 –5}$$

即 $\frac{f}{p} = \frac{d}{l}$,令 $\frac{f}{p} = K$,$C = f + \delta$,则有仪器中心 A 至视距尺 B 的水平距离 D 为:

$$D = Kl + C \tag{4 –6}$$

式中,K——仪器视距乘常数;

C——仪器视距加常数。

为了计算简便,在仪器设计时,通常使仪器乘数 $K = 100$,$C \approx 0$,因此视线水平时的视距计算公式为:

$$D = Kl = 100l \tag{4 –7}$$

2. 视线倾斜时的视距测量原理

在地形起伏较大的地区进行视距测量时，视准轴处于倾斜位置，与视距尺不垂直(视距尺仍铅直立于地面 B 点)。见图 4 – 10。对于这种情况，为便于公式的推导，设想视距尺绕 O 点旋转了一个 α 角(α 为视准轴的倾角)，使视距尺与视准轴垂直，若以 l' 表示上、下丝在旋转后的视距尺上截得的尺间隔，则 $l' = MN$，由式(4 – 7)，得仪器中心 Q 至点 O 的距离:

$$L = Kl' \qquad (4 – 8)$$

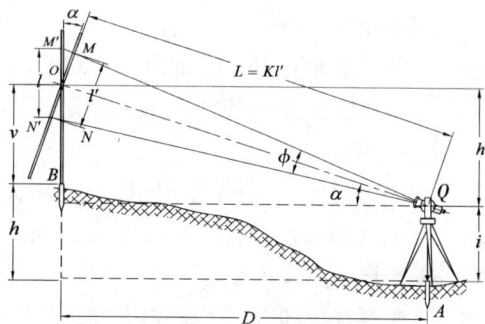

图 4 – 10 视线倾斜时的视距测量原理

实际上在 B 点上的视距尺是竖直的，读得的尺间隔是 $l(l = M'N')$，所以必须找出 l 与 l' 之间的关系。由于 $\angle NON' = \angle MOM' = \alpha$，又 $\angle OMM' = 90° + 0.5\phi$，$\angle ONN' = 90° - 0.5\phi$。因为 $K = 100$，仪器设计时 $K = 100$，那么相应的 φ 角约为 $34'23''$，则 $\varphi = 17'11.5''$，远小于 $90°$，故可将 $\angle OMM'$ 与 $\angle ONN'$ 视为直角，则由图 4 – 10 可得:

$$MO = M'O\cos\alpha \qquad (4 – 9)$$

$$NO = N'O\cos\alpha \qquad (4 – 10)$$

因为 $M'N' = l$，$MN = l'$，则

$$MN = MO + NO = (M'O + N'O)\cos\alpha = M'N'\cos\alpha \qquad (4 – 11)$$

即，

$$l' = l\cos\alpha \qquad (4 – 12)$$

将式(4 – 12)代入式(4 – 8)中，得倾斜距离为:

$$L = Kl\cos\alpha \qquad (4 – 13)$$

则 A，B 两点间的水平距离为:

$$D = L\cos\alpha = Kl\cos^2\alpha \qquad (4 – 14)$$

上式即为视线倾斜时的视距计算公式。

设 A，B 两点的高差为 h，仪器高为 i，觇标高为 v，由图 4 – 10 可列方程:

$$h + v = h' + i \qquad (4 – 15)$$

式中，

$$h' = L\sin\alpha = Kl\cos\alpha\sin\alpha = \frac{1}{2}Kl\sin2\alpha = D\tan\alpha \qquad (4 – 16)$$

将其代入式(4 – 14)，得高差计算公式:

$$h = h' + i - v = \frac{1}{2}Kl\sin2\alpha + i - v = D\tan\alpha + i - v \qquad (4 – 17)$$

4.2.2 视距测量误差分析

1. 读数误差

读取视距尺间隔的误差是视距测量误差的主要来源，因为视距尺间隔乘以常数，其误差也随之扩大 100 倍。视距尺上的读数误差与尺子最小刻划、距离的大小、望远镜的放大倍率及成像清晰情况有关。

2. 视距尺倾斜的误差

视距尺立不直将给视距测量带来误差，其影响总是使距离增大。

3. 竖直角的观测误差

从视距测量原理可知，竖直角误差对于水平距离影响不显著，而对高差影响较大，故用视距测量方法测定高差时应注意准确测定竖直角。

4. 外界环境的影响

由于视线通过的大气密度不同而产生垂直折光差，而且视线越接近地面垂直折光差的影响也越大。空气对流使成像不稳定产生影响。这种现象在视线通过水面和接近地表时较为突出，特别在烈日下更为严重。

此外，视距常数和视距尺分划不准，也会对距离产生影响。实践表明，视距测量相对精度一般为 1/200 ~ 1/300。

4.2.3 视距测量的注意事项

（1）为减少垂直折光的影响，观测时应尽可能使视线离地面 1m 以上，并尽量避免大面积水域。

（2）作业时，要将视距尺竖直，并尽量采用带有水准器的视距尺。

（3）要严格测定视距常数，扩值应在 100 ± 0.1 之内，否则应加以改正。

（4）视距尺一般应是厘米刻划的整体尺。如果使用塔尺应注意检查各节尺的接头是否准确。

（5）观测时，应仔细对光，消除视差，在成像清晰、稳定的情况下进行观测。

4.3   电磁波测距

随着光电技术的发展，电磁波测距仪的使用愈来愈广泛。电磁波测距（electro - magnetic distance measuring，简称 EDM）是用电磁波（光波或微波）作为载波传输测距信号，以测量两点间距离的一种方法。与传统量距方法比较，电磁波测距具有测程远、精度高、操作简便、作业速度快和劳动强度低等优点。电磁波测距仪按测程，可分为短程测距仪（<3 km）、中程测距仪（3 ~ 15 km）和远程测距仪（>15 km）三类。按测距精度来分，可分为Ⅰ级测距仪（<5 mm）、Ⅱ级测距仪（5 ~ 10 mm）和Ⅲ级测距仪（>10 mm）三类。按其使用的载波，可分为微波测距仪和光电测距仪。采用微波段的电磁波作为载波的称为微波测距仪；采用光波或激光作为载波的称为光电测距仪。

4.3.1   光电测距的基本原理

如图 4 - 11 所示，光电测距仪是通过测量光波在待测距离 D 上往返传播一次所需要的时间 T_{2D}，则待测距离 D 可表示为：

$$D = \frac{1}{2} \cdot c \cdot T_{2D} \qquad (4 - 18)$$

图 4 - 11   光电测距原理

式中，$c = c_0/n$ 为光在大气中的传播速度，$c_0 = 299\ 792\ 458$ m/s ± 1.2 m/s，为光在真空中

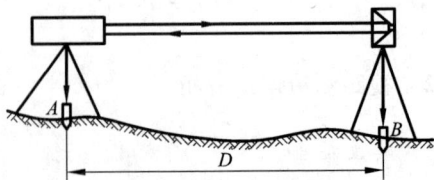

的传播速度；n 为大气折射率（$n \geqslant 1$），它是光波长 λ、大气温度 t 和气压 p 的函数，即：

$$n = f(\lambda, t, p) \tag{4-19}$$

由于 $n \geqslant 1$，所以 $c \leqslant c_0$，即光在大气中的传播速度要小于其在真空中的传播速度。红外测距仪一般采用 GaAs（砷化镓）发光二极管发出的红外光作为光源，其波长 $\lambda = 0.85 \sim 0.93$ μm。对一台红外测距仪来说，λ 是一个常数。由式（4-19）可知，影响光速的大气折射率 n 只随大气的温度 t 及气压 p 而变化。这就要求在光电测距作业中，应实时测定现场的大气温度和气压，并对所测距离施加气象改正。

根据测量光波在待测距离 D 上往返传播一次所需要的传播时间 t_{2D} 方法的不同，光电测距仪可分为脉冲式光电测距仪和相位式光电测距仪两种。高精度的测距仪，一般采用相位式。

相位式光电测距仪的测距原理是：由光源发出的光通过调制器后，成为光强随高频信号变化的调制光。通过测量调制光在待测距离上往返传播的相位差 ϕ 来解算距离。相位法测距相当于用"光尺"代替钢尺量距，而 $\lambda/2$ 为光尺长度。相位式测距仪中，相位计只能测出相位差的尾数 ΔN，测不出整周期数 N，因此对大于光尺的距离无法测定。为了扩大测程，应选择较长的光尺。为了解决扩大测程与保证精度的矛盾，短程测距仪上一般采用两个调制频率，即两种光尺。例如：长光尺（称为粗尺）$f_1 = 150$ kHz，$\lambda_1/2 = 1\ 000$ m，用于扩大测程，测定百米、十米和米；短光尺（称为精尺）$f_2 = 15$ MHz，$\lambda_2/2 = 10$ m，用于保证精度，测定米、分米、厘米和毫米。

4.3.2　光电测距的标称精度

光电测距仪的标称精度表达式可以写成：

$$m_D = a + b \times D \tag{4-20}$$

式中，m_D——测距中误差，mm；

　　　a——固定误差，mm；

　　　b——比例误差系数，mm/km；

　　　D——距离值，km。

此误差在仪器说明书中给出。如某型号测距仪的标称精度为 $\pm(3\ \text{mm} + 2 \times 10^{-6})$，即表明该仪器的固定误差为 3 mm，比例误差为 2 mm/km。

4.3.3　光电测距仪及其使用方法

1. 仪器结构

主机通过连接器安置在经纬仪上部，经纬仪可以是普通光学经纬仪，也可以是电子经纬仪。利用光轴调节螺旋，可使主机的发射－接受器光轴与经纬仪视准轴位于同一竖直面内。另外，测距仪横轴到经纬仪横轴的高度与觇牌中心到反射棱镜高度一致，从而使经纬仪瞄准觇牌中心的视线与测距仪瞄准反射棱镜中心的视线保持平行，配合主机测距的反射棱镜，根据距离远近，可选用单棱镜（1500 m 内）或三棱镜（2 500 m 内），棱镜安置在三脚架上，根据光学对中器和长水准管进行对中整平。

2. 仪器主要技术指标及功能

短程红外光电测距仪的最大测程为 2 500 m，测距精度可达 $\pm(3\ \text{mm} + 2 \times 10^{-6})$；最小读

数为 1 mm；仪器设有自动光强调节装置，在复杂环境下测量时也可人工调节光强；可输入温度、气压和棱镜常数自动对结果进行改正；可输入垂直角自动计算出水平距离和高差；可通过距离预置进行定线放样；若输入测站坐标和高程，可自动计算观测点的坐标和高程。测距方式有正常测量和跟踪测量，其中正常测量所需时间为 3 s，还能显示数次测量的平均值；跟踪测量所需时间为 0.8 s，每隔一定时间间隔自动重复测距。

3. 仪器操作与使用

(1)安置仪器　先在测站上安置好经纬仪，对中、整平后，将测距仪主机安装在经纬仪支架上，用连接器固定螺丝锁紧，将电池插入主机底部、扣紧。在目标点安置反射棱镜，对中、整平，并使镜面朝向主机。

(2)观测垂直角、气温和气压　用经纬仪十字横丝照准觇板中心，测出垂直角 α。同时，观测和记录温度和气压计上的读数。观测垂直角、气温和气压，目的是对测距仪测量出的斜距进行倾斜改正、温度改正和气压改正，以得到正确的水平距离。

(3)测距准备　按电源开关键"PWR"开机，主机自检并显示原设定的温度、气压和棱镜常数值，自检通过后将显示正常。若修正原设定值，可输入温度、气压值或棱镜常数。一般情况下，只要使用同一类的反光镜，棱镜常数不变，而温度、气压每次观测均可能不同，需要重新设定。

(4)距离测量　调节主机照准轴水平调整手轮(或经纬仪水平微动螺旋)和主机俯仰微动螺旋，使测距仪望远镜精确瞄准棱镜中心。精确瞄准后，按测量键，主机将测定并显示经温度、气压和棱镜常数改正后的斜距。

4.3.4　光电测距的注意事项

(1)气象条件对光电测距影响较大，微风的阴天是观测的良好时机。
(2)测线应尽量离开地面障碍物 1.3 m 以上，避免通过发热体和较宽水面的上空。
(3)测线应避开强电磁场干扰的地方，例如测线不宜接近变压器、高压线等。
(4)镜站的后面不应有反光镜和其他强光源等背景的干扰。
(5)要严防阳光及其他强光直射接收物镜，避免光线经镜头聚焦进入机内，将部分元件烧坏，阳光下作业应撑伞保护仪器。

由上述讨论可知，光电测距与钢尺量距或视距测量相比，具有精度高、测程长、自动化程度高、劳动强度低、不受地形条件限制等优点。当前，光电测距技术已广泛应用于工程建设中。

4.4　直线定向

确定地面上两点之间的相对位置，除了需要测定两点之间的水平距离外，还需确定两点所连直线的方向。一条直线的方向，是根据某一标准方向来确定的。确定直线与标准方向之间的关系，称为直线定向。

4.4.1　标准方向

测量工作中常用的标准方向有三种：真子午线方向，坐标纵轴方向和磁子午线方向。

1. 真子午线方向(真北方向)

通过地球表面某点的真子午线的切线方向,称为该点的真子午线方向。真子午线方向可用天文测量方法测定,如观测太阳、北极星等,也可采用陀螺经纬仪测定。

2. 坐标纵线方向(坐标北方向)

在高斯平面直角坐标系中,坐标纵轴线方向就是地面点所在投影带的中央子午线方向。在同一投影带内,各点的坐标纵轴线方向是彼此平行的。

3. 磁子午线方向(磁北方向)

磁子午线方向是在地球磁场作用下,磁针在某点自由静止时其轴线所指的方向。磁子午线方向可用罗盘仪测定。

上述三个北方向通常称为"三北"方向。在一般情况下,它们是不一致的,如图 4 - 12 所示。

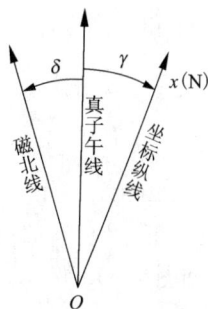

图 4 - 12 三北方向

4.4.2 子午线收敛角与磁偏角

1. 子午线收敛角

地球表面某点的真子午线方向与该点坐标纵线方向之间的夹角,称为子午线收敛角,用 γ 表示。坐标纵线偏向真子午线以东为东偏,以西为西偏,东偏为正,西偏为负,如图 4 - 13 所示。

子午线的收敛角有严密的计算公式,在普通测量中可按如下近似公式计算:

$$\gamma = \Delta L \sin B \qquad (4 - 21)$$

式中, ΔL ——测站点与中央子午线的经度差,以弧度为单位;

B ——测站点的纬度。

图 4 - 13 子午线收敛角

2. 磁偏角

由于地球磁场的南、北极与地球的南、北极并不一致,因此某点的磁子午线方向和真子午线方向间有一夹角,这个夹角称为磁偏角,用 δ 表示,如图 4 - 12 所示。磁子午线偏向真子午线以东为东偏,以西为西偏,东偏为正,西偏为负。

地球上磁偏角的大小,不是固定不变的,而是因地而异;同一地点,也随时间有微小变化,有周年变化和周日变化。发生磁暴时和在磁力异常地区,如磁铁矿和高压线附近,磁偏角将会产生急剧变化而影响测量。

4.4.3 直线方向的表示方法

常见直线方向的表示方法有方位角和象限角两种。

1. 方位角

测量工作中,常采用方位角表示直线的方向。所谓方位角,是从标准方向北端起,顺时针方向量至某直线的水平夹角。方位角取值范围是 0° ~ 360°。因标准方向有真子午线方向、

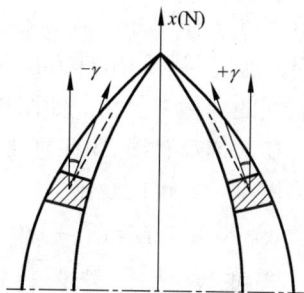

磁子午线方向和坐标纵线方向之分，对应的方位角分别称为真方位角 A，磁方位角 A_m 和坐标方位角 α，如图 4-14 所示。图中给出了直线的 OB 真方位角 A，磁方位角 A_m 和坐标方位角 α，从图中可以看出它们的换算关系如下：

$$A = \alpha + \gamma \qquad (4-22)$$
$$A = A_m + \delta \qquad (4-23)$$

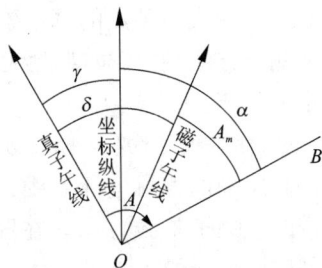

图 4-14　方位角及其关系

2. 坐标方位角

(1) 正、反坐标方位角

如图 4-15 所示，以 A 为起点、B 为终点的直线 AB 的坐标方位角 α_{AB}，称为直线 AB 的坐标方位角。而直线 BA 的坐标方位角 α_{BA}，称为直线 AB 的反坐标方位角。由图 4-15 中可以看出正、反坐标方位角间的关系为：

$$\alpha_{AB} = \alpha_{BA} \pm 180° \qquad (4-24)$$

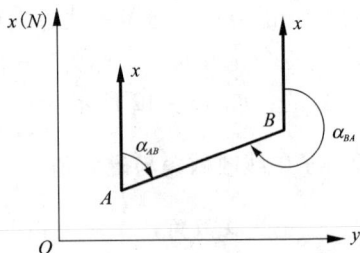

图 4-15　正、反坐标方位角

(2) 坐标方位角的推算

在实际工作中并不需要测定每条直线的坐标方位角，而是通过与已知坐标方位角的直线连测后，推算出各直线的坐标方位角。如图 4-16 所示，已知直线 12 的坐标方位角 α_{12}，观测了水平角 β_2 和 β_3，要求推算直线 23 和直线 34 的坐标方位角。

由图 4-16 可以看出：

$$\alpha_{23} = \alpha_{21} - \beta_2 = \alpha_{12} + 180° - \beta_2$$
$$\alpha_{34} = \alpha_{32} + \beta_3 - 360° = \alpha_{23} - 180° + \beta_3$$

因 β_2 在推算路线前进方向的右侧，该转折角称为右角；β_3 在推算路线前进方向左侧，称为左角。从图 4-16 可归纳出推算坐标方位角的一般公式为：

$$\alpha_{前} = \alpha_{后} + 180° + \beta_{左} \qquad (4-25)$$
$$\alpha_{前} = \alpha_{后} + 180° - \beta_{右} \qquad (4-26)$$

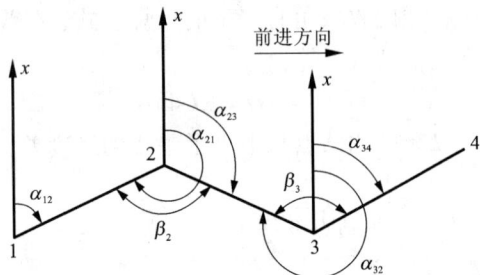

图 4-16　坐标方位角的推算

计算中，如果 $\alpha_{前} > 360°$，应减去 $360°$；如果 $\alpha_{前} < 0°$，则加上 $360°$。

3. 象限角

直线与标准方向线所夹的锐角称为象限角，如图 4-17 所示。象限角的取值范围为 $0° \sim 90°$，用 R 表示。由于象限角自北端或南端量起，所以用象限角表示直线的方向时，不仅要注明其角度大小，而且要注明其所在象限；同时也可以这样表示：例如图 4-17 中 OA、OB、OC、OD 这四条直线的象限角可分别表示为：北偏东 30 度（N30°E），南偏东 30 度（S30°E），南偏西 30 度（S30°W）和北偏西 30 度（N30°W）。方位角和象限角可以互相换算，

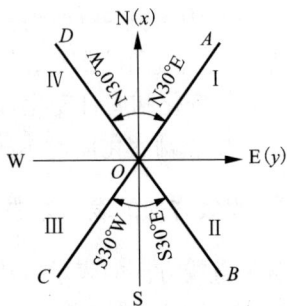

图 4-17　象限角

换算方法见表 4 - 1。

表 4 - 1 坐标方位角与象限角的换算

直线方向	由 α 求 R	由 R 求 α
北东(NE)第Ⅰ象限	$R = \alpha$	$\alpha = R$
南东(SE)第Ⅱ象限	$R = 180° - \alpha$	$\alpha = 180° - R$
南西(SW)第Ⅲ象限	$R = \alpha - 180°$	$\alpha = 180° + R$
北西(NW)第Ⅳ象限	$R = 360° - \alpha$	$\alpha = 360° - R$

练习题

1. 如何衡量距离测量精度? 现测量了两段距离 AB 和 CD, AB 往测 256.36 m, 返测 256.30 m; CD 往测 167.32 m, 返测 167.28 m。问哪段距离的测量精度较高?

2. 简述相位式测距原理。

3. 电磁波测距仪是如何分类的?

4. 测距仪的距离观测值需要进行哪些改正?

5. 直线定线的目的是什么? 有哪些方法? 如何进行?

6. 简述用钢尺在平坦地面量距的步骤。

7. 测距仪的标称精度是怎么定义的?

8. 什么叫直线定向? 它和直线定线有何区别?

第5章 测量误差的基本理论与应用

【学习指导】 理解误差、精度、权等基本概念，了解偶然误差的统计特性，掌握衡量精度的常用指标及其数学描述。运用误差传播定律分析测量误差传播问题，掌握独立观测值的最可靠值的计算方法及精度评定方法。

5.1 测量误差的基本概念

在测量工作中，大量实践表明，当用测量仪器对某一未知量进行多次观测时，各观测值之间总存在着差异。例如，在相同观测条件下，水准测量同一路线的往、返测高差之间的差异，同一角度各测回的角度之间的差异，某段距离往、返丈量若干次之间的差异等等。这些现象说明了测量结果不可避免地存在误差。

在相同观测条件下(即在相同的外界环境下，相同的人以相同的方法使用相同的仪器)对某个量 l 进行了多次重复观测，得到的一系列观测值 l_1，l_2，$\cdots$，l_n 一般互不相等。设观测量的真值为 $\tilde{l}$，则观测量的测量误差 Δ_i 定义为

$$\Delta_i = l_i - \tilde{l} \tag{5-1}$$

产生测量误差的原因主要有：仪器误差、观测误差和外界环境。测量误差按其产生的原因和对观测结果的影响性质的不同，可以分为系统误差、偶然误差和粗差三类。

5.1.1 系统误差

在相同的观测条件下，对某一量进行一系列的观测，如果出现的误差在符号、大小上表现出系统性，或在观测过程中按一定的规律变化，或者为一常数，这种误差称为系统误差，记为 Δ_s。

例如，用名义长度为 30 m 而实际长度为 30.006 m 的钢尺量距，每丈量一整尺段就量短了 0.006 m，即产生 0.006 m 的误差。这种量距误差的符号不变都是负的，且与所量距离的长度成正比，有积累性，是系统误差。另外，温度的变化引起钢尺量距的误差值可以用钢的线性膨胀公式计算出来，有规律性，是系统误差。

系统误差有规律性，处理系统误差的方法如下：

(1)先找到系统误差规律性，再通过对观测值加改正数，以消除或削弱系统误差的影响。例如，用钢尺量距时，通过对钢尺进行检定求出尺长改正数，对观测结果加上尺长改正数，先求得温度对量距的影响公式，再对观测结果加温度改正数。

(2)采用合理的观测程序，可以在数据处理时加以抵消(或抵消一部分)系统误差。如水准测量时，采用前后视距相等的对称观测，可以消除由于视准轴不平行于水准管轴所引起的误差；经纬仪测水平角时，用盘左、盘右观测取中数的方法可以消除视准轴误差等系统误差。

(3)检校仪器。通过精确检校仪器，使仪器残留误差尽量小，以减少仪器系统误差对观测成果的影响。

（4）有些系统误差，我们知道它有规律，但对其规律性掌握不够，这时还要在数据处理中设法予以消除或减弱其影响。如 GPS 的差分观测值可以抵消相当一部分电离层和对流层折射引起的 GPS 信号的路径传播误差，这种误差属于系统误差，但我们对其规律性掌握还不够，所以还要在数据处理中设法消除其影响。

5.1.2 偶然误差

其符号和大小呈偶然性，单个偶然误差没有规律，大量的偶然误差有统计规律，这种误差称为偶然误差，或随机误差，又称为真误差。记为 Δ_a。

例如，三等、四等水准测量时，在 cm 分划的水准标尺上估读 mm 位时，有时估读的数过大，有时估读的数偏小；使用经纬仪测量水平角时，大气折光使望远镜中目标的成像不稳定，引起瞄准目标有时偏左，有时偏右，这些都是偶然误差。

观测值中的偶然误差，常常是按数理统计的理论和方法进行处理的。例如通过多次测量取平均值可以减少直接观测值的偶然误差的影响，但不能完全消除偶然误差的影响。

5.1.3 粗差

粗差是一种大量级的观测误差，是指比在正常的观测条件下所可能出现的最大误差还要大的误差。粗差是由于观测者的粗心或各种干扰因素造成的，所以又称为粗大误差或疏失误差。记为 Δ_g。

例如，观测时瞄错目标，读错数等。凡含有粗差的观测值应舍去不用。

在观测中应尽量避免粗差，发现粗差的有效方法是进行必要的重复观测。根据观测条件，采用必要而又严密的检核、验算等来发现粗差。

对粗差的处理，也可按现代测量数据处理理论和方法，探测粗差的存在并剔除粗差。

由此，误差可以表示为

$$\Delta = \Delta_a + \Delta_s + \Delta_g \tag{5-2}$$

一般而言，只要严格遵守规范，工作中仔细谨慎并对观测成果认真检核，系统误差和粗差是可以发现和消除的，即使不能完全消除，也可以将其影响削弱到可以忽略不计的程度，故有 $\Delta_g + \Delta_s \approx 0$，$\Delta \approx \Delta_a$。本书中以后凡提到误差，通常认为它只包含有偶然误差或者称真误差。

5.2 偶然误差的统计特性

观测结果中不可避免地存在偶然误差，单个偶然误差的符号和大小没有规律，但是，如果观测的次数很多，其大量的偶然误差会呈现出一定的统计规律性。统计的数量越大，其规律性也越明显。下面结合某观测实例，用统计方法来说明这种规律性。

由于偶然误差是观测值与真值之差，其中直接观测值的真值一般是不知道的，所以直接观测值的偶然误差很难直接计算，但有时观测量函数的真值是已知的，例如，将一个三角形内角和闭合差的观测值定义为

$$\omega_i = (\beta_1 + \beta_2 + \beta_3)_i - 180° \tag{5-3}$$

则它的真值为 $\tilde{\omega}_i = 0$，根据真误差的定义可以求得 ω_i 的真误差为

$$\delta_I = \omega_i - \tilde{\omega}_i = \omega_i \qquad (5-4)$$

上式说明,任一三角形闭合差的真误差就等于闭合差本身。

某测区,在相同的观测条件下共观测了 358 个三角形的全部内角,将计算出的 358 个三角形闭合差划分为正误差、负误差,分别在正、负误差中按照绝对值由小到大排列,以误差区间 $d\Delta = \pm 3''$ 统计误差个数 k,并计算其相对个数 k/n 也称为频率,结果列于表 5-1。

表 5-1 偶然误差统计结果

误差区间 $d\Delta('')$	负误差		正误差		误差绝对值	
	k	k/n	k	k/n	k	k/n
0~3	45	0.126	46	0.128	91	0.254
3~6	40	0.112	41	0.115	81	0.226
6~9	33	0.092	33	0.092	66	0.184
9~12	23	0.064	21	0.059	44	0.123
12~15	17	0.047	16	0.045	33	0.092
15~18	13	0.036	13	0.036	26	0.073
18~21	6	0.017	5	0.014	11	0.031
21~24	4	0.011	2	0.006	6	0.017
24 以上	0	0	0	0	0	0
k	181	0.505	177	0.495	358	1.000

以 Δ 为横坐标,以 $y = \dfrac{k}{n}/d\Delta$ 为纵坐标作直方图如图 5-1 所示。

由图 5-1 可以总结出偶然误差的统计规律如下:

①偶然误差有界,或者说在一定观测条件下的有限观测中,偶然误差的绝对值不会超过一定的限值;

②绝对值较小的误差出现的频率较大,绝对值较大的误差出现的频率较小;

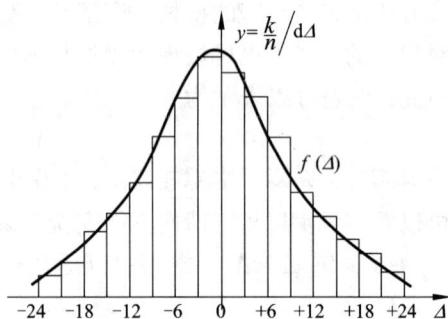

图 5-1 偶然误差频率直方图

③绝对值相等的正、负误差出现的频率大致相等;

④当观测次数 $n \to \infty$ 时,偶然误差的平均值趋近于零,即

$$\lim_{n \to \infty} \frac{[\Delta]}{n} = 0 \qquad (5-5)$$

式中,$[\Delta] = \Delta_1 + \Delta_2 + \cdots + \Delta_n = \sum\limits_{i=1}^{n} \Delta_i$。在测量中,常用 [ ] 表示括号中数值的代数和。

当误差的个数 $n \to \infty$,误差区间 $d\Delta \to 0$ 时,图 5-1 中各小长条矩形顶边的折线将变成一条光滑曲线。该曲线在概率论中称为正态分布曲线,曲线的函数形式为

$$y = f(\Delta) = \frac{1}{\sqrt{2\pi}\sigma} e^{-\frac{\Delta^2}{2\sigma^2}} \tag{5-6}$$

称式(5-6)为正态分布概率密度函数,又称为高斯分布。

将前面总结的偶然误差的四个统计特性用式(5-6)表示如下:

①$\Delta \to \infty$, $f(\Delta) \to 0$;

②如$|\Delta_1| > |\Delta_2|$, 则有$f(\Delta_1) < f(\Delta_2)$;

③$f(-\Delta) = f(\Delta)$, 也即$f(\Delta)$关于y轴对称;

④$E(\Delta) = 0$。

在概率论中,称Δ为随机变量。当Δ为连续型随机变量时,可以证明

$$E(\Delta) = \int_{-\infty}^{+\infty} \Delta f(\Delta) \, \mathrm{d}\Delta = \int_{-\infty}^{+\infty} \Delta \frac{1}{\sqrt{2\pi}\sigma} e^{-\frac{\Delta^2}{\sigma^2}} \mathrm{d}\Delta = 0 \tag{5-7}$$

$$\mathrm{var}(\Delta) = E(\Delta - E(\Delta))^2 = E(\Delta^2) \int_{-\infty}^{+\infty} \Delta^2 \frac{1}{\sqrt{2\pi}\sigma} e^{-\frac{\Delta^2}{\sigma^2}} \mathrm{d}\Delta = \sigma^2 \tag{5-8}$$

式中,$E(\Delta)$为随机变量Δ的数学期望;$\mathrm{var}(\Delta)$为方差;σ为标准差,测量上又称为中误差。当Δ为离散型随机变量时,上述两变成

$$E(\Delta) = \lim_{n \to \infty} \frac{[\Delta]}{n} = 0 \tag{5-9}$$

$$\mathrm{var}(\Delta) = E(\Delta^2) = \lim_{n \to \infty} \frac{[\Delta\Delta]}{n} = \sigma^2 \tag{5-10}$$

5.3 精度与衡量精度的指标

5.3.1 精度

精度是指一组误差分布的密集或离散程度。在相同的观测条件下进行的一组观测,它对应着一种确定的误差分布。如果误差分布较为密集,则这一组观测精度较高;如果误差分布较离散,则这一组精度较低。

5.3.2 衡量精度的指标

在相同的观测条件下,对某一量所进行的一组观测对应着一种误差分布,因此,这一组中的每一个观测值的精度相同,称为一组同精度观测值。为了方便,人们常常用具体的数字来反映误差分布的密集或离散程度——精度,把这种具体的能反映误差分布的密集或离散程度的数字称为衡量精度的指标。下面介绍几种常用的衡量精度的指标。

1. **标准差与中误差**

设对某真值$\tilde{l}$已知的量进行了n次同精度独立观测,得观测量的真误差为Δ_1,Δ_2,$\cdots$,$\Delta_n(\Delta_i = l_i - \tilde{l})$,由式(5-10)可以求得该组观测值的标准差为

$$\sigma = \pm \lim_{n \to \infty} \sqrt{\frac{[\Delta\Delta]}{n}} \tag{5-11}$$

在测量实际工作中,观测次数n总是有限的,故只能求出标准差的估值$\hat{\sigma}$,人们将标准

差的估值 $\hat{\sigma}$ 称为中误差,用 m 表示,即有

$$\hat{\sigma} = m = \pm \sqrt{\frac{[\Delta\Delta]}{n}} \qquad (5-12)$$

[例 5-1] 某段距离使用精密量距工具钢瓦基线尺丈量的长度为 49.984 m,因其精度高,可视为真值。使用 50 m 钢尺量该距离 6 次,观测值列于表 5-2,试求该钢尺一次丈量 50 m 的中误差。

解 因为是同精度独立观测,所以,6 次距离观测值中每个观测值的中误差都相同,设为 m。

这时可按式(5-1)计算出 $\Delta_1, \Delta_2, \cdots, \Delta_n (\Delta_i = l_i - \tilde{l})$,再按式(5-12)计算出 m,其计算结果如表 5-2 所示。由于观测次数 n 值太小,所以所计算的中误差只能作为参考,不宜作为评定精度的指标。

表 5-2

观测次序	观测值(m)	Δ(mm)	$\Delta\Delta$	计　　　算
1	49.998	4	16	
2	49.975	-9	81	$\Delta = $ 观测值 -49.984
3	49.981	-3	9	
4	49.978	-6	36	$m = \pm\sqrt{\dfrac{[\Delta\Delta]}{n}} = \pm\sqrt{\dfrac{151}{6}} = \pm 5.02$ mm
5	49.987	+3	9	
6	49.984	0	0	
Σ			151	

2. 相对中误差

对于某些观测结果,单用中误差还不能完全表达观测结果的质量。例如,用钢尺分别丈量 1 000 m 和 800 m 的两段距离,中误差均为 ±20 cm。不难理解,该例中,1 000 m 的距离观测值的质量要优于 800 m 的距离观测值。此时,单纯地采用中误差不足以衡量距离丈量的精度,而应采用相对中误差来衡量距离丈量的精度。

相对中误差是指观测值中误差的绝对值 $|m_D|$ 与观测值 D 之比,其定义为

$$K = \frac{|m_D|}{D} = \frac{1}{\dfrac{D}{|m_D|}} \qquad (5-13)$$

如上述两段距离,前者的相对中误差为 0.2/1 000 = 1/5 000,而后者的相对中误差则为 0.2/800 = 1/4 000,显然前者的量距精度高于后者。

相对中误差无单位,在计算相对中误差时,应注意将分子和分母的单位化统一。且习惯上人们将相对中误差的分子化为 1,分母是一个比较大的数来表示。分母越大,则相对中误差越小,精度就越高。

3. 极限误差

由前述知,在一定的观测条件下,偶然误差的绝对值不会超过一定的限值。由概率统计知,在大量同精度观测的一组误差中,误差 Δ 落在区间 $(-\sigma, +\sigma)$、$(-2\sigma, +2\sigma)$ 和

（ -3σ ， $+3\sigma$ ）上的概率分别为

$$P（-\sigma<\Delta<\sigma）=68.3\%$$
$$P（-2\sigma<\Delta<+2\sigma）=95.5\% \tag{5-14}$$
$$P（-3\sigma<\Delta<+3\sigma）=99.7\%$$

可见，绝对值大于 3 倍中误差的偶然误差 Δ 出现的概率只有 0.3%，大于 2 倍中误差的概率只有 4.55%，是小概率事件，或者说这是实际上的不可能事件。通常将 3 倍（或 2 倍）的中误差作为偶然误差的极限值 $\Delta_{限}$。极限误差，即

$$\Delta_{限}=3\sigma \text{ 或 } 2\sigma \tag{5-15}$$

在实际测量工作中，一般情况下，以 2 倍中误差作为偶然误差的容许值，要求严格时，以 3 倍中误差作为偶然误差的容许值，称为如某个误差超过了容许值，则认为相应观测值含有系统误差或粗差，应当舍弃。

5.4 误差传播定律及其应用

5.4.1 误差传播定律

在实际测量工作中，某些未知量不可能或不便于直接进行观测，而需要由另一些直接观测量根据一定的函数关系计算出来。为测量某一水平距离 D，用全站仪测量了两个独立观测值，斜距 S 和竖直角 α，则用函数关系 $D=S\cos\alpha$ 便可计算出该水平距离了。如果知道了直接观测值斜距 S 和竖直角 α 的精度，要评定 D 的精度。此时，函数 D 的中误差与直接观测值 S 和 α 的中误差之间，必定存在着一种关系。这种观测值精度与观测值函数的精度之间的关系，称为误差传播定律。

1. 线性函数

设有线性函数 z 为

$$z=k_1l_1+k_2l_2+\cdots+k_tl_t \tag{5-16}$$

式中： l_1， l_2，…， l_t ——独立观测值，其真误差分别为 Δ_1， Δ_2，…， Δ_t，其中误差分别为 m_1， m_2，…， m_t；

k_1， k_2，…， k_t ——任意常数。

我们不加推导地给出，函数 z 的中误差关系式为

$$m_z=\pm\sqrt{k_1^2m_1^2+k_2^2m_2^2+\cdots+k_t^2m_t^2} \tag{5-17}$$

应用式（5-17），不难写出属于线性函数特例的下列函数的误差传播律表达式。

（1）倍数函数： $z=k\cdot l$，则

$$m_z=km_l \tag{5-18}$$

[例 5-2] 在 1:500 比例尺地形图上，量得 A，B 两点间的图上距离为 $S_{ab}=23.4$ mm，其中误差 $m_{Sab}=\pm0.2$ mm。求对应的实地两点 A，B 间的距离 S_{AB} 及其中误差 $m_{S_{AB}}$。

解 $$S_{AB}=500\times S_{ab}=500\times23.4=11\ 700\ \text{mm}=11.7\ \text{m}$$

由式（5-18）得

$$m_{S_{AB}}=500\times m_{S_{ab}}=500\times（\pm0.2）=\pm100\ \text{mm}=\pm0.1\ \text{m}$$

最后结果可表示为 $S_{AB} = 11.7 \text{ m} \pm 0.1 \text{ m}$

(2)和差函数：$z = l_1 \pm l_2 \pm \cdots \pm l_t$，则

$$m_z = m_1^2 + m_2^2 + \cdots + m_t^2 \qquad (5-19)$$

当观测值 $l_i(i=1, 2, \cdots, t)$ 为等精度观测时，$m_1 = m_2 = \cdots = m_t = m$，则上式变为

$$m_z = m\sqrt{t} \qquad (5-20)$$

2. 一般函数

设有一般函数

$$Z = f(l_1, l_2, \cdots, l_n) \qquad (5-21)$$

式中：$l_1, l_2, \cdots, l_n$——独立观测值，其真误差分别为 $\Delta_1, \Delta_2, \cdots, \Delta_n$，其中误差分别为 m_1，$m_2, \cdots, m_n$。

当 $l_i(i=1, 2, \cdots, n)$ 具有真误差 $\Delta_i(i=1, 2, \cdots, n)$ 时，函数 Z 相应地产生真误差 Δ_z。对式(5-21)全微分，并将微分符号换成误差符号得

$$k_i = \frac{\partial f}{\partial l_i}(i=1, 2, \cdots, n)$$

$$\Delta Z = k_1\Delta_1 + k_2\Delta_2 + \cdots + k_n\Delta_n$$

式中：k_i——函数对各个变量所取的偏导数，并以观测值代入求得其数值，它们是常数。

按式(5-17)得

$$m_z = \pm\sqrt{k_1^2 m_1^2 + k_2^2 m_2^2 + \cdots + k_n^2 m_n^2} \qquad (5-22)$$

式(5-22)即为误差传播定律的一般形式。

[**例 5-3**] 图 5-2 所示，用全站仪测量了斜边 $S =$ 163.563 m，它的中误差为 $m_S = \pm 0.006$ m；测量了垂直角 $\alpha = 32°15'26''$，它的中误差为 $m_\alpha = \pm 6''$，设边长与垂直角独立，试求高差 h 及其中误差 m_h。

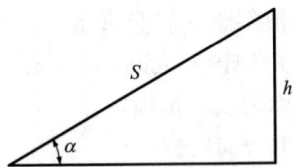

解 由图 5-2 可知，高差 h 与斜边 S 和垂直角 α 的函数关系式为

$$h = S\sin\alpha \qquad (5-23)$$

图 5-2 三角高程测量

先推求 h 与 S 和 α 的微分关系。对式(5-23)取全微分得

$$dh = \frac{\partial h}{\partial S}dS + \frac{\partial h}{\partial \alpha}\frac{d\alpha''}{\rho''} = \sin\alpha dS + S\cos\alpha\frac{d\alpha''}{\rho''}$$

$$= S\sin\alpha\frac{dS}{S} + S\sin\alpha\frac{\cos\alpha}{\sin\alpha}\frac{d\alpha''}{\rho''}$$

$$= \frac{h}{S}dS + \frac{h\cot\alpha}{\rho''}d\alpha'' = k_1 dS + k_2 d\alpha'' \qquad (5-24)$$

式中，$k_1 = \dfrac{h}{S}$，$k_2 = \dfrac{h\cot\alpha}{\rho''}$ 为系数，将观测值代入即可求得；ρ'' 为弧秒值。将角度的微分量 $d\alpha''$ 除以 ρ''，是为了将其单位从"秒"化算为弧度。

将观测值代入式(5-23)和式(5-24)，可以求得

$$h = S\sin\alpha = 163.563 \times \sin32°15'26'' = 87.297 \text{ m}$$

$$k_1 = \frac{h}{S} = \frac{87.297}{163.563} = 0.5337$$

$$k_2 = \frac{h\cot\alpha}{\rho''} = \frac{87.297 \times \cot 32°15'26''}{206\,265} = 0.000\,671\ \text{再由式}(5-22)\text{知}$$

$$m_h = \pm\sqrt{k_1^2 m_{s_1}^2 + k_2^2 m_{\alpha''}^2} = \pm\sqrt{0.533\,7^2 \times 0.006^2 + 0.000\,671^2 \times 6^2} = \pm 0.005\ \text{m}$$

则高差测定的结果为 $h = 87.297\ \text{m} \pm 0.005\ \text{m}$。

由前面例 5-2 和例 5-3 知，用误差传播定律求观测值函数的中误差 m_z 的计算步骤为：

（1）按问题性质先列出函数式 $Z = f(l_1,\ l_2,\ \cdots,\ l_n)$；

（2）对函数式进行全微分，得出函数真误差与直接观测值真误差之间的关系式为

$$k_i = \frac{\partial f}{\partial l_i}\ (i = 1,\ 2,\ \cdots,\ n)$$

$$\Delta Z = k_1\Delta_1 + k_2\Delta_2 + \cdots + k_n\Delta_n$$

（3）应用误差传播律求观测值函数中误差为

$$m_z = \pm\sqrt{k_1^2 m_1^2 + k_2^2 m_2^2 + \cdots + k_n^2 m_n^2}$$

应当指出，本书仅讨论了独立观测值情形下的误差传播定律，对于相关观测值情形下的误差传播定律，在测绘专业的专门课程《测量平差》中讨论。

5.4.2 误差传播定律的应用

1. 水准测量的精度分析

（1）水准尺上一次读数的中误差

影响在水准尺上读数的因素主要有：整下误差、照准误差及估读误差。

图根水准测量可用 DS_3 水准仪施测，DS_3 水准仪望远镜放大倍率 v 不应小于 25 倍，符合水准器水准管分划值为 $\tau = 20''/2\ \text{mm}$，视距不应超过 100 m。由经验公式可知

整平误差：$m_{\text{平}} = \pm\dfrac{0.075\tau}{\rho''}D = \pm 0.7\ \text{mm}$

照准误差：$m_{\text{照}} = \pm\dfrac{60''}{v\rho''}D = \pm 1.2\ \text{mm}$

估计误差：$m_{\text{估}} = \pm 1.5\ \text{mm}$

综合上述影响得

$$m_{du} = \sqrt{m_{\text{平}}^2 + m_{\text{照}}^2 + m_{\text{估}}^2} = \pm 2.0\ \text{mm}$$

（2）一个测站高差的中误差

在一个测站上的后视读数为 a，前视读数为 b，其中误差均为 m_{du}，设一个测站高差的中误差为 $m_{\text{站}}$，由于 $h = a - b$，所以

$$m_{\text{站}} = \pm\sqrt{2}\,m_{du} = \pm 2.9\ \text{mm}，\text{取} \pm 3.0\ \text{mm}$$

（3）水准路线的高差中误差及允许误差

设在 A，B 两点间进行水准测量，共观测了 n 个测站，测得两点间的高差为 h，用 $h_i(i = 1,\ 2,\ \cdots,\ n)$ 表示各测站高差，则

$$h = h_1 + h_2 + \cdots + h_n$$

设每站高差中误差均为 $m_{\text{站}}$，h 的中误差为

$$m_h = \pm\sqrt{n m_{\text{站}}^2} \tag{5-25}$$

将 $m_{\text{站}} = \pm 3.0 \text{ mm}$ 代入，得

$$m_h = \pm 3\sqrt{n} \text{ mm}$$

对于平坦地区，一般 1 km 水准路线不超过 15 站，L km 水准路线测站数 n 不超过 $15L$ 站，则

$$m_h = \pm 3\sqrt{15L} \approx \pm 12\sqrt{L} \text{ mm}$$

以 3 倍中误差作为限差，并考虑其他因素的影响，规范规定图根水准测量高差闭合差的允许值为

$$f_{h\text{允}} = \pm 12\sqrt{n} \text{ mm（山地）}$$
$$f_{h\text{允}} = \pm 40\sqrt{L} \text{ mm（平地）}$$

2. 角度测量的精度分析

DJ6 光学经纬仪标称精度为 $\pm 6''$，是指一测回方向中误差为 $\pm 6''$，即同一方向盘左、盘右方向观测值中数的中误差为 $\pm 6''$，设盘左（或盘右）位置观测该方向的中误差为 $m_{\text{方}}$。

同一方向盘左、盘右方向观测值中数为

$$L = \frac{L_{\text{左}} + (L_{\text{右}} \pm 180°)}{2}$$

由误差传播律知，$m_{\text{方}}/\sqrt{2} = \pm 6''$，从而，$m_{\text{方}} = \pm 6''\sqrt{2}$。

（1）半测回角值中误差

半测回角值 $\beta_{\text{半}}$ 等于两个方向盘左（或盘右）位置方向观测值之差，即 $\beta_{\text{半}} = b - a$。故半测回角值的中误差为 $m_{\beta_{\text{半}}} = m_{\text{方}}\sqrt{2} = \pm 12''$。

（2）上、下两个半测回角值较差的限差

上、下两个半测回角值较差 $\Delta\beta_{\text{半}}$ 等于两个半测回角值之差，其中误差为

$$m_{\Delta\beta_{\text{半}}} = \pm m_{\beta_{\text{半}}}\sqrt{2} = \pm 12''\sqrt{2} = \pm 17''$$

取两倍中误差为允许误差，并考虑其他因素的影响，则上、下两个半测回角值较差的限差为

$$\Delta\beta_{\text{半允}} = \pm 40''$$

（3）一测回角值的中误差

因为一个水平角一测回角值是取上、下两个半测回角值的平均值，即

$$\beta = \frac{\beta_{\text{上}} + \beta_{\text{下}}}{2}$$

故一测回角值中误差为

$$m_{\beta} = \pm \frac{m_{\beta_{\text{半}}}}{\sqrt{2}} = \pm \frac{12''}{\sqrt{2}} = \pm 6''\sqrt{2}$$

（4）测回差的限差

同一角度两个测回角值之差称为测回差 $\Delta\beta$，它的中误差为 $m_{\Delta\beta} = \pm m_{\beta}\sqrt{2} = \pm 12''$，取两倍中误差作为允许误差，则测回差的限差为 $\Delta\beta_{\text{允}} = \pm 24''$。

3. 距离测量精度分析

(1)钢尺量距精度分析

用尺长为 L 的钢尺丈量长度为 S 的距离，共丈量了 n 个尺段，若已知每个尺段的中误差为 m，则

$$S = L_1 + L_2 + \cdots + L_n$$

由误差传播定律得

$$m_S = \pm \sqrt{n}\, m \qquad (5-26)$$

式中：n——整尺段数。

将 $n = S/L$ 代入上式得

$$m_S = \pm m \sqrt{\frac{S}{L}} = \pm \frac{m}{\sqrt{L}} \sqrt{S}$$

若距离以 km 为单位，m_{km} 表示每公里量距中误差，则

$$m_{km} = \pm \frac{m}{\sqrt{L}}$$

当测量长度为 $S(\mathrm{km})$ 时，距离的量距误差为

$$m_S = m_{km} \sqrt{S} \qquad (5-27)$$

(2)光电测距的误差分析

对于相位式光电测距仪，其测距的基本公式为

$$D = \frac{c_0}{2nf}\left(N + \frac{\Delta\varphi}{2\pi}\right) + k + a \qquad (5-28)$$

式中：c_0——真空中的光速；

$\quad\quad n$——大气折射率；

$\quad\quad f$——光的传播频率；

$\quad\quad \Delta\varphi$——相位观测值；

$\quad\quad k$——仪器加常数；

$\quad\quad a$——测距仪的周期误差改正数。

对上式全微分得

$$\mathrm{d}D = \frac{D}{c_0}\mathrm{d}c_0 - \frac{D}{n}\mathrm{d}n - \frac{D}{f}\mathrm{d}f + \frac{c_0}{4nf\pi}\mathrm{d}\varphi + \mathrm{d}k + \mathrm{d}a$$

根据误差传播定律，顾及 $\lambda = c_0/(nf)$，可得测距中误差为

$$
\begin{aligned}
m_D^2 &= \left(\frac{D}{c_0}\right)^2 m_{c_0}^2 + \left(\frac{D}{n}\right)^2 m_n^2 + \left(\frac{D}{f}\right)^2 m_f^2 + \left(\frac{\lambda}{4\pi}\right)^2 m_\varphi^2 + m_k^2 + m_a^2 \\
&= \left(\frac{m_{c_0}^2}{c_0^2} + \frac{m_n^2}{n^2} + \frac{m_f^2}{f^2}\right)D^2 + \left[\left(\frac{\lambda}{4\pi}\right)^2 m_\varphi^2 + m_k^2 + m_a^2\right] \\
&= A^2 + B^2 D^2
\end{aligned}
\qquad (5-29)
$$

式中：A——固定误差；

$\quad\quad B$——比例误差系数。

也可写成如下的经验公式

$$m_D = \pm(A + B \times 10^{-6}D)\ \text{mm} \tag{5-30}$$

5.5 独立观测值的最可靠值与精度评定

5.5.1 同精度独立观测值的最可靠值与精度评定

设对某未知量同精度独立观测了 n 次，得观测值 l_1，l_2，$\cdots$，l_n，设其一次观测的标准差为 σ（或一次观测中误差为 m），其算术平均值为

$$\bar{l} = \frac{l_1 + l_2 + \cdots + l_n}{n} = \frac{[l]}{n} \tag{5-31}$$

真误差为 Δ_1，Δ_2，$\cdots$，Δ_n，其中

$$\Delta_i = l_i - \tilde{l}\,(i = 1,\ 2,\ \cdots,\ n) \tag{5-32}$$

式中，$\tilde{l}$ 为观测量的真值。取上式的和并除以观测次数 n，得

$$\frac{[\Delta]}{n} = \frac{[l]}{n} - \tilde{l} = \bar{l} - \tilde{l} \tag{5-33}$$

顾及式(5-9)，对上式取极限得

$$\lim_{n \to \infty} \frac{[\Delta]}{n} = 0 = \lim_{n \to \infty} \bar{l} - \tilde{l}$$

由此得

$$\lim_{n \to \infty} \bar{l} = \tilde{l} \tag{5-34}$$

式(5-34)说明，当观测次数趋于无穷大时，算术平均值就趋于未知量的真值，所以，当 n 有限时，通常取算术平均值为未知量的最可靠值。

定义观测量 l_i 的改正数 v_i（又称为残差）为最可靠值与观测值之差

$$v_i = \bar{l} - l_i \tag{5-35}$$

我们不加推导地给出一次观测的标准差为

$$\sigma = \lim_{n \to \infty} \sqrt{\frac{[vv]}{n-1}} \tag{5-36}$$

当观测次数 n 有限时，一次观测的标准差的估值（或者说一次观测的中误差）为

$$m = \pm\sqrt{\frac{[vv]}{n-1}} \tag{5-37}$$

式(5-37)为同精度独立观测时，利用观测值改正数 v_i 计算一次观测中误差的公式，称为白塞尔公式。

由式(5-31)知

$$\bar{l} = \frac{l_1 + l_2 + \cdots + l_n}{n} = \frac{l_1}{n} + \frac{l_2}{n} + \cdots + \frac{l_n}{n}$$

且观测值的中误差为

$$m_1 = m_2 = \cdots = m_n = m$$

根据误差传播定律，算术平均值的中误差为

$$m_{\bar{l}} = \sqrt{\left(\frac{1}{n}\right)^2 m^2 + \left(\frac{1}{n}\right)^2 m^2 + \cdots + \left(\frac{1}{n}\right)^2 m^2}$$

所以

$$m_{\bar{l}} = \pm \frac{m}{\sqrt{n}} \qquad (5-38a)$$

将式(5-37)代入上式得,算术平均值的中误差为

$$m_{\bar{l}} = \pm \sqrt{\frac{[vv]}{n(n-1)}} \qquad (5-38b)$$

[**例5-4**] 对某角进行了5个测回的同精度独立观测,观测结果列于表5-3。试求该角的一测回测角中误差,5个测回的平均值及其中误差。

表5-3

观测值 $l(°\ '\ '')$	改正数 v	vv
35 18 28	-3	9
35 18 25	0	0
35 18 26	-1	1
35 18 22	+3	9
35 18 24	+1	1
$\bar{l} = \dfrac{[l]}{n} = 35°18'25''$	$[v]=0$	$[vv]=20$

解

5测回角度平均值为 $35°18'25''$,各测回改正数计算如表5-3,由式(5-37)知,一测回测角中误差为

$$m = \pm \sqrt{\frac{[vv]}{n-1}} = \pm \sqrt{\frac{20}{5-1}} = \pm 2''.2$$

由式(5-38)知,5测回平均值的测角中误差为

$$m_{\bar{\beta}} = \pm \sqrt{\frac{[vv]}{n(n-1)}} = \pm \sqrt{\frac{20}{5 \times 4}} = \pm 1''.0$$

5.5.2 不同精度独立观测值的最可靠值与精度评定

测量实践中,除了同精度观测外,还有不同精度的观测。例如,对同量进行分组观测,各组观测的次数或传递的距离不等,这时,计算该量的最优估值并评定精度就不能用简单平均值,而要用到加权平均值。

1. 权

直观地说,所谓权,就是指不同精度观测值在计算未知量的最优估值时所占的"比重"。

[**例5-5**] 如图5-3所示,1,2,3三点为已知高等级水准点,其高程值的误差很小,可以忽略不计。为求 P 点的高程,独立观测了三段水准路线的高差,每段高差的观测值及其测站数标于图5-3

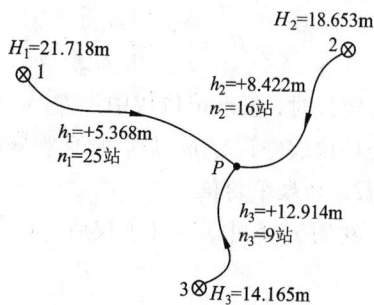

$H_1=21.718m$

$H_2=18.653m$

$h_2=+8.422m$
$n_2=16站$

$h_1=+5.368m$
$n_1=25站$

P

$h_3=+12.914m$
$n_3=9站$

$3 \ H_3=14.165m$

图5-3 水准路线图

中，试求 P 点高程的最可靠值与中误差。

解

设每站高差观测中误差 $m_站$ 相等，由式(5-25)求高差观测值 h_1，h_2，h_3 的中误差分别为

$$m_1 = \sqrt{n_1} m_站 = \sqrt{25} m_站 = 5 m_站 \tag{5-39a}$$

$$m_2 = \sqrt{n_2} m_站 = \sqrt{16} m_站 = 4 m_站 \tag{5-39b}$$

$$m_3 = \sqrt{n_3} m_站 = \sqrt{9} m_站 = 3 m_站 \tag{5-39c}$$

由 1，2，3 点的高程值和三段高差观测值 h_1，h_2，h_3 分别计算出 P 点高程值为

$$H_{P_1} = H_1 + h_1 = 21.718 + 5.368 = 27.086 \text{ m} \tag{5-40a}$$

$$H_{P_2} = H_2 + h_2 = 18.653 + 8.422 = 27.075 \text{ m} \tag{5-40b}$$

$$H_{P_3} = H_3 + h_3 = 14.165 + 12.914 = 27.079 \text{ m} \tag{5-40c}$$

忽略已知高程点的误差，所以可以认为，前面所求的三段高差观测值的中误差 m_1，m_2，m_3 分别为 H_{P_1}，H_{P_2}，H_{P_3} 的中误差。

它们的算术平均值为

$$\overline{H}_P = \frac{H_{P_1} + H_{P_2} + H_{P_3}}{3} = 27.080 \text{ m} \tag{5-41}$$

根据误差传播律，算术平均值的中误差为

$$m_{\overline{H}_P} = \pm \sqrt{\frac{1}{9} m_1^2 + \frac{1}{9} m_2^2 + \frac{1}{9} m_3^2} = \pm \frac{1}{3} m_站 \sqrt{n_1 + n_2 + n_3} = \pm 2.357 m_站 \tag{5-42}$$

由于这是一个不同精度的独立观测值问题，所以用算术平均值作为 P 点高程的最可靠值显然不合理。下面讨论加权平均值。

先定义一个与精度成正比的正实数——权。

设观测值 l_i 的中误差为 m_i，则定义其权 P_i 为

$$P_i = \frac{m_0^2}{m_i^2} \tag{5-43}$$

式中，m_0^2 为任意正数。由式(5-43)可知，观测值 l_i 的权 P_i 与其方差 m_i^2 成反比，l_i 的方差 m_i^2 越大，其权就越小，精度越低；反之，l_i 的方差 m_i^2 越小，其权就越大，精度就越高。

令 $P_i = 1$，则有 $m_0^2 = m_i^2$，也即 m_0^2 为权等于 1 的观测值的方差，故称 m_0^2 为单位权方差，称 m_0 为单位权中误差。

上例中，取单位权中误差 $m_0 = m_站$，则 H_{P_1}，H_{P_2}，H_{P_3} 的权分别为

$$P_1 = \frac{m_0^2}{m_1^2} = \frac{m_站^2}{n_1 m_站^2} = \frac{1}{n_1}, \quad P_2 = \frac{m_0^2}{m_2^2} = \frac{m_站^2}{n_2 m_站^2} = \frac{1}{n_2}, \quad P_3 = \frac{m_0^2}{m_3^2} = \frac{m_站^2}{n_3 m_站^2} = \frac{1}{n_3} \tag{5-44}$$

定权时，虽然单位权中误差 m_0 可以取任意正实数，但对于同一个问题而言，一旦选定了一个单位权中误差 m_0 后，所有观测值的权都应用这个单位权中误差 m_0 来计算。

2. 加权平均值

在例 5-5 中，定义了权后，对 P 点的三个高程值 H_{P_1}，H_{P_2}，H_{P_3} 取加权平均值的计算公式为

$$\overline{H}_{PW} = \frac{P_1 H_{P_1} + P_2 H_{P_2} + P_3 H_{P_3}}{P_1 + P_2 + P_3} = \frac{PH_P}{[P]} \tag{5-45}$$

式中：$\overline{H}_{PW}$ 为 H_{P_1}，H_{P_2}，H_{P_3} 的加权平均值。

将式(5-44)代入式(5-45)，得

$$\overline{H}_{PW} = \frac{P_1 H_{P_1} + P_2 H_{P_2} + P_3 H_{P_3}}{P_1 + P_2 + P_3} = \frac{\frac{1}{n_1} H_{P_1} + \frac{1}{n_2} H_{P_2} + \frac{1}{n_3} H_{P_3}}{\frac{1}{n_1} + \frac{1}{n_2} + \frac{1}{n_3}}$$

$$= \frac{\frac{27.086}{25} + \frac{27.075}{16} + \frac{27.079}{9}}{\frac{1}{25} + \frac{1}{16} + \frac{1}{9}} = 27.079 \text{ m} \tag{5-46}$$

由误差传播律知，上述加权平均值中误差的计算公式为

$$m_{\overline{H}_{PW}} = \pm \sqrt{\frac{P_1^2}{[P]^2} m_1^2 + \frac{P_2^2}{[P]^2} m_2^2 + \frac{P_3^2}{[P]^2} m_3^2}$$

$$= \pm \frac{1}{[P]} \sqrt{P_1^2 m_1^2 + P_2^2 m_2^2 + P_3^2 m_3^2} = \pm \frac{m_{站}}{\sqrt{[P]}} \tag{5-47}$$

将式(5-44)及测站数代入式(5-47)，得

$$m_{\overline{H}_{PW}} = \pm \frac{m_{站}}{\sqrt{[P]}} = \pm \frac{m_{站}}{\sqrt{\frac{1}{n_1} + \frac{1}{n_2} + \frac{1}{n_3}}} = \pm \frac{m_{站}}{\sqrt{\frac{1}{25} + \frac{1}{16} + \frac{1}{9}}} = \pm 0.4622 m_{站} \tag{5-48}$$

比较式(5-42)和式(5-48)可知，加权平均值的中误差小于算术平均值的中误差，所以对于不同精度独立观测，加权平均值比算术平均值更合理。不难证明，在不同精度独立观测情况下，加权平均值是最可靠值。也就是说，不同精度独立观测量的加权平均值的中误差最小。

一般地，设不同精度独立观测量为 l_1，l_2，$\cdots$，l_n，其权分别为 P_2，P_2，$\cdots$，P_n，则有加权平均值 $\overline{l}_W$ 为

$$\overline{l}_W = \frac{P_1 l_1 + P_2 l_2 + \cdots + P_n l_n}{P_1 + P_2 + \cdots + P_n} = \frac{[Pl]}{[P]} \tag{5-49}$$

其加权平均值的中误差 $m_{\overline{l}_W}$ 为

$$m_{\overline{l}_W} = \pm \frac{m_0}{\sqrt{[P]}} \tag{5-50}$$

如果是同精度独立观测，取单位权中误差 m_0 等于每次观测量的中误差，则 $P_1 = P_2 = \cdots = P_n = 1$，将其代入式(5-49)和式(5-50)，即得计算算术平均值及其中误差的式(5-31)和式(5-38a)。因此，算术平均值是加权平均值在各观测量的权相等时的特例。

3. 单位权中误差的计算

在例5-5中，尽管求出了 P 点高程加权平均值的中误差为 $m_{\overline{H}_{PW}} = \pm 0.4622 m_{站}$，但是，由于单位权中误差 $m_0 = m_{站}$ 未知，仍然求不出 $m_{\overline{H}_{PW}}$，下面不加证明地给出单位权中误差和观测量的加权平均值的中误差公式。

单位权中误差的公式为

$$m_0 = \pm \sqrt{\frac{[Pvv]}{n-1}} = \pm \sqrt{\frac{\sum\limits_{i=1}^{n} P_i v_i^2}{n-1}} \qquad (5-51)$$

加权平均值中误差的计算公式为

$$m_{\bar{l}_W} = \pm \sqrt{\frac{[Pvv]}{[P](n-1)}} = \pm \sqrt{\frac{\sum\limits_{i=1}^{n} P_i v_i^2}{(n-1)\sum\limits_{i=1}^{n} P_i}} \qquad (5-52)$$

例 5-5 中的单位权中误差 $m_0 = m_{站}$ 的计算如表 5-4。

表 5-4

序	H_p (m)	$v_i = \bar{l}_W - l_i$ (mm)	P	Pvv	$m_0 = m_{站} = \pm\sqrt{\dfrac{[Pvv]}{n-1}}$
1	27.086	-6.9	0.04	1.9044	
2	27.075	+4.1	0.0625	1.0506	$= \pm\sqrt{\dfrac{2.9561}{3-1}}$
3	27.079	+0.1	0.1111	0.0011	
Σ				2.9561	$= \pm 1.22$ mm

练习题

1. 什么叫测量误差？测量误差主要来源于哪些方面？

2. 什么叫系统误差？消除或减弱系统误差应采取哪些措施？

3. 什么叫偶然误差？偶然误差具有哪些特性？

4. 何谓观测条件？观测条件与观测成果的质量有什么关系？

5. 何谓精度？常用的衡量观测精度的标准有哪几种？

6. 什么叫中误差、相对误差、允许误差？为什么要采用中误差作为衡量精度的标准？

7. 何谓误差传播定律？为什么要研究误差传播定律？

8. 何谓测量平差？平差应遵循的原则是什么？

9. 何谓同精度观测？简述同精度观测求最可靠值及精度评定的方法。

10. 何谓不同精度观测？

11. 什么叫观测值的"权"？"权"是如何定义的？"权"的意义是什么？

12. 什么叫单位权？何谓单位权中误差？

13. 简述不同精度观测求最可靠值及精度评定的方法。

14. 对已知的水平角 α ($\alpha = 45°00'03''$, 设 α 无误差) 作了 10 次观测, 其观测结果为:
    $45°00'06''$, $44°59'55''$, $44°59'58''$, $45°00'03''$, $45°00'04''$,
    $45°00'00''$, $44°59'58''$, $45°00'04''$, $45°00'06''$, $44°59'03''$

试求观测值的中误差。

15. 用钢尺丈量两段距离, 其结果为
    $D_1 = 150.56$ m ± 0.03 m

$D_2 = 234.45 \text{ m} \pm 0.03 \text{ m}$

求：(1)每段距离的相对误差；(2)两段距离之和的相对中误差；(3)两段距离之差的相对中误差。

16. 在一个三角形中，等精度观测了两个内角，其中误差均为 $\pm 5''$，求第三个内角的中误差。

17. 用经纬仪观测水平角，一测回的中误差为 $\pm 6''$，欲使该角最终结果(算术平均值)的精度达到 $\pm 2''$，问需要观测多少个测回？

18. 在 A，B 两点间作水准测量，已知每站观测高差中误差为 $\pm 5 \text{ mm}$，一共测了 12 站，求 A，B 两点间的高差中误差。

19. 设有函数式 $Z = D\tan\alpha$。已知 $D = 300.00 \text{ m} \pm 0.10 \text{ m}$，$\alpha = 20°00' \pm 1'$，试求 Z 的中误差 m_Z。

20. 等精度丈量了某段距离 5 次，丈量结果为：121.314 m、121.330 m、121.320 m、121.327 m、121.335 m。试求该段距离的算术平均值、观测值中误差、算术平均值的中误差及其相对误差。

第6章 控制测量

【学习指导】 重点掌握控制网的作用、布网原则、形式和等级。直线定向，坐标正反算，导线测量方法、步骤及坐标计算。理解用 GPS 进行控制测量的网形设计、数据处理、误差分析，了解其他的控制测量方法。

6.1 控制测量概述

为了保证测区内所有测点的测量精度分布均匀，减少误差积累和传播，必须建立测量控制网。在测区内选择若干有代表意义的点，将其按照一定的规律和要求组成几何网状图形，这种图形称为控制网。控制网分为平面控制网和高程控制网。测定控制点平面位置(x,y)的工作称为平面控制测量，测定控制点高程(H)的工作称为高程控制测量。控制测量必须遵循"先整体后局部"、"先控制后测量"、"先高级后低级"的原则。控制网分为全球控制网、国家控制网和区域控制网。国家控制网按精度高低分为四级，区域控制网是为涉及空间位置的各种工程服务的控制网，贯穿于工程的设计、施工、运营三个阶段，因此又称区域控制网为工程控制网。控制网的布网方法常见的有：①三角网，②三边网，③边角网，④导线网，⑤GPS网，⑥方格网。

6.1.1 控制测量的任务和作用

根据工程控制测量的基本定义，工程控制测量的任务和作用主要体现在工程前、工程中、工程后三个阶段。可具体概括为以下三个方面：

1. 工程设计阶段——建立满足工程测图精度要求的测图控制网

在工程建设前期的设计阶段，需要建立工程项目所设计区域的控制网，以满足工程设计大比例尺地形图或地籍图的需要，从而可以让工程设计人员在大比例尺地形图上进行相应的工程项目设计，并在相应地形图上获得项目设计的相关参数，为工程项目施工奠定基础。

2. 工程施工阶段——建立服务于施工放样和施工控制的施工控制网

在工程施工阶段，前期相关工程人员必须要将施工前的工程设计图纸上的相关施工参数放样到实地上去。施工放样阶段，仪器所安置的点位，以及相关放样过程中的距离、方位角都必须结合工程设计参数，结合放样控制点网的点位信息解算出来。同时，在对于大型、特大型工程项目，例如水库大坝、桥梁隧道、超高层建筑等还必须在施工过程中进行施工控制，同样需要通过控制测量构建的施工控制网。

3. 工程运行阶段——建立服务于建筑物安全监测和维护的监测控制网

在施工完成后，对于大型、特大型工程项目，例如大型水库、大坝、桥梁、高层建筑等，由于长期运营过程中，可能会受到地壳形变、建筑物本身的形变或自然灾害等的影响，而产生沉降、倾斜等形变，如果这种形变超过一定阈值，就会影响工程设施的正常运营，甚至可能危及工程设施乃至人民生命财产安全。因此，对于这种工程设施在施工完成后，必须进行定期或不定期的形变观测，确保工程实施安全运营。变形监测需要更高的精度，因此，需建立服务于工程设施形变监测的控制点网，同时，该类工程设施的维护也需要高精度控制点网满足其维护要求。

上述工程三阶段的控制网，其布网原则、观测方式是一致的，只是布网目的、精度要求、观测环境不同，采用的具体布网方式不同。

6.1.2　控制网的布设原则及一般过程

控制测量是进行各项测量工作的基础，它具有传递点位坐标并控制全局精度的作用，同时具有限制测量误差的传播和积累的作用。控制网的布设应遵循整体控制、局部加密；高级控制、低级加密的原则。

控制测量主要包括：技术设计、现场勘查选点、标石埋设、野外观测和内业平差计算五个环节。所谓技术设计是指在现有测图资料收集的基础上，根据工程项目的精度要求，初步在现有图纸上进行的控制点设计；所谓现场勘查选点就是根据技术设计的前期成果，将图上设计的控制网方案，结合现场实际条件，将控制点位落实到现场的适宜位置；所谓标石埋设就是将落实点位根据点位等级要求，以不同的标石规格进行埋设，使所选点位在地面上固定下来；所谓野外观测就是指利用相关测量仪器设备，根据相关起算数据结合现场点位分布，以不同的观测方法采集解算，以实现现场所有点位位置信息的准确获取；所谓内业平差计算就是指结合起算数据和观测数据，通过数据计算、平差、解算等计算出所有控制点的准确点位信息。

6.1.3　平面控制测量

在全国范围内布设的平面控制网，称为国家平面控制网。国家平面控制网采用逐级控制、分级布设的原则，分一、二、三、四等。主要由三角测量法布设，在西部条件困难地区采用导线测量法。一等三角锁沿经线和纬线布设成纵横交叉的三角锁系，锁长 200 ~ 250 km，构成许多锁环。一等三角锁内由近于等边的三角形组成，边长为 20 ~ 30 km。二等三角测量有两种布网形式，一种是由纵横交叉的两条二等基本锁将一等锁环划分成 4 个大致相等的部分，这 4 个空白部分用二等补充网填充，称纵横锁系布网方案。另一种是在一等锁环内布设全面二等三角网，称全面布网方案。二等基本锁的边长为 20 ~ 25 km，二等网的平均边长为13 km。一等锁的两端和二等网的中间，都要测定起算边长、天文经纬度和方位角。所以国家一、二等网合称为天文大地网。我国天文大地网于 1951 年开始布设，1961 年基本完成，1975 年修补测工作全部结束，全网约有 5 万个大地点，如图 6 - 1、图 6 - 2 所示。

在城市地区为满足大比例尺测图和城市建设施工的需要，布设城市平面控制网。城市平面控制网在国家控制网的控制下布设，按城市范围大小布设不同等级的平面控制网，分为二、三、四等三角网，一、二级及图根小三角网或三、四等，一、二、三级和图根导线网。

在小于 10 km² 的范围内建立的控制网，称为小区域控制网。在这个范围内，水准面可视为水平面，不需要将测量成果归算到高斯平面上，而是采用直角坐标，直接在平面上计算坐标。在建立小区域平面控制网时，应尽量与已建立的国家或城市控制网联测，将国家或城市高级控制点的坐标作为小区域控制网的起算和校核数据。如果测区内或测区周围无高级控制点，或者是不便于联测时，也可建立独立平面控制网。

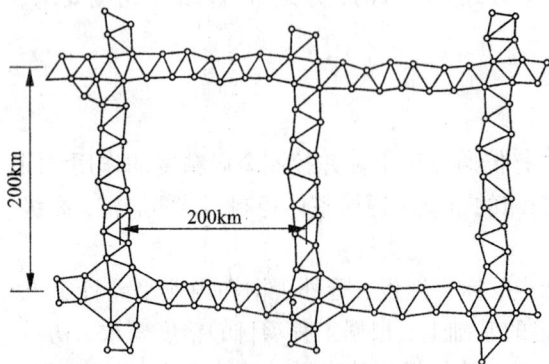

图 6-1 国家一等三角锁

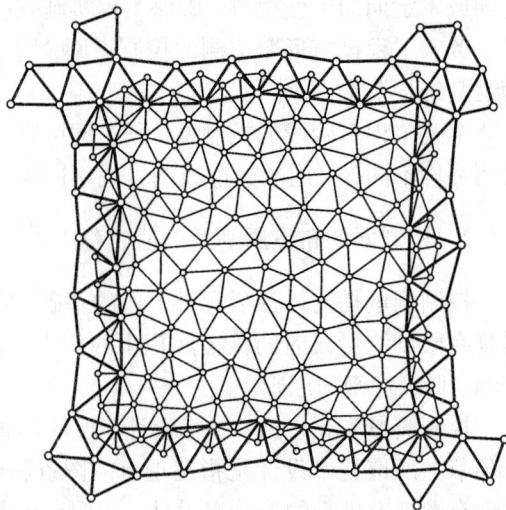

图 6-2 国家二等控制网

6.1.4 高程控制测量

高程控制测量就是在测区布设高程控制点即水准点，构成覆盖测区的高程控制网，用精确方法测定各点的高程。高程控制测量的主要方法有：水准测量和三角高程测量。

控制测量分为平面控制和高程控制两个部分。高程控制的主要方法就是前面介绍的水准测量。在全国范围内用水准测量的方法测量一系列点的高程，进而形成一个全国范围的高程控制网，称为国家高程控制网。

国家高程控制网按施测的次序和施测的精度分为四个等级，即一、二、三、四等。一等水准网是国家高程控制的骨干；二等水准网布设于一等水准环内，是国家高程控制网的全面基础；三、四等水准网是在二等水准网的基础上进一步加密，直接为测图和工程提供必要的高程控制。

三角高程测量是根据两点的水平距离和竖直角计算两点的高差。当两点距离大于 300 m 时，应考虑地球曲率和大气折光对高差的影响。三角高程测量，一般应进行往返观测（双向观测），它可消除地球曲率和大气折光的影响。

工程控制网均是在国家控制点的基础上进行加密扩展，以满足具体工程建设对空间位置基准的需要。当然，出于安全考虑，有些地区建立了独立的坐标系统，这些独立的坐标系统与国家坐标均有固定的转换关系。从理论上讲，工程控制网的级别应在相应国家控制点等级的基础上下降一级，但工程控制网的精度不一定因控制网的级别而降低，因此控制网的级别与精度可能出现不匹配。工程控制网重在网内精度。

6.1.5 直线定向及坐标正反算

1. 直线定向的概念及方法

确定一条直线的方向称为直线定向。测量中常以真子午线或磁子午线为基本方向。真子午线的方向用天文测量方法测定，或用陀螺经纬仪测定，磁子午线用罗盘仪测定。直线定向的方法有三种：真方位角、磁方位角和坐标方位角。

（1）真方位角和磁方位角

标准方向采用真子午线方向，称为真方位角；标准方向采用磁子午方向，称为磁方位角。真方位角 A 为磁方位角 A_m 与 A_m 磁偏角 δ 之和。

（2）坐标方位角

以高斯 – 克吕格坐标轴纵轴为基本方向，从坐标轴北端顺时针到某直线的夹角称为该直线的坐标方位角，简称方位角，用 α 表示，如图 6 – 3。一条直线 AB 的正反方位角有如下关系，如图 6 – 4。

$$\alpha_{ab} = \alpha_{ba} \pm 180°$$

2. 坐标正反算

（1）坐标正算

根据已知点的坐标、边长及该边的坐标方位角，计算未知点的坐标

$$\begin{cases} x_B = x_A + \Delta x_{AB} \\ y_B = y_A + \Delta y_{AB} \end{cases} \quad (6-1)$$

其中

$$\begin{cases} \Delta x_{AB} = D_{AB} \cdot \cos\alpha_{AB} \\ \Delta y_{AB} = D_{AB} \cdot \sin\alpha_{AB} \end{cases} \quad (6-2)$$

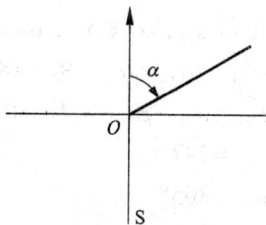

图 6 – 3 坐标方位角

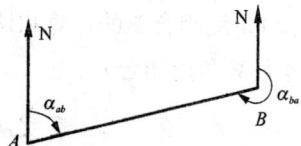

图 6 – 4 正反方位角

（2）坐标反算

根据两个已知点的坐标求出两点间的边长及方位角

$$D_{AB} = \sqrt{\Delta x_{AB}^2 + \Delta y_{AB}^2} = \sqrt{(x_B - x_A)^2 + (y_B - y_A)^2} \quad (6-3)$$

$$\alpha_{AB} = \arctan\frac{|\Delta y_{AB}|}{|\Delta x_{AB}|} \quad (6-4)$$

注意：此时求出的 α_{AB} 只是象限角，还必须根据坐标增量的正负来判断方位角所在的象限，换算为坐标方位角。

3. 方位角推算

控制网、导线网中各边的方位角是通过观测相邻两边的夹角来推算的，如图 6 – 5 所示。

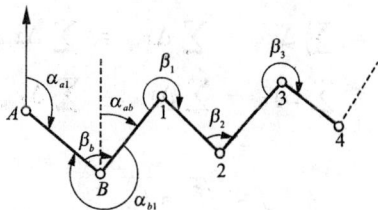

图 6 – 5 方位角推算

$$\alpha_{b1} = \alpha_{ab} + \beta_b - 180°$$

$$\alpha_{12} = \alpha_{ab} + \beta_b + \beta_1 - 2 \times 180°$$

$$\cdots$$

$$\alpha_{ij} = \alpha_{ab} + \sum \beta_{iL} - N \times 180°$$

$$(6-5)$$

上式是采用线路行进方向的左角计算公式，式中 N 为观测角数，当观测的角度为右角时，其推算式为：

$$\alpha_{ij} = \alpha_{ab} - \sum \beta_{iR} + N \times 180° \qquad (6-6)$$

4．方位角推算实例

已知：$\alpha_{12} = 30°$，各观测角 β 如图 6-6 所示，求各边坐标方位角 α_{23}，α_{34}，α_{45}，α_{51}。

解： $\alpha_{23} = \alpha_{12} - \beta_2 + 180° = 80°$

$\alpha_{34} = \alpha_{23} - \beta_3 + 180° = 195°$

$\alpha_{45} = 247°$

$\alpha_{51} = 305°$

$\alpha_{12} = 30°$（检查）

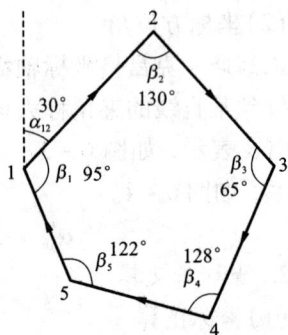

图 6-6　方位角推算实例

5．闭合导线平差计算步骤

(1)绘制计算草图，在图上填写已知数据和观测数据。

(2)角度闭合差的计算和调整。

①计算角度闭合差：

$$f_\beta = \sum \beta_测 - \sum \beta_理 = \sum \beta_测 - (n-2) \times 180°$$

②计算限差：

$$f_{\beta允} = \pm 40' \sqrt{n}$$

③若在限差内，则平均分配原则，计算改

正数：$V_\beta = \dfrac{-f_\beta}{n}$

④计算改正后新的角值：

$$\hat{\beta}_i = \beta_i + V_\beta$$

(3)按新的角值，推算各边坐标方位角。

(4)按坐标正算公式，计算各边坐标增量。

(5)坐标增量闭合差计算与调整。

①计算坐标增量闭合差：

$$f_x = \sum \Delta x_测 - \sum \Delta x_理 = \sum \Delta x_测$$

$$f_y = \sum \Delta y_测 - \sum \Delta y_理 = \sum \Delta y_测$$

导线全长闭合差：

$$f = \sqrt{f_x^2 + f_y^2}$$

导线全长相对闭合差：

$$k = \sum \frac{f}{\sum D} = 1/XXX$$

②分配坐标增量闭合差。

若 $k < 1/2000$（图根级），则将 f_x，f_y 以相反符号，按边长成正比分配到各坐标增量上去。并计算改正后的坐标增量。

$$V_{\Delta xi} = -\frac{f_x}{\sum D} D_i$$

$$V_{\Delta yi} = -\frac{f_y}{\sum D} D_i$$

$$\Delta \hat{x}_i = \Delta x + V_{\Delta x_i}$$

$$\Delta \hat{y}_i = \Delta x + V_{\Delta y_i}$$

（6）坐标计算

根据起始点的已知坐标和经改正的新的坐标增量，来依次计算各导线点的坐标。

6．符合导线平差计算步骤

说明：与闭合导线基本相同，以下是两者的不同点：

（1）角度闭合差的分配与调整

◆ **方法1**

①计算方位角闭合差：$f_\alpha = \alpha_{终计算} - \alpha_{终已知}$

②满足精度要求，若观测角为左角，则将 f_n 反符号平均分配到各观测角上；若观测角为右角，则将 f_n 同符号平均分配到各观测角上。

◆ **方法2**

①计算角度闭合差：

左角：$\alpha_终 = \alpha_始 + \sum \beta_{理(左)} \pm n \times 180°$，其中 $\beta_{理(左)} = \alpha_终 - \alpha_始 \pm n \times 180°$

右角：$\alpha_终 = \alpha_始 + \sum \beta_{理(右)} \pm n \times 180°$，其中 $\beta_{理(右)} = \alpha_终 - \alpha_始 \pm n \times 180°$

②满足精度要求，将 f_β 反符号平均分配到各观测角上。

（2）坐标增量闭合差的计算

$$f_x = \sum \Delta x_测 - \sum \Delta x_理 = \sum \Delta x_测 - (x_终 - x_始)$$

$$f_y = \sum \Delta y_测 - \sum \Delta y_理 = \sum \Delta y_测 - (y_终 - y_始)$$

7．例题

（1）闭合导线坐标平差计算

已知数据和观测数据如图6－7，计算各未知点坐标。为了简明起见，采用图标法计算，结果如表6－1所示。

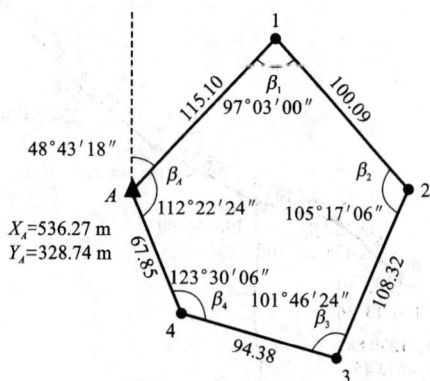

图6－7　平差计算图

表 6-1　闭合导线坐标平差计算表

点号	转折角（右）。'"	改正后转折角 α。'"	方向角 α。'"	边长 D（m）	坐标增量(m) ΔX	坐标增量(m) ΔY	改正后增量(m) ΔX	改正后增量(m) ΔY	坐标(m) X	坐标(m) Y	点号
A			48 43 18	115.10	−2 +75.93	+2 +86.50	+75.91	+86.52	536.27	328.74	A
1	+12 97 03 00	97 03 12	131 40 06	100.09	−2 −66.54	+2 74.77	−66.56	+74.79	612.18	415.26	1
2	+12 105 17 06	105 17 18	206 22 48	108.32	−2 −97.04	+2 −48.13	−97.06	−48.11	545.62	490.05	2
3	+12 101 46 24	101 46 36	284 36 12	94.38	−2 +23.80	+1 −91.33	+23.78	−91.32	448.56	441.94	3
4	+12 123 30 06	123 30 18	341 05 54	67.58	−1 +63.94	+1 −21.89	+63.93	−21.88	472.34	350.62	4
A	+12 112 22 24	112 22 36	48 43 18						536.27	328.74	A
1											
Σ	539 59 00	540 00 00		485.47	+0.09	−0.08	0	0			

$$\sum \beta_{理} = 540°00'00'' \quad f_\beta = \sum \beta_{测} - \sum \beta_{理} = -60'' \quad f_{\beta容} = \pm 40'' \sqrt{5} = \pm 89''$$

$$f_x = +0.09 \quad f_y = -0.08 \quad f = \sqrt{f_x^2 + f_y^2} = 0.120$$

$$K = \frac{f}{\sum D} = \frac{1}{4000} < \frac{1}{2000}$$

（2）附和导线的平差计算

已知数据和观测数据如图 6-8，通过平差计算各点的坐标值。对于这类计算问题，实际工作中常采用表格法计算，结果如表 6-2 所示。具体计算步骤如下：

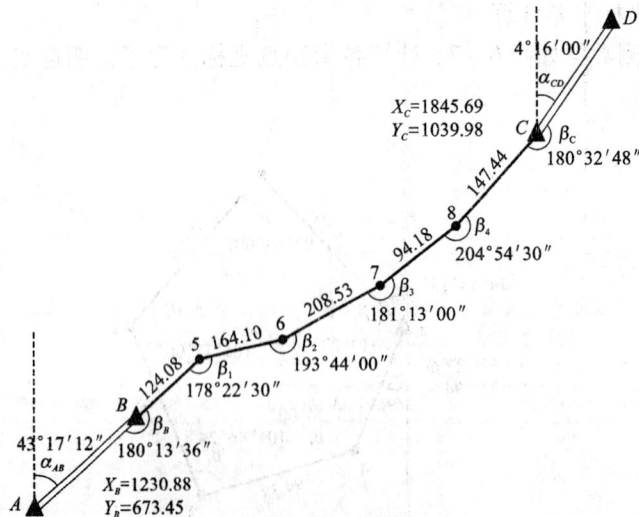

图 6-8　符合测量导线

①绘制计算草图，在表内填写已知数据和观测数据
②角度闭合差的计算与调整
③各边方向角的推算
④坐标增量闭合差的计算与调整。
⑤推算各点坐标。

表 6 – 2 附合导线坐标计算表

点号	转折角（右）° ′ ″	改正后转折角 α° ′ ″	方向角 α° ′ ″	边长 D（m）	坐标增量（m）		改正后增量（m）		坐标（m）		点号
					ΔX	ΔY	ΔX	ΔY	X	Y	
A			43 17 12								
B	+8 180 13 36	180 13 44	43 03 28	124.08	−2 +90.66	+2 +84.71	+90.64	+84.73	1230.88	673.45	B
5	+8 178 22 30	178 22 38	44 40 50	164.10	−2 +116.68	+3 +115.39	+116.66	+115.42	1321.52	758.18	5
6	+8 193 44 00	193 44 08	30 56 42	208.53	−2 +178.85	+3 +107.23	+178.83	+107.26	1438.18	873.60	6
7	+8 181 13 00	181 13 08	29 43 34	94.18	−1 +81.79	+2 +46.70	+81.78	+46.72	1617.01	980.86	7
8	+8 204 54 30	204 54 38	4 48 56	147.44	−2 +146.92	+2 +12.38	+146.90	+12.40	1698.79	1027.58	8
C	+8 180 32 48	180 32 56	4 16 00						1845.69	1039.98	C
D											
Σ	1119 00 24	1119 01 12		738.33	−9 +614.90	+12 +366.41	+614.81	+366.53	+614.81	+366.53	

$$\sum \beta_{\text{理}} = 1119°01'12'' \quad f_\beta = \sum \beta_{\text{测}} - \sum \beta_{\text{理}} = -48'' \quad f_{\beta容} = \pm 40'' \sqrt{6} = \pm 98''$$

$$f_x = +0.09 \quad f_y = -0.12 \quad f = \sqrt{f_x^2 + f_y^2} = 0.150$$

$$K = \frac{f}{\sum D} = \frac{1}{4900} < \frac{1}{2000}$$

6.2 导线测量

6.2.1 概 述

工程控制网一般控制范围较小，控制点密度大，内符精度高，使用频繁，受施工干扰大，因此其布网方常采用导线网、三角网(锁)、GPS 网等灵活的形式。

由多个两相邻的控制点连接而成的折线，称为导线，相应的控制点称为导线点。导线测量就是依次测定各导线边的长度和各转折角值；根据起算数据推算各边的坐标方位角，从而求出各导线点的坐标。

用经纬仪测量转折角，用钢尺测定边长的导线，称为经纬仪导线；若用光电测距仪测定导线边长，则称为电磁波测距导线。

导线测量是建立小区平面控制网常用的一种方法，特别是地物分布较复杂的建筑区、视线障碍较多的隐蔽区和带状地区，多采用导线测量的方法。根据测区的不同情况和要求，导线可布设成下列三种形式(图6-9)：

(1)闭合导线，起讫于同一已知点的导线，称为闭合导线。

(2)附合导线，布设在两已知点间的导线，称为附合导线。

(3)支导线，由一已知点和一已知边的方向出发，既不附合到另一已知点，又不回到原起始点的导线，称为支导线。

用导线测量方法建立小区平面控制网，通常分为一级导线、二级导线、三级导线和图根导线等几个等级。

6.2.2 导线测量野外作业

导线测量的外业工作包括：踏勘选点及建立标志、量边、测角和连测，兹分述如下。

1. 踏勘选点及建立标志

选点前，应调查搜集测区已有地形图和高一级的控制点的成果资料，把控制点展绘在地形图上，然后在地形图上拟定导线的布设方案，最后到野外去踏勘，实地核对、修改、落实点位和建立标志。如果测区没有地形图资料，则需详细踏勘现场，根据已知控制点的分布、测区地形条件及测图和施工需要等具体情况，合理地选定导线点的位置。

实地选点时应注意下列几点：

(1)相邻点间通视良好，地势较平坦，便于测角和量距。

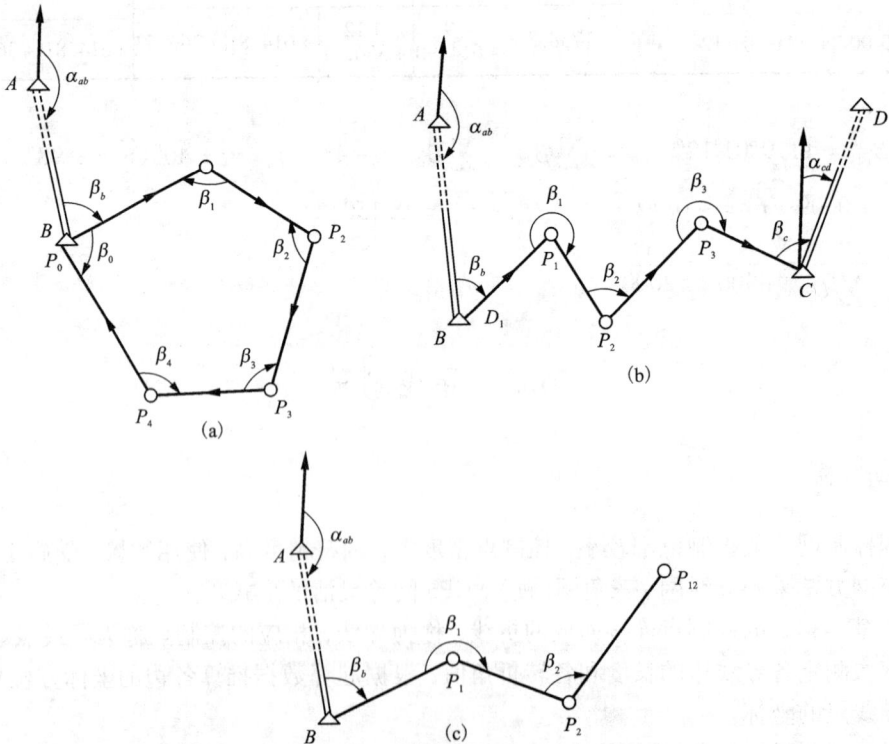

图6-9 导线基本形式

（2）点位应选在土质坚实处，便于保存标志和安置仪器。

（3）视野开阔，便于施测碎部。

（4）导线各边的长度应大致相等，除特殊情形外，应不大于 350 m，也不宜小于 50 m。

（5）导线点应有足够的密度，分布较均匀，便于控制整个测区。

导线点选定后，要在每一点位上打一大木桩，其周围浇灌一圈混凝土，桩顶钉一小钉，作为临时性标志，若导线点需要保存的时间较长，就要埋没混凝土桩或石桩，桩顶刻"＋"字，作为永久性标志。导线点应统一编号。为了便于寻找，应量出导线点与附近固定而明显的地物点的距离，绘一草图，注明尺寸，称为点之记，见图6－10所示。

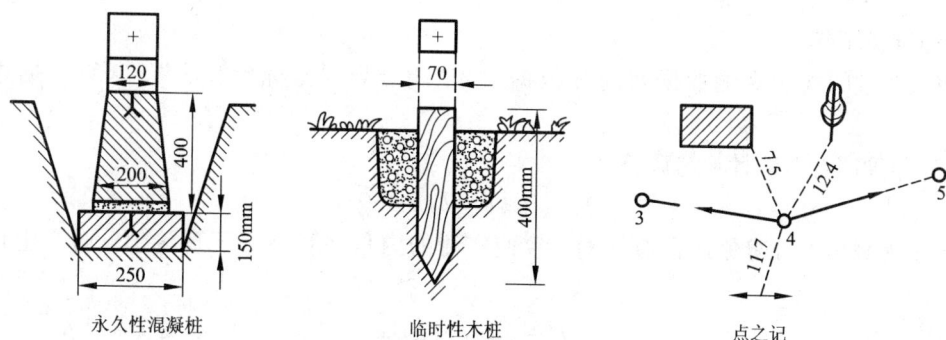

永久性混凝桩　　　　　临时性木桩　　　　　点之记

图 6 - 10　控制点标志

2．量边

导线边长可用光电测距仪测定，测量时要同时观测竖直角，供倾斜改正之用。若用钢尺丈量，钢尺必须经过检定。对于一、二、三级导线，应按钢尺量距的精密方法进行丈量。对于图根导线，用一般方法往返丈量或同一方向丈量两次；当尺长改正数大于1/10 000时，应加尺长改正；量距时平均尺温与检定时温度相差10℃时，应进行温度改正；尺面倾斜大于1.5%时，应进行倾斜改正；取其往返丈量的平均值作为结果，并要求其相对误差不大于1/3 000。

3．测角

用测回法施测导线左角（位于导线前进方向左侧的角）或右角（位于导线前进方向右侧的角）。一般在附合导线中，测量导线左角，在闭合导线中均测内角。若闭合导线按反时针方向编号，则其左角就是内角。图根导线，一般用 DJ6 级光学经纬仪测 个测回。若盘左、盘右测得角值的较差不超过40″，则取其平均值。

测角时，为了便于瞄准，可在已埋没的标志上用三根竹竿吊一个大垂球，或用测钎、觇牌作为照准标志。

4．联测

导线与高级控制点连接，必须观测连接角、连接边，作为传递坐标方位角和坐标之用。如果附近无高级控制点，则应用罗盘仪施测导线起始边的磁方位角，并假定起始点的坐标作为起算数据。

6.2.3 导线测量的内业计算

导线测量内业计算的目的就是计算各导线点的坐标。

计算之前,应全面检查导线测量外业记录,数据是否齐全,有无记错、算错,成果是否符合精度要求,起算数据是否准确。然后绘制导线略图,把各项数据注于图上相应位置。

1. 内业计算中数字取位的要求

内业计算中数字的取位,对于四等以下的小三角及导线,角值取至秒,边长及坐标取至毫米(mm)。

2. 闭合导线坐标计算

(1)准备工作

将校核过的外业观测数据及起算数据填入"闭合导线坐标计算表",起算数据用双线标明。

(2)角度闭合差的计算与调整

$$\sum \beta_{理} = (n - 2) \cdot 180° \tag{6-7}$$

由于观测角不可避免地含有误差,致使实测的内角之和不等于理论值,而产生角度闭合差:

$$f_{\beta} = \sum \beta_{测} - \sum \beta_{理} \tag{6-8}$$

各级导线角度闭合差的容许值超过,则说明所测角度不符合要求,应重新检测角度。若不超过,可将闭合差反符号平均分配到各观测角中。改正后之内角和应为$(n-2) \cdot 180°$以作计算校核。

(3)用改正后的导线左角或右角推算各边的坐标方位角

根据起始边的已知坐标方位角及改正角按下列公式推算其他各导线边的坐标方位角。

$$\alpha_{前} = \alpha_{右} + \beta_{左} - 180° \text{(适用于测左角)} \tag{6-9}$$
$$\alpha_{前} = \alpha_{右} - \beta_{右} + 180° \text{(适用于测右角)} \tag{6-10}$$

在推算过程中必须注意:

①如果算出的坐标方位角 $>360°$,则应减去 $360°$。

②如果算出的坐标方位角 <0,则应加 $360°$。

③闭合导线各边坐标方位角的推算,最后推算出起始边坐标方位角,它应与原有的已知坐标方位角值相等,否则应重新检查计算。

④坐标增量的计算及其闭合差的调整

ⓐ坐标增量的计算

$$\Delta_{x12} = D_{12} \cdot \cos\alpha_{12} \tag{6-11}$$
$$\Delta_{y12} = D_{12} \cdot \sin\alpha_{12} \tag{6-12}$$

ⓑ坐标增量闭合差的计算与调整

闭合导线纵、横坐标增量代数和的理论值应为零,实际上由于量边的误差和角度闭合差调整后的残余误差,往往不等于零,而产生纵坐标增量闭合差与横坐标增量闭合差,即

$$f_x = \sum \Delta x_{形} \tag{6-13}$$
$$f_y = \sum \Delta y_{形} \tag{6-14}$$

导线全长闭合差为

$$f_D = \sqrt{f_x^{\;2} + f_y^{\;2}} \qquad\qquad (6-15)$$

导线全长相对误差为

$$K = \frac{f_D}{\sum D} = \frac{1}{\dfrac{\sum D}{f_D}} \qquad\qquad (6-16)$$

坐标增量改正数计算

$$V_{xi} = -\frac{f_x}{\sum D} \cdot D_i \qquad\qquad (6-17)$$

$$V_{yi} = -\frac{f_y}{\sum D} \cdot D_i \qquad\qquad (6-18)$$

各点坐标推算

$$x_{前} = x_{后} + \Delta x_{改} \qquad\qquad (6-19)$$

$$y_{前} = y_{后} + \Delta y_{改} \qquad\qquad (6-20)$$

3. 附合导线坐标计算

附合导线的坐标计算步骤与闭合导线相同。但由于两者形式不同，致使角度闭合差与坐标增量闭合差和计算稍有区别。

$$f_\beta = \alpha_{始} + \sum\beta_{东} - n \cdot 180° - \alpha_{终} \qquad\qquad (6-21)$$

$$f_x = \sum\Delta x_{前} - (x_{终} - x_{始}) \qquad\qquad (6-22)$$

$$f_y = \sum\Delta y_{前} - (y_{终} - y_{始}) \qquad\qquad (6-23)$$

4. 查找导线测量错误的方法

在外业结束时，发现角度闭合差超限，如果仅仅测错一个角度，则可用下法查找测错的角度。

若为闭合导线，可按边长和角度，用一定的比例尺绘出导线图，并在闭合差的中点作垂线。如果垂线通过或接近通过某导线点，则该点发生错误的可能性最大。

若为附合导线，先将两个端点展绘在图上，则分别自导线的两个端点 B，C 按边长和角度绘出两条导线，在两条导线的交点处发生测角错误的可能性最大。如果误差较小，用图解法难以显示角度测错的点位，则可从导线的两端开始，分别计算各点的坐标，若某点两个坐标值相近，则该点就是测错角度的导线点。

6.3 GPS 控 制 测 量

6.3.1 GPS 组成

全球定位系统（Global Positioning System，GPS）是一种定时和测距的空间交会定点的导航系统，可以向全球用户提供连续、实时、高精度的三维位置、三维速度和时间信息。GPS 系统包括三大部分：地面控制部分；空间部分；用户部分，见图 6-11。

1. 地面控制部分

地面控制部分：主控站、监控站和注入站，见图 6-12。

（1）主控站：位于美国科罗拉多（Colorado）的法尔孔（Falcon）空军基地。主要作用有：

①据各监控站对 GPS 的观测数据,计算出卫星的星历和卫星时钟的改正参数等,并将这些数据通过注入站注入到卫星中去;

②对卫星进行控制,向卫星发布指令;当工作卫星出现故障时,调度备用卫星,替代失效的工作卫星工作;

③主控站还具有监控站的功能。

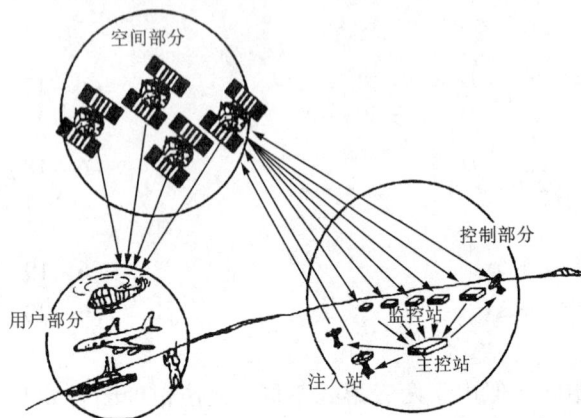

图 6-11　GPS 系统组成

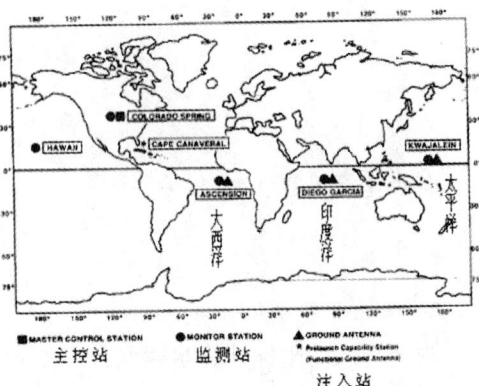

图 6-12　GPS 功能站分布

(2)监控站:主控站、夏威夷(Hawaii)、阿松森群岛（Ascencion）、迭哥伽西亚(Diego Garcia)和卡瓦加兰（Kwajalein）。主要用于接收卫星信号,监测卫星的工作状态。

(3)注入站:阿松森群岛（Ascencion）、迭哥伽西亚（Diego Garcia）和卡瓦加兰（Kwajalein）。其作用和功能是:注入站的作用是将主控站计算的卫星星历和卫星时钟的改正参数等注入到卫星中去。

2．空间部分

(1)卫星分布组成:由 21 颗工作卫星和 3 颗在轨备用卫星组成 GPS 卫星星座。

(2)卫星分布情况:

24 颗卫星均匀分布在 6 个轨道平面内,轨道倾角为 55°,各个轨道平面之间夹角为 60°,即轨道的升交点赤经各相差 60°。每个轨道平面内各颗卫星之间的升交角相差 90°。每颗卫星的正常运行周期为 11 小时 58 分,若考虑地球自转等因素,将提前 4min 进入下一周期。

(3)GPS 卫星信号。

载波:L 波段双频 L1 1575.42MHz, L2 1227.60MHz

卫星识别:码分多址(CDMA)

测距码:C/A 码(民用), P 码(美国军方及特殊授户)

导航数据:卫星轨道坐标、卫星钟差方程式参数、电离层延迟修正

3．用户部分

(1)组成:GPS 接收机、气象仪器、计算机、钢尺等仪器设备。

(2)GPS 接收机:天线单元,信号处理部分,记录装置和电源。

天线单元:由天线和前置放大器组成,灵敏度高,抗干扰性强。GPS 天线分为单极天线、微带天线、锥型天线等。

信号处理部分：是 GPS 接收机的核心部分，进行滤波和信号处理，由跟踪环路重建载波，解码得到导航电文，获得伪距定位结果。

记录装置：主要有接收机的内存硬盘或记录卡（CF 卡）。

电源：分为外接和内接电池（12 V），机内还有一锂电池。

（3）GPS 接收机的基本类型：大地型、导航型和授时型三种，见图 6 – 13。大地型接收机按接收载波信号的差异分为单频（L1）型和双频（L1，L2）型。

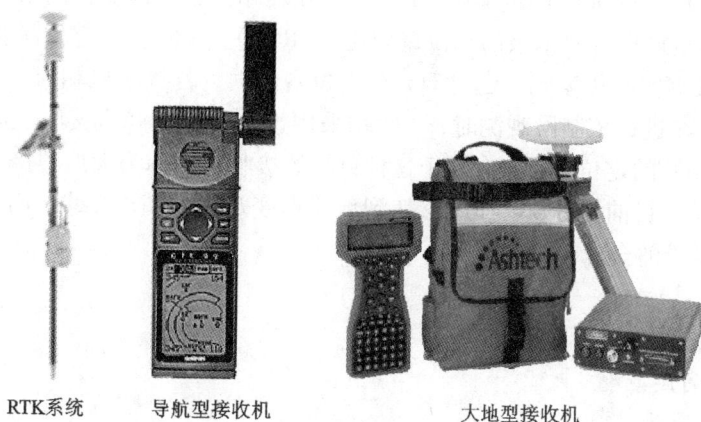

RTK系统　　导航型接收机　　　　　　　大地型接收机

图 6 – 13　GPS 接收机类型

6.3.2　GPS 定位原理

GPS 接收机可接收到用于授时的准确至纳秒级的时间信息；用于预报未来几个月内卫星所处概略位置的预报星历；用于计算定位时所需卫星坐标的广播星历，精度为几米至几十米（各个卫星不同，随时变化）；以及 GPS 系统信息，如卫星状况等。

GPS 接收机通过对码的量测就可得到卫星到接收机的距离，由于含有接收机卫星钟的误差及大气传播误差，故称为伪距。对 0A 码测得的伪距称为 UA 码伪距，精度约为 20 m，对 P 码测得的伪距称为 P 码伪距，精度约为 2 m。

GPS 接收机对收到的卫星信号，进行解码或采用其他技术，将调制在载波上的信息去掉后，就可以恢复载波。严格来讲，载波相位应被称为载波拍频相位，它是收到的受多普勒频移影响的卫星信号载波相位与接收机本机振荡产生信号相位之差。一般在接收机钟确定的历元时刻量测，保持对卫星信号的跟踪，就可记录下相位的变化值，但开始观测时的接收机和卫星振荡器的相位初值是不知道的，起始历元的相位整数也是不知道的，即整周模糊度只能在数据处理中作为参数解算。相位观测值的精度高至毫米，但前提是解出整周模糊度，因此只有在相对定位、并有一段连续观测值时才能使用相位观测值，而要达到优于米级的定位 精度也只能采用相位观测值。

按定位方式，GPS 定位分为单点定位和相对定位（差分定位）。单点定位就是根据一台接收机的观测数据来确定接收机位置的方式，它只能采用伪距观测量，可用于车船等的概略导航定位。相对定位（差分定位）是根据两台以上接收机的观测数据来确定观测点之间的相对位置的方法，它既可采用伪距观测量也可采用相位观测量，大地测量或工程测量均应采用相位观测值进行相对定位。

在 GPS 观测量中包含了卫星和接收机的钟差、大气传播延迟、多路径效应等误差,在定位计算时还要受到卫星广播星历误差的影响,在进行相对定位时大部分公共误差被抵消或削弱,因此定位精度将大大提高,双频接收机可以根据两个频率的观测量抵消大气中电离层误差的主要部分,在精度要求高、接收机间距离较远时(大气有明显差别),应选用双频接收机。

在定位观测时,若接收机相对于地球表面运动,则称为动态定位,如用于车船等概略导航定位的精度为 30 ~ 100 m 的伪距单点定位,或用于城市车辆导航定位的米级精度的伪距差分定位,或用于测量放样等厘米级的相位差分定位(RTK),实时差分定位需要数据链将两个或多个站的观测数据实时传输到一起计算。在定位观测时,若接收机相对于地球表面静止,则称为静态定位,在进行控制网观测时,一般均采用这种方式由几台接收机同时观测,它能最大限度地发挥 GPS 的定位精度,专用于这种目的的接收机被称为大地型接收机,是接收机中性能最好的一类。目前,GPS 已经能够达到地壳形变观测的精度要求,IGS 的常年观测台站已经能构成毫米级的全球坐标框架。

6.3.3　GPS 误差源分析

1. 卫星有关的误差

(1)卫星星历误差

卫星星历误差:由卫星星历所给出的卫星位置与卫星的实际位置之差。星历误差的大小主要取决于卫星定轨系统的质量、观测值的数量及精度、定轨时所有的数学力学模型和定轨软件的完善程度等。此外与星历的外推时间间隔(实测星历的外推时间间隔可视为零)也有直接关系。

轨道误差对基线测量的影响可用下式表示:

$$db \approx \frac{D}{\rho}dr \approx \frac{D(\mathrm{km})}{25'000(\mathrm{km})}dr \qquad (6-24)$$

式中:dr 为轨道误差;D 为基线长;ρ 为卫星至地球表面距离,大约 25 000 km;db 为基线误差。

(2)卫星钟的钟误差

卫星上虽然使用了高精度的原子钟,但它们也不可避免地存在误差,这种误差既包含着系统性的误差(如钟差、钟速、频漂等偏差),也包含着随机误差。

2. 与信号传播有关的误差

(1)电离层延迟

①电离层(含平流层)是高度在 50 ~ 1 000 km 间的大气层。

②电离层延迟:带电粒子的存在影响无线电信号的传播,使传播速度发生变化,传播路径产生弯曲,从而使信号传播时间 t 与真空中光速 c 的乘积不等于卫星至接收机的几何距离。

③电离层延迟取决于信号传播路径上的总电子含量 TEC 和信号的频率 f。而 TEC 又与时间、地点、太阳黑子数等多种因素有关。

(2)对流层延迟

对流层是高度在 50 km 以下的大气层。

GPS 卫星信号在对流层中的传播速度 $v = c/n$;c 为真空中的光速,n 为大气折射率,其值取决于气温、气压和相对湿度等因子。

（3）多路径误差

多路径误差：经某些物体表面反射后到达接收机的信号如果与直接来自卫星的信号叠加干扰后进入接收机，就将使测量值产生系统误差。多路径误差对测距码伪距观测值的影响要比对载波相位观测值的影响大得多。多路径误差取决于测站周围的环境、接收机的性能以及观测时间的长短。

3．与接收机有关的误差

（1）接收机的钟误差

接收机的钟差主要取决于钟的质量，与使用时的环境也有一定关系。它对测距码伪距观测值和载波相位观测值的影响是相同的。

（2）接收机的位置误差

在进行授时和定轨时，接收机的位置是已知的，其误差将使授时和定轨的结果产生系统误差。

（3）接收机的测量噪声

用接收机进行 GPS 测量时，由于仪器设备及外界环境影响而引起的随机测量误差，其值取决于仪器性能及作业环境的优劣。观测足够长的时间后，测量噪声的影响通常可以忽略不计。

6.3.4　GPS 控制网设计

1．选点原则

（1）为保证对卫星的连续跟踪观测和卫星信号的质量，要求测站上空应尽可能开阔，在 10°～15°高度角以上不能有成片的障碍物。

（2）为减少各种电磁波对 GPS 卫星信号的干扰，在测站周围约 200 m 的范围内不能有强电磁波干扰源，如大功率无线电发射设施、高压输电线等。

（3）为避免或减少多路径效应的发生，测站应远离对电磁波信号反射强烈的地形、地物，如高层建筑、成片水域等。

（4）为便于观测作业和今后的应用，测站应选在交通便利，上点方便的地方。

（5）测站应选择在易于保存的地方。

2．常用的布网形式

（1）跟踪站式

若干台接收机长期固定安放在测站上，进行常年、不间断的观测，即一年观测 365 d，一天观测 24 h，这种观测方式很像是跟踪站，因此，这种布网形式被称为跟踪站式。其特点在于：接收机在各个测站上进行了不间断的连续观测，观测时间长、数据量大；一般采用精密星历；具有很高的精度和框架基准特性；需要建立专门的永久性跟踪站，用以安置仪器设备，观测成本很高。一般用于建立 GPS 跟踪站（AA 级网），对于普通用途的 GPS 网，由于此种布网形式观测时间长、成本高，故一般不被采用。

（2）会站式

在布设 GPS 网时，一次组织多台 GPS 接收机，集中在一段不太长的时间内，共同作业。在作业时，所有接收机在若干天的时间里分别在同一批点上进行多天、长时段的同步观测，在完成一批点的测量后，所有接收机又都迁移到另外一批点上进行相同方式的观测，直至所有的点观测完毕。其特点在于：各基线均进行过较长时间、多时段的观测，因而具有特高的尺度精度。此种布网方式一般用于布设 A，B 级网。

（3）基准站式

若干台接收机在一段时间里长期固定在某几个点上进行长时间的观测，这些测站称为基准站，在基准站进行观测的同时，另外一些接收机则在这些基准站周围相互之间进行同步观测。其特点在于：基准站之间进行了长时间的观测，可以获得较高精度的定位结果。这些高精度的基线向量可以作为整个 GPS 网的骨架，具较强的图形结构。

（4）步图形扩展式

多台接收机在不同测站上进行同步观测，在完成一个时段的同步观测后，又迁移到其他的测站上进行同步观测，每次同步观测都可以形成一个同步图形，在测量过程中，不同的同步图形间一般有若干个公共点相连，整个 GPS 网由这些同步图形构成。其特点是：具有扩展速度快，图形强度较高，且作业方法简单的优点。同步图形扩展式是布设 GPS 网时最常用的一种布网形式。

（5）单基准站式

它又称作星形网方式，是以一台接收机作为基准站，在某个测站上连续开机观测，其余的接收机在此基准站观测期间，在其周围流动，每到一点就进行观测，流动的接收机之间一般不要求同步，这样，流动的接收机每观测一个时段，就与基准站间测得一条同步观测基线，所有这样测得的同步基线就形成了一个以基准站为中心的星形。流动的接收机有时也称为流动站，其特点是：单基准站式的布网方式的效率很高，但是由于各流动站一般只与基准站之间有同步观测基线，故图形强度很弱，为提高图形强度，一般需要每个测站至少进行两次观测。

6.3.5 GPS 野外观测

1. 外业作业方式

（1）点连式

在观测作业时，相邻的同步图形间只通过一个公共点相连。特点是作业效率高，图形扩展迅速；它的缺点是图形

图 6-14 GPS 野外作业方式

强度低，如果连接点发生问题，将影响到后面的同步图形，见图 6-14。

（2）边连式

在观测作业时，相邻的同步图形间有一条边（即两个公共点）相连。特点是具有较好的图形强度和较高的作业效率。

（3）网连式

在作业时，相邻的同步图形间有 3 个（含 3 个）以上的公共点相连。特点是所测设的 GPS 网具有很强的图形强度，但网连式观测作业方式的作业效率很低。

（4）混连式

在实际的 GPS 作业中，一般并不是单独采用上面所介绍的某一种观测作业模式，而是根据具体情况，有选择地灵活采用这几种方式作业。特点是实际作业中最常用的作业方式，它实际上是点连式、边连式和网连式的一个结合体。

2. 外业调度与数据记录

（1）调度计划

为保证 GPS 外业观测作业的顺利进行，保障精度，提高效率，在进行 GPS 外业观测之前，就编制好调度计划。

①GPS 卫星可见性预报图表。

在 GPS 可见性预报图表中可以了解卫星的分布状况。

预报图表：可见的卫星星号，卫星高度角，方位角及空间位置精度因子 PDOP 和几何精度因子 GDOP 等。

②星历预报图。

（2）外业调度

对需测 GPS 点分布的情况，交通路线等因素加以综合考虑，顾及星历预报，制定合理的外业调度计划。

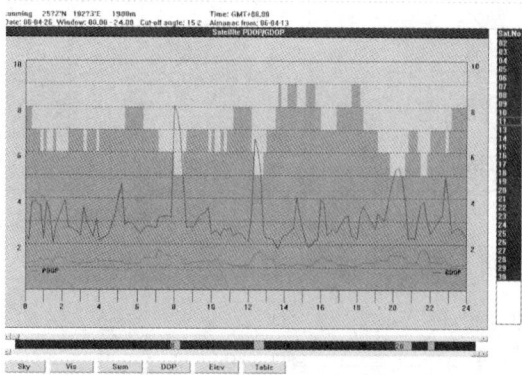

图 6 – 15　GPS 观测信号数据

（3）观测作业

①各测站的观测员应按计划规定的时间作业，确保同步观测。

②确保接收机存储器（目前常用 CF 卡）有足够存储空间。

③开始观测后，正确输入高度角、天线高及天线高量取方式。

④观测过程中应注意查看测站信息、接收到的卫星数量、卫星号、各通道信噪比、相位测量残差、实时定位的结果及其变化和存储介质记录等情况。一般来讲，主要注意 DOP 值的变化，如 DOP 值偏高（GDOP 一般不应高于 6），应及时与其他测站观测员取得联系，适当延长观测时间。

⑤同一观测时段中，接收机不得关闭或重启；将每测段信息如实记录在 GPS 测量手簿上。

⑥进行长距离高等级 GPS 测量时，要将气象元素，空气湿度等如实记录，每隔一小时或两小时记录一次，填入表 6 – 3。

（4）数据记录

表 6 – 3　数据记录表

点　　号		点　　名		图幅编号	
观测记录员		日期段号	观测日期		
接收机名称 及编号		天线类型 及其编号		存储介质编号 数据文件名	
温度计类型 及编号		气压计类型 及其编号		备份存储 介质编号	

点　　号		点　　名		图幅编号	
近似纬度	°′″N	°′″E	m		
采样间隔	s	开始记录时间	h min	结束记录时间	h min

天线高测定	天线高测定方法及略图	点位略图
测前：　　　测后： 测定值＿＿＿＿　＿＿＿＿ m 修正值＿＿＿＿　＿＿＿＿ m 天线高＿＿＿＿　＿＿＿＿ m 平均值＿＿＿＿　＿＿＿＿ m		

记事	

气象元素及天气情况

时间(UTC)	气压(mbar)	干温(℃)	温度(℃)	天气情况

3. GPS 内业数据处理

(1)原始观测数据的读入

(2)外业输入数据的检查与修改

在读入了 GPS 观测值数据后，就需要对观测数据进行必要的检查，检查的项目包括：测站名、点号、测站坐标、天线高等。对这些项目进行检查的目的，是为了避免外业操作时的误操作。

(3)基线解算的控制参数

(4)基线解算

(5)基线质量的检验

基线的质量检验需要通过 RATIO、RDOP、RMS、同步环闭和差、异步环闭和差和重复基线较差来进行。

(6)平差

①网平差的分类：据平差所进行的坐标空间：三维平差和二维平差；据平差时所采用的观测值和起算数据的数量与类型，可将平差分为无约束平差、约束平差和联合平差等。

ⓐ三维平差与二维平差。三维平差：平差在三维空间坐标系中进行，观测值为三维空间中的观测值，解算出的结果为点的三维空间坐标；二维平差：平差在二维平面坐标系下进行，观测值为二维观测值，解算出的结果为点的二维平面坐标。二维平差一般适合于小范围 GPS 网的平差。

ⓑ无约束平差、约束平差和联合平差。无约束平差：在平差时不引入会造成 GPS 网产生由非观测量所引起的变形的外部起算数据。常见的 GPS 网的无约束平差，一般是在平差时没有起算数据或没有多余的起算数据；约束平差：平差时所采用的观测值完全是 GPS 观测值（即 GPS 基线向量），而且，在平差时引入了使得 GPS 网产生由非观测量所引起的变形的外部起算数据；联合平差：平差时所采用的观测值除了 GPS 观测值以外，还采用了地面常规观测值，这些地面常规观测值包括边长、方向、角度等观测值等。

②平差过程

ⓐ取基线向量，构建 GPS 基线向量网。提取基线向量时需要遵循以下几项原则：必须选取相互独立的基线，若选取了不相互独立的基线，则平差结果会与真实的情况不相符合；所选取的基线应构成闭合的几何图形；选取能构成边数较少的异步环的基线向量；选取边长较短的基线向量。

ⓑ三维无约束平差。在构成了 GPS 基线向量网后，需要进行 GPS 网的三维无约束平差，通过无约束平差主要达到以下几个目的：根据无约束平差的结果，判别在所构成的 GPS 网中是否有粗差基线，如发现含有粗差的基线，需要进行相应的处理，必须使得最后用于构网的所有基线向量均满足质量要求；调整各基线向量观测值的权，使得它们相互匹配。

ⓒ约束平差/联合平差。约束平差的具体步骤是：指定进行平差的基准和坐标系统；指定起算数据；检验约束条件的质量；进行平差解算。

（7）质量分析与控制

根据基线向量的改正数的大小，可以判断出基线向量中是否含有粗差；发现构成 GPS 网的基线中含有粗差，则需要采用删除含有粗差的基线、重新对含有粗差的基线进行解算或重测含有粗差的基线等方法加以解决；发现个别起算数据有质量问题，则应该放弃有质量问题的起算数据。

（8）成果转化

根据实际生产需要，转化为当地坐标。

6.4 控制测量的其他方法

6.4.1 测角网

三角网测量法在地面上布设一系列连续三角形，采取测角方式测定各三角形顶点水平位置的方法。它是几何大地测量学中建立国家大地网和工程测量控制网的基本方法之一，由荷兰的斯涅耳（W. Snell）于 1617 年首创。

在三角测量中作为测站，并由此测定了水平位置的这些顶点称为三角点。为了观测各三角形的顶角，相邻三角点之间必须互相通视。因此三角点上一般都要建造测量觇标。为了使各三角点在地面上能长期保存使用，还要埋设标石。

观测各三角形的顶角时，观测目标的距离有时很长（达几十公里），在这样长的距离上，即使用精密经纬仪的望远镜照准测量觇标顶部的圆筒，也难获得清晰的影像。为了提高照准精度，必须采用发光装置作为照准目标。在晴天观测采用日光回照器，借助平面镜将日光反射到观测站；在阴天或夜间观测时，则采用由光源、聚光设备和照准设备所组成的回光灯。

三角测量中各三角形顶角的观测工作称为水平角观测。主要有两种观测方法：一是方向法或全圆法，二是全组合测角法(见角度测量)。除了观测各三角形的顶角外，三角测量还要选择一些三角形的边作为起始边，测量它们的长度和方位角。过去用基线尺在地面上丈量起始边的长度，由于地形限制，一般只能丈量长几公里的线段。因此，往往需要建立一个基线网(图6-16)，直接丈量基线长度，然后通过网中观测的角度推算起始边长度。20世纪50年代电磁波测距仪出现之后，可以直接测量起始边长度，而且精度很高，极大地提高了三角测量的经济效益。为了测量起始边的方位角，需要在起始边两端点上实施天文测量。

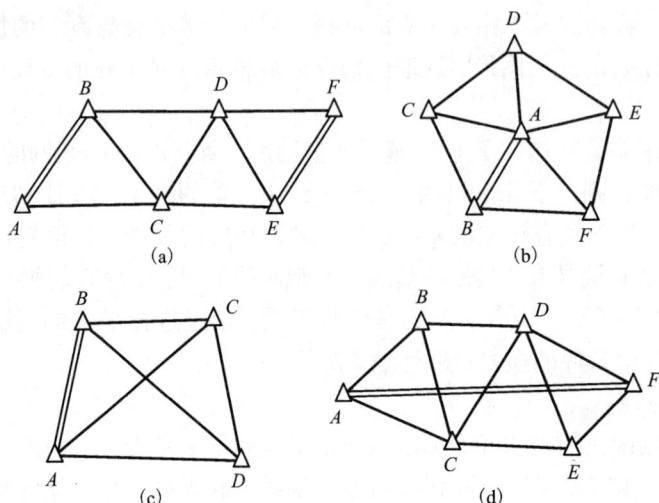

图6-16 测角网典型图形

在完成上述观测之后，从一起始点和起始边出发，利用观测的角度值，逐一地推算其他各边的长度和方位角，再据此进一步推算各三角形顶点在所采用的大地坐标系中的水平位置。三角测量的实施有两种扩展方式：一是同时向各个方向扩展，构成网状，称为三角网，它的优点在于点位均匀分布，各点之间互相牵制，对于低等测量有较强的控制作用。缺点是作业进展缓慢。二是向某一定方向推进以构成锁状，称为三角锁，它仅构成控制骨架，中间以次等三角测量填充，三角锁的推进方向可作适当选择，避开作业困难地带，故较三角网经济，作业进展迅速，但控制强度不如三角网。

6.4.2 测边网

三边网测量法是在地面上布设一系列连续的三角形，采取测边方式来测定各三角形顶点水平位置的方法。是建立大地控制网和工程测量控制网的方法之一。由于在地面上直接丈量距离一般困难很多，三边测量要求丈量所有的边，困难尤甚。直到1948年和1956年先后出现光电测距仪和微波测距仪后，三边测量法才得到实际应用。

用三边测量布设控制网时，以连续的三角形构成锁状或网状，测量其中每个三角形的三边，并用天文测量方法测设起始方位角，然后从一起始点和方位角出发，利用测量的边长推算其他各边的方位角，以及各三角形顶点在所采用的大地坐标系中的水平位置。

由于用三边测量方法布设锁网不进行角度测量，推算方位角的误差易于迅速积累，所以需要通过大地天文测量测设较密的起始方位角，以提高三边测量锁网的方位精度。此外，在三角测量中，可以用三角形的三角之和应等于其理论值这一条件作为三角测量的内部校核，而测边三角形则无此校核条件，这是三边测量的缺点。1979 年出现了三波长电磁波测距仪，测量精度提高了一个数量级。随着这种仪器的推广，三边测量将得到广泛的应用。

当作业期间的天气条件不利于角度观测时，用微波测距仪建立二等或更低等的三边测量锁网，有较高的经济效益。工程测量中正在采用激光测距仪或红外测距仪布设短边的三边测量控制网。为了特殊目的布设高精度大地测量控制锁网时，可以测量每个三角形的三边和三角，再于其中加测适当密度的天文点提供方位控制。这种方法称作边角测量。这样的锁网不存在尺度误差积累，方位误差积累也有所控制，故其精度极高。

6.4.3 边角网

随着光电测距仪、全站仪的普遍使用，边角网已成为控制网的常用布网形式。边角网测量法是在地面上布设一系列连续三角形，采取边角全测方式测定各三角形顶点水平位置的方法。只有一个已知点的坐标和一条边的坐标方位角作为起始数据，称为独立边角网；多于三个已知数据的往往称非独立边角网。边角测量建立的锁网，测量每个三角形的三边和三角，再在锁网中加测适当密度的天文经度、纬度、天文方位角，提供方位控制。这样的锁网中不存在尺度误差积累，方位误差积累也有所控制，故精度最高，但工作量也最大。

边角网有以下几种情况：①观测全部边长和全部角度；②在测边网中加测部分角度；③在测角网中加测部分边长；④观测部分边长和部分角度。边角网的外业工作主要包括：选点埋桩、角度观测和边长观测。由于边角网的精度在很大程度上取决于图形结构（即点位间相互关系），因此在确定了各控制点的位置后，还应进一步进行精度估算和优化设计，以确定具体观测哪些角度和边长。故而选点工作非常重要，一般须确保图形良好，边长适中。各三角形内角尤其是用于计算边长的传距角应不小于 30°，不大于 120°，尽可能布设成等边三角形。为便于扩展和加密，点位应选在视野开阔、土质坚实的高处，相邻点位间应互相通视。选点后，应在地面上埋设标志。等级边角网点，须埋设混凝土桩。图根边角点可埋设木桩。为便于今后寻找，应当绘点之记。角度测量是边角测量的主要外业工作之一。在一个边角网点上，当观测方向为两个以上时，应采用全圆测回法进行观测。边长主要用电磁波测距仪或全站仪施测。当观测数据多于必要的观测数据时，多余观测数称为多余观测，一个多余观测则产生一个条件方程式，条件方程式由于观测对象的不同也不尽相同。用条件平差方法和最小二乘原理解算条件方程式，即可得到各观测量的平差值。

练习题

1. 测量的基本原则是什么？
2. 导线布设的形式有哪些？
3. 控制点位的选择有哪些具体要求？
4. GPS 测量的基本原理是什么？
5. GPS 测量的误差源有哪些？具体有哪些应对措施？

6. GPS 内业数据处理的基本步骤有哪些?

7. 如图 6-17，A，B，C，D 是已知点，外业观测资料为导线边距离和各转折角，见图中标注，试求其他各点的坐标值。

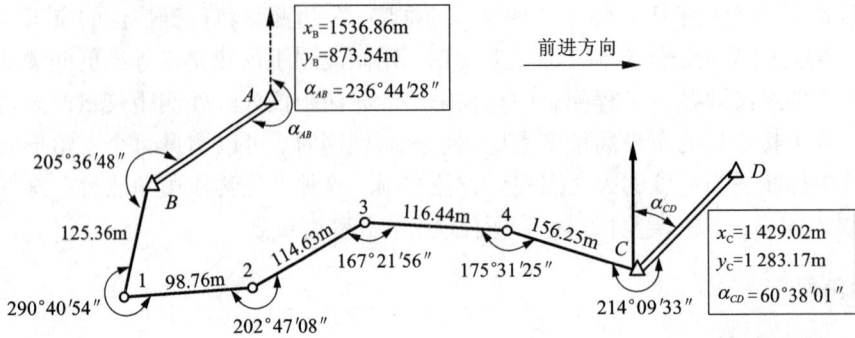

图 6-17

第7章　地形图的基本知识与测绘方法

【学习指导】　尽管传统的地形测图方法已经被数字测图方法所替代，但在教学过程中，向学生介绍地形图的基本知识和传统的测绘方法，有助于学生完全理解地形图数字测绘原理，所以本书将地形图的基本知识与传统测绘方法作为附录，以便在教学中参考使用。

7.1　地形图的基本知识

7.1.1　地形图及其比例尺

按一定的数学法则有选择地在平面上表示地球表面各种自然要素和社会要素的图通称为地图。地图可分为普通地图和专题地图，普通地图是综合反映地面上物体和现象一般特性的地图，内容包括各种自然地理要素（如水系、地貌、植被等）和社会要素（如居民点、行政区划及交通线路），但不突出表示其中某一种要素；专题地图则是着重表示自然现象和社会现象的某一种或几种要素的地图，如交通图、水系图等。

地形图是按一定的比例，用规定的符号表示地物和地貌的平面位置和高程的正射投影图。地形图是普通地图的一种。如果仅仅表示地物的形状和平面位置，而不表示地面起伏的地图，则称为平面图。

图上一段直线长度 d 与地面上相应线段的实际长度 D 之比，称为地形图的比例尺。地形图的比例尺分数字比例尺和图示比例尺两种。

1. 数字比例尺

数字比例尺的定义为

$$\frac{d}{D} = \frac{1}{D/d} = \frac{1}{M} = 1:M \tag{7-1}$$

一般将数字比例尺用分子为1，分母为一个比较大的整数 M 表示。M 越大，比例尺的值越小；M 越小，比例尺的值越大。如，1:500 大于 1:1 000。通常称 1:500、1:1 000、1:2 000 和 1:5 000 比例尺的地形图为大比例尺地形图，称 1:1 万、1:2.5 万、1:5 万、1:10 万比例尺的地形图为中比例尺地形图，称 1:25 万、1:50 万和 1:100 万比例尺的地形图为小比例尺地形图。我国规定 1:1 万、1:2.5 万、1:5 万、1:10 万、1:25 万、1:50 万、1:100 万七种比例尺地形图为国家基本比例尺地形图，地形图数字比例尺注记在南面图廓外的正中央，见图 7-1。城市和工程建设一般需要大比例尺地形图，其中 1:500 和 1:1 000 比例尺地形图一般用平板仪、经纬仪或全站仪等方法测绘；1:2 000 和 1:5 000 比例尺地形图一般由 1:500 或 1:1 000 比例尺地形图缩小编绘而成。大面积 1:500~1:5 000 的地形图也可用航空摄影测量方法成图。

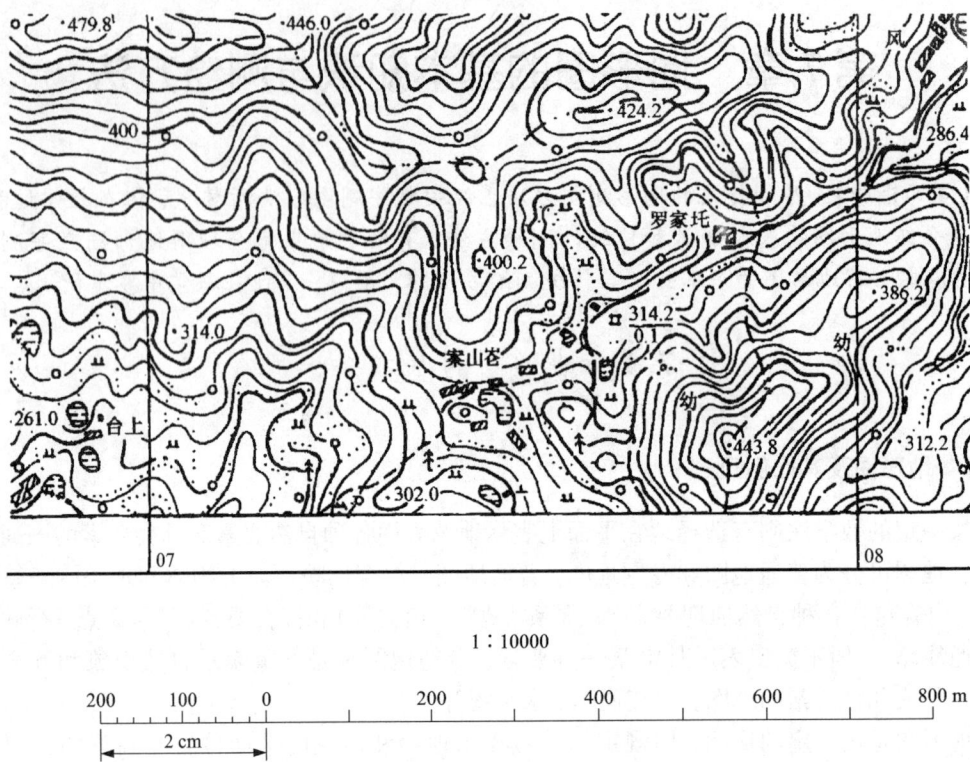

1 : 10000

图 7 - 1　地形图上的数字比例尺和图示比例尺

表 7 - 1　地形图比例尺的精度与比例尺的选择

比例尺	比例尺精度(m)	用途
1:10 000	1.0	城市总体规划、厂址选择、区域布置、方案比较
1:5 000	0.5	
1:2 000	0.2	城市详细规划及工程项目初步设计
1:1 000	0.1	建筑设计、城市详细规划、工程施工设计、竣工图
1:500	0.05	

　　2. 数字比例尺

　　如图 7 - 1 所示，图示比例尺绘制在数字比例尺的下方，其作用是便于用分规直接在图上最取直线的水平距离，同时还可以抵消在图上量取长度时图纸伸缩变形的影响。

　　3. 比例尺的精度

　　由于人眼能分辨的图上最小距离是 0.1 mm，如果地形图的比例尺为 $1:M$，将图上 0.1 mm 所表示的实地水平距离 0.1 M(mm) 称为比例尺的精度。根据比例的精度，可以确定测绘地形图的距离测量精度。例如，测绘 1:1000 比例尺的地形图时，其比例尺精度为 0.1 m，故量距的精度只需到 0.1 m，因为小于实地 0.1 m 的距离在图上表示不出来。又如，当设计规定需要在图上能量出的实地最短长度为 0.05 m 时,则所采用的比例尺不得小于 0.1 mm/0.05 m = 1:500。

比例尺越大,表示地物和地貌的情况越详细,精度就越高,但测绘工作量和经费也越高。表 7 – 1 列出了几种比例尺地形图的比例尺精度,并说明可根据用途来选择地形图比例尺。

7.1.2 地形图图式

为了真实又概括地在地形图上表示出复杂的地球表面形状,人们采用一些特定的符号和方法来表示地物和地貌,这些符号和方法就秒为地形图图示。一个国家的地形图图式是统一的,属于国家标准。我国当前使用的《1:500、1:1 000、1:2 000 地形图图示》(GB/T 7929—1995),是由国家测绘总局制定、国家技术监督局发布的,1996 年 5 月 1 日开始实施的,以下简称《图式》。《图式》是测图和用图的重要依据,测图和用图时应严格执行《图式》中的规定。

地形图图示中有三类符号:地物符号、地貌符号和注记符号,在绘制和使用这三类符号时,也应认真查阅《图式》,严格执行。

1. 地物符号

地物符号分为比例符号、非比例符号和半比例符号。

(1)比例符号。可按测图比例尺缩小,用规定符号画出的地物符号称为比例符号,如房屋、公路、稻田桥梁等。

(2)非比例符号。有些地物,如三角点、导线点、水准点、独立树、路灯、检修井等,其轮廓较小,无法将形状和大小按地形图比例尺绘到图上,则不考虑其实际大小,采用规定符号表示。这种符号称为非比例符号。

(3)比例符号。对于一些带状延伸地物,如小路、通讯线、管道、垣栅等,长度可按比例缩绘,宽度无法按比例表示的符号称为半比例符号。

2. 地貌符号

地形图上表示地貌(地面高低起伏)的主要方法是等高线法,所以等高线是常见的地貌符号。

3. 注记符号

有些地物除了用相应的符号表示外,对于地物的性质、名称、种类等在图上还需要用文字和数字加以注记和说明,如地名、路名、单位名、房屋结构和层数、河流的水流方向、等高线的高程等,这些文字和数字称为注记符号。

7.1.3 等高线

1. 等高线的概念与绘制原理

等高线是地面高程相等的相邻各点连成的闭合曲线。如图 7 – 2 所示,设想有一座高出水面的小岛,与某一静止水面相交形成的水涯线为闭合曲线,曲线形状由小岛与水面相交的位置确定,曲线上各点的高程相等。例如,当水面高为 70 m 时,曲线上任一点的高程均为 70 m;若水位继续升高至 80 m、90 m,则水涯线的高程分别为 80 m、90 m。将不同高程的水涯线垂直投影到水平面 H 上,按一定比例尺缩绘在图纸上,就可将小岛用等高线表示在地形图上。这些等高线的形状和高程,客观地反映了小岛的空间形态。这便是等高线的绘制原理。

2. 等高距与等高线平距

地形图上相邻等高线间的高差称为等高距，常用 h 表示。同一幅地形图的等高距应相同，因此地形图的等高距也称为基本等高距。大比例尺地形图常用的基本等高距为 0.5 m、1 m、2 m、5 m 等。等高距越小，表示的地貌越详细；等高距越大，表示的地貌细部越粗略。但等高距太小会使图上的等高线过于密集，从而影响图面的清晰度。因此，在测绘地形图时，应根据测图比例尺、测区地面的坡度情况，按国家规范要求选择合适的基本等高距，见表 7-2。

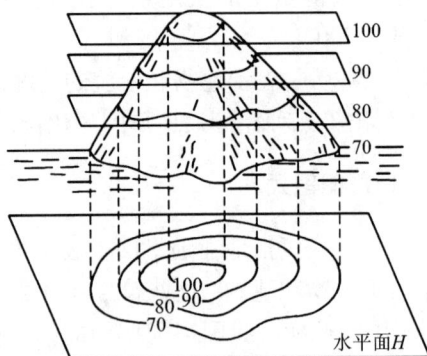

图 7-2 等高线的绘制原理

表 7-2 地形图的基本等高距(m)

比例尺 地形类别	1:500	1:1 000	1:2 000	1:5 000
平坦地	0.5	0.5	1	2
丘陵	0.5	1	2	5
山地	1	1	2	5
高山地	1	2	2	5

等高线平距指的是相邻等高线之间的水平距离，常以 d 表示。因为同一张地形图内等高距是相同的，所以等高线平距 d 的大小与地面坡度有关。相邻等高线之间的地面坡度为

$$i = \frac{h}{d \cdot M} \tag{7-2}$$

式中：h——基本等高距；

　　　M——地形图的比例尺分母。

在同一幅地形图上，等高线平距愈大，表示地貌的坡度愈小；反之，坡度愈大，如图 7-3 所示。

3. 等高线的分类

等高线分为首曲线、计曲线和间曲线。如图 7-4 所示。

(1)首曲线：按基本等高距测绘的等高线称为首曲线，用 0.15 mm 宽的细实线绘制。

(2)计曲线：从零米算起，每隔四条首曲线加粗的一条等高线称为计曲线，用 0.3 mm 宽的粗实线绘制。

(3)间曲线：对于坡度很小的局部区域，当用基本等高线不足以反映地貌特征时，可按 1/2 基本等高距加绘一条等高线，该等高线称为间曲线，用 0.15 mm 宽的长虚线绘制，可不闭合。

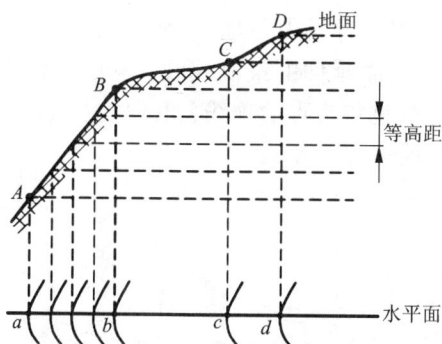

图 7 - 3　等高线平距与地面坡度的关系

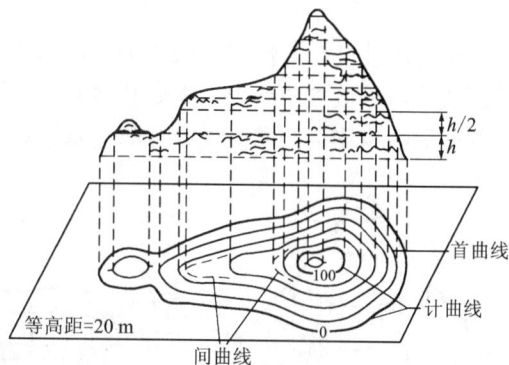

图 7 - 4　等高线的分类

4. 典型地貌的等高线

地球表面高低起伏的形态千变万化,但它们都可由几种典型地貌综合而成。典型地貌主要有山地和洼地、山脊和山谷、鞍部、陡崖和悬崖等。见图 7 - 5 所示。

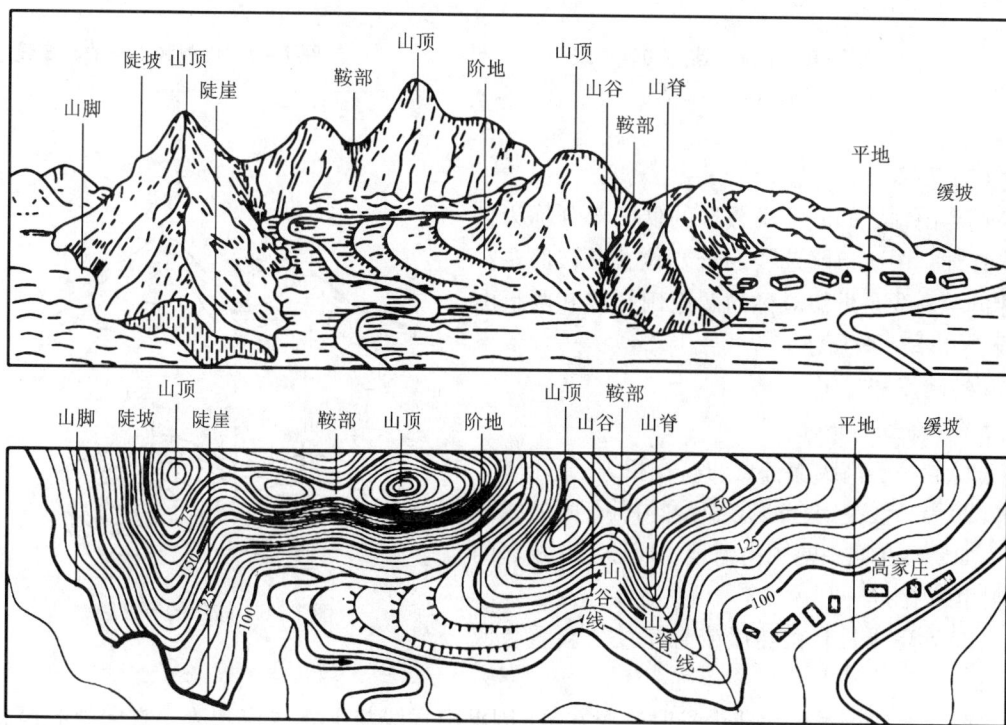

图 7 - 5　综合地貌及其等高线表示

(1) 山头和洼地

图 7 - 6(a) 和 (b) 分别表示山头和洼地的等高线,它们都一组闭合曲线,其区别在于:山头的等高线由外圈向内圈高程逐渐增加,洼地的等高线由外圈向内圈高程逐渐减少,这就可以根据高程注记区分山头和洼地。也可以用示坡线来指示斜坡向下的方向。

（2）山脊和山谷

山坡的坡度与走向发生改变时，在转折处就会出现山脊或山谷地貌（图 7-7）。山脊的等高线均向下坡方向凸出，两侧基本对称。山脊线是山体延伸的最高棱线，也称为分水线。山谷的等高线均为凸向高处，两侧也基本对称。山谷线是谷底点的连线，也称集水线。

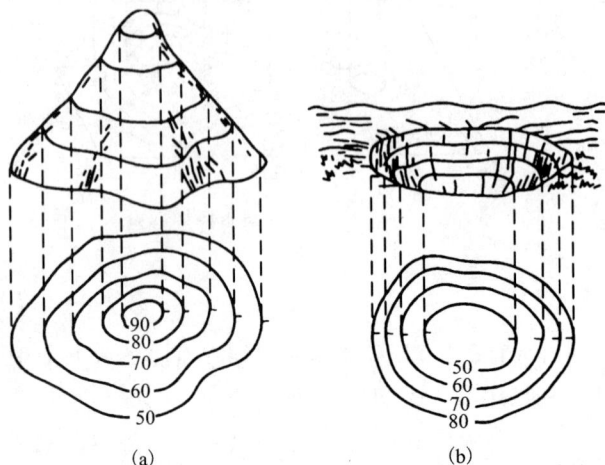

图 7-6　山头与洼地的等高线

（a）山头；（b）洼地

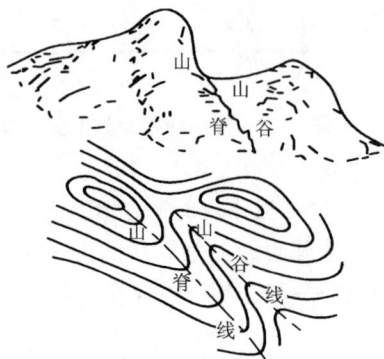

图 7-7　山脊和山谷的等高线

（3）鞍部

两个山顶之间的呈马鞍形的低凹部分称为鞍部。鞍部是山区道路选线的重要位置。鞍部左右两侧的等高线是近似对称的两组山脊线和两组山谷线，如图 7-8 所示。

（4）陡崖和悬崖

5. 等高线的特性

（1）同一等高线上各点的高程相等；

（2）等高线是闭合曲线，不能中断（间曲线除外），如果不在同一幅图内闭合，则必定在相邻的其他图幅内闭合；

（3）等高线只有在陡崖或悬崖处才会重合或相交；

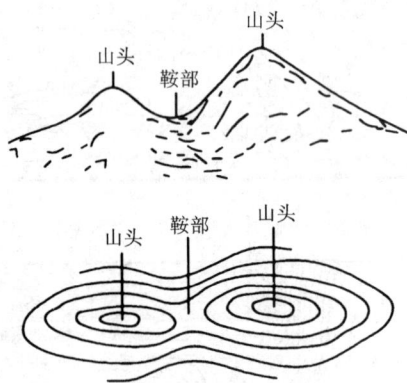

图 7-8　鞍部的等高线

（4）等高线经过山崖或山谷时改变方向，因此山脊线与山谷线应和改变方向处的等高线的切线垂直正交，见图 7-9（a）；

（5）在同一幅地形图内，基本等高距是相同的，因此，等高线平距大表示地面坡度小，等高线平距小则表示地面坡度大；平距相等则坡度相同。也就是说，在同一幅图中，等高线密集的地方坡度较大，而等高线稀疏的地方坡度较小；倾斜平面的等高线是一组间距相等且平行的直线。

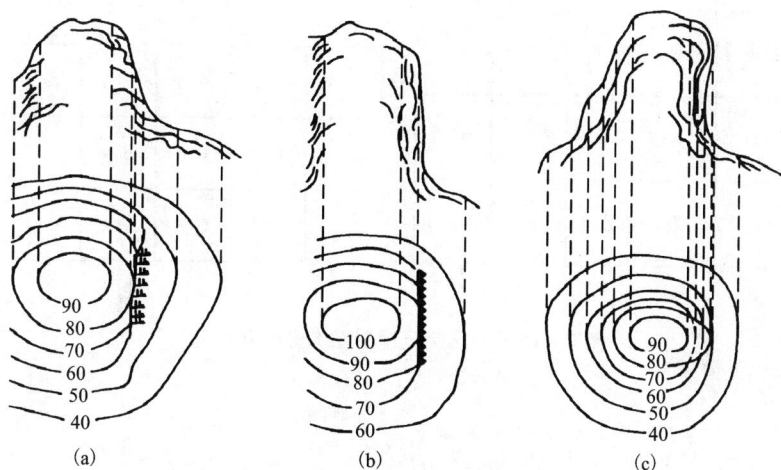

图 7 – 9 陡崖与悬崖的表示

(a)陡崖；(b)陡崖；(c)悬崖

7.1.4 大比例尺地形图的分幅与编号

受图纸尺寸的限制，不可能把测区内的所有地形都绘制在一幅图内，因此，需要分幅测绘地形图。地形图的分幅可分为两大类：一类是按经纬线分幅的梯形分幅法，又称为国际分幅法，由国际统一规定的经线为图的东西边界，纬线为图的南北边界，由于子午线向南北极收敛，因此，整个图幅呈梯形。其划分的方法和编号随比例尺不同而不同。此种分幅一般用于中、小比例尺的地形图分幅。另一种是按坐标格网划分的矩形分幅法，一般用于城市和工程建设中的大比例尺地形图分幅。这里只介绍大比例尺地形图的矩形分幅与编号方法。

《图式》规定：1∶500 ~ 1∶2 000 比例尺地形图一般采用 50 cm × 50 cm 正方形分幅或 50 cm × 40 cm 矩形分幅。地形图编号一般采用图廓西南角坐标公里数编号法，也可选用流水编号法或行列编号法等。

采用图廓西南角坐标公里数编号法时，x 坐标在前，y 坐标在后，中间用"—"相连，1∶500 地形图(西南角坐标)号取至 0.01 km(如 10.40 ~ 21.75)；1∶1 000、1∶2 000 地形图(西南角坐标)号取至 0.1 km(如 10.0 ~ 21.0)。

带状测区或小面积测区，可按测区统一顺序进行编号，一般从左到右，从上到下用数字1，2，3，4…编号，这种方法称为流水编号法，如图 7 – 10(a)的"荷塘 – 7"，其中"荷塘"为测区地名。

行列编号法一般以代号(如 A，B，C，D，…)为横行，由上到下排列，以数字1，2，3，4，…为代号的纵列，从左到右来编号，先行后列，如图 7 – 10(b)中的 C – 4。

当地形图采用国家统一坐标系时，图廓间的公里数应根据需要，在 Y 坐标编号上加 500 km，再加注带号，如 X：4327. 8，Y：^{19}235. 0，此处的带号为 6°带第 19 带，$y = Y – 500 = – 265. 0$ km。

荷塘-1	荷塘-2	荷塘-3	荷塘-4	
荷塘-5	荷塘-6	荷塘-7	荷塘-8	荷塘-9	荷塘-10
荷塘-11	荷塘-12	荷塘-13	荷塘-14	荷塘-15	荷塘-16

(a)

A-1	A-2	A-3	A-4	A-5	A-6
B-1	B-2	B-3	B-4		
	C-2	C-3	C-4	C-5	C-6

(b)

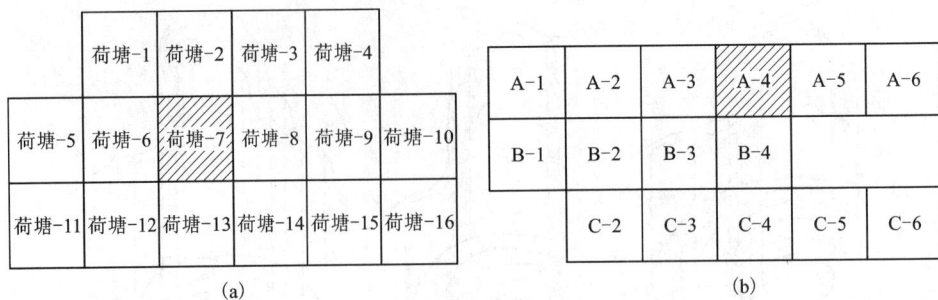

图 7 – 10   大比例尺地形图的分幅和编号

(a)流水编号法；(b)行列编号法

7.2   大比例尺地形图传统测绘方法

大比例尺地形图可采用传统测绘方法、航空摄影测量成图法和数字测图方法。而传统测绘方法又可分为量角器配合经纬仪测图法、经纬仪配合光电测距测图法、大平板仪测图法和经纬仪配合小平板仪测图法等。仅为学习数字测图技术打基础的需要，这里只介绍一种基本的传统测图方法——量角器配合经纬仪测图法。

7.2.1   测图前的准备工作

完成测区控制测量后，就可以控制点为基准，进行地形测图。测图前应做好下列准备工作。

1. 图纸准备

进行传统地形图测绘一般采用聚脂薄膜作为图纸来代替白磅纸。聚脂薄膜图纸厚度一般为 0.07 ~ 0.1 mm，经过热定型处理后，伸缩率小于 0.2‰。聚脂薄膜图纸具有透明度高、伸缩性小、不怕潮湿等优点。图纸弄脏后，可以水洗，便于野外作业。在图纸上着墨后，可直接晒蓝图。缺点是易燃、易折，在使用与保管时就注意防火防折。

2. 绘制坐标方格网

聚脂薄膜图纸(或白磅纸图纸)分空白图纸和印有方格网的图纸。印有方格网的图纸又有 50 cm × 50 cm 正方形分幅和 50 cm × 40 cm 矩形分幅两种规格。

如果是空白图纸，则需要在图纸上精确绘制坐标方格网，每个方格的尺寸为 10 cm × 10 cm。绘制方格网的方法有使用 AutoCAD 绘制法、对角线法和坐标格网尺法等。

(1)AutoCAD 绘制法：在数字化地形地籍成图系统软件 CASS 中执行下拉菜单"绘图处理/标准图幅 50 cm × 50 cm"或"标准图幅 50 cm × 40 cm"命令，直接生成坐标方格网图形。以完成坐标方格网的绘制工作。

(2)对角线法：如图 7 – 11(a)，用该法绘方格网时，先用直尺和铅笔在图纸上轻画出两条对角线，设对角线的交点为 O。过 O 点向各对角线截取相同的长度得 a，b，c，d 4 点，连接 a，b，c，d 4 点即得一个矩形。再分别由 a，b，d 三点起，沿 ab，ad，bc，dc 线每隔 10 cm 截取等长的诸点，连接相应各点即成坐标格网。

（3）坐标格网尺法：坐标格网尺是一根带方眼的金属直尺，如图7-11(b)所示，尺上有间隔10 cm的6个孔，每孔有一个斜边，起孔斜边是直线，其上刻有一细线表示该尺长度的起点，称为零点，其他各孔及末端的斜边是以零点为圆心，以10 cm，20 cm，…，50 cm及70.711 cm为半径的弧线。长度70.711 cm即是50 cm×50 cm正方形对角线的理论长度。

用坐标格网尺绘制坐标格网的步骤如下：

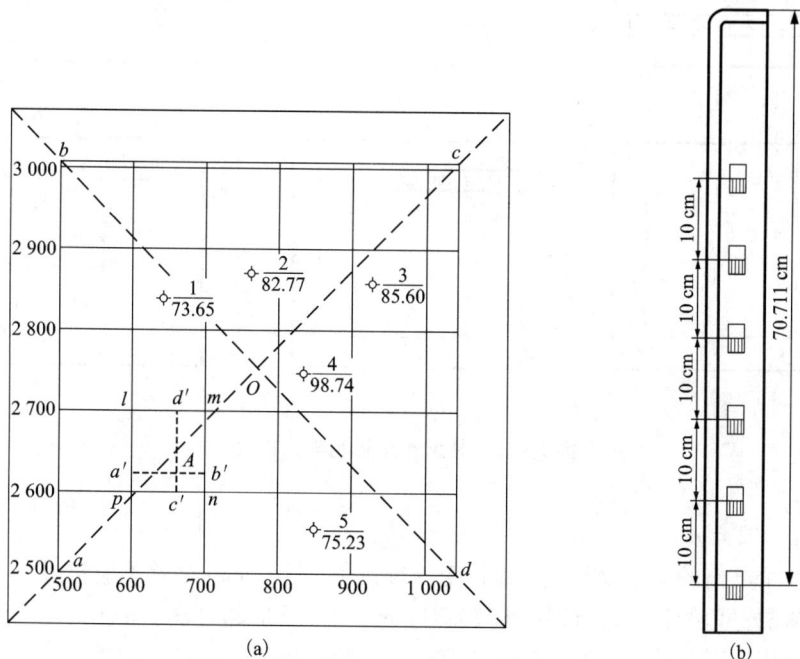

图7-11　对角线法绘制坐标格网及格网尺

(a)对角线法绘制坐标格网；(b)格网尺

①图7-12(a)，在图纸下方适当的位置绘一直线，在左端截取一点A，尺子零点对准A，并使尺上各孔的斜边中心通过直线，再沿各孔斜边画短弧线，与直线相交得1，2，3，4，B等5点；

②图7-12(b)，将尺子零点对准B，并使尺子大致垂直于直线AB，再沿各孔的斜边绘5个圆弧短线；

③图7-12(c)，将尺子零点精确对准A，并使尺子末端与右边最上的短线相交得C点，连接BC即得格网右边各点；

④图7-12(d)，尺子零点对准A，并使尺子大致垂直于AB直线，沿各孔斜边画短弧线；

⑤图7-12(e)，将尺子零点精确对准C，并目估使尺子平行于直线AB，再沿各孔斜边画短弧线，第5根弧线与左边最上的短弧线相交得D点，连接AD，BD即得50 cm×50 cm的正方形；

⑥图7-12(f)，将上、下和左、右相应的各点连接即成10 cm×10 cm的坐标格网。

为了保证坐标格网的精度，无论是印有坐标格网的图纸还是自己绘制的坐标格网的图纸，都应进行以下各项检查：

①将直尺沿方格的对角线方向放置，同一条对角线方向的方格角点应位于同一直线上，

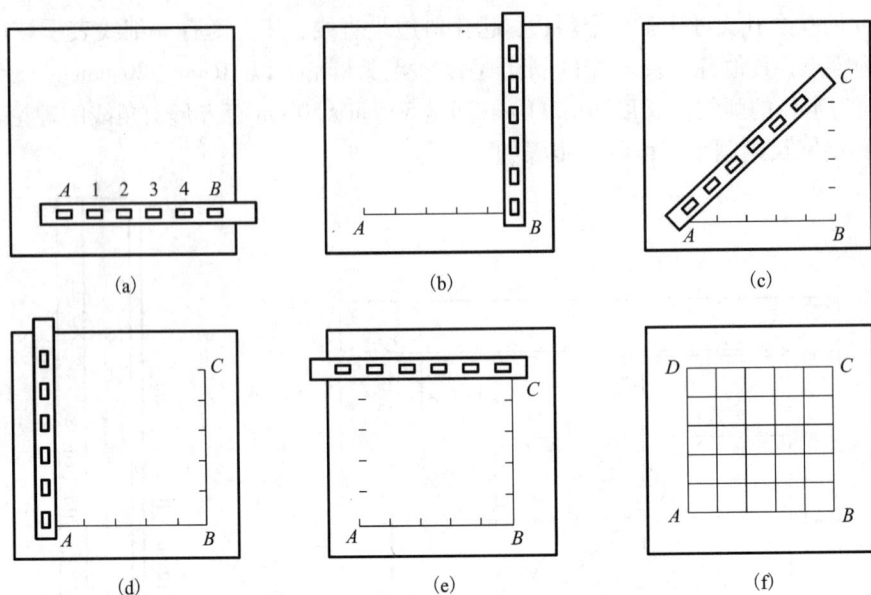

图 7 - 12　格网尺法绘制坐标格网

偏离不应大于 0.2 mm;

②检查各个方格的对角线长度,其长度与理论值 141.4 mm 之差不应超过 0.2 mm;

③检查图廓对角线长度,与理论值 70.711 cm 之差不应超过 0.3 mm。

如果超过规定则应重新绘制,对于印有坐标方格网的图纸,则应作废。

3. 展绘控制点

根据图根平面控制点的坐标值,将其点位在图纸上标出,称为展绘控制点。展点时,应先根据控制点的坐标,确定其所在的方格。例如,A 点的坐标为($X = 214.60$, $Y = 256.78$ m),由图 7 - 13 可知,A 点在方格 1、2、3、4 内。从 1、2 点分别向右量取 $\Delta y_{2A} = (256.78$ m $- 200$ m$)/1000 = 5.678$ cm,定出 a、b 两点;从 2、4 点分别向上量取 $\Delta x_{2A} = (214.6$ m $- 200$ m$)/1000 = 1.46$ cm,定出 a、d 两点。直线 ab 与 cd 的交点即为 A 点的位置。

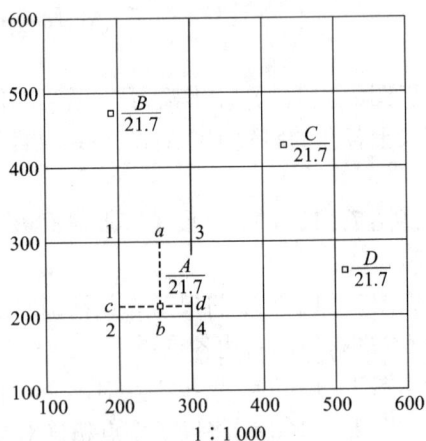

图 7 - 13　展绘控制点

用上述同样的方法展绘图幅内的所有控制点。然后,要认真检查。在图上分别量取已展控制点之间的距离,与化算成图纸上距离的已知边长或根据两点坐标计算所得的两点之间水平距离相比较,其最大误差不得超过图上的 0.3 mm,否则应重新展绘。

为保证地形图精度,测区内应有一定数目的图根控制点。《城市测量规范》规定,测区内解析图根点的个数应不少于表 7 - 3 的要求。

表 7 – 3 　一般地区解析图根点的个数

测图比例尺	图幅尺寸(cm)	解析图根点(个数)
1∶500	50×50	8
1∶1000	50×50	12
1∶2000	50×50	15

7.2.2　一种传统的碎部测量方法——量角器配合经纬仪测图法

测图时,将安置仪器的图根控制点称为测站点。量角器配合经纬仪测图法的原理,其实质是按极坐标定点进行测图,观测时先将经纬仪安置在测站点上,绘图板安置于测站旁,用经纬仪测定碎部点的方向与已知方向之间的夹角、测站点至碎部点的距离和碎部点的高程。然后根据测定数据和测图比例尺,通过一定的计算,用量角器和直尺等工具把碎部点的位置展绘在图纸上,并在点的右侧注明其高程,再对照实地描绘地形图。

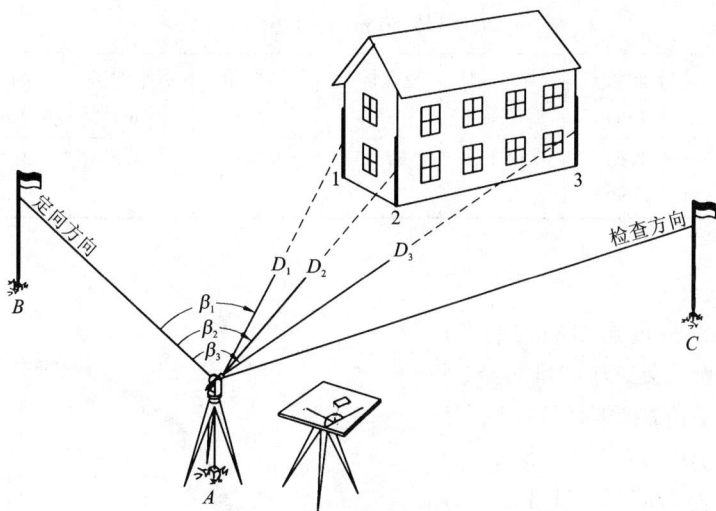

图 7 – 14　量角器配合经纬仪测图

如图 7 – 14 所示,A,B 两点为已知图根控制点,测量并展绘碎部点 1 的过程如下。

1. 安置仪器

观测员安置经纬仪于测站点 A(设其高程为 146.80 m)上,最取并记录仪器高 i(1.61 m);将绘图板置于测站旁。

2. 定向

观测员将经纬仪盘左后视另一图根控制点 B,置水平度盘读数为 0°00′00″,然后再找一个固定、清晰的目标 C(或者是另一个控制点)进行瞄准读数,作为检查方向。绘图员对应在展绘好图根控制点的图纸上用铅笔轻轻连结 AB 两点作为零方向。

3. 立尺

立尺员依次将尺立在地物、地貌特征点上。立尺前,立尺员应弄清实测范围和实地情况，选定立尺点，并与观测员、绘图员共同商定跑尺路线。

4. 观测

观测员转动经纬仪照准部，瞄准立在碎部点 1 的标尺，读视距间隔 l（29.0 cm），中丝读数 v（1.61 m），竖盘读数 L（87°15′）及水平角 β（59°15′）。观测时，竖盘与水平度盘读数只需读到分。

5. 记录、计算

记录员将测得的视距、中丝读数、竖盘读数及水平度盘读数依次填入记录手簿见表 7 – 4。计算出测站点至碎部点的水平距离 D 及高程。计算步骤如下：

1 号碎部点的竖直角：$\alpha_1 = 90° - 87°15′ = 2°45′$

测站点至 1 号碎部点的距离：$D_1 = Kl\cos^2\alpha_1 = 29.0\cos^2 2°45′ = 28.93$ m

测站点至 1 号碎部点的高差：$h_1 = D_1\tan\alpha_1 + i - v = 64.5\tan 2°45′ + 1.61 - 1.61 = 3.10$

1 号碎部点的高程：$H_1 = H_A + h_1 = 146.80 + 3.10 = 149.9$ m

表 7 – 4　碎部测量记录手簿

$H_A = 146.80$ m，$i = 1.61$ m

测点	视距间隔×100（m）	中丝读数（m）	水平角（°′）	竖盘读数（°′）	竖直角（°′）	水平距离（m）	高差（m）	高程（m）
1	64.6	1.61	59 15	87 15	2 45	64.5	3.10	149.9
2	…	…	…	…	…	…	…	…

6. 展绘碎部点

绘图员用细针将量角器的圆心准确固定在图上测站点 A 处，转动量角器，将量角器上等于水平角 β（59°15′）的刻划线对准起始方向线 AB（如图 7 – 15），此时量角器的零方向便是碎部点 1 和 A 点连线的方向，然后用测图比例尺测得的水平距离求得测站点至碎部点的图上距离，在该方向上定出点 1 的位置，并在点的右侧注明其高程。

同法，测出其余各碎部点的平面位置与高程，展绘于图上，并随测随绘等高线和地物。观测过程中应适时地对检查方向进行观测以检查度盘位置是否发生变化。

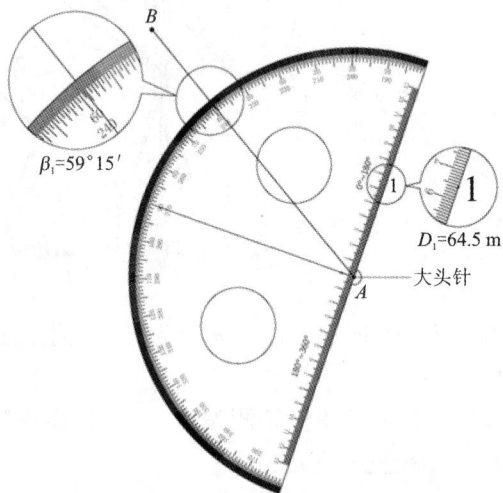

图 7 – 15　展绘碎部点

量角器配合经纬仪测图法一般需要 4 个人操作，其分工是：1 人观测，1 人记录，1 人绘图，1 人立尺。若测区较大，可分成若干图幅，分别测绘，最后拼接成全区地形图。为了相邻图幅的拼接，每幅图应测出内图廓外 5～10 mm。

7.2.3 地形图的绘制

在外业工作中，当碎部点展绘在图上后，就应对照实地随进描绘地物和等高线。

1. 地物描绘

凡是能依比例尺表示的地物，则将它们水平投影位置的几何形状相似地描绘在地形图上，如房屋、河流、运动场等。对于不能依比例尺表示的地物，在地形图上是以相应的地物符号表示在地物的中心位置上，如水塔、记念碑、单线道路，单线河流等。

测绘地物必须根据规定的测图比例尺，按规范和图式的要求，经过综合取舍，将各种地物表示在图上。地物的测绘主要是要测绘地物的形状特征点，例如地物的转折点、交叉点、曲线上的弯曲变换点等。房屋轮廓需用直线连接，而道路、河流的弯曲部分应逐点连成光滑的曲线。不能依比例描绘的地物，应按规定的非比例符号表示。

2. 等高线勾绘

勾绘等高线时，首先用铅笔轻轻描绘出山脊线、山谷线等地性线，再根据碎部点的高程勾绘等高线。不能用等高线表示的地貌应按图式规定的符号表示。

由于碎部点是选在地面坡度变化处，因此相邻点之间可视为均匀坡度。这样就可在两相邻碎部点的边线上，按平距与高差成比例的关系，线性内插出两点间各条等高线通过的位置。如图 7 – 16(a) 所示，地面上碎部点 C 和 A 的高程分别为 202.8 m 及 207.4 m，若取基本等高距为 1 m，则其间有高程为 203 m，204 m，205 m，206 m 及 207 m 等五条等高线通过。根据平距与高差成正比的原理，先目估出高程为 203 m 的 m 点和高程为 207 m 的 q 点，然后将 mq 的距离四等分，定出高程为 204 m，205 m，206 m 的 n，o，p 点。同法定出其他相邻两碎部点间等高线应通过位置。将高程相等的相邻点连成光滑的曲线，就得到了这一区域内的等高线，如图 7 – 16(b) 所示。

勾绘等高线时，要对照实地情况，先画计曲线，后画首曲线并注意等高线通过山脊线、山谷线时要与之保持正交。

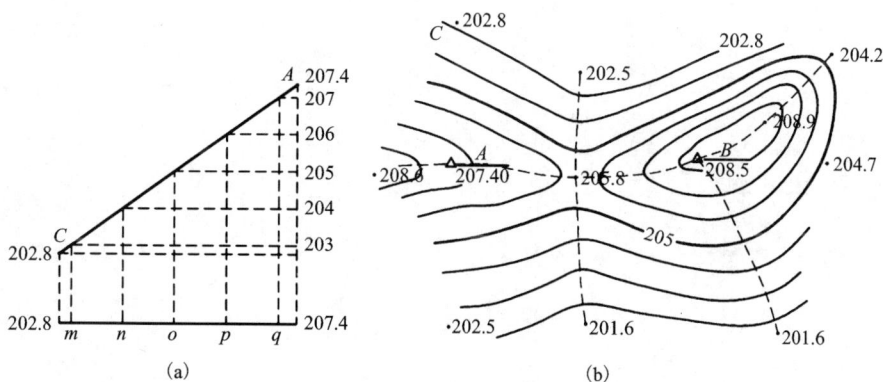

图 7 – 16 等高线的勾绘

7.2.4 地形图测绘的基本要求

地形图测绘时，对仪器设置及测站检查、地物地形点视距和测距长度、高程注记点的分布、地物、地貌的绘制、地形图的拼接和检查等方面的要求，详见《城市测量规范》中的相关规定。

练习题

1. 地形图比例尺的表示方法有哪些？

2. 测绘地形图前，如何选择地形图的比例尺？

3. 何为比例尺精度，比例尺精度与碎部测量的距离精度有何关系？

4. 地物符号分为哪些类型？

5. 地形图上表示地貌的主要方法是等高线，等高线、等高距、等高线平距是如何定义的？等高线可以分为哪些类型？

6. 典型地貌有哪些类型？它们的等高线有什么特点？

7. 试述量角器配合经纬仪测图法在一个测站测绘地形图的工作步骤。

8. 测图前，对坐标方格网应进行哪些项目的检查？

第8章 数字测图

【学习指导】 本章主要介绍了数字地形图的基本概念、数字地形图测图基本原理、方法以及数字地形图应用的基本内容。重点以目前普遍采用的全站仪、GPS – RTK 等数字测图设备和技术的应用为例，对内外业一体化数字测图技术方法进行了详细的介绍。

8.1 数字测图概述

8.1.1 数字地形图与数字测图技术

由于软硬件设备的限制，传统的地形测图只能将测得的观测值用手工图解的方法转化成图形，绘制于纸张上（俗称白纸测图）。这样做不仅效率不高，而且在图解的过程中使地形数据表达和读取的精度大幅度降低，非常不利于图形数据的维护、更新和共享。

简单地说，可以由计算机系统存储、处理和显示的地形图即可称为数字地形图。数字地形图的数据格式有两种：一种是栅格图形，另一种是矢量图形。由于地形图对表示和显示的精度要求比较高，所以数字地形图一般采用矢量图形格式，也称为数字线划地形图。

从20世纪90年代开始，被称为"计算机辅助地图制图"的数字图形处理技术日趋成熟，得到了广泛的应用。随着数字测绘仪器、数据通信、数据处理、图形处理平台等软硬件的不断涌现和普及，机助制图逐渐发展成为今天内外业一体化的全数字测绘技术，通常称为数字测图技术。

数字测图是在采集解析数据的基础上，依靠地形数据传输、处理、编辑平台，产生数字图形。它的基本特征是数据从采集、传输、处理到图形编辑输出，是一个"数据流"的过程，数据不需要过多的人工干预，整个过程在人机交互的环境中基本实现自动化。

与机助制图相比，虽然目前数字测图技术仍以自动绘制地形图为首要目的，但它的功能已经从单纯为了实现图形的数字化表达，扩展到了以数据为核心的地形数据采集、处理、存储等方面，担负起了为建立地理空间数据库和地理信息系统（GIS）采集基础数据的任务。

8.1.2 数字测图基本原理

与模拟地形图（也称为纸质地形图、白纸图）一样，数字地形图首先要解决"在哪里，是什么"的问题，即表达地理目标的定位信息和属性信息。不同的是，数字测图是经过计算机软件自动处理（自动计算、自动识别、自动连接、自动调用图式符号库等），自动绘出所测的地形图。因此，必须采集地物地貌特征点的位置数据、属性数据以及点的连接关系数据。位置数据一般为点的三维坐标，属性数据又称为非几何数据，用来描述地物地貌不同特征，在地形图上表现为不同的符号、文字注记等。

数字测图技术通过对不同类别的地物、地貌特征进行编码来实现自动识别。一般拟定一套完整的编码方案，并建立起相对应的图式符号库，当测量某类地物时，在记录点位坐标的同时，也记录该类地物的特征码，并且记录地物点间的连接关系。绘图时，数字测图软件系统就可以依据这些数据，自动完成连接线划的绘制，并且调用图式符号库，自动在准确位置绘出该地物符号。

但是，目前不同的数字测图软件采用的地形编码方案以及数据存储格式还不尽相同，因此，数据在不同软件之间传输时，需进行数据的转换。

8.1.3　数字测图作业模式

目前，获取数字地形图的数字测图作业模式大致可分为三类。

(1)由数字的工程测绘仪器(全站仪、测距电子经纬仪等)、电子手簿(或笔记本、掌上电脑)、计算机和数字测图软件构成的内外业一体化数字测图作业模式；

(2)由全球卫星定位系统(GPS)实时差分定位装置(RTK)、计算机和数字成图软件构成的 GPS 数字测图作业模式；

(3)由航片(航空摄影地面影像)或卫片(卫星地面影像)和解析测图仪、计算机(或数字摄影测量系统)组成的数字摄影测图作业模式。

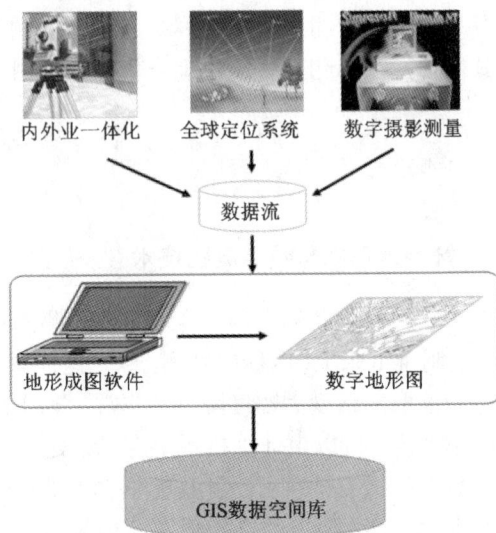

图 8-1　数字地形图的数据流

此外，还可以通过对已有的模拟地形图进行数字化来获取数字地形图，见图 8-1。此方法是早期数字地形图获取采用的主要方法。

8.1.4　数字测图的特点

(1)测量精度高。传统光学测距相对误差大，数字测图采用光电测距，测距相对误差小于 $1/40\ 000$，重要地物点相对于临近控制点的位置误差小于 5 cm。

(2)定点准确。传统方法手工展绘控制点和图上定碎部点，定点误差一般达到图上 0.1 mm。数字测图方法是采用计算机自动展点，几乎没有定点误差。

(3)绘图高效。可以依靠计算机软件、数字绘图设备自动生成规范的地形图文字、符号，并且打印输出，高效且规范。

(4)图幅连接自由，可多种类出图。传统测图方法图幅区域限制严格，接边复杂。数字测图方法不受图幅限制，作业可以按照河流、道路和自然分界来划分，方便施测与接边。数字地图是将地物、地貌要素数据分层储存。例如，将地物分为控制点、建筑物、行政边界和地籍边界、道路、管线、水系以及植被等。如果需要，可以通过控制图分层输出各种专题地图，如以地下管线和两侧建筑物为主的地下管线图。

(5)便于比例尺选择。数字地图是以数字形式储存的 1:1 的地图，根据用户的需要，在一定比例尺范围内可以打印输出不同比例尺及不同图幅大小的地图。

(6)便于地图数据的更新。传统的测图方法获得的模拟地形图随着地面实际状况的改变而逐渐失去价值。而数字地形图可根据实地状况变化进行及时的修测，方便地对图形进行局部的编辑和更新，以保持地形图的现势性。

（7）便于图形的传输，实现数据共享。

8.2 全站仪测图原理与方法

全站仪的名称来自于全站电子速测仪（Total Station）。全站仪将电子经纬仪、电磁波测距仪的功能集于一身，还加上了微处理器，存储器等内部元件，且在内部固化了常用的测量计算程序。利用全站仪，测量人员可以在测站即可轻松地获得地面点的坐标、高程等参数。

8.2.1 全站仪的结构与功能

1. 全站仪的结构

全站仪结构沿用了光学经纬仪的基本特点。在外形结构上类似光学经纬仪。在内部结构关系保留光学经纬仪的基本轴系。人工基本操作部件、旋钮的功能与经纬仪基本相同。

下面以南方 NTS – 50R 全站仪为例进行说明，见图 8 – 2、图 8 – 3、图 8 – 4、图 8 – 5、图 8 – 6。

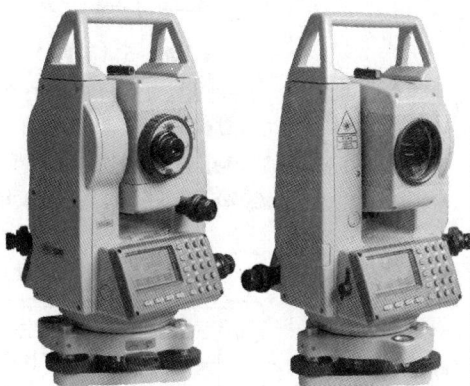

图 8 – 2　南方 NTS – 50R 全站仪

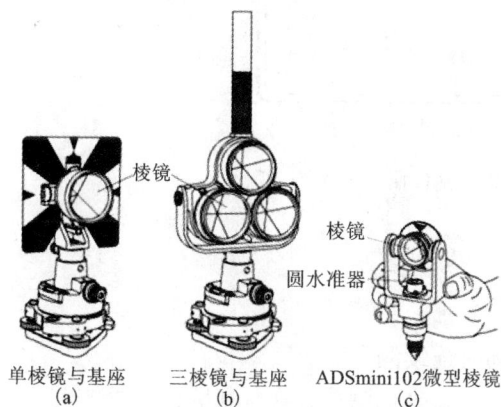

单棱镜与基座
(a)　　　三棱镜与基座
(b)　　　ADSmini102微型棱镜
(c)

图 8 – 3　反光棱镜与基座

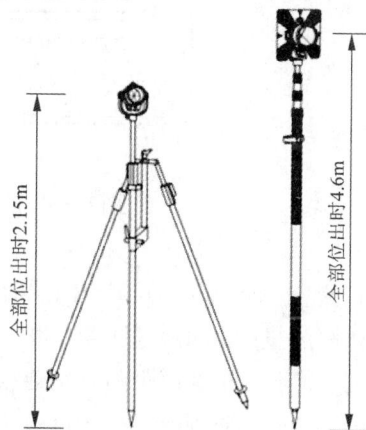

全部位出时2.15m　　　全部位出时4.6m

图 8 – 4　棱镜与对中杆

2. 全站仪的基本功能

全站仪型号众多，按键功能丰富，但其基本功能相似。

（1）快速测量功能

①单测量：即单次测角或单次测距的功能。

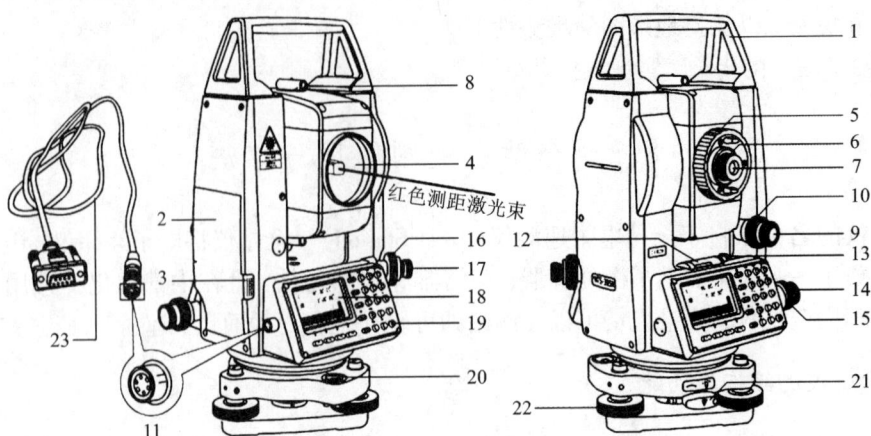

图 8-5 南方 NTS-50R 全站仪功能部件

1—手柄；2—电池盒；3—电池盒按钮；4—物镜；5—物镜调焦螺旋；6—目镜；8—光学粗瞄器；9—望远镜制动螺旋；10—望远镜微动螺旋；11—RS232C 通讯接口；12—管水准器；13—管水准器校正螺丝；14—水平制动螺旋；15—水平微动螺旋；16—光学对中器物镜调焦螺旋；17—光学对中器目镜调焦螺旋；18—显示窗；19—电源开关键；20—圆水准器；21—轴套锁定钮；22—脚螺旋；23—CE-203 数据线

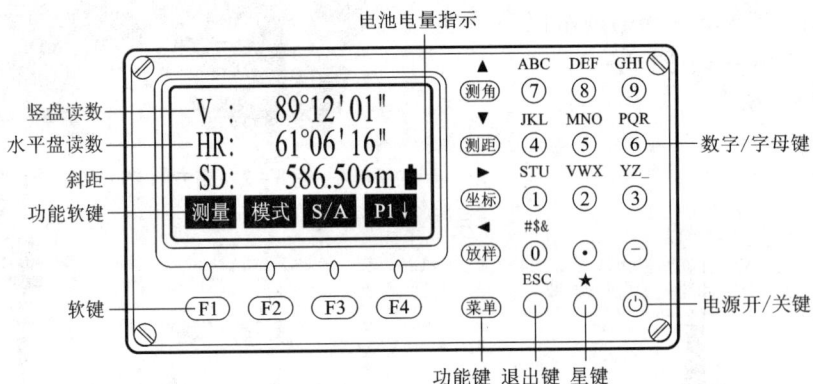

图 8-6 南方 NTS-50R 全站仪操作界面

②全测量：即角度、距离全部同时测量。

③跟踪测量：如同跟踪测距，也可跟踪测角。

④连续测量：角度或距离分别连续测量，或同时连续测量。

⑤程式测量：即按内置程序进行快速间接测量，如坐标测量、悬高测量、对边测等。

（2）参数输入储备功能

①角度、距离、高差的输入储备。

②点位坐标、方位角、高程的输入储备。

③修正参数（如距离改正数）的输入储备。

④测量术语、代码、指令的输入储备。

四种参数储备基本功能，为整个测量技术工作数据与图表处理及应用提供了充分的准备。

（3）计算与显示功能

①观测值（水平角、竖直角、斜距）的显示。

②水平距离、高差的计算与显示。

③点位坐标、高程的计算与显示。

④储备的指令与参数的显示功能

全站仪的参数输入储备功能、计算与显示功能，为整个测量技术过程解决最基本的数据处理及结果显示，服务于整个测量技术过程。

（4）测量的记录、通讯传输功能

全站仪的通讯传输功能是以有线形式或无线形式与其他有关的设备进行测量数据的交换。

（5）内置测量程序

普通全站仪一般配备的内置测量程序有：

①测站设置定向程序。

②交会定点程序。

③坐标放样程序。

④面积测算程序。

此外通常还有偏心测量、对边测量、悬高测量等。

8.2.2　全站仪测量原理

全站仪测量是光电化技术与计算机技术的有机结合，是全站仪测量自动化、智能化的发展基础，全站仪的形成、发展与计算机技术密切相关。不同的全站仪配备的计算机不尽相同，图 8 – 7 方框中的基本器件是必备的。

微处理机是全站仪的核心部件，它如同计算机的 CPU，主要由寄存器系列（缓冲寄存器、数据寄存器、指令寄存器）、运算器和控制器组成。微处理机的主要功能是根据键盘指令启动全站仪进行测量工作，执行测量过程的检验和数据的传输、处理、显示、储存等工作，保证整个光电测量工作有条不紊地完成。输入、输出单元是

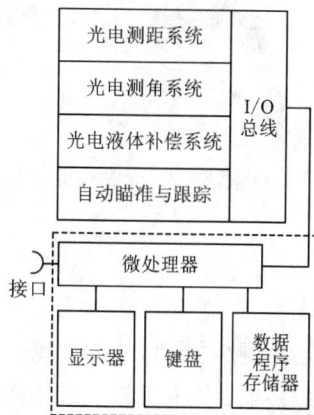

图 8 – 7　全站仪系统组件

与外部设备连接的装置（接口）。数据存储器是测量成果数据库。为便于测量人员设计软件系统，处理某种用途的测量参数，全站仪的计算机还设有程序存储器。

高端全站仪一般是在普通全站仪的基础上，增加了一些更为先进、适用的功能。目前有以下几种：

（1）具有免棱镜功能的全站仪；

（2）自驱动智能型全站仪；

（3）拥有 WinCE 操作系统和图形界面的全站仪；

（4）与 GPS 系统接收装置集成的全站仪。

8.2.3 全站仪测图方法

普通全站仪测角精度根据不同型号一般在 5 ~ 10 s 之间，测距精度一般达到 5 ppm，完全满足大比例尺地形图测图的精度要求。

全站仪数字测图开始前，一般需要进行以下一系列的操作。在测区控制测量完成后，将控制点坐标成果数据批量传入全站仪（也可以在测站上键入）。实地选定用作测站和定向的控制点，在测站控制点安置全站仪，并量取全站仪仪高。瞄准定向点后，启动内置的测站设置与定向程序，输入测站点号、定向点号、仪器高以及棱镜高。待仪器提示测站设置与定向完成，即可开始进行碎部测量。根据需要一般还可以对轴系改正、气象改正参数、显示模式、存储模式、单位、点号等进行设置。

仪器记录碎部点的三维坐标和各观测值以备成图。图 8 – 8、图 8 – 9 为全站仪测图外形及其主要设备。具体的成图方法在下一节详细介绍。

图 8 – 8　全站仪数字测图

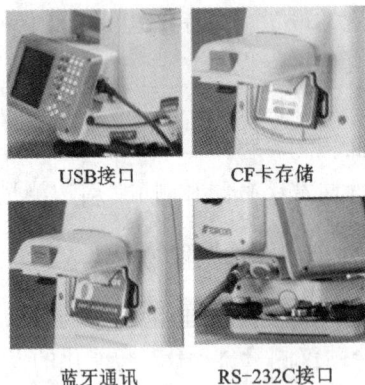

USB接口　　CF卡存储

蓝牙通讯　　RS-232C接口

图 8 – 9　全站仪数据端口

8.3　内外业一体化数字测图

运用测距仪、电子经纬仪、全站仪等工程测绘仪器采集地形数据，通过数据通讯设备进行数据传输，依靠计算机和绘图软件进行自动绘图，产生数字地形图的测图模式，通常称为内外业一体化数字测图。所谓"内外业一体化"，就是说现代数字测绘的方法不再像模拟测图时代那样，必须将地形测图工作分成野外测量和室内制作两部分，而是内业外业的工作已经形成一个整体。在内外业一体化数字测图的整个作业流程中，内外业的界限已经模糊，因为所有的工作甚至在野外也可以全部完成。

8.3.1　内外业一体化数字测图的作业方法

根据前述的数字测图原理，要实现自动绘图，使绘出的数字图形符合地形图图式标准，则必须用编码来表示地物不同的特征和属性。即在野外数据采集阶段，测量任意一个点坐标数据的同时，至少要记录该点特定的编码。此外，往往还需记录该点的连接信息。目前，内外业一体化数字测图一般采用以下几种作业方法中的一种。

1. 草图法

也称为"无码作业"法。作业员在野外无需记忆和输入复杂的编码，而是在测量点位的过程中现场绘制一个草图，标明测点的点号、相互连接关系、属性类别等信息。室内利用测图软件，依据自动绘出的点位和草图，编辑成规范的地形图。这种模式室内编辑和处理的工作量要大一些。

2. 简码法

即现场编码输入方法。作业员在野外利用全站仪内存或电子手簿记录测点的点号、坐标、编码以及连接信息，然后在室内将数据传输给台式机上的绘图软件自动成图，加以适当的编辑成图。这种模式需要作业员熟悉和牢记各类地物的特定编码，在测量点位的同时进行同步输入和记录，对作业员的要求较高。

3. 电子平板法

采用全站仪配合便携式计算机、全站仪配合掌上电脑、带图形界面的高端全站仪等设备进行联机数字测图。数据从测量记录到图形界面进行实时传输，每测量一个点都立刻在图形界面显现。此模式一方面实现了现场测绘图形的可视化，做到了"所见即所得"，另一方面实现了地形编码对作业员透明，利用图形界面提供的图形菜单，就可以方便地同步输入各种地形编码。在现场就可以直接形成规范的地形图，测图的效率和可靠性大大提高。

8.3.2 数字测图软件

实现内外业一体化数字测图的关键是要选择一种成熟的技术先进的数字测图软件。目前，市场上比较成熟的大比例尺数字测图软件主要有广州南方测绘公司的 CASS7.0，北京威远图公司的 SV300 以及图形处理软件 CITOMAP，广州开思测绘软件公司的 SCS GIS2004，北京清华山维公司的 EPSW，武汉瑞得测绘自动化公司的 RDMS 等。这些数字化测图软件大多是在 AutoCAD 平台上开发的，如 CASS7.0，SV300，SCS GIS2004，因此在图形编辑过程中可以充分利用 AutoCAD 强大的图形编辑功能。本章结合 CASS7.0 数字测图软件进行介绍。

8.3.3 CASS7.0 的操作界面

CASS7.0 启动后的界面如图 8－10 所示，它与 AutoCAD 的界面及基本操作是相同的，两者的区别在于下拉菜单及屏幕菜单的内容不同。CASS7.0 称图 8－10 所示的界面为图形窗口，窗口内各区的功能如下：

（1）下拉菜单区：主要的测量和图形处理功能；

（2）屏幕菜单：各种类别的地物、地貌符号，操作较频繁的地方；

（3）绘图区：主要工作区，显示及具体图形操作；

（4）工具条：各种 AutoCAD 命令、测量功能，实质为快捷工具；

（5）命令提示区：命令记录区，并且有各种各样的提示，以提示用户操作。

以下内容具体介绍利用 CASS7.0 进行草图模式作业和测图精灵电子平板模式作业的作业流程。

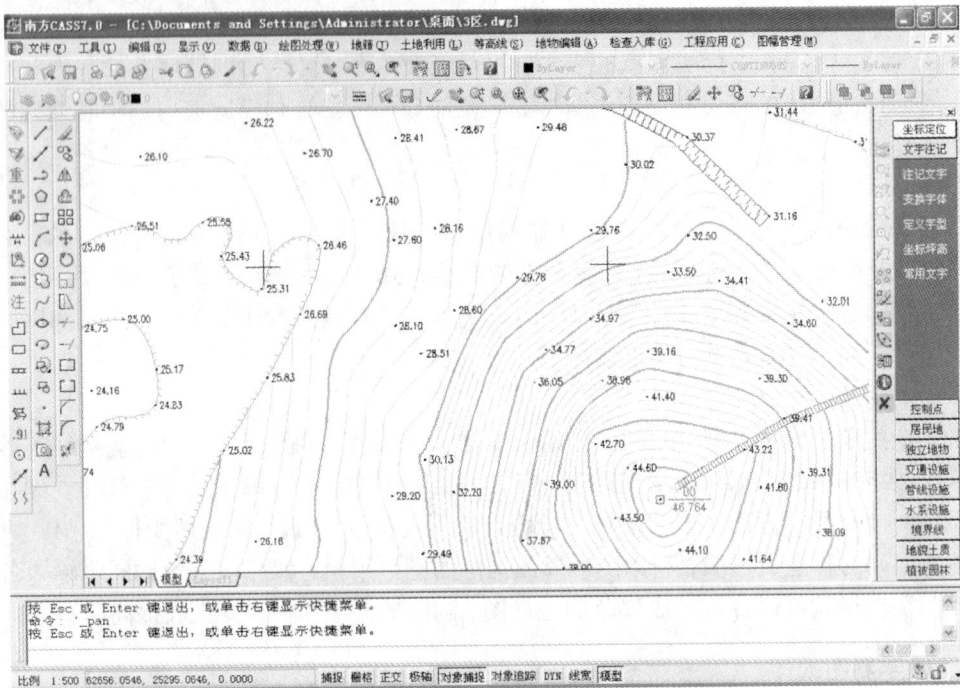

图 8-10　南方 CASS7.0 界面

8.3.4　草图法数字测图的组织

1. 人员组织与分工

如图 8-11 所示，观测员 1 人，负责操作全站仪，观测并记录观测数据，当全站仪无内存或磁卡时，必须加配电子手簿，此时观测员还负责操作电子手簿并记录观测数据。

领图员 1 人，负责指挥跑尺员。现场勾绘草图，要求熟悉测量图式，以保证草图的简洁、正确。观测中应注意检查起始方向，注意与领图员对点号，注意与观测员对点号。

草图纸应有固定格式，不能随便画在几张纸上；每张草图纸应包含日期、测站、后视、测量员、绘图员信息；当遇到搬站时，尽量换张草图纸，不方便时，应清楚记录本草图纸内测点与测站的隶属关系。草图绘制，不要试图在一张纸上画足够多的内容，地物密集或复杂地物均可单独绘制一张草图，既清楚又简单。

立镜员 1 人，负责现场徒步立反射器。有经验的立镜员立点符合"测点三注意"，图上点位方便内业制图。对于经验不足者，应由领图员指挥跑尺，以防内业制图麻烦。

内业制图员 1 人，对于无专业制图人员的单

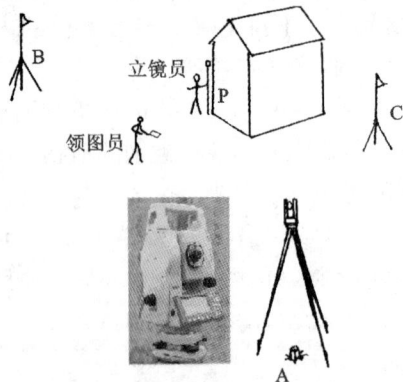

图 8-11　草图法人员组织

位，通常由领图员担负内业制图任务；对于有专业制图人员的单位，通常将外业测量和内业

制图人员分开，领图员只负责绘草图，内业制图员得到草图和坐标文件，即可连线成图。领图员绘制的草图好坏将直接影响到内业成图的速度和质量。

2. 数据采集设备

数据采集设备一般为全站仪。新型全站仪大多带内存或磁卡，可直接记录观测数据；老式的全站仪不带内存或磁卡时，则需加配电子手簿（如 Leica GRE4、索佳 SDR 手簿、PC – E500 袖珍计算机或 ZZ – 1500 掌中机），观测数据记录于电子手簿中，详细操作请参考所用全站仪的操作手册。

8.3.5　草图法数字测图的作业流程

草图法数字测图的作业流程分为野外数据采集和内业数据下载、设定比例尺、展绘碎部点、连线成图、等高线处理、整饰图形、图形分幅和输出管理等几个步骤，分别说明如下。

1. 野外数据采集

在选择的测站点上安置全站仪，量取仪器高，将测站点、后视点的点名、三维坐标、仪器高、跑尺员所持反射镜高度输入全站仪（操作方法参考所用全站仪的说明书），观测员操作全站仪照准后视点，将水平度盘配置为 $0°0'0''$ 并测量后视点的坐标，如与已知坐标相符即可以进行碎部测量。

跑尺员手持反射镜立于待测的碎部点上，观测员操作全站仪观测测站至反射镜的水平方向值、天顶距值和斜距值，利用全站仪内的程序自动计算出所测碎部点的 x、y、H 三维坐标，并自动记录在全站仪的记录载体上；领图员同时勾绘现场地物属性关系草图。

2. 数据下载

数据下载是将全站仪内部记录的数据通过电缆传输到计算机，形成观测坐标文件。用通讯电缆将全站仪与计算机的一个串口连接，点取 CASS7.0 "数据" 下拉菜单下的 "读取全站仪数据" 选项，系统弹出图 8 – 12 的 "全站仪内存数据转换" 对话框。在该界面中的操作过程如下：

（1）点取 "仪器" 下拉列表，选择相应的全站仪或电子手簿类型；

（2）点取 "通讯口" 单选钮设置与全站仪连接的端口；

（3）按不同设备的要求分别点取 "波特率"、"数据位"、"停止位"、"校验" 等通讯参数；

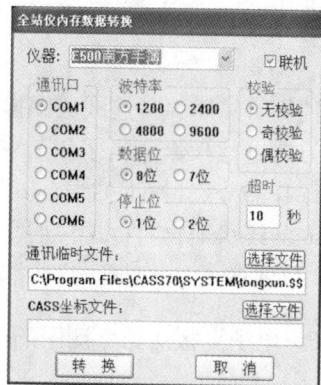

图 8 – 12　全站仪内存数据转换

（4）点取 "选择文件" 按钮选择一个坐标文件，或在文本框输入一个新的完全路径的通讯接收文件；

（5）点取 "转换" 按钮，CASS7.0 处于接受数据状态，操作全站仪或电子手簿发送数据即可开始数据传送工作，数据传输过程中，数据格式自动转换成后缀为 .dat 的 CASS 测图软件的文本格式，并已按设定的路径自动保存在指定的文件内。

3. 设定比例和改变比例

绘制一幅新的地图必须先确定作图比例尺。点取 CASS7.0 "绘图处理" 下拉菜单下的 "改变当前图形比例尺" 选项，根据提示，在命令行输入要作图的比例尺分母值，回车，即完成比例尺的设定。系统默认的图形比例尺为1:500。

如果发现已经设置的比例尺不符合要求，CASS容许在绘图过程中执行此选项重新设置比例尺，并且可以自由选择是否需要符号大小随比例尺改变。

4. 展点和展高程点

展点是将CASS坐标文件中全部点的平面位置在当前图形中展出，并标注各点的点名和代码，以便连线成图时作为参考。其操作方法是点取CASS7.0"绘图处理"下拉菜单下的"展野外测点点号"选项，系统弹出"输入坐标数据文件名"对话框，如图8–13，选中需要展点的后缀为.dat的坐标文件后，点击"打开"，则系统便开始执行展点操作。

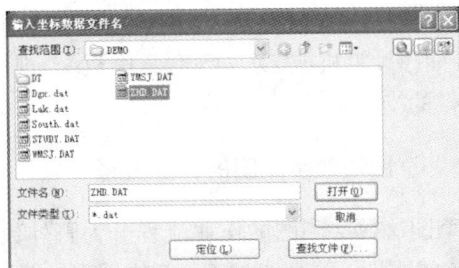

图8–13 选测点坐标数据文件

如果事先设定了显示区，则展绘的数据点的点位和点号就立即显示在绘图窗口。如果展绘的数据点在窗口不可见，则可以在命令行输入AutoCAD的命令:zoom回车，然后选E选项。

完成连线成图操作后，如果需要注记点的高程，则可以执行"绘图处理"下拉菜单下的"展高程点"选项，在系统弹出的"输入坐标数据文件名"对话框中，选中与前面展点相同的坐标文件即可。高程注记字高、小数位数、相对于点位的位置等可以执行"文件"下拉菜单下的"CASS参数配置"选项，在弹出的"CASS7.0参数设置"对话框中设置。

5. 连线成图

结合野外绘制的草图，在屏幕右侧CASS屏幕菜单属性符号库中点选相应的符号将已经展绘的点连线成图，符号库会自动对绘制符号赋基本属性，如地物代码、图层、颜色、拟合等。

使用符号库执行连线成图操作时，可以选择输入点号或直接点取屏幕上已经展绘的点位两种方式进行操作。当采用后一种方式确定点位时，需要在执行连线成图操作前，先设置AutoCAD的节点(Node)捕捉方式，以便于准确地捕捉到已经展绘的点位。注意在绘制某些带方向的线状地物时(如陡坎)，小符号会生成在线绘制方向的左侧，如绘制的方向不对，也可以用CASS的"线型换向"功能。

8.3.6 电子平板法数字测图的组织

电子平板法可将安装有数字测图软件的便携式计算机当作绘图平板(如北京威远图公司的SV300)，采用标准的RS232接口通讯电缆与安置在测站上的全站仪连接，实现了在野外作业现场实时连线成图的数字测图，"所测即所得"。但便携机依然存在设备重、电池持续时间不长等严重不足。鉴于此，目前主要的测图软件商已推出了技术成熟的、能运行在掌上电脑(PDA)(如图8–15)的Windows CE系统上的电子平板软件(如测图精灵、测绘e等)，在现场取代了便携式计算机，使得电子平板方法测图真正进入了便捷、实用的新阶段。

1. 人员组织与分工

观测员1人，负责操作全站仪，观测并将观测数据传输到PDA中。

制图员1人，负责指挥跑尺员、现场操作PDA和内业后继处理、图形编辑整饰的任务。

跑尺员1至2人，负责现场立反射器。

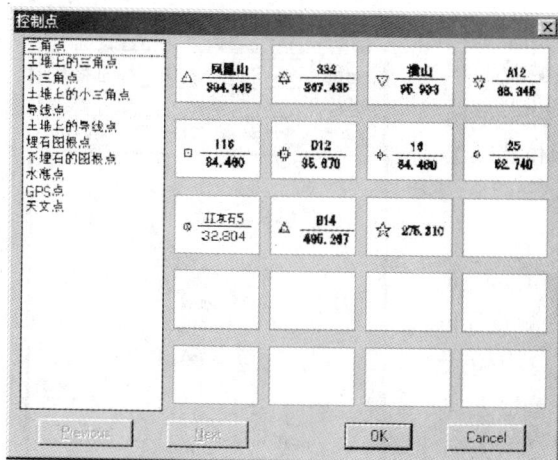

图 8 - 14 "控制点"符号

图 8 - 15 掌上电脑(PDA)

2. 数据采集设备

全站仪与掌上电脑,数据缆分别连接于全站仪数据端口和掌上电脑上。也可以由带有蓝牙的全站仪和 PDA 实现数据的无线传送。

8.3.7 测图精灵电子平板法数字测图的作业流程

电子平板法数字测图的作业流程分为室内生成 PDA 控制点展点图、展点图输入 PDA、设置 PDA 与全站仪通讯参数、测站定向、碎部测量、室内读取 PDA 图形数据、DTM 生成与等高线绘制、分幅管理等步骤。本书以南方测绘公司的测图精灵 2005 为例分别说明如下。

1. 室内生成 PDA 测图精灵控制点展点图

在室内安装有 CASS7. 0 的台式机上,根据控制测量产生的控制点坐标文件展绘控制点。在 CASS7. 0"数据"下拉菜单中选择"测图精灵格式转换"下的"转出"子项,系统弹出"输入测图精灵图形文件名"对话框,则可根据测区或日期来给定一个后缀为. spd 图形文件并"保存"(见图 8 - 16)。在命令行提示中按默认"不转换等值线",回车,

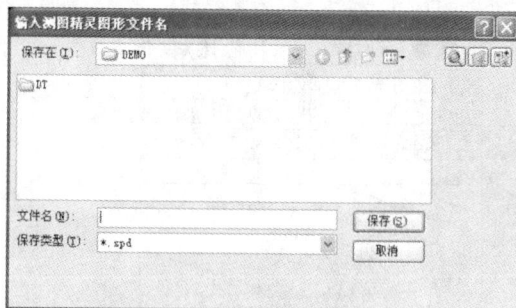

图 8 - 16 生成测图精灵图形文件

则测图精灵格式的控制点图形文件生成完毕,并已存储于指定文件夹内。

2. 控制点展点图输入 PDA 测图精灵

将 PDA 与台式机连接、同步后,把转换所得的控制点展点图文件拷贝到 PDA 指定的文件夹中。断开连接后,在 PDA"开始"菜单上点击"测图精灵"启动测图精灵电子平板软件,弹出测图精灵图形界面。点击"文件"下拉菜单的"打开"项,弹出"打开"界面,单击控制点展点图文件名,即可在测图精灵图形窗口中看到控制点的分布情况。

3. 设置 PDA 与全站仪通讯参数

点取测图精灵"设置"下拉菜单下的"仪器参数"选项，在弹出的图 8-17 所示的"全站仪类型及通讯参数"对话框中，根据所使用的全站仪类型设定全站仪型号、波特率、奇偶校验、数据位和停止位，以保证通讯双方的一致性。

4. 测站定向

当在野外某个控制点上设站准备开始碎部测量前，首先要进行测站设置。点取测图精灵"测量"下拉菜单下的"测站定向"选项，在弹出的窗口中输入测站点、定向点、检查点点名（或点号）、起始方向值、仪器高，然后全站仪瞄准定向点，设置起始方向值（一般设置为 0°00′00″）进行定向。此时可在图形中观察到测站点和定向点的增加了相应的标志。

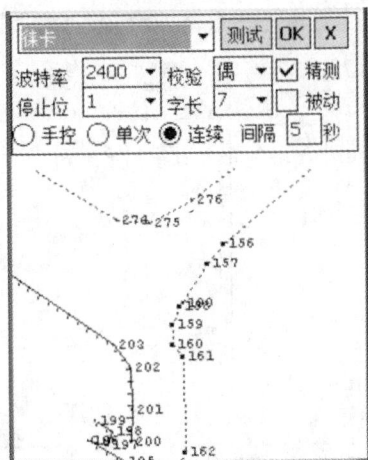

图 8-17 设置通讯参数

5. 碎部测量

测站定向完毕，将数据线连接全站仪与 PDA，即可开始本测站的碎部测量工作。点取测图精灵图形界面顶部测站按钮，即弹出碎部测量菜单界面（如图 8-18）。操作全站仪照准立在碎部点上的反射镜，点击"连接"，则测图精灵弹出如图 8-19 测量界面，并自动驱动全站仪开始测量，当全站仪发出一声蜂鸣，则数据已测量完毕并实时传入了 PDA，可在窗口内看到观测数据"水平角""垂直角""斜距"，此时输入当前棱镜高，点击"OK"按钮，则测图精灵自动赋予该测点一个顺序点号，将该测点数据记入测图精灵内存，并在当前屏幕上自动展绘该测点并将其自动定位于屏幕中心。对于高程奇异的测点，应注意在点击"OK"按钮之前勾选"不建模"复选框，使之不参与未来 DEM 建模。

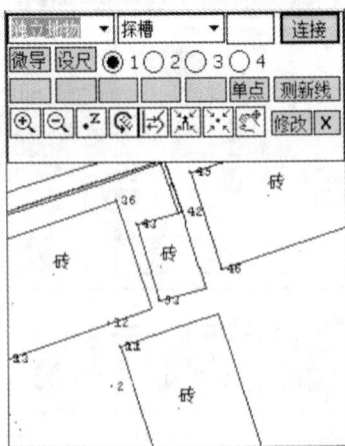

图 8-18 测图精灵测量界面

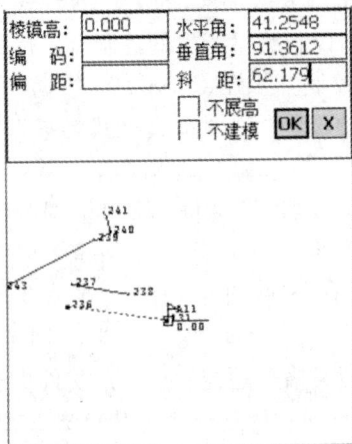

图 8-19 测点数据传入

操作测图精灵进行碎部点测量，制图员还需要注意以下几点。

（1）随时掌握当前待测点的属性，并在连接启动全站仪测量前首先设定待测点的特征类别。方法是在测图精灵测量界面左上角属性下拉列表中选择。

（2）在测量线状地物时，利用"测新线"按钮来控制测点的自动连接，并注意行进的方向；在测量线状地物的过程中，也可穿插单点地物的测量。

（3）在测量房屋等直角地物的过程中，可灵活使用"微导""闭合""隔合""隔点"等方便的功能，具体用法参看《测图精灵用户手册》。

（4）随时注意保存图形，以防数据意外丢失。

6. 室内读取测图精灵图形数据

完成当前图形的全部数据采集工作后，即可在室内将所得的测图精灵图形文件拷贝到安装有 CASS7.0 图形软件的台式机（面积大的测区，宜将测区划分成大小适中的区块，分别测绘，以避免 PDA 的图形占用内存过大）。将后缀为.spd 的测图精灵图形文件存入台式机上指定的文件夹后，启动 CASS7.0 图形软件，点取"数据"下拉菜单的"测图精灵数据转换"项下的"读入"子项，则系统在命令行提示设置图形比例尺，按需要设置后回车，系统弹出"输入测图精灵图形文件名"对话框（如图 8 − 20），点选需要转换的测图精灵图形文件名，"打开"，则测图精灵图形文件被自动转换为 CASS 格式的、与测图精灵图形文件同名的.dat 点坐标数据文件，并在绘图区自动绘制出点、线以及相应的地物符号、注记及文字。此时即可开始运用 CASS 的图形处理功能对地物进行编辑。

7. DTM 的生成与等高线绘制

在野外，测图精灵图形文件并不产生等高线。CASS 软件提供了自动绘制等高线的功能。需要绘制等高线时，首先要建立数字地面模型（DTM）。先点"等高线"下拉菜单下的"建立 DTM"项，系统弹出"建立 DTM"对话框，此时可选择：

（1）由坐标数据文件建立 DTM；适于整个测区生成等高线的情况。

（2）由图面高程点建立 DTM；适于测区内局部区域生成等高线的情况。

在指定坐标数据文件名或图面上的指定区域后，系统就会以三角网的数据结构自动建立起整个测区或局部的数字地面模型，并将三角网数据存储在同名的.sjw 文件内。此时可在图面通过"删除"、"增加"、"过滤"、"插点"等三角形的编辑功能来实现对 DTM 的局部修正，但要注意必须将修改结果存盘。

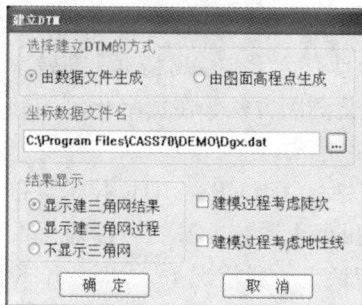

图 8 − 20　建立 DTM

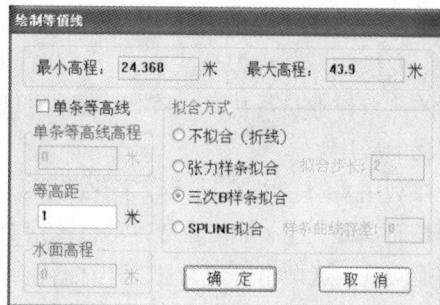

图 8 − 21　绘制等高线

接下来即可进行等高线的自动绘制。点"等高线"下拉菜单"绘制等高线"项，系统弹出

"绘制等值线"对话框(如图8-21),显示了区域内的最大高程值和最小高程值。输入所需等高距后"确定",系统自动生成等高线。然后可用系统提供的"等高线修剪"、"等高线注记"等功能对等高线进行图面修饰。

8. 图形分幅管理

整个图形的地物、地貌、文字、符号、注记等编辑整饰完成后,即可利用"图形处理"、"图幅管理"等下拉菜单的功能对测区图形进行分幅并进行图幅管理。

8.4 GPS-RTK数字测图

GPS新技术的出现,可以大范围、高精度、快速地测定各级控制点的坐标。特别是应用RTK新技术,甚至可以不布设各级控制点,仅依据一定数量的基准控制点,便可以高精度并快速地测定界址点、地形点、地物点的坐标,利用测图软件可以在野外一次测绘成数字地图,然后通过计算机和绘图仪、打印机输出各种比例尺的图件。

应用RTK技术进行定位时要求基准站接收机实时地把观测数据(如伪距或相位观测值)及已知数据(如基准站点坐标)实时传输给流动站GPS接收机,流动站快速求解整周模糊度,在观测到四颗卫星后,可以实时地求解出厘米级的流动站动态位置。这比GPS静态、快速静态定位需要事后进行处理来说,其定位效率会大大提高。因此RTK技术一出现,其在测图中的应用立刻受到人们的重视。

8.4.1 GPS-RTK数字化测图的基本原理

GPS-RTK作业的主要原理是将基准站的载波相位观测数据或改正数发送到流动站进行差分计算,从而获得流动站相对基准站的基线向量,进而获得流动站的WGS84坐标,通过基准转换就可将实时获得的WGS84坐标转换为施工坐标或者1954北京坐标及相应的正常高。转换方法主要分为七参数的三维坐标转换方法和平面坐标由相似变换、高程由拟合得到的三维分离法。七参数坐标转换方法可以同时获得某一点的平面和高程信息,而三维分离法是通过两种不同的转换方法分别获得某一点的平面信息和高程信息。在GPS-RTK测量作业中,差分计算是一个重要的环节,它直接决定了测量得到的相对基准站系统的WGS84坐标的精度,而坐标转换模型和方法将直接影响WGS84坐标转换到工程坐标或国家坐标以及所获得的正常高的精度和成果的稳定性。一般情况下,GPS-RTK坐标转换的模型均采用七参数法或相似变换法及高程拟合法。鉴于GPS-RTK测量技术具有全天候、高精度、高效率及无需更多的测量作业员等优点,该技术已经打破了常规数字化测图方法,在数字化测图领域得到了广泛的应用。

在利用GPS-RTK进行数字化测图数据采集的过程中,由于GPS-RTK技术直接测量得到的是WGS84坐标和大地高,要想转换为我国坐标系和高程系统,需要经过两个重要的环节才能实现,这两个环节分别是坐标转换和GPS高程转换。一般情况下,GPS-RTK随机商业软件都具有七参数坐标转换和点校正功能(四参数相似变换和高程拟合),下面将简单介绍七参数坐标转换和高程拟合的基本原理。

1. 坐标转换

布尔沙模型是空间7参数坐标转换常用的数学模型,其表示如下:

$$\begin{bmatrix} X_i \\ Y_i \\ Z_i \end{bmatrix}_2 = \begin{bmatrix} \Delta X \\ \Delta Y \\ \Delta Z \end{bmatrix} + \begin{bmatrix} X_i \\ Y_i \\ Z_i \end{bmatrix}_1 (1 + \delta u) + \begin{bmatrix} 0 & -Z_i & Y_i \\ Z_i & 0 & -X_i \\ -Y_i & X_i & 0 \end{bmatrix}_1 \begin{bmatrix} \varepsilon_X \\ \varepsilon_Y \\ \varepsilon_Z \end{bmatrix} \qquad (8-1)$$

其中，下标 1，2 分别表示两个不同坐标基准下的空间直角坐标。ΔX、ΔY 和 ΔZ 为 3 个平移参数，δu 为尺度参数，ε_X，ε_Y 和 ε_Z 为 3 个旋转欧拉角。

在实际计算过程中，由于所计算的转换参数为 7 个，所以至少应当有 3 个重合点。若有 $n(n \geqslant 3)$ 个重合点，则应有 $3n$ 个误差方程，其误差方程式为

$$V = AX + L \qquad (8-2)$$

其中，

$$A = \begin{bmatrix} 1 & 0 & 0 & X_1 & 0 & -Z_1 & Y_1 \\ 0 & 1 & 0 & Y_1 & Z_1 & 0 & -X_1 \\ 0 & 0 & 1 & Z_1 & -Y_1 & X_1 & 0 \\ \vdots & \vdots & \vdots & \vdots & \vdots & \vdots & \vdots \\ 0 & 0 & 1 & Z_n & -Y_n & X_n & 0 \end{bmatrix}$$

$$X = \begin{bmatrix} \Delta X & \Delta Y & \Delta Z & \delta u & \varepsilon_X & \varepsilon_Y & \varepsilon_Z \end{bmatrix}^T, \quad L = \begin{bmatrix} X_1 \\ Y_1 \\ Z_1 \\ \vdots \\ Z_n \end{bmatrix}_1 - \begin{bmatrix} X_1 \\ Y_1 \\ Z_1 \\ \vdots \\ Z_n \end{bmatrix}_2$$

则可得转换参数的最小二乘解

$$X = (A^T A)^{-1} A^T L \qquad (8-3)$$

上述转换公式是基于空间直角坐标的转换方法。在实际转换参数计算过程中，由于所提供的控制点的成果往往是 WGS84 坐标和对应的北京 54 平面坐标或施工平面坐标和正常高。为此要将控制点的平面坐标按照相应的投影参数转换到空间直角坐标的形式，但需要知道控制点的高精度大地高。一般情况下，我们很难获得北京 54 坐标或者西安 80 坐标系下的精确大地高，因此可直接将控制点的正常高当作大地高，相当于选择了一个与测区似大地水准面相吻合的参考椭球，这样转换成大地坐标后的大地高就是正常高，便于计算。

2. 高程拟合

GPS 高程拟合的原理是利用一些简单函数（如直线、曲线、平面和曲面等）对变化相对比较平缓的高程异常进行拟合，进而由 GPS 测量得到的大地高获得正常高，也可采用加入地球重力场模型的移出 – 恢复法进行拟合计算。为了提高线状作业区域的直线高程拟合的精度，选择以线路延伸方向作为坐标轴的坐标系，称之为线路坐标系，线路坐标系以线路上一点 a 为原点，线路延伸方向 ab 为 u 轴方向，与 u 轴方向正交的方向为 v 轴方向，则线性高程拟合为

$$\zeta_k = a_0 + a_1 \Delta u_k + a_2 \Delta v_k + a_3 \Delta u_k^2 + a_4 \Delta v_k^2 + a_5 \Delta u_k \Delta v_k \qquad (8-4)$$

如果忽略垂直于线路方向的高程异常的变化，并且只取一次项，则上式可化为

$$\zeta_k = a_0 + a_1 \Delta u_k \qquad (8-5)$$

式（8-5）即为线路直线高程拟合模型，其中 ζ_k 为高程异常，Δu 为沿线路方向的坐标。

当用平面拟合方法时，其数学模型如下：

$$\zeta_k = a_0 + a_1 B_k + a_2 L_k \qquad (8-6)$$

式中，ζ_k 为高程异常，B_k 和 L_k 分别为纬度和经度。在利用平面模型对高程异常进行拟合时，往往选择作业区域的某一中心点作为基准点，用经纬差进行拟合，这样可以提高拟合方程的稳定性。

当控制点个数比较少或测区非常平坦的情况下，为简化数据处理的模型，可通过 GPS 水准点计算该测区的平均高程异常，然后对其他所有待求点进行平移，从而获得待求点的正常高。

8.4.2 GPS – RTK 定位系统的组成

一套 GPS – RTK 系统至少是由一台基准站和一台流动站等一系列设备组成的。下面以 Trimble GPS 仪器为例介绍 GPS – RTK 系统的一般组成。一套 GPS – RTK 主要由 GPS 接收机、电台和电子手簿组成，见图 8 – 22，左图为基准站，右图为流动站，下面简单介绍各组成部分。

（1）GPS 接收机：基准站和流动站需要分别配置一台，负责接收 GPS 卫星信号，图 8 – 23 为美国 Trimble 5700 GPS 双频接收机，各端口功能表见表 8 – 1。

图 8 – 22 Trimble 5700 GPS – RTK 系统组成

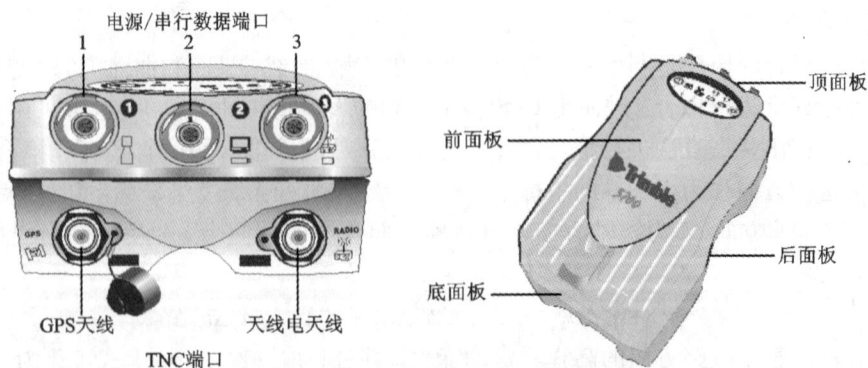

图 8 – 23 Trimble 5700 GPS 双频接收机

表 8 – 1　5700 接收机端口功能表

图标	名称	连接……
	端口 1	Trimble 手簿、事件标记或计算机
	端口 2	外接电源接入、计算机、1PPS 或事件标记
	端口 3	外部无线接入、外接电源接入、基准站电台数据线接出
	GPS	GPS 天线电缆接入
	无线电	流动站无线电通信天线接入

（2）电台：电台一般有两个，其中一个为基准站发射电台（一般为外置的独立电台），见图 8 – 24，另一个为流动站接收电台（一般为内置电台）。

（3）电子手簿：由于 GPS – RTK 作业过程中，为了方便建立测量项目、建立坐标系统、设置测量形式和参数、设置电台参数、存储测量坐标和精度等，一般都会采用手持式电子手簿，见图 8 – 25，手簿各图标含义说明见表 8 – 2。

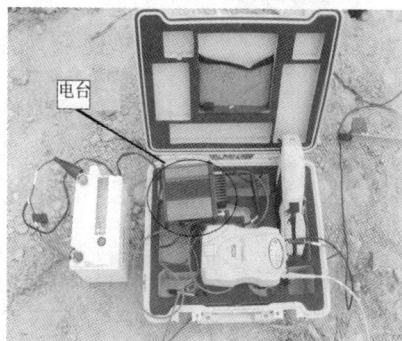

图 8 – 24　Trimble 5700 GPS – RTK 基准站电台

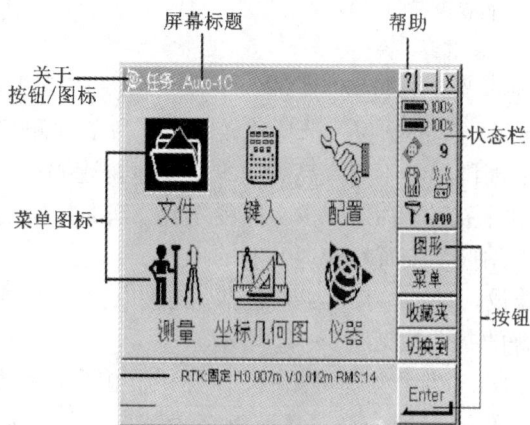

图 8 – 25　Trimble GPS – RTK 手簿

表 8 – 2　手簿各图标含义说明

图　标	表　示　的　内　容
 连接到数据采集器，正从外部电源接线
数据采集器连接到外部电源，并正在给内部电池充电
 100%	电源能级是 100%
 50%	电源能级是 50%。如果该图标是在右角，它指的是 TSCe 内部电池。如果图标在内部电池下面，它指的是外部设备的电源能级
 GPS 接收机 5700 正在使用中
外部天线正在使用中，天线高度显示在图标右边
 GPS 接收机 5800 正在使用中，天线高度显示在图标右边
 正在接收无线电信号
 正在接收流动的调制解调器信号（即手机通讯）
 正在测量点
 如果没有运行测量：在被追踪的卫星数目（显示在图标右边）如果正在运行测量：正在解算的卫星数目（显示在图标右边）

8.4.3　GPS – RTK 数字化测图的操作过程

GPS – RTK 数字化测图的基本操作过程为：设置基准站、设置流动站、地形和地物点数据采集、内业数据处理等。

1. 设置基准站

设置基准站主要包括：选址、架设、设置和启动基准站。

（1）选址。基准站位置选择比较重要，为了观测到更好的观测数据，基准站上空应当尽可能开阔，周围尽量不要有高大建筑物或地物遮挡；为了减少电磁波干扰，基准站周围不要有高功率的干扰源；为了减少多路径效应，基准站应当尽量远离成片水域等；为了提高作业效率，基准站应当安置在交通便利的地方。

（2）架设。基准站架设主要包括：连接电台天线、电台及电，连接 GPS 天线、接收机和电台，架设好的基准站见图 8 – 22 所示。

（3）设置：在架设好基准站后，需要利用电子手簿做一些设置，主要包括：新建项目、选择坐标系统、设置投影参数、基准点名及坐标、天线高等内容。新建任务和坐标系选择如图 8 – 26 所示，一般情况可选择键入参数或者无投影无基准情况，输入任务名称，选择键入参数后，比例因子选 1，然后再选择投影参数，在我国投影方式要选择横轴墨卡托投影，参考椭球参数和投影高度面可根据实际情况进行选择，如图 8 – 27 所示，投影面高度一般设为 0 m。

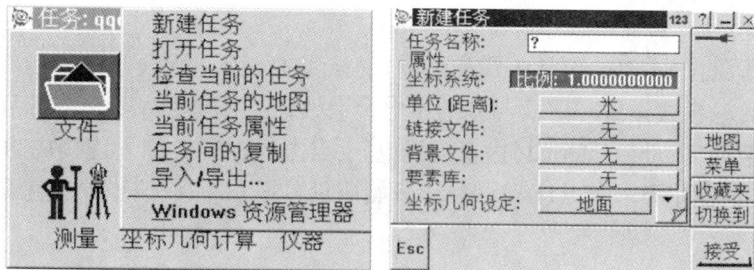

图 8 - 26 新建任务和坐标系选择

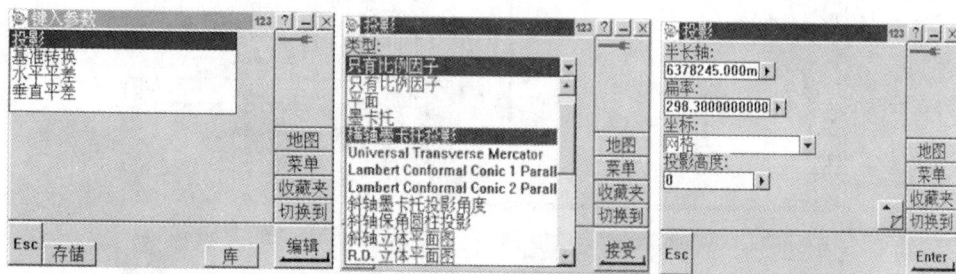

图 8 - 27 投影参数设置

设置好项目有关属性后,要设置基准站选项和基准站天线高,包括:基准站天线高和无线电类型,设置基准站天线高时,一定要选择好天线类型和天线量取的位置。天线量取位置一般有 3 种情况:天线底部、天线槽口和天线相位中心。基准站无线电要选择好电台的类型以及接口,否则将无法进行正确连接。各设置内容见图 8 - 28。

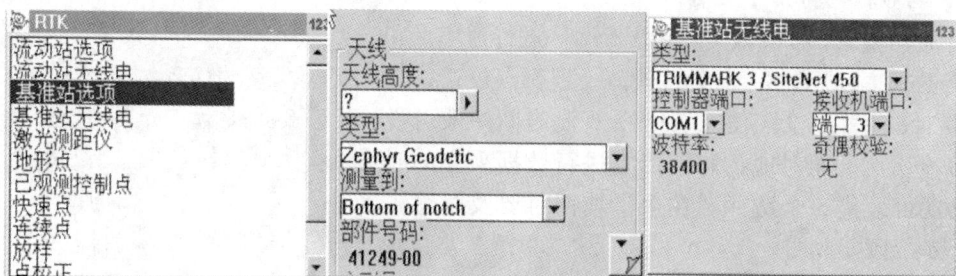

图 8 - 28 基准站天线高及无线电选项设置

(4)启动基准站

在设置好基准站后,要必须启动基准站才能进行 GPS - RTK 作业。启动基准站图见图 8 - 29,点击"测量"中的"RTK",然后选择"启动基准站接收机"。此时会出现一个界面,要求输入基准站坐标,你可以输入,也可以通过点击"此处"获得当时单点定位的结果。

图 8 - 29 启动基准站

2. 设置流动站

流动站设置见图 8－30，包括天线类型设置、天线高设置、无线电设置。流动站无线电的频点和无线电传输模式设置一定要与基准站电台一致，否则流动站接收不到无线电信号。一般无线电类型选择 Trimble internal(内置无线电)，点击"连接"，如果连接成功，点击"接受"即可。然后点击"测量"中的"RTK"，选择"开始测量"即可，完成该步骤后就可以进行 GPS－RTK 作业了。

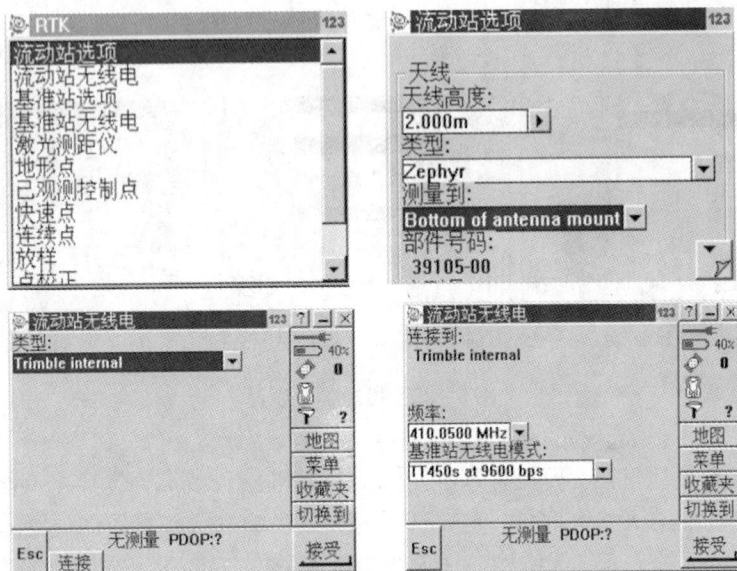

图 8－30　流动站有关设置

3. 地形和地物数据采集

开始测量后，可根据实际情况，逐一进行地形点和地物点的采集，见图 8－31，另外为了进行点校正往往还需要对已有的控制点进行观测，观测时间一般可设为 180 个历元。而对地物和地形点进行数据采集的时候，每次可采集 5 个历元。在采集数据时要及时输入要素代码，以便成图。

图 8－31　地形点采集

8.4.4　内业数据处理

在外业采集完数据后，一般先在手簿中进行点校正，然后再将手簿中的数据传输到电脑，以便成图，数据传输可分两种情况：用 USB 口和串口，当采用 USB 口时需要同步软件支持。如果采用串口，则只需要 Data Transfor 软件即可，见图 8－32。

若在手簿中没有校正，也可以将导出数据导入 TGO 软件，再进行点校正。图 8－33 为外业测量结果导入 TGO 后的显示图。

在获取碎部点的三维坐标后，可根据需要进行适当的数据格式转换(如转换为 CASS 数据格式）得到所需要的点号、编码和三维坐标的坐标数据文件，即可利用地形图成图软件进行数字地形图的成图工作。

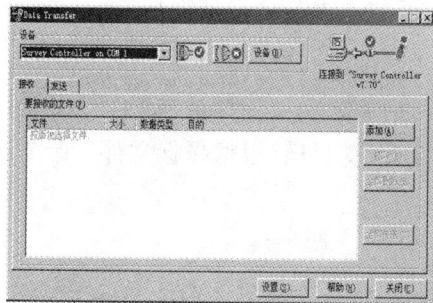

图 8 - 32　用 Data Transfor 进行数据传输

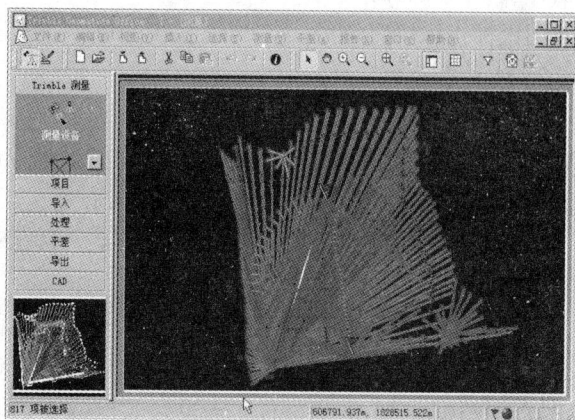

图 8 - 33　GPS - RTK 测量结果

8.5　数字地形图的应用

本节介绍使用 CASS7.0 测绘软件在数字地形图上的工程应用。主要内容包括：基本几何要素的查询、DTM 法土方计算、断面法道路设计及土方计算、断面图的绘制、公路曲线设计、面积应用等。这些功能都集成在"工程应用"菜单下，如图 8 - 34 所示。

学习完本节后，我们将惊喜地发现，数字地形图的应用比图解地形图的应用无论是精度还是效率都要高得多。

8.5.1　基本几何要素的查询

1. 查询指定点坐标

用鼠标点取"工程应用"菜单中的"查询指定点坐标"。用鼠标点取所要查寻的点即可。也可以先进入点号定位方式，再输入要查询的点号。

说明：系统左下角状态栏显示的坐标是迪卡尔坐标系中的坐标，与测量坐标系的 X 和 Y 的顺序相反。用此功能查询时，系统在命令行给出的 X，Y 是测量坐标系的值。

2. 查询两点距离及方位

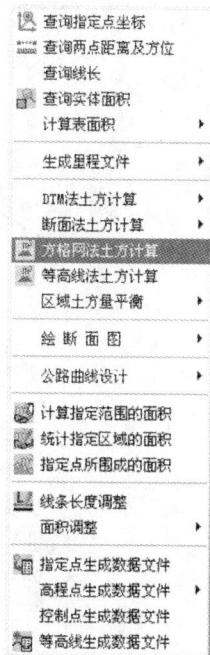

图 8 - 34　"工程应用"菜单

用鼠标点取"工程应用"菜单下的"查询两点距离及方位"。用鼠标分别点取所要查询的两点即可。也可以先进入点号定位方式，再输入要查询的点号。

说明：CASS7.0 所显示的坐标为实地坐标，所以所显示的两点间的距离为实地距离。

3. 查询线长

用鼠标点取"工程应用"菜单下的"查询线长"。用鼠标点取图上曲线即可。

4. 查询实体面积

用鼠标点取待查询的实体的边界线即可，要注意实体应该是闭合的。

5. 计算表面积

对于不规则地貌，其表面积很难通过常规的方法来计算，在这里可以通过建模的方法来计算，系统通过 DTM 建模，在三维空间内将高程点连接为带坡度的三角形，再通过每个三角形面积累加得到整个范围内不规则地貌的面积，如图 8–35 所示。

要计算矩形范围内地貌的表面积，点击"工程应用\计算表面积\根据坐标文件"命令，命令区提示：

请选择：(1)根据坐标数据文件；(2)根据图上高程点：选 1 回车；

选择土方边界线　用拾取框选择图上的复合线边界；

请输入边界插值间隔(m)：<20> 5 输入在边界上插点的密度；

表面积 = 15863.516 m^2，详见 surface. log 文件显示计算结果，surface. log 文件保存在\CASS70\SYSTEM 目录下面。

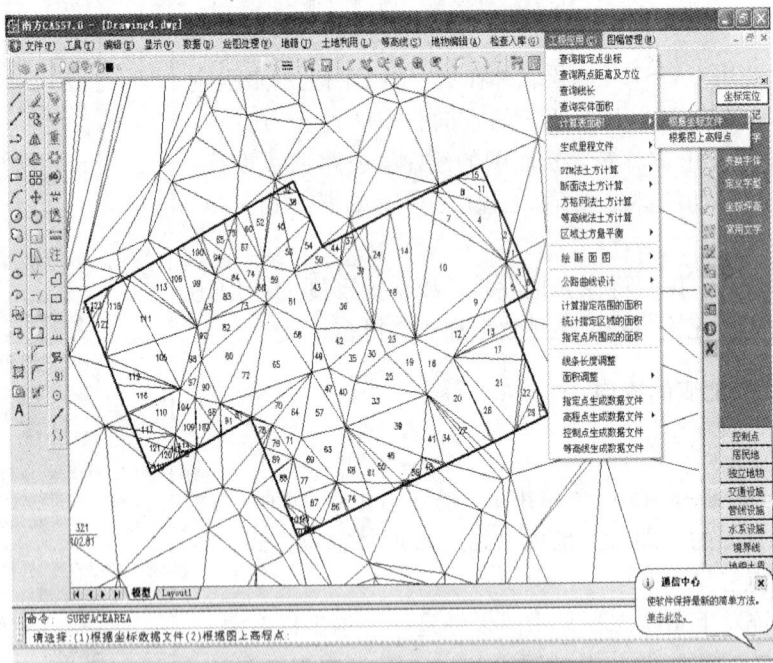

图 8–35　计算表面积

8.5.2　土方量的计算

1. DTM 法土方计算

由 DTM 模型来计算土方量是根据实地测定的地面点坐标(X, Y, Z)和设计高程，通过生成三角网来计算每一个三棱锥的填挖方量，最后累计得到指定范围内填方和挖方的土方量，并绘出填挖方分界线。

DTM 法土方计算共有三种方法：第一种是由坐标数据文件计算，第二种是依照图上高程点进行计算，第三种是依照图上的三角网进行计算。前两种算法包含重新建立三角网的过程，第三种方法直接采用图上已有的三角形，不再重建三角网。下面分述三种方法的操作过程。

（1）根据坐标计算

用复合线画出所要计算土方的区域，一定要闭合，但是尽量不要拟合。因为拟合过的曲线在进行土方计算时会用折线迭代，影响计算结果的精度。用鼠标点取"工程应用\DTM法土方计算\根据坐标文件"。提示：选择边界线，用鼠标点取所画的闭合复合线弹出如图 8 - 36 土方计算参数设置对话框。区域面积：该值为复合线围成的多边形的水平投影面积。

平场标高：指设计要达到的目标高程。

边界采样间隔：边界插值间隔的设定，默认值为 20 m。

边坡设置：选中处理边坡复选框后，则坡度设置功能变

图 8 - 36 土方计算参数设置

为可选，选中放坡的方式（向上或向下：指平场高程相对于实际地面高程的高低，平场高程高于地面高程则设置为向下放坡）。然后输入坡度值。设置好计算参数后屏幕上显示填挖方的提示框，命令行显示：

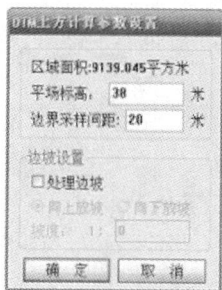

挖方量 = ×××× m³，填方量 = ×××× m³ 同时图上绘出所分析的三角网、填挖方的分界线（白色线条）。如图 8 - 37 所示计算三角网构成详见 dtmtf. log 文件。

关闭对话框后系统提示：

请指定表格左下角位置：<直接回车不绘表格>用鼠标在图上适当位置点击，CASS 7.0 会在该处绘出一个表格，包含平场面积、最大高程、最小高程、平场标高、填方量、挖方量和图形。

（2）根据图上高程点计算

首先要展绘高程点，然后用复合线画出所要计算土方的区域，要求同 DTM 法用鼠标点取"工程应用"菜单下"DTM 法土方计算"子菜单中的"根据图上高程点计算"提示：选择边界线用鼠标点取所画的闭合复合线 提示：选择高程点或控制点 此时可逐个选取要参与计算的高程点或控制点，也可拖框选择。如果键入"ALL"回车，将选取图上所有已经绘出的高程点或控制点。弹出土方计算参数设置对话框，以下操作则与坐标计算法一样。

（3）根据图上的三角网计算

对已经生成的三角网进行必要的添加和删除，使结果更接近实际地形。

用鼠标点取"工程应用"菜单下的 DTM 法土方计算"子菜单中的"依图上三角网计算"。

提示：平场标高（米）：输入平整的目标高程

请在图上选取三角网：用鼠标在图上选取三角形，可以逐个选取也可拉框批量选取。

2. 用断面法进行土方量计算

断面法土方计算主要用在公路土方计算和区域土方计算，对于特别复杂的地方可以用任意断面设计方法。断面法土方计算主要有道路断面、场地断面和任意断面三种计算土方量的方法。

（1）道路断面法土方计算

第一步：生成里程文件。

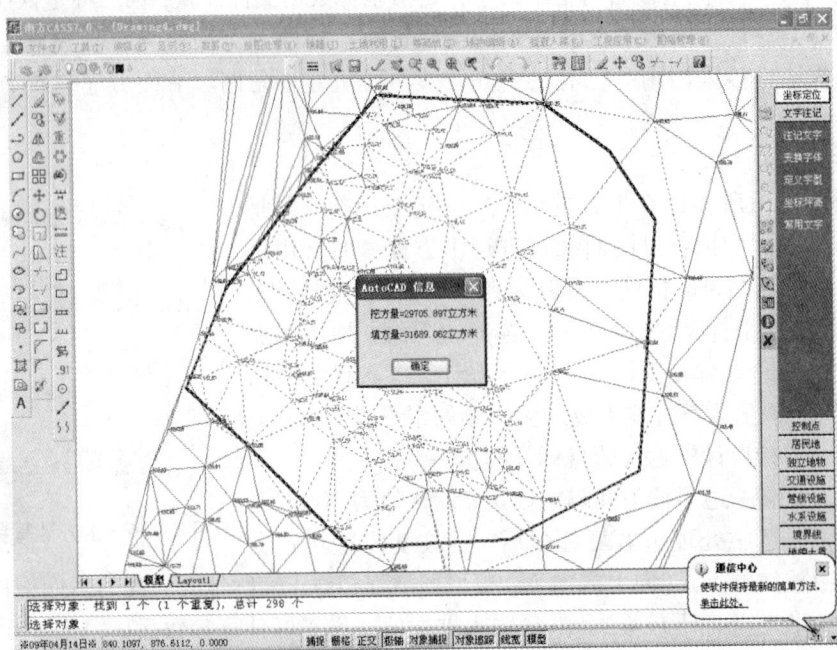

图 8 – 37 三角网法土方计算

里程文件用离散的方法描述了实际地形。接下来的所有工作都是在分析里程文件里的数据后才能完成的。

生成里程文件常用的有 4 种方法，点取菜单"工程应用"，在弹出的菜单里选"生成里程文件"，CASS 7.0 提供了 5 种生成里程文件的方法，①由纵断面生成；②由复合线生成；③由等高线生成；④由三角网生成；⑤由坐标文件生成，适合在不同情况下选用。

下面以"由纵断面生成为例"说明：

在使用生成里程文件之前，要事先用复合线绘制出纵断面线。用鼠标点取"工程应用 \ 生成里程文件 \ 由纵断面生成 \ 新建"。

屏幕提示：

图 8 – 38 三角网文件

请选取纵断面线：用鼠标点取所绘纵断面线弹出"由纵断面生成里程文件"对话框。

中桩点获取方式：结点表示结点上要有断面通过；等分表示从起点开始用相同的间距；等分且处理结点表示用相同的间距且要考虑不在整数间距上的结点。

输入横断面间距、横断面左边长度、横断面右边长度。选择其中的一种方式后则自动沿纵断面线生成横断面线。

选择纵断面线，用鼠标选择纵断面线；输入横断面左边长度、输入横断面右边长度后，屏幕提示：

选择获取中桩位置方式：(1)鼠标定点，(2)输入里程 <1 > 1 表示直接用鼠标在纵断面线上定点。2 表示输入线路加桩里程。

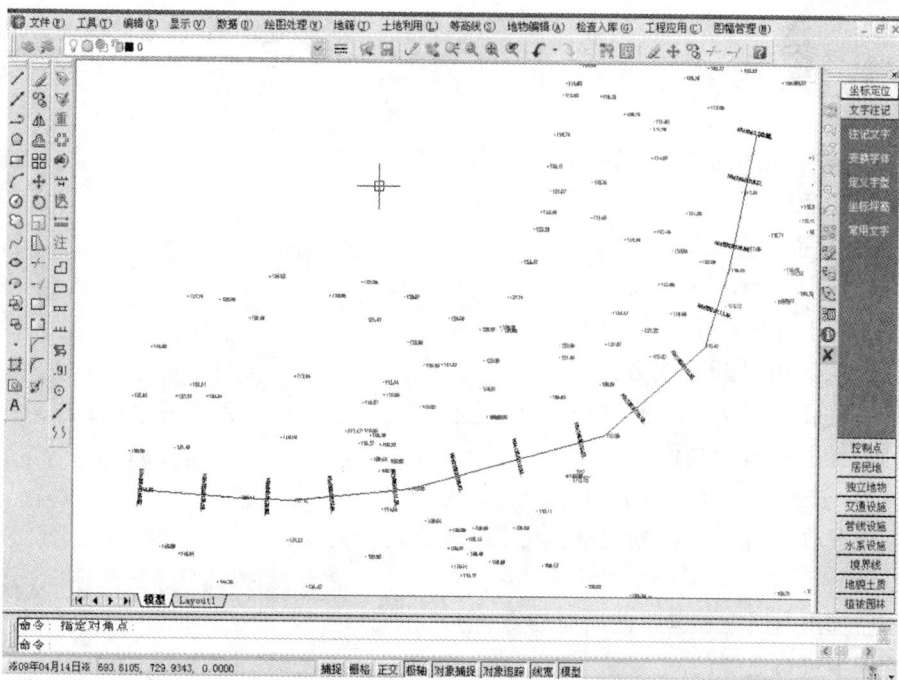

图 8－39　由纵断面生成横断面

生成：当横断面设计完成后，点击"生成"将设计结果生成里程文件。

第二步：选择土方计算类型。

用鼠标点取"工程应用\断面法土方计算\道路断面"。

弹出"断面土方计算"子菜单，点击后弹出"断面设计参数"对话框，道路断面的初始参数都可以在这个对话框中进行设置，如图 8－40。

第三步：给定计算参数

接下来就是在上一步弹出的对话框中输入道路的各种参数。

选择里程文件：

点击确定左边的按钮(上面有三点的)，出现"选择里程文件名"的对话框。

选定第一步生成的里程文件。

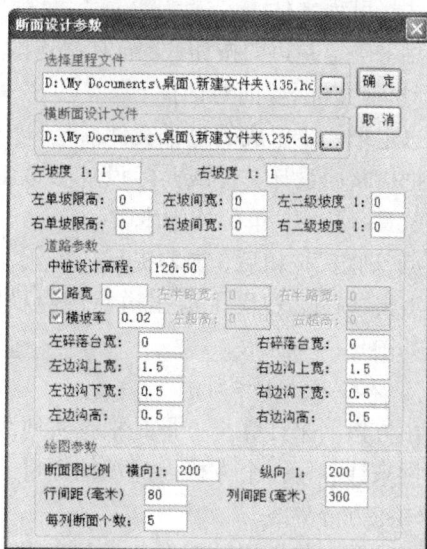

图 8－40　断面设计参数输入

横断面设计文件：横断面的设计参数可以事先写入到一个文件中点击："工程应用\断面法土方计算\道路设计参数文件"，弹出如图 8－41 的输入界面。

如果不使用道路设计参数文件，则在图 8－40 中把实际设计参数填入各相应的位置。注意：单位均为米。

点"确定"按钮后，弹出对话框，系统根据上步给定的比例尺，在图上绘出道路的纵断面。

至此，图上已绘出道路的纵断面图及每一个横断面图。

(2)场地断面土方计算

第一步：生成里程文件。

在场地的土方计算中，常用的里程文件生成方法同由纵断面线方法一样，不同的是在生成里程文件之前利用"设计"功能加入断面的设计高程。

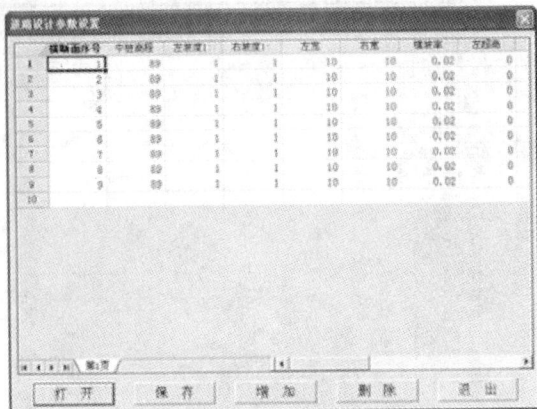

图 8-41　道路设计参数输入

第二步：选择土方计算类型。

用鼠标点取"工程应用\断面法土方计算\场地断面"。

点击后弹出对话框，道路的所有参数都是在下图对话框中进行设置的。

第三步：给定计算参数。

接下来就是在弹出的对话框中输入各种参数。

选择里程文件：

点击确定左边的按钮(上面有三点的)，出现"选择里程文件名"的对话框。

选定第一步生成的里程文件。

把横断面设计文件或实际设计参数填入各相应的位置。注意：单位均为米。

点"确定"按钮后，屏幕提示：

点击"确定"在图上绘出道路的纵横断面图，结果如图 8-43 所示。

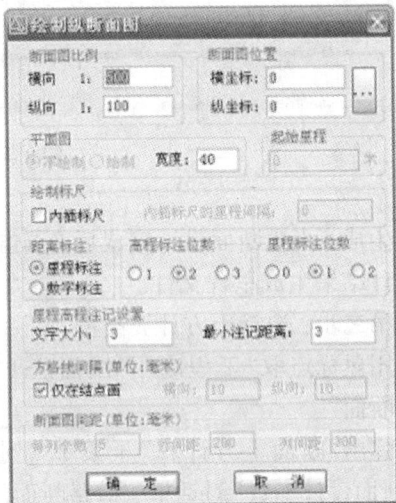

图 8-42　绘制纵断面图设置

3. 方格网法土方计算

由方格网来计算土方量是根据实地测定的地面点坐标(X, Y, Z)和设计高程，通过生成方格网来计算每一个方格内的填挖方量，最后累计得到指定范围内填方和挖方的土方量，并绘出填挖方分界线。

系统首先将方格的四个角上的高程相加(如果角上没有高程点，通过周围高程点内插得出其高程)，取平均值与设计高程相减。然后通过指定的方格边长得到每个方格的面积，再用长方体的体积计算公式得到填挖方量。方格网法简便直观，易于操作，因此这一方法在实际工作中应用非常广泛。

用方格网法算土方量，设计面可以是平面，也可以是斜面，还可以是三角网。

(1)设计面是平面

用复合线画出所要计算土方的区域，一定要闭合，但是尽量不要拟合。因为拟合过的曲

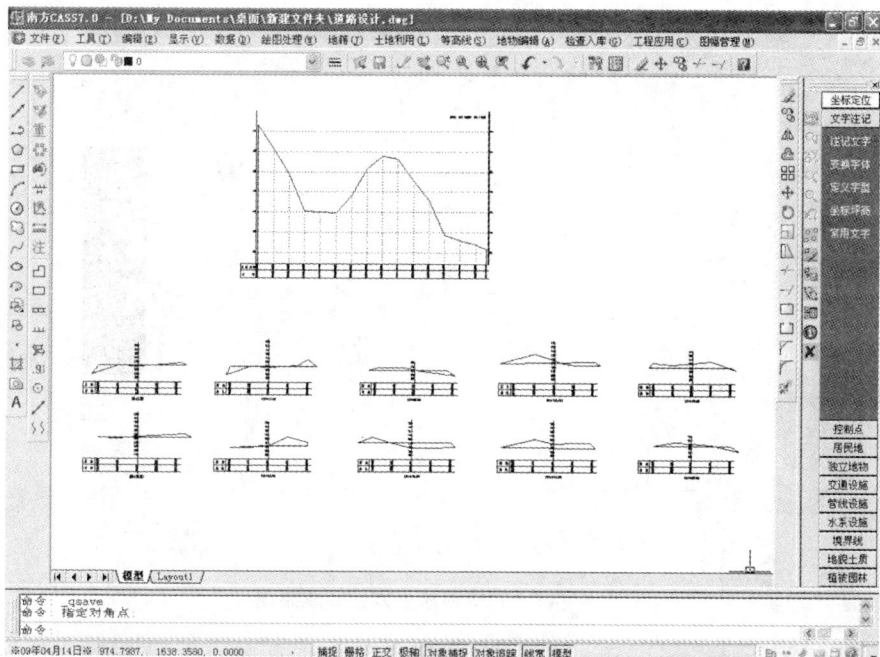

图 8 – 43　纵横断面图

线在进行土方计算时会用折线迭代，影响计算结果的精度。

选择"工程应用\方格网法土方计算"命令。

命令行提示："选择计算区域边界线"；选择土方计算区域的边界线(闭合复合线)。

屏幕上将弹出方格网土方计算对话框，在对话框中选择所需的坐标文件；在"设计面"，并输入目标高程；在"方格宽度"栏，输入方格网的宽度，这是每个方格的边长，认值为 20 米。由原理可知，方格的宽度越小，计算精度越高。但如果给定的值太小，超过了野外采集的点密度，也是没有意义的。

点击"确定"，命令行提示：

最小高程 = ××.××××，最大高程 = ××.××××

总填方 = ××××.× m³，总挖方 = ×××.× m³。

同时图上绘出所分析的方格网，填挖方的分界线(绿色折线)，并给出每个方格的填挖方，每行的挖方和每列的填方。结果如图 8 – 44 所示。

(2)设计面是斜面

设计面是斜面的操作步骤与平面的时候基本相同，区别在于在方格网土方计算对话框中"设计面"栏中，选择"斜面【基准点】"或"斜面【基准线】"。

如果设计的面是斜面(基准点)，需要确定坡度、基准点和向下方向上一点的坐标，以及基准点的设计高程。

点击"拾取"，命令行提示：

点取设计面基准点：确定设计面的基准点；

指定斜坡设计面向下的方向：点取斜坡设计面向下的方向；

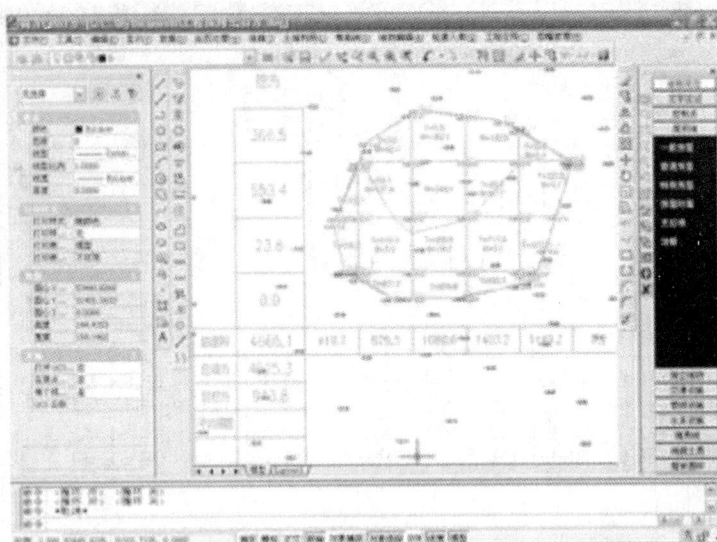

图 8 – 44　方格网法土方计算成果图

如果设计的面是斜面(基准线),需要输入坡度并点取基准线上的两个点以及基准线向下方向上的一点,最后输入基准线上两个点的设计高程即可进行计算。

点击"拾取",命令行提示:

点取基准线第一点:点取基准线的一点;

点取基准线第二点:点取基准线的另一点;

指定设计高程低于基准线方向上的一点:指定基准线方向两侧低的一边。

(3)设计面的三角网文件

选择设计的三角网文件,点击 ,即可进行方格网土方计算。

4. 等高线法土方量计算

用户将白纸图扫描矢量化后可以得到图形。但这样的图都没有高程数据文件,所以无法用前面的几种方法计算土方量。

用此方法可计算任两条等高线之间的土方量,但所选等高线必须闭合。由于两条等高线所围面积可求,两条等高线之间的高差已知,可求出这两条等高线之间的土方量。

点取"工程应用"下的"等高线法土方计算"。

屏幕提示:选择参与计算的封闭等高线可逐个点取参与计算的等高线,也可按住鼠标左键拖框选取。但是只有封闭的等高线才有效。

回车后屏幕提示:输入最高点高程:＜直接回车不考虑最高点＞

回车后:屏幕弹出等高线法土方计算总方量消息框

回车后屏幕提示:请指定表格左上角位置:＜直接回车不绘制表格＞在图上空白区域点击鼠标右键,系统将在该点绘出计算成果表格,如图 8 – 45。

可以从表格中看到每条等高线围成的面积和两条相邻等高线之间的土方量,另外,还有计算公式等。

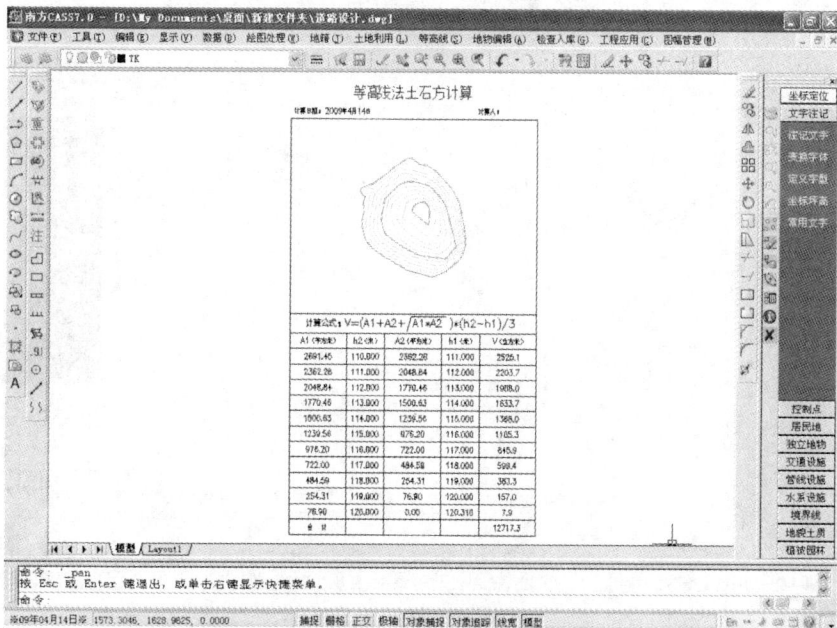

图 8 - 45　等高线法土石方计算成果图

5. 区域土方量平衡

土方平衡的功能常在场地平整时使用。当一个场地的土方平衡时,挖掉的土石方刚好等于填方量。以填挖方边界线为界,从较高处挖得的土石方直接填到区域内较低的地方,就可完成场地平整。这样可以大幅度减少运输费用。

在图上展出点,用复合线绘出需要进行土方平衡计算的边界。

点取"工程应用\区域土方平衡\根据坐标数据文件(根据图上高程点)"。

如果要分析整个坐标数据文件,可直接回车,如果没有坐标数据文件,而只有图上的高程点,则选根据图上高程点。

命令行提示:选择边界线点取第一步所画闭合复合线。

输入边界插值间隔(米):<20>

这个值将决定边界上的取样密度,如前面所说,如果密度太大,超过了高程点的密度,实际意义并不大。一般用默认值即可。

如果前面选择"根据坐标数据文件",这里将弹出对话框,要求输入高程点坐标数据文件名,如果前面选择的是根据图上高程点,此时命令行将提示:

选择高程点或控制点:用鼠标选取参与计算的高程点或控制点,回车后弹出对话框:

同时命令行出现提示:

平场面积 = × × × ×m^2

土方平衡高度 = × × ×m,挖方量 = × × ×m^3,填方量 = × × ×m^3。

点击对话框的确定按钮,命令行提示:

请指定表格左下角位置:<直接回车不绘制表格>

在图上空白区域点击鼠标左键,在图上绘出计算结果表格,如图 8 - 46 所示。

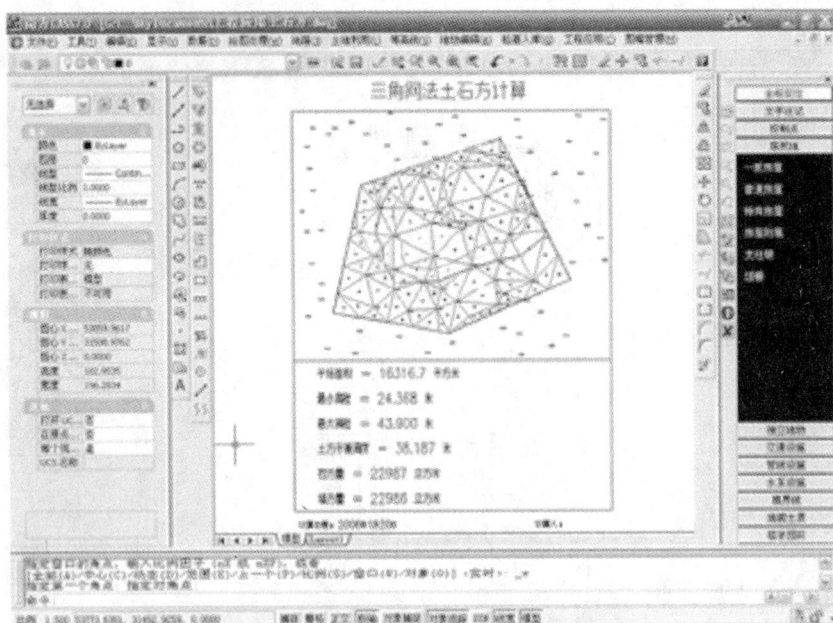

图 8 - 46 土方量平衡

8.5.3 断面图的绘制

绘制断面图的方法有四种：①由坐标文件生成，②根据里程文件，③根据等高线，④根据三角网。

1. 由坐标文件生成

坐标文件指野外观测得到的包含高程点文件，方法如下：先用复合线生成断面线，点取"工程应用\绘断面图\根据已知坐标"功能。

提示：选择断面线，用鼠标点上步所绘断面线。屏幕上弹出"断面线上取值"的对话框，如果"坐标获取方式"栏中选择"由数据文件生成"，则在"坐标数据文件名"栏中选中高程点数据文件。

输入相关参数，如：

横向比例为 1：< 500 >，输入横向比例，系统的默认值为 1：500；

纵向比例为 1：< 100 >，输入纵向比例，系统的默认值为 1：100；

断面图位置：可以手工输入，亦可在图面上拾取。

可以选择是否绘制平面图、标尺、标注。

点击"确定"之后，在屏幕上出现所选断面线的断面图，如图 8 - 47 所示。

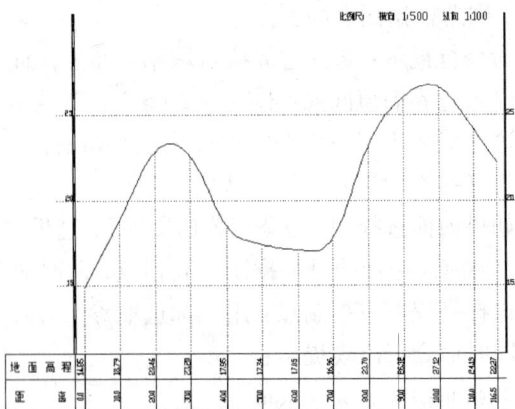

图 8 - 47 断面图

2. 根据里程文件

根据里程文件绘制断面图。

里程文件可包含多个断面的信息，此时绘断面图就可一次绘出多个断面。

一个里程文件的一个断面信息内允许有该断面不同时期的断面数据，这样绘制这个断面时就可以同时绘出实际断面线和设计断面线。

3. 根据等高线

如果图面存在等高线，则可以根据断面线与等高线的交点来绘制纵断面图。

4. 根据三角网

如果图面存在三角网，则可以根据断面线与三角网的交点来绘制纵断面图。

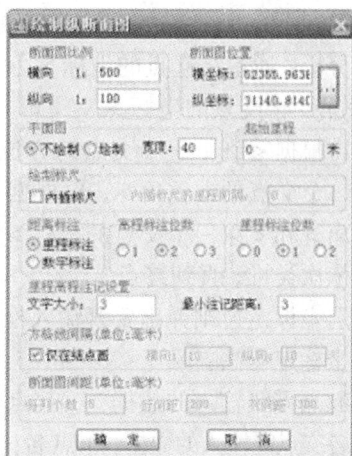

图 8-48 绘制纵断面图对话框

8.5.4 公路曲线设计

1. 单个交点处理

操作过程如下：

用鼠标点取"工程应用\公路曲线设计\单个交点"。

屏幕上弹出"公路曲线计算"对话框，输入起点、角点和个曲线要素，如图 8-49 所示。

输入平曲线已知要素文件名，屏幕上会显示公路曲线和平曲线要素表。

2. 多个交点处理

（1）曲线要素文件录入

鼠标选取"工程应用\公路曲线设计\要素文件录入"，命令行提示：

〈1〉偏角定位〈2〉坐标定位

选偏角定位则弹出要素输入框：

偏角定位法：如图 8-50 所示：

起点需要输入的数据：

①起点坐标

②起点里程

③起点看下一个交电的方位角

④起点到下一个交点的直线距离

各个交点所输入的数据：

①点名

②偏角

③半径（若半径是 0，则为小偏角，即只是折线，不设曲线）

图 8-49 公路曲线计算对话框

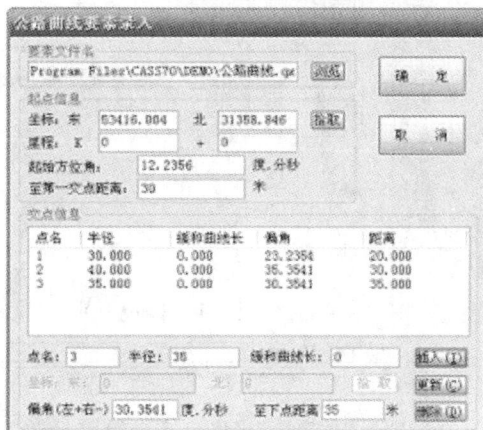

图 8-50 偏角法曲线要素录入

④缓和曲线长(若缓和曲线长为 0，则为圆曲线)

⑤到下一个交点的距离(如果是最后一个交点，则输入到终点的距离)

分析：通过＜起点的坐标＞、＜到下一个交点的方位角＞和到第一交点的距离可以推算出＜第一个交点的坐标＞。

再根据＜到下一个交点的方位角＞和＜第一个交点的偏角＞可以推算出＜第一个交点到第二个交点的方位角＞，再根据＜第一个交点到第二个交点的方位角＞、＜到第二个交点的距离＞和＜第一个交点的坐标＞可以推出＜第二个交点的坐标＞。

依次类推，直到终点。

选坐标定位则弹出要素输入框：

坐标定位法：

起点需要输入的数据：①起点坐标；②起点里程。

各交点需输入的数据：①点名；②半径(若半径是 0，则为小偏角，即只是折线，不设曲线)；③缓和曲线长(若缓和曲线长为 0，则为圆曲线)；④交点坐标(若是最后一点则为终点坐标)。

分析：由＜起点坐标＞、＜第一交点坐标＞、＜第二交点坐标＞可以反算出＜起点＞至＜第一交点＞，＜第一交点＞至＜第二交点＞的方位角，由这两个方位角可以计算出第一曲线的偏角，由偏角半径和交点坐标则可以计算其他曲线要素。依次类推，直至终点。

(2)要素文件处理

鼠标选取"工程应用\公路曲线设计曲线要素处理"命令，弹出如图对话框，在要素文件名栏中输入事先录入的要素文件路径，再输入采样间隔、绘图采样间隔。

"输出采样点坐标文件"为可选。点"确定"后，在屏幕指定平曲线要素表位置后绘出曲线及要素表，如图 8 - 51 所示。

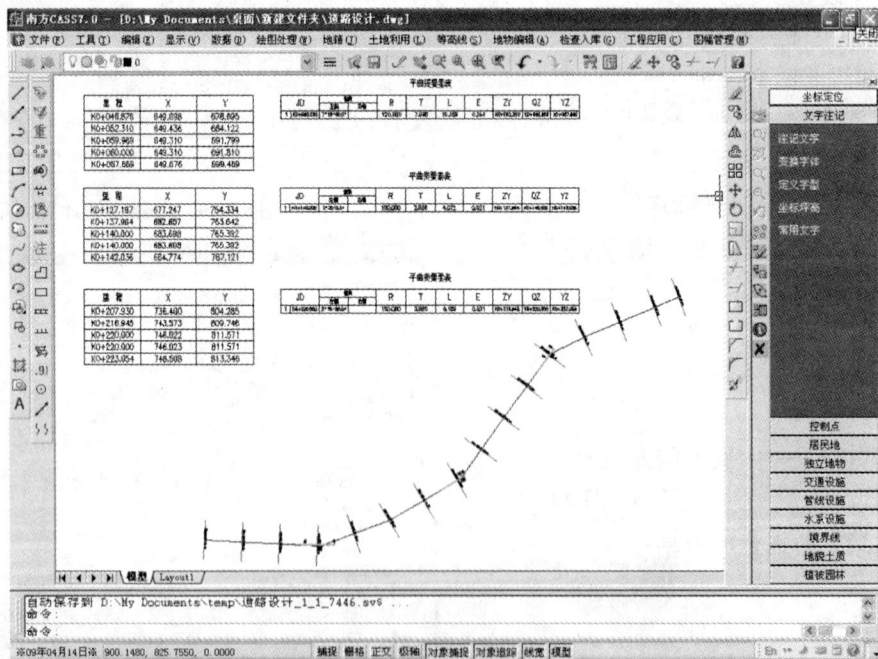

图 8 - 51 公路曲线设计要素表

练习题

1. 什么是数字地形图？目前要获得数字地形图有哪些手段？

2. 与模拟地形图相比，数字地形图具有哪些优点？

3. 内外业一体化数字测图方法与传统白纸测图方法比较，有何特点？

4. 内外业一体化数字测图主要有哪几种作业方法？分别适合于什么情况下采用？

5. GPS – RTK 数字测图与全站仪数字测图技术相比有何异同点？

6. 利用数字地形图和数据，可以在 CASS7.0 测图软件中进行哪些基本的应用？

第9章 道路与桥梁工程测量

【学习指导】 介绍了道路的初测、定测、各种线路曲线测设、道路的施工测量及桥梁施工测量。重点掌握定位元素的测设、平面点位的测设,坡度线的测设、施工控制网的布设与测量、放样数据的计算与放样方法。难点是放样参数的计算。

9.1 概 述

方便、快捷、安全的交通运输,是一个国家繁荣昌盛的标志之一。道路运输在整个国民经济生活中起着重要作用。而桥梁是交通工程的重要组成部分,在铁路、公路和城市道路等的线路上,通过河流和山谷时需要修建桥梁。道路的新建、改建和扩建等工程建设项目,以及桥梁的建设在勘测设计、施工和运营管理期间都要进行大量的测量工作。

9.1.1 道路测量概述

1. 道路测量的任务及内容

道路测量的任务是为道路的勘测、设计、施工等提供必要的资料和保障施工质量,因此道路测量工作包括路线勘测设计测量和道路施工测量。根据工程的情况路线勘测设计有二阶段勘测设计和一阶段勘测设计两种形式,二阶段勘测设计包括初测与定测两个基本内容。

初测阶段的测量任务是根据初步拟定的路线方案,实施控制测量和测绘路线带状地形图,目的是为交通路线工程提供完整的控制基准及详细的地形资料,为设计人员作纸上定线,编制比较方案,进行实地选线和初步设计提供依据。根据初步设计选定的方案,便可以转入定测工作。

定测阶段的测量任务是对选定设计方案的路线进行中线测量、纵横断面测量及局部地区的大比例尺地形图测绘等工作。为路线纵坡设计、工程量估算等道路技术设计提供详细的测量资料。经过道路技术设计,根据其平面线形、纵横断面等设计数据和图纸,便可进行道路施工。

道路施工测量的任务是按照设计图纸检查和恢复中线、测设路基、路面等,保证道路建设中各种建筑物、构筑物,其中包括桥梁、涵洞、隧道等,按设计位置准确施工。当施工逐项完工后,还应进行竣工验收测量,为工程使用和养护提供必要资料。

综上所述,道路测量技术主要包括以下基本内容:

(1)根据规划设计要求,在选定的中小比例尺地形图上确定规划线路的走向及相应的概略点位。

(2)根据图上设计在实地标出线性工程的基本走向,沿着基本走向进行必要的控制测量(平面控制和高程控制)。

(3)结合线性工程的需要,沿着线性工程的基本走向进行带状地形图或平面图的测绘,比例尺按不同线性工程的实际要求选定。

(4)根据规划设计的路线把路线中线的点位测定到实地中。

（5）测量线性工程的基本走向的地面点位高程，绘制线路基本走向的纵断面图。根据线性工程的需要测绘横断面图。

（6）按线性工程的详细设计进行道路中心线复测，测设施工控制桩和水准路线的复测。

（7）按照线性工程的详细设计进行路基边坡桩的放样和路面的放样。

（8）其他测量工作。桥梁、涵洞、隧道等构筑物，是道路的重要组成部分，它们的放样测设，亦是道路工程施工测量的任务之一。

2．道路测量的基本特点

（1）全线性

道路测量技术工作贯穿于整个交通路线工程的性质，称为全线性。以公路测量为例，从规划到施工的整个过程，公路工程测量开始于整个公路的全局，深入到公路路面施工的具体点位，公路工程建设过程时时刻刻离不开测量技术工作。

（2）阶段性

这种阶段性既是测量技术本身的特点，也是路线设计过程的需要。图 9-1 表示道路设计与道路测量的先后关系，体现了道路测量的阶段性，反映了实地考察、平面设计、路面设计与初测、定测、放样各阶段的呼应关系。这种阶段性包括测绘与放样的反复程序，反映了道路建设与测量技术的密切关系。

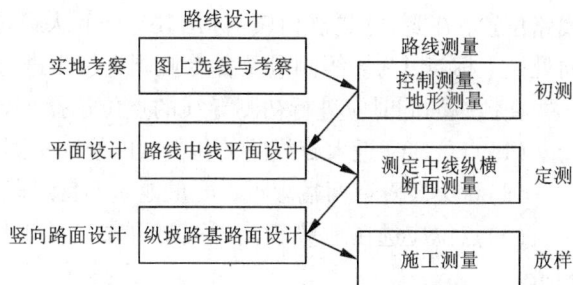

图 9-1 道路设计与道路测量的关系

（3）渐进性

道路工程建设从规划设计到兴建完工经历一个从粗到精的过程。图 9-1 表示道路设计与道路测量的关系流程，从图中可以看出，道路的完美设计是在"从实践中来到实践中去"的过程中逐步实现的。道路的完美设计需要道路勘测与设计的完美结合，设计技术人员懂测量会测量；道路测量技术人员懂设计并明了道路的设计思路。

9.1.2 桥梁测量概述

桥梁工程测量的主要内容包括桥位勘测和桥梁施工测量两部分。建设一座桥梁，需要进行各种测量工作，其中包括勘测、施工测量、竣工测量等。在施工过程中及竣工通车后，还要进行变形观测工作。根据不同桥梁类型和不同的施工方法，测量的工作内容和测量方法也有所不同。

桥位勘测的目的就是选择桥址和为桥梁设计提供地形、水文地质资料等。桥位勘测的主要测量工作包括：桥位控制测量、桥位地形测量、桥轴线纵断面测量、桥轴线横断面测量、水文地质调查等工作。对造价不高的中、小型桥梁，桥址一般要服从路线的走向，桥梁勘测是在路线勘测的同时进行的，不单独进行勘测。但对于大型桥梁来说，桥址的选择直接影响到桥梁的总长、跨度、高度、墩台和基础类型及引桥的布设等，桥址选择是否合理对投资造价、施工周期、使用和维护都会带来极大的影响。桥梁施工测量的目的是将设计的桥梁位置、高程及几何尺寸在实地标出以指导施工。桥梁施工测量的主要工作包括：施工控制测量；桥轴线长度测量；墩、台中心的定位；墩、台细部放样以及梁部放样；其他防护和排水构造物的放样等。

近代的施工方法，日益走向工厂化和拼装化，梁部构件一般都在工厂制造，在现场进行拼接和安装，这就对测量工作提出了十分严格的要求。

桥位勘测和桥梁施工测量的技术应符合《公路勘测规范》(JTG C10 – 2007)和《公路桥涵施工技术规范》(JTJ 041 – 2000)的要求。

9.2 新建道路初次测量

新建道路的初测在线路的全部勘测工作中占有重要的位置，它决定着线路的基本方向。其主要工作内容包括道路实地选线、初测控制测量和路线带状地形图测绘。

9.2.1 道路实地选线

道路实地选线也叫插大旗。所谓插大旗就是根据方案研究中在大小比例尺地形图上所选线路位置，在野外用"红白旗"标出其走向和大概位置，并在拟定的线路转向点和长直线的转向处插上标旗，为导线测量及各专业调查指出进行的方向。

在插旗的同时应进行初测导线的点位选择。导线点选择应满足以下几项要求。

(1)点位应靠近大旗线路的位置，以便于实测之用。

(2)桥梁及隧道两端附近，严重地质不良地段以及越岭垭口处均应设点。

(3)点位应选在地势较高、视野开阔、易于保存的地方，以保证前后通视及方便地形测量。

(4)导线点间距应取用400 m左右，以避免因边长过短而降低精度。使用全站仪时边长可增至1 km。

9.2.2 初测控制测量

初测控制测量包括平面控制测量和高程控制测量。

平面控制测量可采用导线测量或GPS测量，初测平面控制测量的目的是为地形测量、中线测量提供平面测量控制。下面介绍一下导线测量的内容。

(1)水平角观测

初测导线水平角，可用DJ2及DJ6级经纬仪以测回法测量右角，观测一测回。两个半测回之间应变换度盘位置，两半测回间角值较差在 ± 20″(DJ2)或 ± 30″(DJ6)以内时取其平均值。

(2)边长丈量

导线边长采用全站仪测量。边长测量的相对中误差不应大于1/2 000。

(3)导线的联测

《新建铁路工程测量规范》规定，导线起终点及不远于30 km应与国家大地点(三角点、导线点、I级军控点)或其他单位不低于四等的大地点联测；有条件时，也可采用GPS全球定位技术加密四等以上大地点并代替初测导线测量。

初测高程控制测量通常采用水准测量方法，通常分两阶段进行，即基平测量和中平测量。

基平测量是沿着道路布设水准点，建立高程控制网。一般每隔2 km设立一个水准点，地形复杂路段可适当缩短水准点间距;另外在 300 m 以上的大桥和隧道两端及特殊地物附近应加设水准点。水准点布设位置应离开线路中线一定距离,以 50～100 m 为宜,以免线路施工时破坏。水准点高程必须和国家水准点连测,取得国家统一高程。要求每隔约 30 km 与国家水准点连测一次,构成附合水准线路,其高程允许闭合差为 $30\sqrt{L}$ mm。

中平测量在初测阶段的任务主要是测定沿线各导线点、百米桩及加桩点的高程,用以绘制线路纵断面图和专业调查。中平测量可采用单程水准测量,以基平测量所测水准点为基准布设成附合水准线路。中平测量允许的闭合差为 $50\sqrt{L}$ mm。

9.2.3 道路带状地形图测绘

测绘道路带状地形图的目的是满足设计人员进行纸上定线和绘制路线平面图的需要。因此,测图比例尺和测图宽度应按设计要求而定,并且应充分利用现有各种大比例尺基本地形图。通常以设计的中线为准,向两侧各测出 100～150 m。测图比例尺为 1:2 000～1:5 000,在山区或丘陵地区时,测图比例尺较平原地区为大,一般为 1:2 000。在设置大型或重要的构筑物时,需测绘比例尺一般为 1:500～1:1 000 的地形图。此外还需要沿中线两侧一定范围内进行土壤地质、桥涵、水文、边坡稳定等有关调查工作。地形图测绘可选用传统的测图方法、数字化测图或航空摄影测量方法。

9.3 定线测量

道路中线测量是把在带状地形图上设计好的道路中心线测设到实地上,并用木桩标定出来。道路中线的平面线型由直线和曲线组成,曲线又由圆曲线和缓和曲线组成,如图 9-2 所示。圆曲线是具有一定曲率半径的圆弧。缓和曲线是在直线与圆曲线直接加上的,曲率半径由无穷大逐渐变化为圆曲线半径的曲线。根据我国交通部"公路工程技术标准"规定,当平面曲线半径小于不设超高的最小半径时,应设缓和曲线。道路中线测量包括放线和中线桩测设两部分工作。放线是把纸上各交点间的直线段测设于地面上,中桩测设是沿着直线和曲线详细测设中线桩。

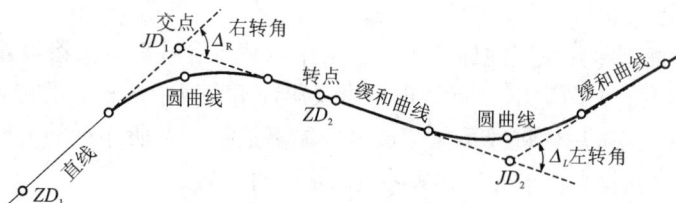

图 9-2 道路中线

9.3.1 放线

放线常用的方法有穿线定点法、拨角放线法、交会法、全站仪极坐标法和 GPS-RTK 法。

1. 穿线定点法

这种方法是利用设计图上的初测平面控制点与设计的路线中线之间的角度和距离关系,

在实地将线路中线的直线段测设出来，然后将相邻直线延长相交，定出交点桩的位置。具体步骤如下：

（1）室内选点

根据规划图上规划线路和初测控制点相互关系，选择定测中线的转点位置。转点位置一般应选在地势较高、与相邻转点通视、距离导线点较近、便于测设的位置上，并且设计线路的每条直线段最好有三个以上的转点。

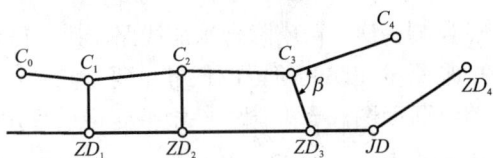

图 9 - 3　放点方法

图 9 - 3 中，C_0，C_1，…为初测导线点，JD 为图上设计的交点。从导线点作初测导线的垂线，与初步设计的线路中线相交于 ZD_1，ZD_2，…作为定测中线的转点。然后在图上量出导线点到相应转点的距离 L_1，L_2，…但有时为使转点位于相互通视的位置，转点与导线点的连线并不垂直于初测导线，如图中的 ZD_3，此时量出 ZD_3 相对于导线点 C_3 的距离和极角 β。

（2）实地放点

放点时，在现场找到相应的导线点，如果是支距点如上图中的 C_2 点，瞄准 C_3 方向拨直角，在视线上丈量出该点的支距；如果是任意点如图中 ZD_3，则用极坐标法放点，可将经纬仪安置在 C_3 点上，拨角 β 定出临时点方向，在视线方向上量出 ZD_3 相对于导线点 C_3 的距离定出点位。

（3）穿线

由于图解数据和测设工作均存在误差，在图上同一直线上的各点放到实地后，一般不能准确位于同一直线上，因此必须对他们进行调整，定出一条尽可能多地穿过或靠近转点的直线。穿线方法可用花杆或经纬仪进行，穿出线位后在适当位置标定转点（小钉标点），使中线的位置准确标定在地面上。

如图 9 - 4 所示。采用目估法先在适中位置选择 A，B 点竖立花杆，一人在 AB 的延长线上观测，看直线 AB 是否穿过多数转点或位于他们之间的平均位置。否则移动 A 或 B，直到符合要求为止。最后在 A，B 或其方向线上打下两个以上的控制桩，作为直

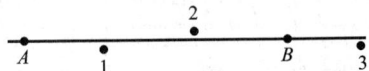

图 9 - 4　穿线方法

线最终的转点桩，直线即可在实地标定出来。采用经纬仪穿线时，仪器可置于 A 点，然后照准大多数转点所靠近的方向定出 B 点。也可将仪器置于直线中部较高的位置，瞄准一端多数转点都靠近的方向，倒镜后如视线不能穿过另一端多数临时点所靠近的方向，则将仪器左右移动，重新观测，直到符合要求为止，最后定出最终直线转点桩。

（4）线路交点的确定

当确定了线路中线上两条相邻直线段后，应依据经调整后的两直线段上的转点，定出两线的交点。如图 9 - 5 所示交点 JD_1 确定的具体步骤如下：

①设图上 A，B 两点是调整后同一直线段上的两转点，延长 AB 至与相邻另一直线段的交点附近设骑马桩 B_1，B_2，其上钉上小钉并拉细线；

②延长与 AB 直线段相交的另一直线段 CD 至交点附近位置，设骑马桩 C_1，C_2，其上钉上小钉并拉细线；

③利用 B_1 B_2 与 C_1 C_2 连线的交会定出交点 JD_1，在实地设立交点桩 JD_1 的桩位；

④在交点 JD_1 上安置经纬仪实测转角 β。所谓转角又称偏角，是线路由一个方向偏转到另一方向时所夹的角度。

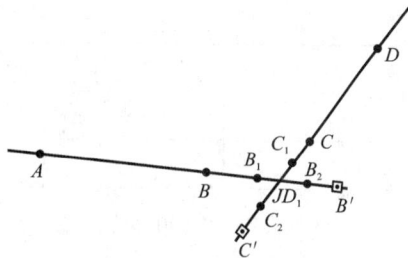

图 9 - 5　测设交点

在设置骑马桩的时候，可以采用正倒镜分中法，点间距应不大于 500 m，当采用全站仪施测时不宜大于 1 000 m。正倒镜点位的横向偏差，每 100 m 不应大于 5 mm，当间距超过 400 m，不应大于 20 mm。在实测偏角的时候，通常观测线路的右角 β，如图 9 - 6 所示，按式（9 - 1）计算路线转角 Δ。观测 β 时采用两个半测回测量右角。两个半测回间应变动度盘位置，其观测值较差：当采用 JD_2 型仪器时，不应大于 $20''$；采用 JD_6 型仪器时，不应大于 $30''$。

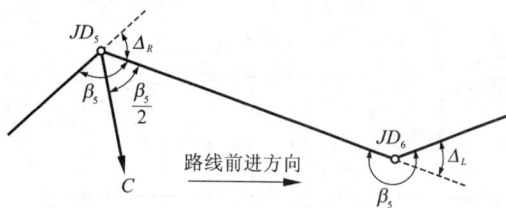

图 9 - 6　路线转角的定义

$$\left.\begin{array}{l} \beta < 180° \quad \Delta_R = 180° - \beta（右偏角） \\ \beta > 180° \quad \Delta_L = \beta - 180°（左偏角） \end{array}\right\} \qquad (9-1)$$

2. 拨角放线法

拨角放线法是先在地形图上量出定线交点的坐标，预先在内业计算出两相交点间的距离及直线的转向角，然后根据计算资料在现场放出各个交点，定出中线位置。

拨角放线法测设道路交点的具体步骤如下：

（1）在地形图上量取各设计交点 A，B，C，…的坐标，如图 9 - 7，依次填入测设数据计算表 9 - 1。

（2）在表中计算相邻点间的坐标差 Δx，Δy。

（3）计算各边的方位角和距离。

（4）按下式计算偏角 $\alpha_j = \alpha_{j,j+1} - \alpha_{i,j}$。

（5）在现场将仪器安置在 C_1 上，找出起始边方向 C_1C_2，而后拨 $180° - \alpha_{C1}$ 角，量取距离 C_1A，即可确定 A 点。用类似方法连续放出各交点。

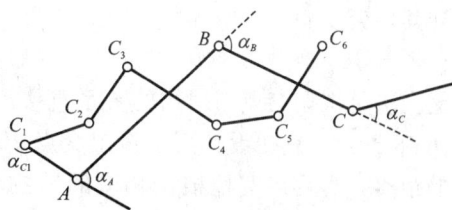

图 9 - 7　拨角法放样

拨角时需注意的是当偏角为右角时，应拨 $180° + \alpha_j$；左偏时，应拨 $180° - \alpha_j$，交点水平角在使用全站仪时，采用正倒镜测设，在限差范围内，分中去平均位置，距离采用往返观测。交点至转点或转点之间的距离不宜长于 1 000 m；两点间的最短距离不得少于 50 m。当小于 50 m 时，应设置远视点。

钉设转点时，正倒镜的点位横向误差每 100 m 距离不应大于 5 mm；当点间距离大于 400 m 时，最大点位误差不应大于 20 mm，在限差范围内分中定点。在测设距离的同时，可以钉出直线上的中线桩（公里桩、百米桩、加桩）和曲线主点。

表 9-1　测设数据计算表

点号	坐标		坐标差		方位角	距离	偏角
	x(m)	y(m)	Δx(m)	Δy(m)	α_{ij}	D_{ij}(m)	α_j
C_2					244°25′06″		247°25′42″
C_1	3 365.13	1 070.24	-31.13	+34.76	131°50′48″	46.06	
A	3 334	1 105					288°12′05″
			+257	+446	60°02′53″	514.76	
B	3 591	1 551					
			-220	+516	111°24′47″	602.60	51°21′54″
C	3 371	2 112					
⋮	⋮	⋮	⋮	⋮	⋮	⋮	

此方法适用于纸上定线的实地放线时，导线与设计线距离太远或不太通视；施工测量时的恢复定线。拨角放线法在放样工作中可循序渐进，较其他方法放样导线工作量小，效率高，并且点间的距离和方向均采用实测值，放样中线的精度不受初测值的影响，可减少初测导线的工作量和提高放样中线的质量。通过与初测导线点或国家平面控制点联测能及时发现工作中可能出现的错误，这种方法适用于无初测导线的任何测区。

拨角放线法虽然速度快，但其缺点是放线误差累积。为了保证测设的中线位置不致偏离理论位置过大，《新建铁路测量工程规范》规定中线每 5～10 km 应与初测平面控制点联测一次。联测是为了校核，水平角闭合差限差为 $\pm 25\sqrt{n}$，其长度相对闭合差限差为 1/3 000。n 为闭合环中线上置镜和初测控制点的总和；长度采用初、定测闭合环长度。当闭合差超限时，应查找原因，纠正放线点位；若闭合差在限差以内可继续进行工作，一般不作闭合差调整。联测的那一交点以实测坐标为准，计算它至下一个交点间的长度及方位角，然后从它出发放样其余交点。

3. 交会法

交会法是根据交点与地物的关系直接测设交点。如图 9-8 所示，先在设计图上量出交点 JD_{12} 到相邻地物的距离，然后在实地根据相应的地物和对应的距离，利用距离交会即可定出交点 JD_{12} 的实地位置。这种方法适用于交点到相邻地物的距离较近，地势平坦便于量距的测区，放样到实地上的中线相对精度较低。

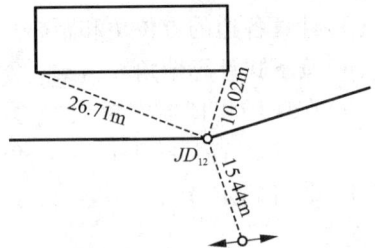

图 9-8　交会法测设交点

4. 全站仪极坐标法

全站仪极坐标放样法，是将全站仪架设在已知点 A 上如下图 9-9 所示，只要输入测站点 A、后视点 B 以及待定点 P 的 3 点坐标，瞄准后视点定向，按下反算方位角键，则仪器自动将测站与后视的方位角设置在该方向上。然后按下放样键，仪器自动在屏幕上左右箭头提示，应将仪器往左或右旋转，这样就可使仪器到达设计的方向线。接着通过测距离，仪器自动提示棱镜前后移动，直到放样出设计的距离，这样就能方便地完成点位的放样。

若需要放样下一个点位，只要重新输入或调用待放样点的坐标即可，按下放样键后，仪器会自动提示旋转的角度和移动的距离。

用全站仪放样点位，可事先输入气象元素即现场的温度和气压，仪器会自动进行气象改正。因此用全站仪放样点位既能保证精度，同时操作十分方便，无需做任何手工计算。

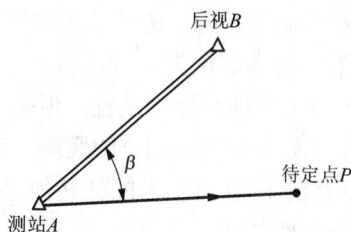

图 9-9 全站仪极坐标放样

全站仪极坐标法放样简单灵活，适用于中线通视差的测区。但放样工作量大，放样到实地上的中线相对精度不高；并且由于用初测导线点直接定测各放样点，比其他放样法要求初测导线点的密度大，测量精度高，最后亦要通过穿线来确定直线段的位置。

5. GPS - RTK 法

该方法的作业效率，较其他方法有了很大的提高。特别是近几年来高精度 GPS 实时动态定位技术的快速发展，由于它能够实时地提供在任意坐标系中的三维坐标数据，对于道路中线测量利用 GPS - RTK 直接坐标放样已很普遍。

GPS - RTK 是一种全天候、全方位的新型测量系统，是目前实时、准确地确定待测点位置的最佳方式。它需要一台基准站接收机和一台或多台流动站接收机以及用于数据传输的电台。RTK 定位技术是将基准站的相位观测数据及坐标信息通过数据链方式及时传送给动态用户，动态用户将收到的数据链连同自采集的相位观测数据进行实时差分处理，从而获得动态用户再将实时位置与设计值相比较，进而指导放样。

GPS - RTK 的作业方法和作业流程为：

（1）收集测区的控制点资料。任何测量工程进入测区，首先一定要收集测区的控制点坐标资料，包括控制点的坐标、等级、中央子午线、坐标系等。

（2）求定测区转换参数。GPS - RTK 测量是在 WGS - 84 坐标系中进行的，而各种工程测量和定位是在当地坐标或我国的北京 54 坐标上进行的，这之间存在坐标转换的问题。GPS 静态测量中，坐标转换是在事后处理时进行的，而 GPS - RTK 是用于实时测量的，要求立即给出当地的坐标，因此，坐标转换工作更显重要。

坐标转换的必要条件是：至少 3 个以上的大地点分别有 WGS - 84 地心坐标、北京 54 坐标或当地坐标。利用布尔莎（Bursa）模型解求 7 个转换参数。Bursa 模型为：

$$\begin{pmatrix} X_i \\ Y_i \\ Z_i \end{pmatrix} = \begin{pmatrix} X_0 \\ Y_0 \\ Z_0 \end{pmatrix} + (1 + \delta_\mu) \begin{pmatrix} X_i \\ Y_i \\ Z_i \end{pmatrix}_{WGS-84} + \begin{pmatrix} 0 & \varepsilon_Z & -\varepsilon_Y \\ -\varepsilon_Z & 0 & \varepsilon_X \\ \varepsilon_Y & -\varepsilon_Y & 0 \end{pmatrix} \begin{pmatrix} X_i \\ Y_i \\ Z_i \end{pmatrix}_{WGS-84} \tag{9-2}$$

式中：X_0，Y_0，Z_0——两个坐标系的平移参数；

ε_X，ε_Y，ε_Z——两个坐标系的旋转参数；

δ_μ——两个坐标系的尺度参数。

在计算转换参数时，要注意下面两点：

（1）已知点最好选在四周及中心分布均匀，且能有效控制的测区。如果选在测区的一端，应计算出满足给定的精度和控制的范围，切忌从一端无限制地向另一端外推。

（2）为了提高精度，可利用最小二乘法选3个以上的点求解转换参数。为了检验转换参数的精度和正确性，还可以选用几个点不参加计算，而代入公式起检验作用，经过检验满足要求的转换参数认为是可靠的。

（3）工程项目参数设置。根据GPS实时动态差分软件的要求，应输入下列参数：当地坐标系（如北京54坐标系）的椭球参数：长轴和偏心率；中央子午线；测区西南角和东北角的大致经纬度；测区坐标间的转换参数；根据测量工程的要求，可输入放样点的设计坐标，以便野外实时放样。

（4）野外作业。将基准站GPS接收机安置在参考点上，打开接收机，将设置的参数读入GPS接收机，输入参考点的当地施工坐标和天线高，基准站GPS接收机通过转换参数将参考点的当地施工坐标化为WGS-84坐标，同时连续接收所有可视GPS卫星信号，并通过数据发射电台将其测站坐标、观测值、卫星跟踪状态及接收机工作状态发送出去。流动站接收机在跟踪GPS卫星信号的同时，接收来自基准站的数据，进行处理后获得流动站的三维WGS-84坐标，再通过与基准站相同的坐标转换参数将WGS-84转换为当地施工坐标，并在流动站的手控器上实时显示。接收机可将实时位置与设计值相比较，指导放样。

（5）野外实施。据试验，用一台流动站进行放线作业，一天可放公路中线3 km多（包括主点及细部点测设）；增至两台流动站交叉前进放线作业，则一天放线达6~7 km。显然，按交叉前进作业方式，两台流动作业为最佳。

GPS-RTK定位技术具有与使用其他测量仪器所不同的优点。采用一般仪器，如全站仪测量等，既要求通视，又费工费时，而且精度不均匀。RTK测量拥有彼此不通视条件下远距离传递三维坐标的优势，并且不会产生误差累积，应用RTK直接坐标法能快速、高效率地完成测量放样任务。

9.3.2 中线桩测设

1. 中线桩的设置

用于标定道路中心线位置的桩称为中线桩，简称中桩。中线桩可分为：里程桩、示位桩或控制桩、指示桩或固定桩。

里程，即表示路线中线上点位沿道路到起点的水平距离，因此，除标定路线平面位置外，还标记从路线起点至该桩的水平距离的中桩，称为里程桩。

里程桩可分为整桩和加桩两种，如图9-10所示，每个桩的桩号表示该桩距路线起点的里程。如某加桩距路线起点的距离为1 234.56 m，其桩号记为 K1+234.56，反之，如果某桩号为K3+100，则表示该桩距路线起点的距离为3100 m。整桩是由路线起点开始每隔10 m，20 m或50 m的整倍数而设置的里程桩。加桩分为地形加桩、地物加桩、曲线加桩，如图9-10的（b）和（c）桩。

用来控制道路的实地位置而设置的特

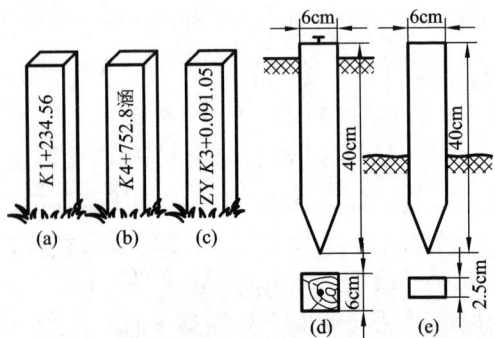

图 9-10 里程桩

殊中线桩,称为道路的示位桩或控制桩。示位桩根据连接的道路中线的不同形式可分为:交点桩(*JD*)、转点桩(*ZD*)、直圆点(*ZY*)、圆直点(*YZ*)、曲中点(*QZ*)、直缓点(*ZH*)、缓圆点(*HY*)、圆缓点(*YH*)、缓直点(*HZ*)、公切点(*GQ*)、桥梁和隧道等工程的轴线控制桩等。

用于指明其他桩位置而设置的辅助桩称为指示桩,常见的有交点指示桩、转点指示桩等。用于保护其他桩而设置的桩称为固定桩。

2. 设置中桩的要求

(1)决定路线中线直线方向的点位,如起点、交点、方向转点、直线段中线、终点等必须设置相应的中桩。

(2)按规定在线路中线设立间距为 *L*(称为整桩间距)的中线整桩。在平坦地区间距 *L* 可以相对大一些,在地形起伏较大的地区间距 *L* 相对小一些,整桩的注记到米位。中线整桩应根据已定的整桩间距定里程、放样点位、设置里程桩。

(3)根据路线中线地形特征点位和路线中线特殊点设立附加的里程桩,即设立中线加桩。加桩里程应精确注记到厘米位。中线加桩可以在中线整桩测设基础上根据地形按定点、测量、定里程、设里程桩的顺序进行。

(4)各种中线里程桩测量设置应符合规范要求。

(5)重要桩位应加固防损,注意加设控制桩。如公里桩、百米桩、方向转点桩、交点桩等重要中线桩应加固防损,必要时应对有关桩位设置指示桩、控制桩。

此外,平行法和延长线法可用于控制桩的设立。平行线法,即在平行中线并超出路线设计宽度的位置上设立桩位;延长线法,即在交点附近中线延长线上设立桩位。在道路路线施工的过程中(如填挖工程),可能使中线桩不宜寻找或遭到破坏,有指示桩、控制桩便可以利用放样的方法随时恢复丢失的中线桩位。路线沿线的控制点也可以用于中线桩的恢复。

9.4 曲线测设

9.4.1 单圆曲线的测设

当道路由一个方向转向另一个方向时,必须用曲线来连接。曲线的形式有很多,其中单圆曲线是最基本的平面曲线。单圆曲线简称圆曲线,是连接两相邻直线段之间用的一圆弧,此圆弧两端点的切线只有一个交点。

圆曲线的测设一般分两步进行:第一步,测设曲线上起控制作用的点位,称主点测设,即测设曲线的起点(又称为直圆点,通常以缩写 *ZY* 表示)、中点(又称为曲中点,通常以缩写 *QZ* 表示)和曲线的终点(又称为圆直点,通常以缩写 *YZ* 表示);第二步,根据主点测设曲线上每隔一定距离的里程桩,称辅点测设或详细测设。圆曲线半径 *R* 根据地形条件和工程要求选定,由转角 *Δ* 和圆曲线半径 *R*,可以计算出曲线上其他个测设元素。

1. 圆曲线的主点测设

(1)主点测设元素的计算

如图 9-11 所示,为测设圆曲线的主点(*ZY*, *QZ*, *YZ*)的需要,应计算出切线长 *T*,曲线长 *L*,外距 *E* 及切曲率 *D*,这些元素称为主点测设元素。*α* 是路线的偏角,*R* 是圆曲线半径,它们是圆曲线的基本要素。

圆曲线的主点测设元素与基本要素之间的关系式如下：

- 切线长 $T = R \cdot \tan(\alpha/2)$
- 曲线长 $L = R \cdot \alpha \cdot \pi/180°$
- 外矢距 $E = R[\sec(\alpha/2) - 1]$
- 切曲差 $D = 2T - L$

（2）主点桩号的计算

交点 JD 的桩号由中线丈量中得到，依据交点的桩号和计算的曲线测设元素，即可计算出各主点的桩号并对其进行检核。由图 9 – 11 可知：

图 9 – 11　圆曲线及其测设元素

- ZY 桩号 = JD 桩号 $- T$
- QZ 桩号 = ZY 桩号 $+ L/2$
- YZ 桩号 = QZ 桩号 $+ L/2 = ZY$ 桩号 $+ L$
- JD 桩号 = ZY 桩号 $- T + D$（检核）

（3）主点的测设

圆曲线的测设元素和主点里程计算出后，可按下述步骤进行主点测设：

①在 JD 点安置经纬仪（对中、整平），用盘左瞄准直圆方向，将水平度盘的读数配到 $0°00'00''$，在此方向量取 T，定出 ZY 点；

②倒转望远镜，转动照准部到度盘读数为 α，量取 T，定出 YZ 点；

③继续转动照准部到度盘读数为 $(\alpha + 180°)/2$，量取 E，定出 QZ 点。

2. 圆曲线的详细测设

若地形变化不大、曲线长度小于 40 m 时，设置曲线的三个主点已能满足设计和施工的需要。如果曲线较长，地形变化大，则除了设置三个主点以外，还需要按一定的桩距在曲线上设置整桩和加桩。设置曲线的整桩和加桩的工作，称为详细测设或辅点测设。《公路测量规范》对曲线上细部点的桩距离有明确规定：若 $R > 60$ m 时，桩距离为 20 m；30 m $< R < 60$ m 时，桩距为 10 m；$R < 30$ m 时，桩距为 5 m。

（1）曲线设桩

按桩距 L 在曲线上设桩，通常有两种方法：

①整桩号法。将曲线上靠近起点（ZY）的第一个桩的桩号凑整成为大于 ZY 点的桩号的 L 的最小倍数的整桩号，然后按桩距砟连续向曲线终点 YZ 设桩。这样设置的桩的桩号均为整数。

②整桩距法。从曲线起点 ZY 和终点 YZ 开始，分别以桩距 L 连续向曲线中点 QZ 设桩。由于这样设置的桩的桩号一般为破碎桩号，因此，在实测中应注意加设百米桩和公里桩。

（2）详细测设的方式

圆曲线里程桩的设置，常用的方法有切线支距法、偏角法、极坐标法等。

①切线支距法。切线支距法（又称直角坐标法）是以曲线的起点 ZY（对于前半曲线）或终点 YZ（对于后半曲线）为坐标原点，如图 9 – 12 所示，以过曲线的起点 ZY 或终点 YZ 的切线为 x 轴，过原点的半径为 y 轴，按曲线上各点坐标 x，y 设置曲线上各点的位置。

设 P_i 为曲线上欲测设的点位，该点至 ZY 点的弧长为 L_i，φ_i 为 L_i 所对的圆心角，R 为圆曲线半径，则 P_i 点的坐标按式（9 – 3）计算：

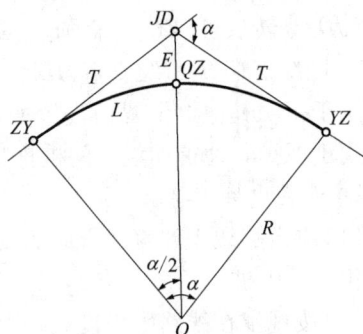

$$x_i = R \cdot \sin\varphi_i \\ \left. y_i = R \cdot (1 - \cos\varphi_i) = x_i \cdot \tan\dfrac{\varphi_i}{2} \right\} \qquad (9-3)$$

式中

$$\varphi_i = \frac{l_i}{R}(\text{rad}) \qquad (9-4)$$

曲线坐标可以采用上式进行计算，也可以从《公路曲线测设用表》中查取。在实地测设之前需要列出测设数据表。

切线支距法详细测设圆曲线，为避免支距过长，一般是由 ZY 点和 YZ 点分别向 QZ 点施测，测设步骤如下：

ⓐ从 ZY 点（或 YZ 点）用钢尺或皮尺沿切线方向量取 P_i 点的横坐标 x_i，得垂足点 N_i。

ⓑ在垂足点 N_i 上，用方向架或经纬仪定出切线的垂直方向，沿垂直方向量出 y_i，即得到待测定点 P_i。

ⓒ曲线上各点测设完毕后，应量取相邻各桩之间的距离，并与相应的桩号之差作比较，若较差均在限差之内，则曲线测设合格；否则应查明原因，予以纠正。

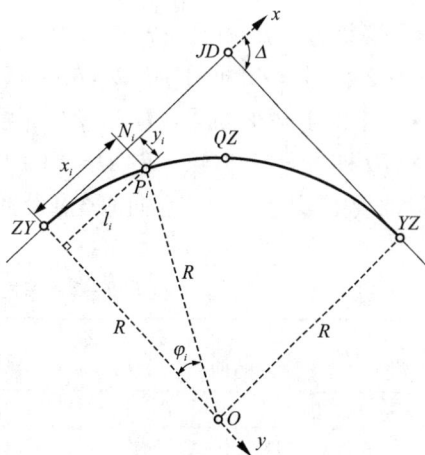

图 9 – 12　切线支距法测设圆曲线

这种方法适用于平坦开阔的地区，具有测点误差不累积的优点。

②偏角法。偏角法是以曲线起点(ZY)或终点(YZ)至曲线上待测设点 P_i 的弦线与切线之间的弦切角也和弦长来确定 P_i 点的位置。

如图 9 – 13 所示，依据几何原理，偏角 γ_i 等于相应弧长所对的圆心角 φ_i 的一半，即：

$$\gamma_i = \varphi_i/2$$

则：

$$\gamma_i = \frac{l_i}{2R}(\text{rad}) \qquad (9-5)$$

弦长 c_i 可按下式(9 – 5)计算：

$$c_i = 2R \cdot \sin\frac{\varphi_i}{2} = 2R \cdot \sin\gamma_i \qquad (9-6)$$

若偏角的增加方向为顺时针方向，称为正拨；反之称为反拨。正拨时望远镜照准切线方向，如果水平度盘读数配置为 0°，则各桩的偏角读数就等于各桩的偏角值。反拨时

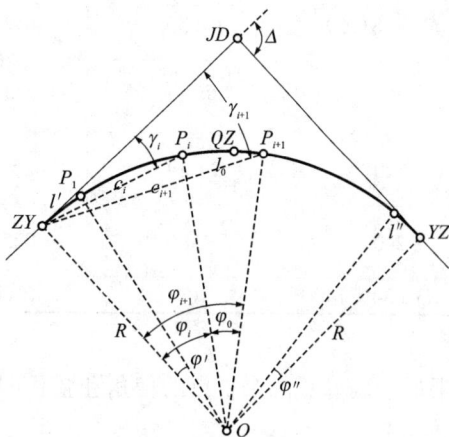

图 9 – 13　偏角法测设圆曲线

则不同，各桩的偏角读数应等于 360°减去各桩的偏角值。

[**例 9 – 1**] 已知交点里程为 K3 + 182.76，右转角 $\alpha = 25°48'10''$，选定圆曲线半径 $R = 300$ m，若采用偏角法测设，按整桩号法设桩，试计算各偏角及弦长。

解 根据以上数据计算主点的放样元素得：

- 切线长 $T = R \cdot \tan(\alpha/2) = 68.72$ m
- 曲线长 $L = R \cdot \alpha \cdot \pi/180° = 135.10$ m
- 外矢距 $E = R[\sec(\alpha/2) - 1] = 7.77$ m
- 切曲差 $D = 2T - L = 2.34$ m

主点里程：

- ZY 桩号 = JD 桩号 $-T$ = K3 + 114.04
- QZ 桩号 = ZY 桩号 $+L/2$ = K3 + 181.59
- YZ 桩号 = QZ 桩号 $+L/2$ = ZY 桩号 $+L$ = K3 + 249.14
- JD 桩号 = ZY 桩号 $-T + D$ = K3 + 182.76 (计算无误)

设曲线由 ZY 点和 YZ 点向 QZ 点设置，计算各偏角和弦长，见表 9 – 2。

表 9 – 2　偏角法测设圆曲线数据计算表

桩 号	各桩至 ZY 或 YZ 的曲线长度 l_i (m)	偏角值	水平度盘读数	相邻桩间弧长 (m)	相邻桩间弦长 (m)
ZY K3 + 114.04	0	0°00′00″	0°00′00″		
				5.96	5.96
+120	5.96	0°34′09″	0°34′09″		
				20	20
+140	25.96	2°28′44″	2°28′44″		
				20	20
+160	45.96	4°23′20″	4°23′20″		
				20	20
+180	65.96	6°17′55″	6°17′55″		
				1.59	1.59
QZ K3 + 181.59	67.55	6°27′02″	6°27′02″		
			353°32′58″	18.41	18.41
+200	49.14	4°41′33″	355°18′27″		
				20	20
+220	29.14	2°46′58″	357°13′02″		
				20	20
+240	9.14	0°52′22″	359°07′38″		
				9.14	9.14
YZ K3 + 249.14	0	0°00′00″	0°00′00″		

根据上表计算的个桩点的偏角和弦长即可进行圆曲线的里程设置，结合上例偏角法的测设步骤如下：

①将经纬仪置于 ZY 点上，瞄准交点 JD 并将水平度盘配置为 0°。

②转动照准部使水平度盘读数为桩 +120 的偏角读数 0°34′09″，从 ZY 点沿此方向量取弦长 5.96m，定出 K3 + 120 桩位。

③转动照准部使水平度盘读数为桩 +140 的偏角读数 2°28′44″，由桩 +120 量取弦长 20m 与视线方向相交，定出 K3 + 140 桩位。

④按上述方法逐一定出 +160、+180 及 QZ 点 $K3+181.60$ 桩位，此时定出的 QZ 点应与主点测设时定出的 QZ 点重合，如不重合，其闭合差一般不得超过如下规定：

$$纵向（切线方向）\quad \pm L/1\,000$$
$$横向（半径方向）\quad \pm 0.1\ mm$$

⑤将仪器移至 YZ 点上，瞄准交点 JD 并将度盘配置为 $0°$。

⑥转动照准部使水平度盘读数为桩 +240 的偏角读数 $359°07'38''$，从 YZ 点沿此方向量取弦长 9.14 m，定出 $K3+240$ 桩位。

⑦转动照准部使水平度盘读数为桩 +220 的偏角读数 $357°13'02''$，由桩 +240 量取弦长 20 m 与视线方向相交，定出 $K3+220$ 桩位。

⑧按上述方法逐一定出 +200 及 QZ 点，QZ 点的偏差应满足上述规定。

偏角法是一种精度较高设置曲线的方法，但各点的距离是逐点量出的，当曲线较长时，量距的积累误差随量距次数的增加而增大。因此这种方法存在着测点误差积累的问题，为减少误差的累积，应从曲线两端向中点或自中点向两端测设曲线。

（3）极坐标法

用极坐标法测设曲线的测设数据主要是计算圆曲线主点和细部点的坐标，然后根据测站点和主点或细部点之间的坐标，反算出测站至待测点的直线方位角和两点间的平距，依据计算出的方位角和平距进行测设，其操作步骤如下：

①圆曲线逐点坐标的计算。如图 9-13 所示，若已知 ZD 和 JD 的坐标，则可按公式：$\alpha_{12}=\arctan\dfrac{y_2-y_1}{x_2-x_1}$ 计算出第一条切线（图中的 $ZY-JD$ 方向线）的方位角；再由路线的转角（或右角）推算出第二条切线（图中的 $JD-YZ$ 方向线）和分角线的方位角。

②圆曲线细部点坐标计算。由已计算出的第一条切线的方位角 α_1 和各待测设桩点的偏角 γ_i，计算出曲线起点 ZY 至各待测定桩点的 P_i 方向线的方位角，再由 ZY 点到个桩点的长弦长，计算出各待测点的坐标。

9.4.2 缓和曲线的测设

当车辆从直线驶入圆曲线后，将会产生离心力的影响，致使车辆将向曲线外侧倾倒，影响到车辆的行驶安全和舒适。为了减小离心力的影响，曲线路面必须在曲线外侧加高，称为超高。由于离心力的大小在车速一定时与曲率半径成反比，即半径愈小，离心力愈大，超高也愈大，但是超高不能在直线段进入曲线段或曲线段进入直线段时突然出现或消失，这样就会致使外侧出现台阶，影响车辆的横向震动。为此，必须使超高均匀地增加或减小，以使行车舒适，即在直线与曲线之间插入一段半径由无穷大逐渐减小为圆曲线半径的曲线，这段曲线成为缓和曲线。

缓和曲线主要有以下几点作用：

（1）曲率逐渐缓和过渡。

（2）离心加速度逐渐变化减少振荡。

（3）有利于超高和加宽的过渡。

（4）视觉条件好。

缓和曲线可采用回旋曲线（亦称辐射螺旋线）、双纽线、三次抛物线等线型。目前我国公路和铁路均采用回旋曲线作为缓和曲线。

1. 缓和曲线的长度及其基本要素

回旋曲线是曲率半径随曲线长度的增大而成反比均匀减小的曲线，即曲线上任一点的曲率半径 r 与曲线长度成反比。以公式表示为

$$r = \frac{c}{l} \tag{9-7}$$

在缓和曲线与圆曲线的吻接点上

$$R = c/l_S \tag{9-8}$$

因此

$$c = rl = Rl_S \tag{9-9}$$

式中：R 为圆曲线半径，r 为缓和曲线上任意一点的半径，l_S 为缓和曲线全长，l 为缓和曲线上任意一点至起点之间的曲线长度，c 为比例常数，表示缓和曲线的变化率，与车速有关。目前我国道路设计中 c 按下式计算

$$c \geqslant 0.035v^2 \tag{9-10}$$

式中：v 是行车速度。

将式（9-10）代入（9-9）得

$$l_S \geqslant 0.35v^2/R \tag{9-11}$$

我国交通部颁发的《公路工程技术标准》（JLJ01-88）中规定：缓和曲线采用回旋曲线，缓和曲线的长度应根据相应等级公路的计算行车速度求算，并应大于下表9-3中所列数值。

表9-3 缓和曲线长度选定

公路等级		高速公路	一	二	三	四
地形	平原微丘	100	85	70	50	35
	山岭种丘	70	50	35	25	20

图9-14是直线与圆曲线之间插入缓和曲线后的示意图。图中虚线表示原来的圆曲线。在插入缓和曲线后，圆曲线向内移动一个 p 值，并使直线缩短了 q 值。

圆曲线内移方法有两种：一种是圆心不动，将曲线平移一个 p 值，亦即使半径减小 p；另一种是将圆心沿角平分线方向内移，而半径不变，使原圆曲线在 ZY 点和 YZ 点内移一个 p 值。在道路测量中常采用前一种方法，其效果与后一种方法相同。

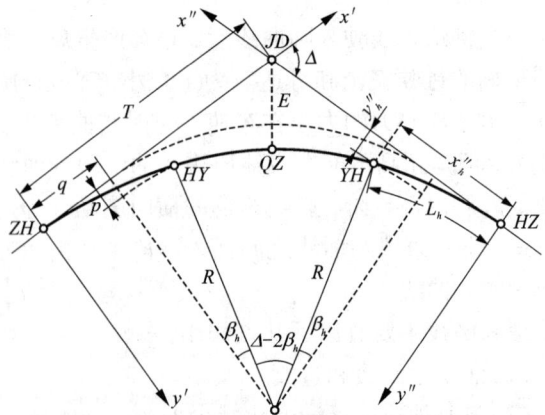

图9-14 插入缓和曲线的圆曲线

缓和曲线的基本要素有以下6项：

p——圆曲线的内移值；

q——圆曲线内移后原切线的增长值或直线段的减小值；

β_0——缓和曲线起点和终点上切线的交角，称为缓和曲线角；

t_0——缓和曲线起、终点上切线的交点至曲线起点的距离；

x_0，y_0——缓和曲线终点的横、纵坐标。

2. 缓和曲线元素的计算

(1)切线长度 T_H的计算公式

由图 9 - 14 可得：

$$T_H = Q + T = q + (R + p)\tan(\alpha/2) = T + t \tag{9-12}$$

(2)曲线长度的计算公式

圆曲线长应为

$$L_Y = \frac{R(\alpha - 2\beta_0)l}{\rho} \tag{9-13}$$

曲线全长应为

$$L_H = L_y + 2l_s \tag{9-14}$$

(3)外矢距 E_H的计算公式

$$E_H = (R + p)\sec\frac{\alpha}{2} - R = E + e \tag{9-15}$$

(4)切曲差 J_H的计算公式

$$J_H = 2T_H - L_H = J + d \tag{9-16}$$

上述各式中的 T，E，J 为原曲线的元素，t，e，d 称为缓和曲线尾加数。

3. 缓和曲线桩号的推算

交点桩号：　　　　　　　　JD

　　　　　－　　T_H

直缓点桩号：　　　　　　　ZH

　　　　　＋　　l_s

缓圆点桩号：　　　　　　　HY

　　　　　＋　　L_Y

圆缓点桩号：　　　　　　　YH

　　　　　－　　$L_Y/2$

曲中点桩号：　　　　　　　QZ

　　　　　＋　　$J_H/2$

交点桩号：　　　　　JD(检核)

缓和曲线的主点测设方法与单圆曲线的测设方法基本相同，唯一不同点是多了 HY 和 YH 两个主点。这两点可以根据他的坐标 y_0 和 x_0，用切线支距法测设。

4. 缓和曲线的测设方法

缓和曲线的详细测设方法和单圆曲线详细测设方法一样，都可以采用切线支距法和偏角法，可分别从 ZH 点、HZ 点向 QZ 点详细测设。其不同之处在于：以 ZH 或 HZ 为原点，切线为 x 轴，垂直于切线的方向为 y 轴，建立施工坐标系，计算测设参数。检核的时候可以对 HY，QZ，YH 和 HZ 点的实际测设桩位和它们的理论桩位进行比较，比较结果应符合《公路勘测规范》要求。

[例9-2] 设某圆曲线的半径为200 m，转角 $\alpha = 20°23'15''$，交点 JD_i 的桩号为K8 + 762.40。要求在直线和曲线之间插入缓和曲线，缓和曲线的长度选定 $l_s = 50$ m，试计算缓和曲线主点元素并推算主点里程。

解 （1）根据 $R = 200$ m，$l_s = 50$，按公式计算缓和曲线常数得：

$q = 24.98$ m，$p = 0.52$ m，$\beta_0 = 7°09'43''$，$x_0 = 49.99$ m，$y_0 = 1.85$ m

（2）计算曲线要素得：

$T_H = 61$ m，$L_Y = 21.15$ m，$E_H = 10.42$ m，$J_H = 0.85$ m

（3）基本桩号计算：

JD_i	K8 +762.40
$- T_H$	61.00
ZH	+701.40
$+ l_s$	50
HY	+751.40
$+ L_Y$	21.15
YH	+772.55
$- L_Y/2$	21.15/2
QZ	+761.97
$+ J_H/2$	0.85/2
JD_i	K8 +762.40（计算无误）

5. 基本桩测设

（1）从 JD_i 分别沿前一个交点 JD_{i-1} 和后一个交点 JD_{i+1} 方向量取79.04 m，可得 ZH，HZ 点；

（2）从 JD_i 沿分角方向量取5.17 m，可得 QZ 点；

（3）由 ZH，HZ 点分别沿 JD_i 方向量取49.97 m得垂足，再沿垂足方向量取1.39 m，可测设 HY，YH 点。

9.4.3 竖曲线的测设

道路的纵向坡度变化给行车安全带来不利影响，为保证安全行驶，道路设计时对高等级的道路对坡度的变化有一定的限制。考虑行车的平稳和视距受限，在道路的

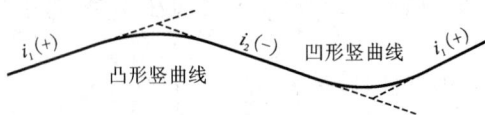

图9-15 竖曲线

纵向坡度变化处设置曲线予以缓和，这种曲线称竖曲线。竖曲线有凸形和凹形两种，如图9-15所示。最常用的竖曲线形式有圆曲线和二次抛物线，也有采用缓和曲线的。在一般情况下，道路的相邻坡度差很小，设计时选用的竖曲线半径很大，因此，即使采用二次抛物线或其他曲线，所得到的结果也与圆曲线相同，因此，目前我国采用的竖曲线是圆曲线。

《公路工程技术标准》规定，竖曲线的最小半径和最小长度应满足表9-4的规定。通常应采用大于或等于表列一般最小值，当受地形条件及其他特殊情况限制时方可采用表列极限

最小值。

表 9 – 4 公路竖曲线最小半径和最小长度

公路等级		高速公路				一		二		三		四	
计算行车速度(km/h)		120	100	80	60	100	60	80	40	60	30	40	20
凸形竖曲线半径(m)	极限最小值	11 000	6 500	3 000	1 400	6 500	1 400	3 000	450	1 400	250	450	100
	一般最小值	17 000	10 000	4 500	2 000	10 000	2 000	4 500	700	2 000	400	700	200
凹形竖曲线半径(m)	极限最小值	4 000	3 000	2 000	1 000	3 000	1 000	2 000	450	1 000	250	450	100
	一般最小值	6 000	4 500	3 000	1 500	4 500	1 500	3 000	700	1 500	400	700	200
竖曲线最小长度(m)		100	85	70	50	85	50	70	70	50	25	35	20

如图 9 – 16 所示，两相邻纵坡坡度分别为 i_1，i_2，竖曲线半径为 R，则测设元素为：

（1）曲线长

$$L = \Delta \cdot R$$

由于竖曲线的转角 Δ 很小，可认为 $\Delta = i_1 - i_2$，，则 $L = R(i_1 - i_2)$

（2）切线长

$$T = R\tan\frac{\Delta}{2} \qquad (9-17)$$

因为 Δ 很小，则有

$$T = R \cdot \frac{\Delta}{2} = \frac{1}{2}R(i_1 - i_2) = \frac{L}{2}$$

（3）如图 9 – 16 所示，因为 Δ 很小，可以认为 $E = DF$，$AF = T$。

根据 $\triangle ACO$ 与 $\triangle ACF$ 相似，则有 $R : T = T : 2E$，所以

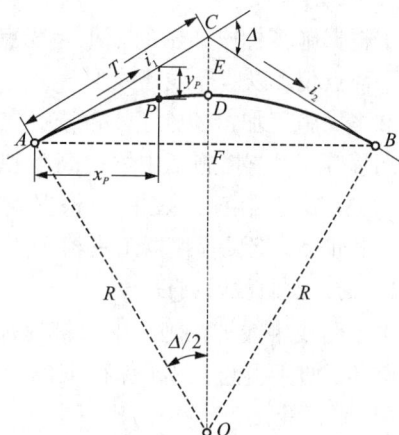

图 9 – 16 竖曲线测设元素

$$E = \frac{T^2}{2R} \qquad (9-18)$$

同理可得

$$y = \frac{x^2}{2R} \qquad (9-19)$$

则

$$H_P = H_A + i_1 x - \frac{x^2}{2R} \qquad (9-20)$$

竖曲线起点、终点的测设方法与圆曲线相同，而竖曲线上辅点的测设，实质上是在曲线范围内的里程桩上测出竖曲线的高程。因此，在实际工作中，测设竖曲线一般与测设路面高程桩一起进行。测设时，只需将已经算得的各点坡道高程再加上（对于凹型竖曲线）或减去（对于凸型竖曲线）相应点上的标高改正值即可。

9.5 路线施工测量

道路的施工测量主要为配合道路的施工进行，其目的就是要将线路设计图纸中各项元素准确无误地测设于实地，按照规定要求指导施工，为道路的修筑、改建提供测绘保障，以期取得高效、优质、安全的经济效益和社会效益。

道路施工测量的任务就是用导线测量方法加密线路平面控制施工导线点，用坐标放样方法来控制道路的线型外观，用水准测量加密线路施工高程控制水准点，用水准测量（放样）方法来控制线路的纵向坡度和横向路拱坡度。

根据道路工程施工程序及进度，道路工程施工测量的工作包括以下内容：

（1）施工前

①根据道路初测导线点，在施工标段现场，结合线路实际情况加密道路施工导线点。

②根据道路初测水准点，在施工标段现场，结合线路实际情况加密道路施工水准点。

（2）施工过程中

①根据施工标段加密的施工导线点，在施工过程中用坐标放样等方法标定线路中桩、边桩等平面点位，以监控线路线形。

②根据施工加密的施工水准点，在施工过程中采用水准测量（放样）方法标定线路中桩、边桩高程等，以监控施工中填挖高度和线路纵向高低以及横向坡度。

（3）在施工结束后（竣工），根据规范质量标准和道路设计的要求，用经纬仪、全站仪、水准仪、水准尺、钢尺等仪器工具检测路基路面各部分的几何尺寸。

1. 施工控制桩的测设

由于路线中线桩在施工中要被挖掉或堆埋，为了在施工中控制中线位置，需要在不易受施工破坏、便于引测、易于保存桩位的地方测设施工控制桩，其方法如下：

（1）平行线法

在设计的路基宽度以外，测设两排平行于中线的施工控制桩，如图 9-17 所示。控制桩的间距一般取 10~20 m。

（2）延长线法

在路线转折处的中线延长线上以及曲线中点 QZ 至交点 JD 的延长线上测设施工控制桩，如图 9-18 所示。量出控制桩至交点的距离并记录。

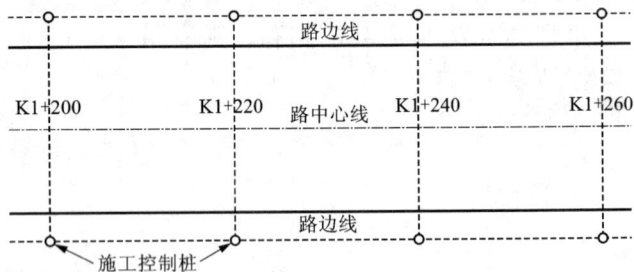

图 9-17　平行线法测设施工控制桩

2. 路线中桩的检查与恢复

（1）恢复交点桩

如个别交点桩丢失，可利用前后已知导线点恢复。如果丢失若干个连续交点桩，则必须根据定测资料，从已经找到的交点桩开始，逐个进行恢复，直到完成为止。由于在角度和边长的测量中存在误差，最后一个测设出来的交点桩可能与它原来位置不符，产生闭合差。这时应使用调整导线闭合差的办法进行调整。

调整完毕后，在恢复的各交点上测量导线的转折角和边长，视其是否和定测数据一致。如果差别过大，则需重新调整交点的桩位，一般要反复调整多次，才能符合要求。

（2）恢复转点桩

转点桩的恢复一般和交点桩恢复同时进行。由于交点桩需要进行多次调整，转点桩的位置不可能一次确定下来。

图 9-18 延长线法测设施工控制桩

（3）恢复中桩

交点桩和转点桩恢复后，要先用钢尺丈量来恢复直线段上的中桩，如 50 m 桩、100 m 桩和 1 000 m 桩以及重要的控制桩。然后根据定测资料恢复曲线段上的中桩。如果交点桩恢复后，其偏角有较大变化，则需重新选择曲线半径，计算曲线元素，设置新的中桩。

3. 路基边桩的测设

路基施工前，要将设计路基的边坡与原地面相交的点测设出来。该点对于设计路堤为坡脚点，对于设计路堑为坡顶点。路基边桩的位置按填土高度或挖土深度、边坡设计及横断面地形情况而定。边桩测设的中心问题是确定中桩至边桩的距离。常用测设方法有图解法和解析法两种。

1）图解法

将道路设计的地形横断面及路基设计横断面都绘制在方格厘米纸上，这样路基的坡脚点或坡顶点到中桩的水平距离就可以在图上直接量取。然后到实地上沿着道路横断面方向测设所量距离，并钉上木桩，即为路基边桩。

2）解析法

解析法是根据路基中心填挖高度、边坡率、路基宽度和不同地形情况来计算边桩离路基中心的距离 l，然后在实地上沿横断面方向量出相应的距离将边桩标定出来。在平坦地区和山区的计算和测设方法不同，介绍如下。

（1）平坦地段路基边桩的测设

填方路基称为路堤，如图 9-19 所示，路堤边桩至中桩的水平距离为

$$l_{左} = l_{右} = \frac{B}{2} + m \cdot h$$

挖方路基称为路堑，如图所示，路堑边桩至中桩的水平距离为

$$l_{左} = l_{右} = \frac{B}{2} + s + m \cdot h \tag{9-21}$$

以上两式中，B 为路基设计宽度，$1:m$ 为路基边坡坡度，h 为填土高度或者挖土深度，s 为路堑边沟顶宽。

以上是断面位于直线段时求算 D 值的方法。若断面位于弯道上有加宽时，按上述方法求得 D 值后，还应在加宽一侧的 D 值加上加宽值。

根据计算的距离，从中桩沿横断面方法量距，即可完成路基边桩测设。

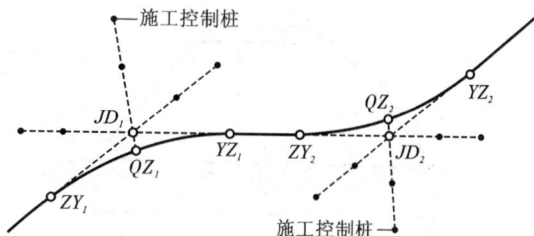

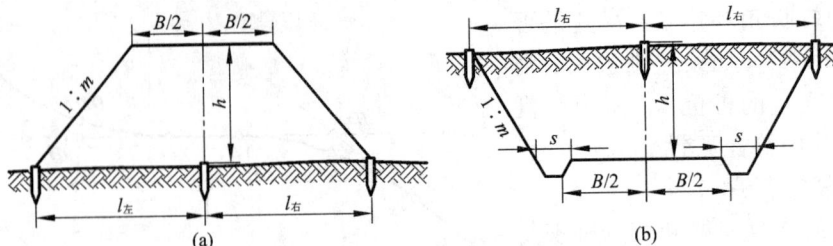

图 9-19 平坦地段路基边桩的测设

（2）山坡地段路基边桩的测设

山坡地段边桩至中桩的距离在路基宽、边坡为定值时，它是随地面坡度而变化的，如图 9-20(a) 所示，路堤边桩至中桩的水平距离为

$$上侧: D_上 = \frac{B}{2} + m(H - h_上) \atop 下侧: D_下 = \frac{B}{2} + m(H + h_下) \Bigg\} \qquad (9-22)$$

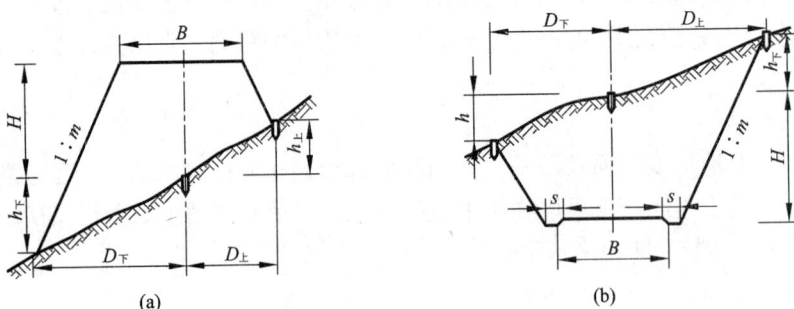

图 9-20 山坡地段路基边桩的测设

如图 9-20(b) 所示，路堑边桩至中桩的水平距离为

$$上侧: D_上 = \frac{B}{2} + s + m(H + h_上) \atop 下侧: D_下 = \frac{B}{2} + s + m(H - h_下) \Bigg\} \qquad (9-23)$$

式中：B，s 和 m 均为已知，而 $h_上$，$h_下$ 分别为上下侧坡顶或坡脚至中桩的高差，是随坡度变化而变化，在边桩未定出之前是未知数，因而在实际中可选用花杆法和逐步趋近法定出边桩。

①花杆标尺法

由式 (9-23) 可知，当设计断面确定后，$\frac{B}{2} + s + m \cdot H$ 是定值；由上侧 $D = \frac{B}{2} + s + m(H \pm h)$ 得知，若用抬杆法从中桩沿横断面方向两侧在变坡点处逐点丈量距离 D_i 和测量的高差 h_i（i 为上或下），以此代入式 (9-24)

$$\sum_{i=1}^{n} D_i = \frac{B}{2} + s + m \cdot H \pm m \sum_{i=1}^{n} h_i \qquad (9-24)$$

成立时(即 $\sum_{i=1}^{n} D_i \mp m \sum_{i=1}^{n} h_i = \frac{B}{2} + s + m \cdot H$)最后定出的点即为边桩位置。式中的 ± 根据平坦地段的路堤或路堑至中桩的距离公式确定。

②逐步趋近法

先根据地面的实际情况,并参考断面图中桩至边桩的距离,估计边桩的位置。然后测量中桩与估计点的高差,并以此作为 h 代入公式,求得 $D_上$(或 $D_下$),若求得的距离与实地丈量距离相等,则该估计边桩位置即为所求,否则应从新选点边桩位置,直至满足条件。具体步骤如下:

ⓐ假定一个 D 值,或从横断面上量取 D 的概值,设为 D'。

ⓑ在实地测设 D',并实测其高差得 h'。

ⓒ将 h' 代入ⓐ或ⓑ中,求得 D''。

ⓓ如果 $D'' = D'$,则说明假定的 D' 是正确的,如果 $D'' > D'$,说明假定的 D' 太短,反之则过长。此时应重新假定 D 值,并重复上述测设和计算步骤,直到 D 和 h 值满足上述公式为止。

边桩测设注意事项:

①在计算出测设边桩距离时,要注意路基设计的尺寸和要求。如路基是否有加宽;对挖方地段,要注意边沟的设计尺寸及是否有护坡平台,以便边桩放样时加以考虑。

②在地形复杂路段,进行放样边桩;在曲线段,更应注意使横断面方向与路中线的切线方向垂直。

③放完一定边桩后,要进行复核。地面平坦或地面横坡一致时,边桩连线应为一直线或圆缓的曲线,如有个别边桩凸出来或凹进去,就说明有问题。

④在施工中,应很好保护边桩。一般的都在边桩位置插上一根高杆,并在杆上标记填高位置。在高杆外侧一定距离处(一般 1~2 m)再钉一保护桩,在保护桩上注明里程桩号和填挖高度。有了这个保护桩,可随时恢复丢失的边桩,以便机械化施工。

4. 路基边坡的测设

道路的边桩标定出来后,为了保证填挖的边坡达到设计的要求,还要在实地标定出道路的设计边坡以便施工。路基边坡的测设目的是控制边坡施工按设计坡率进行。在道路施工中,路基边坡的测设常采用绳索竹竿法和边坡样板法。

(1)绳索竹竿法

在中线上每隔一定距离沿横断面方向竖起竹竿,拉上绳索,按设计坡率把路基测设出来,如图 9-21 所示。用绳索竹竿法测设路堤既简单又直观,方便施工,但该法值适用于人工施工,对机械化施工是不适合的。

(2)边坡样板法

边坡样板法就是首先按照路基边坡坡度做好边坡样板,施工时比照样板进行测设,样板法可分活动式和固定式两种。

固定式常用于路堑的测设,设置在路基边桩外侧的地面上。样板按设计坡率制作,以控制路堑边坡的施工。图 9-22 表示设置固定式样板的地点和控制边坡率的方法。

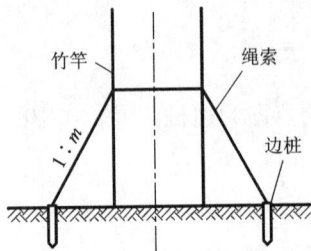

图 9 - 21　绳索竹竿法测设边坡

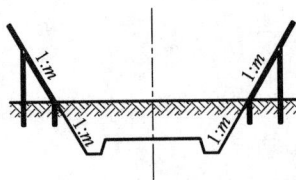

图 9 - 22　用固定边坡板测设边坡

活动式样板称活动边坡尺，它既可用于路堤，又可用于路堑的测设。活动坡度尺样式见图 9 - 23（a）。也可用一直尺上装有带坡度的手水准代替，如图 9 - 23（b）。在施工过程中，可随

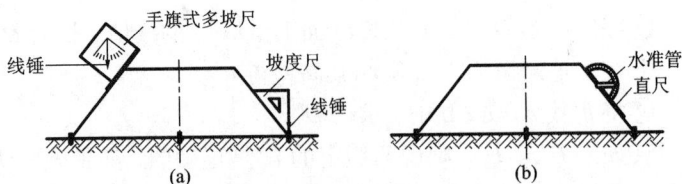

图 9 - 23　用活动边坡尺测设边坡

时用坡度尺或手水准来检查路基边坡是否合乎设计要求。

5. 路面测设

在路面底基层（或垫层）施工前，首先应进行路床测设，包括：中线恢复测设、中平测量及路床横坡测设。各机构层（除面层外）横坡按直线形式测设。路拱（面层顶面横坡）须根据具体类型（有抛物线型、屋顶线型和折线型 3 种）进行计算和放样。路面测设是为开挖路槽和铺筑路面提供测量保障。

6. 竣工测量

路基土石方工程完成后，应进行全线的竣工测量，其目的是检查施工是否符合设计要求。它的内容包括中线测量、中平测量及横断面测量。路面完工后，应监测路面高度和宽度等。另外，还应对导线点、水准点、曲线交点及长直线转点等进行加固，并重新编制各种固定点表。

9.6　桥梁工程测量

9.6.1　桥位控制测量

建立桥位控制测量的目的，是为测量桥位地形、施工放样和变形观测提供足够精度的控制点。桥位控制测量，要根据实际情况合理布设控制网图形，保证施工时放样桥轴线和墩台位置、方向等有足够的精度。桥位控制网包括平面控制网和高程控制网。平面控制测量确定个控制点的平面位置，高程控制测量确定各控制点的高程。只有具有空间三维坐标的控制网，才能对桥轴线、桥头引道及施工放样等起到全面的控制作用。

1. 桥位平面控制测量

桥位平面控制可以采用三角测量、边角测量或 GPS 测量的方法建立。在布设桥位控制网

时，应考桥梁长度、结构形式、孔径大小、施工方法等因素对精度的要求，力求控制网图形简单，并具有足够的强度。一般控制网图形可参照桥梁长度布设，当桥梁长度不足 200 m 时，控制网图形为两个简单三角形或大地四边形；当桥梁长度超过 200 m 时，控制网图形为双大地四边形或三角锁。图 9-24 所示为桥位平面控制网的几种基本形式。

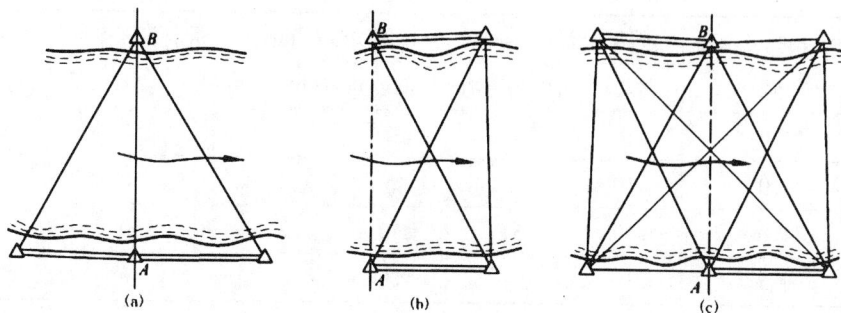

图 9-24 桥位三角网

布设成三角网时要求如下：

(1)为使图形和桥位轴线紧密联系起来，应在离桥台不远处的两岸桥轴线上各选一点，作为三角点。

(2)为保证控制网想具有足够的强度，控制网中的三角形应尽量布设成等边三角形，因实际工作中很难做到时，故一般要求三角形内角在 30°～120°之间。

(3)点位之间应互相通视，避免选在可能被水淹没或在桥台基础开挖范围之内，便于保存。

(4)桥轴线应与基线一端尽可能正交，基线长度一般不小于桥轴线长度的 0.7 倍，困难地段不小于 0.5 倍。

为了将桥位轴线和道路平面、纵断面按照设计要求衔接起来，桥位控制网和道路控制桩必须进行联测。如果是独立桥梁，没有敷设道路控制桩，只要国家或其他部门的控制点离控制网不远，也必须进行联测。《公路桥位勘测设计规范》(JTJ062-91)规定，导线起、终点离国家大地点或其他部门不低于四等的大地点在 30 km 以内时，都必须进行联测。目的是为使导线得到可靠的检验和减小误差。桥位三角网主要的技术指标应符合《公路桥位勘测设计规范》的规定，见表 9-5，铁路桥梁的要求略有不同。

表 9-5 桥位三角网精度

等级	桥轴线控制桩间的距离(m)	测角中误差(″)	桥轴线相对中误差	基线相对中误差	三角形最大闭合差(″)
二	>5 000	±1.0	1/130 000	1/260 000	±3.5
三	2 000～5 000	±1.8	1/70 000	1/140 000	±7.0
四	1 000～2 000	±2.5	1/40 000	1/80 000	±9.0
五	500～1 000	±5.0	1/20 000	1/40 000	±15.0
六	200～500	±10.0	1/10 000	1/20 000	±30.0
七	<200	±20.0	1/5 000	1/10 000	±60.0

现在，桥位三角网的基线通常采用光电测距仪或全站仪测量，因此对基线场地没有特殊的要求。当布设成边角网或 GPS 网时，可以适当放宽网形的限制，但控制网的精度必须满足表 9 - 5 的要求。GPS 网的分级及其精度指标应满足表 9 - 6 的要求。

表 9 - 6 GPS 控制网的主要技术指标

级别	每对相邻点平均距离 d(km)	固定误差 a(mm)		比例误差 b(ppm)		最弱相邻点点位中误差 m(mm)	
		路线	特殊构造物	路线	特殊构造物	路线	特殊构造物
一级	4.0	≤10	5	≤2	1	50	10
二级	2.0	≤10	5	≤5	2	50	10
三级	1.0	≤10	5	≤10	2	50	10
四级	0.5	≤10		≤20		50	

2. 桥位高程控制测量

桥位控制点的高程一般采用水准测量或三角高程测量。高程控制点应埋设在桥址附近安全稳固、便于观测之处，桥址两岸至少应各设一个高程控制点；引桥较长时，应适当增设。对于地质条件较差或易受破坏的地段，应加设辅助高程控制点点或明、暗标志。

桥位高程控制点应与路线高程控制点进行联测，桥位附近有国家水准点时，应与国家水准点联测，如相距太远，联测有困难时，可引用桥位附近其他单位的水准点，亦可使用假定高程。其次是进行桥位实地水准测量，最后进行过河水准测量，将河流两岸各控制点的高程联系起来，以便有一个统一的高程系统。

如果道路导线控制点离桥位较近，且地势开阔，可直接将这些导线点作为桥梁施工放样的控制点，进行桥位测设。但沿桥位两侧应重新敷设一条水准路线，以便在施工时随时控制桥梁各部位的高程。施工的水准点按平均 200 ~ 300 m，至少有一个为原则，水准点高程测量精度指标采用不低于 S3 级的水准仪，视线长度不应大于 150 m。

《公路桥位勘测设计规范》(JTJ 062 - 91) 规定，由桥位水准基点联测既有水准点，可采用一组往返测量或两组并行测量，其高差不符值不得超过：

$$\Delta h = \pm 30 \sqrt{L}$$

式中：L——水准点间的长度，km。

在山区或丘陵地区，当平均每公里单程测站数 n 多于 25 站时，高差不符值不得超过：

$$\Delta h = \pm 6 \sqrt{n}$$

设立桥头水准点时，其高差不符值不得超过 $\pm 20 \sqrt{L}$ 或 $4 \sqrt{n}$。高差不符值在限差以内时，取平均值为测段间高差，超限时应重新测量。

在桥址两岸布设一系列基本水准点和施工水准点，组成了桥梁高程控制网。采用精密水准测量联测，从河的一岸测到另一岸时，由于过河距离较长，用水准仪在水准尺上读数困难，而且前、后视距相差悬殊，水准仪误差（视准轴不平行于水准管轴）、地球曲率及大气折光的影响都会增加。此时，可采用跨河水准测量的方法或光电测距三角高程方法。

（1）跨河水准测量

跨河水准测量是用两台水准仪同时进行观测，地点应尽量选在桥渡附近河宽最窄处，两岸测站点和立尺点可布设成图 9-25 所示的对称图形。图中 1, 2 为测站点，A, B 为立尺点，要求 1A 与 2B、1B 与 2A 尽量相等，并使 1A、2B 大于 10 m，观测时，视线距水面的高度宜大于 3 m。跨河水准观测的主要技术要求见表 9-7。

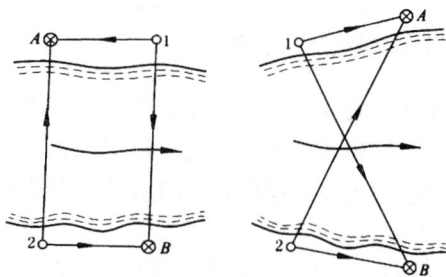

图 9-25 跨河水准测量的测站和立尺点

表 9-7 跨河水准的主要技术要求

跨越距离(m)	半测回远尺读数次数	测回数	测回数	
			三等	四等
<200	2	1	—	—
200~400	3	2	8	12

跨河水准测量一测回的观测顺序是：在一岸先读近尺，再读远尺；仪器搬至对岸后，不动焦距先读远尺，再读近尺；也可以采用两台同精度的水准仪同时作对向观测。跨河水准测量应在上、下午各完成半数工作量。

由于跨河水准测量视线较长，读数困难，可在水准尺上安装一块可以沿尺上下移动的觇板，见图 9-26 所示。觇板用铝或其他金属或有机玻璃制造，背面设有夹具，可沿水准标尺滑动，并能用固定螺丝控制，将觇板固定于标尺任一位置；觇板中央开一小窗，小窗中央安一水平指标线(用马尾丝或细铜丝)。由观测者指挥立尺员上下移动觇板，使觇板上的水平指标线落在水准仪十字丝横丝上，然后由立尺员在水准尺上读取标尺读数。

（2）光电测距三角高程测量

当水准路线等级为四等或等外、跨河视线长度超过 200 m 时，应根据跨河宽度和仪器设备等情况，选用相应等级的光电测距三角高程测量。

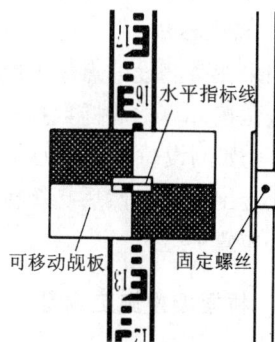

图 9-26 跨河水准测量观测觇板

在河的两岸布置 A, B 两个临时水准点，在 A 点安置仪器，量取仪器高 i，在 B 点安置棱镜，量取目标高 v。仪器瞄准棱镜中心，测得垂直角 α 和斜距 S，可计算出 A, B 两点间的高差。由于距离较长且穿过水面，高差测定会受到地球曲率和大气垂直折光的影响，因此，需要采用对向观测的方法来消除或减小其影响。对向观测的方法是 A 点观测完成后，将仪器与棱镜位置对换，用同样的方法再次进行测量，取对向观测高程的平均值作为 A, B 两点间的高差。

9.6.2　桥梁墩台定位测量

桥梁墩台定位测量是桥梁施工测量中的关键性工作。水中桥墩基础(墩底)一般采用浮运法施工,目标处于浮动中的不稳定状态,在其上无法安置测量仪器,因此墩底测设一般采用方向交会法;在已经稳固的墩台基础上定位时,可以采用直接法、方向交会法或极坐标法。

1. 直接法

直接法只适用于直线桥梁的墩台测设。

如图 9-27 所示,将全站仪或测距仪安置在桥轴线控制点 A 上,在 AB 连线上分别用正倒镜分中法测设出 A 点距墩台中心 P_1,P_2,P_3 的水平距离;然后将全站仪搬至对岸的 B 点,在 BA 连线上采用正倒镜分中法测设出 B 点距墩台中心 P_1,P_2,P_3 的水平距离;两次测设的墩台中心位置误差应小于 2 cm。

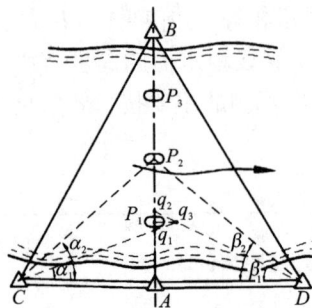

图 9-27　墩台测设

2. 方向交会法

如上图 9-27 所示在 C,D,A 三点各安置一台经纬仪,自 A 站照准 B,定出桥轴线方向;C,D 两台经纬仪均先照准 A 点,并分别测设 α_1,β_1 角以正倒镜分中法定出交会方向线。

由于测量误差的影响,从 C,D,A 三站测设的三条方向线不一定相交于一点,而构成图中所示的误差三角形 $\triangle q_1 q_2 q_3$。如果误差三角形在桥轴线上的边长在允许范围内(对于墩底放样为 2.5 cm,对于墩顶放样为 1.5 cm),则取 C,D 两点拨来方向线的交点 q_3 在桥轴线上的投影 P_1 点作为桥墩的中心位置。

3. 极坐标法

如果在待测设的点位上能安置棱镜,则可使用全站仪按极坐标法放样桥墩中心位置。极坐标法是按计算的放样数据——角度和距离测设点位。原则上可以将仪器安置在任意控制点上,但是如测设桥墩的中心位置,最好是将仪器安置在桥轴线控制点 A 或 B 上,照准另一个轴线点定出方向。然后指挥棱镜安置在该方向上,测设 AP_i 或 BP_i 的距离,即可测设出桥墩的中心位置 P_i 点。

9.6.3　桥梁架设施工测量

桥梁架设是桥梁施工的最后一道工序。梁部结构比较复杂,要求对墩台方向、距离和高程用较高的精度测定,以作为架架的依据。

在桥梁施工中,各墩台的中心位置、方向以及墩顶的高程都作了精确测设,但施工时是分单元进行的,而架梁时需要将相邻墩台联系起来,因此,墩台中心点之间的距离、方向和高差必须符合设计要求。

桥梁中心线方向测定,在直线段采用准直法,用经纬仪正倒镜观测,在墩台上刻划出方向线。如果跨距较大(>100 m),应逐墩观测左角和右角。在曲线段,则采用偏角法。

相邻桥墩中心点之间的距离,用光电测距仪观测。根据测量结果作适当调整,使中心点里程与设计里程完全一致。在中心标板上刻划里程线,它与已刻划的方向线正交形成十字交线,其交点表示墩台中心。

墩台顶面高程用精密水准测定,各墩台顶和两岸基本水准点构成附和水准路线。

大跨度刚桁架或连续梁采用悬臂或半悬臂安装架设。安装开始前,应在横梁顶部和底部的中点作出标志。架梁时,用来测量钢梁中心线与桥梁中心线的偏差值。

在梁的安装过程中,应不断地测量以保证钢梁始终在正确的平面位置上,高低位置(高程)应符合设计的大节点挠度和整垮拱度的要求。

如果梁的拼装是从两岸悬臂,在跨中合拢,则合拢前测量的重点应放在两悬臂的相对关系上,如中心线方向偏差、最近节点高程差和距离差要符合设计和施工的要求。

全桥架通后,进行一次方向、距离和高程的全面测量,其成果可作为钢梁整体纵、横向移动和起落调整的施工依据,称为全桥贯通测量。

9.6.4 桥梁施工放样检测与竣工测量

1. 桥梁下部结构的施工放样检测

桥梁的高程施工放样检测较简单,由水准点上用水准仪直接检测就可。但一定要注意检测的设计高程,以免出现计算错误。桥梁的下部施工放样一般由桩基础、承台(系梁)、立柱、墩帽等的放样组成,检查时技术要求不一,一般按照规范要求或图纸要求检查,简述如下:

①桩基础:一般单排桩要求轴线偏位 ±5 cm,群桩要求轴线偏位 ±10 cm。检查时用全站仪或经纬仪加测距仪检查桩中心的放样点,再用小钢尺量桩中心的偏位。

②承台(系梁)的轴线偏位 ±15 mm。检查时可先量取承台(系梁)的中心位置,再用全站仪或经纬仪加测距仪检查。

③立柱、墩帽轴线偏位 ±10 mm。检查时可先量取立柱、墩帽的中心位置,再用全站仪或经纬仪加测距仪检查。

2. 桥梁上部结构的施工放样检测

桥梁的上部结构形式较多,教常见的有 T 梁、板梁、现浇预应力箱梁、悬浇预应力箱梁等,要根据不同的形式检查。

在本阶段的测量工作主要是高程的控制,如 T 梁、板梁、现浇预应力箱梁的顶面标高直接影响到桥面的厚度,桥面的厚度直接影响桥梁使用。悬浇预应力箱梁的高程控制更是要影响贯通的高度及桥面的厚度。

3. 桥梁的竣工测量

桥梁的竣工测量主要根据规范、图纸要求,对已完成的桥梁进行全面的检测,主要检测的测量项目有轴线、高度、宽度等。

练习题

1. 如何进行道路竖曲线的测设?

2. 道路边桩放样的方法有哪些?

3. 桥梁施工测量包括哪些主要内容?

4. 桥墩定位有哪几种方法?

5. 已知下列右角 β,试计算线路的转角 α,并判断是左转角还是右转角。(1)$\beta_1 = 210°$

$42'$；(2)$\beta_2 = 162°06'$。

6. 已知交点 JD 的桩号为 $DK_2 + 513.00$，转角 $\alpha_{右} = 40°20'$，半径 $R = 200$ m。

(1)计算圆曲线测设元素；

(2)计算主点桩号。

第10章 建筑工程测量

【学习指导】 建筑工程测量是指在工程建设的施工、运营管理各阶段所进行的各种测量工作的总称,包括施工控制测量、施工放样的基本方法、民用建筑施工测量、工业建筑施工测量、变形监测、竣工测量等。本章的重点为施工放样的基本方法和民用与工业建筑施工测量。变形监测内容详见第12章。

10.1 概述

10.1.1 施工测量的目的和内容

在建筑物、构筑物施工阶段所进行的测量工作称为施工测量。施工测量的目的是把设计的建筑物、构筑物的平面位置和高程,按设计要求以一定的精度测设到实地,作为施工的依据,并在施工过程中进行一系列的测量工作,以衔接和指导各工序间的施工。

施工测量贯穿于整个施工过程中。从场地平整、建筑物定位、基础施工,到建筑物构件的安装、高大或特殊的建筑物定期进行的变形观测以及工程竣工后的检查、验收工作等,都需要进行施工测量,其主要内容有:

(1)施工前建立与工程相适应的施工控制网。

(2)建(构)筑物的放样及构件与设备安装的测量工作,以确保施工质量符合设计要求。

(3)变形观测工作。随着施工的进展,测定建(构)筑物的位移和沉降,作为鉴定工程质量和验证工程设计、施工是否合理的依据,详细内容见本教材第12章。

(4)检查和验收工作。每道工序完成后,都要通过测量检查工程各部位的实际位置和高程是否符合要求。同时根据实测资料,编绘竣工图,作为验收和工程交付后管理、维修、改扩建的依据。

10.1.2 施工测量的特点

(1)施工测量是直接为工程施工服务的,因此它必须与施工组织计划相协调。测量人员必须了解设计的内容、性质及其对测量工作的精度要求,随时掌握工程进度及现场变动,使测设精度满足施工的需要。

(2)施工测量的精度主要取决于建(构)筑物的大小、性质、用途、材料、施工方法等因素。一般高层建筑施工测量精度应高于低层建筑,装配式建筑施工测量精度应高于非装配式,钢结构建筑施工测量精度应高于钢筋混凝土结构建筑,局部精度往往高于整体定位精度。

(3)由于施工现场各工序交叉作业、材料堆放、运输频繁、场地变动及施工机械的震动,使测量标志易遭破坏。因此,测量标志从形式、选点到埋设均应考虑便于使用、保管和检查。如有破坏,应及时恢复。

10.1.3 施工测量的原则

为了保证各个建(构)筑物的平面位置和高程都符合设计要求,施工测量也应遵循"从整体到局部,先控制后碎部"的原则。即在施工现场先建立统一的平面控制网和高程控制网,然后,根据控制点的点位,测设各个建(构)筑物的位置。此外,施工测量的检核工作十分重要,必须加强外业和内业的检核工作。

10.1.4 施工测量的准备工作

在施工测量之前,应建立健全测量组织和检查制度。并核对设计图纸,检查总尺寸和分尺寸是否一致,总平面图和大样详图尺寸是否一致,不符之处要向设计单位提出,进行修正。然后对施工现场进行实地踏勘,根据实际情况编制测设详图,计算测设数据。对施工测量所使用的仪器、工具应进行检验、校正,否则不能使用。工作中必须注意人身和仪器的安全,特别是在高空和危险地区进行测量时,必须采取防护措施。

10.2 建筑施工控制测量

10.2.1 概述

由于在勘探设计阶段所建立的控制网,是为测图而建立的,有时并未考虑施工的需要,所以控制点的分布、密度和精度,都难以满足施工测量的要求;另外,在平整场地时,大多控制点被破坏。因此施工之前,在建筑场地应重新建立专门的施工控制网。

1. 施工控制网的分类

施工控制网分为平面控制网和高程控制网两种。

(1)施工平面控制网 施工平面控制网可以布设成三角网、导线网、建筑方格网和建筑基线四种形式。

①三角网 对于地势起伏较大,通视条件较好的施工场地,可采用三角网。

②导线网 对于地势平坦,通视又比较困难的施工场地,可采用导线网。

③建筑方格网 对于建筑物多为矩形且布置比较规则和密集的施工场地,可采用建筑方格网。

④建筑基线 对于地势平坦且又简单的小型施工场地,可采用建筑基线。

(2)施工高程控制网 施工高程控制网采用水准网。

2. 施工控制网的特点

与测图控制网相比,施工控制网具有控制范围小、控制点密度大、精度要求高及使用频繁等特点。

10.2.2 施工平面控制测量

1. 施工坐标系与测量坐标系的坐标换算

施工坐标系亦称建筑坐标系,其坐标轴与主要建筑物主轴线平行或垂直,以便用直角坐标法进行建筑物的放样。施工控制测量的建筑基线和建筑方格网一般采用施工坐标系,而施工坐标系与测量坐标系往往不一致，因此，施工测量前常常需要进行施工坐标系与测量坐标系的坐标换算。

如图 10-1 所示，设 xOy 为测量坐标系，AQB 为施工坐标系，x_Q，y_Q 为施工坐标系的原点 Q 在测量坐标系中的坐标，α 为施工坐标系的纵轴 QA 在测量坐标系中的坐标方位角。设已知 P 点的施工坐标为 $(A_P、B_P)$，则可按下式将其换算为测量坐标 $(x_P、y_P)$：

$$x_P = x_Q + A_P\cos\alpha - B_P\sin\alpha$$
$$y_P = y_Q + A_P\cos\alpha + B_P\sin\alpha$$

$(10-1)$

如已知 P 的测量坐标 (x_P, y_P)，则可按下式将其换算为施工坐标 (A_P, B_P)：

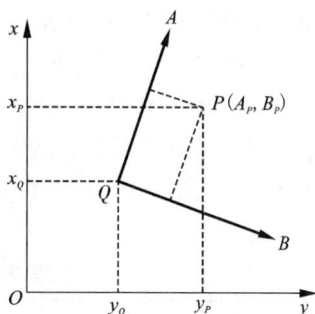

图 10-1　施工坐标系与测量坐标系的转换

$$A_P = (x_P - x_Q)\cos\alpha + (y_P - y_Q)\sin\alpha$$
$$B_P = -(x_P - x_Q)\sin\alpha + (y_P - y_Q)\cos\alpha$$

$(10-2)$

2. 建筑基线

建筑基线是建筑场地的施工控制基准线，即在建筑场地布置一条或几条轴线。它适用于建筑设计总平面图布置比较简单的小型建筑场地。

（1）建筑基线的布设形式

建筑基线的布设形式，应根据建筑物的分布、施工场地地形等因素来确定。常用的布设形式有一字形、L 字形、十字形和 T 字形，如图 10-2 所示。

（2）建筑基线的布设要求

①建筑基线应尽可能靠近拟建的主要建筑物，并与其主要轴平行，以便使用比较简单的直角坐标法进行建筑物的定位。

②建筑基线上的基线点应不少于 3 个，以便相互检核。

③建筑基线应尽可能与施工场地的建筑红线相联系。

④基线点位应选在通视良好和不易被破坏的地方，为能长期保存，要埋设永久性的混凝土桩。

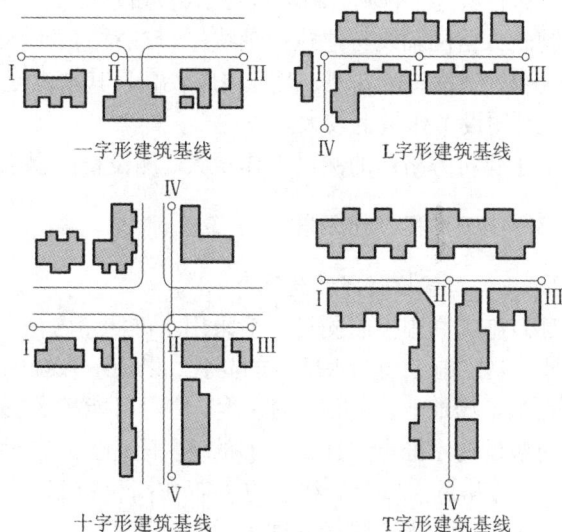

一字形建筑基线　　L 字形建筑基线

十字形建筑基线　　T 字形建筑基线

图 10-2　建筑基线的布设形式

3. 建筑方格网

由正方形或矩形组成的施工平面控制网，称为建筑方格网，或称矩形网，如图 10-3 所示。建筑方格网适用于按矩形布置的建筑群或大型建筑场地。

（1）建筑方格网的布设　布设建筑方格网时，应根据总平面图上各建（构）筑物、道路及各种管线的布置，结合现场的地形条件来确定。如图 10-3 所示，先确定方格网的主轴线

AOB 和 COD，然后再布设方格网。

（2）建筑方格网的测设　测设方法如下：

①主轴线测设。首先，准备测设数据。然后，测设两条互相垂直的主轴线 AOB 和 COD，如图 10 – 3 所示。主轴线实质上是由 5 个主点 A，B，O，C 和 D 组成。最后，精确检测主轴线点的相对位置关系，并与设计值相比较，如果超限，则应进行调整。建筑方格网的主要技术要求如表 10 – 1 所示。

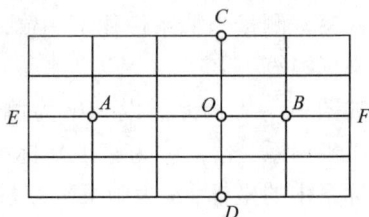

图 10 – 3　建筑方格网

表 10 – 1　建筑方格网的主要技术要求

等级	边长（m）	测角中误差	边长相对中误差	测角检测限差	边长检测限差
Ⅰ级	100 ~ 300	5″	1/30 000	10″	1/15 000
Ⅱ级	100 ~ 300	8″	1/20 000	16″	1/10 000

②方格网点测设。如图 10 – 3 所示，主轴线测设后，分别在主点 A，B 和 C，D 安置经纬仪，后视主点 O，向左右测设 90°水平角，即可交会出田字形方格网点。随后再作检核，测量相邻两点间的距离，看是否与设计值相等，测量其角度是否为 90°，如误差均在允许范围内，埋设永久性标志，否则，调整点位后再埋设标志。

建筑方格网轴线与建筑物轴线平行或垂直，因此，可用直角坐标法进行建筑物的定位，计算简单，测设比较方便，而且精度较高。其缺点是必须按照总平面图布置，其点位易被破坏，而且测设工作量也较大。

由于建筑方格网的测设工作量大，测设精度要求高，因此可委托专业测量单位进行。

10.2.3　施工高程控制测量

1. 施工高程控制网的建立

建筑施工高程控制测量一般采用水准测量方法，应根据施工场地附近的国家或城市已知水准点，测定施工场地水准点的高程，以便纳入统一的高程系统。

在施工场地上，水准点的密度，应尽可能满足安置一次仪器即可测设出所需的高程。而测图时敷设的水准点往往是不够的，因此，还需增设一些水准点。在一般情况下，建筑基线点、建筑方格网点以及导线点也可兼作高程控制点。只要在平面控制点桩面上中心点旁边，设置一个突出的半球状标志即可。

为了便于检核和提高测量精度，施工场地高程控制网应布设成闭合或附合路线。高程控制网可分为首级网和加密网，相应的水准点称为基本水准点和施工水准点。

2. 基本水准点

基本水准点应布设在土质坚实、不受施工影响、无震动和便于实测的地方，并埋设永久性标志。一般情况下，按四等水准测量的方法测定其高程，而对于为连续性生产车间或地下管道测设所建立的基本水准点，则需按三等水准测量的方法测定其高程。

3. 施工水准点

施工水准点是用来直接测设建筑物高程的。为了测设方便和减少误差，施工水准点应靠近建筑物。此外，由于设计建筑物常以底层室内地坪高 ±0 标高为高程起算面，为了施工引测方便，常在建筑物内部或附近测设 ±0 水准点。±0 水准点的位置，一般选在稳定的建筑物墙、柱的侧面，用红漆绘成顶为水平线的"▼"形，其顶端表示 ±0 位置。

10.3 施工放样的基本内容

施工放样工作，其实质是点位的测设，它是根据提供的已知点，按设计的距离长度、角度和高程，在实地将点的位置标定出来。因此施工放样的基本工作包括：已知长度水平距离的测设、已知水平角的测设、已知高程点的测设、已知坡度线的测设和已知点位的测设。

10.3.1 已知水平距离的测设

1. 一般方法

在地面上，由已知点开始，沿给定方向，用钢尺量出给定水平距离 D 定出 B 点。为了校核与提高测设精度，在起点处改变读数，按同法测量给定距离 D 定出 B' 点。由于误差的存在，B 与 B' 两点一般不重合，其相对误差在允许范围内时，则取两点的中点作为最终位置。

2. 精确方法

当测设精度要求较高时，应按钢尺量距的精密方法进行测设，具体作业步骤如下：

(1)将经纬仪安置在起点上，并标定给定的直线方向，沿该方向概量并在地面上打下尺段桩和终点桩，桩顶刻十字标志。

(2)用水准仪测定各相邻桩桩顶之间的高差。

(3)按精密丈量的方法先量出整尺段的距离，并加尺长改正、温度改正和高差改正，计算每尺段的长度及各尺段长度之和，得最后结果为 D。

(4)用应测设的水平距离 D' 减去 D，得余长 q，然后计算余长段应测设的距离。

(5)根据地面上测设余长段，并在终点桩上做出标志，即为所测设的终点。如终点超过了原打的终点桩时，应另打终点桩。

10.3.2 已知水平角的测设

测设已知水平角是根据水平角的已知数据和一个已知方向，把该角的另一个方向测设在地面上。测设方法如下：

1. 一般方法

当测设水平角的精度要求不高时，可用盘左、盘右取中数的方法。设地面上已有 OA 方向线，在 OA 右侧

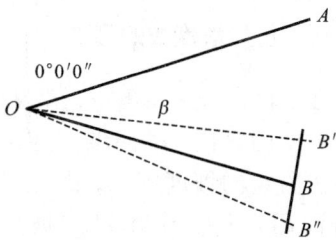

图 10 - 4　角度测设的一般方法

设已知水平角度值 β 如图 10 - 4 所示。为此，将经纬仪安置在 O 点，用盘左瞄准 A 点，读取度盘数值；松开水平制动螺旋，旋转照准部，使度盘读数增加角值 β，在此视线方向上定出 B' 点。为了消除仪器误差和提高测设精度，用盘右重复上述步骤，再测设一次，得 B'' 点，取 B' 和 B'' 的中点 B，则 $\angle AOB$ 就是要测设的 β 角。此法又称盘左盘右分中法。

2. 精确方法

当测设精度要求较高时，可采用精确方法测设已知水平角。如图 10 - 5 所示，安置经纬

仪于 O 点，按照上述一般方法测设出已知水平角 $\angle AOB'$，定出 B' 点。然后较精确地测量 $\angle AOB$ 的角值。一般采用多个测回取平均值的方法，设平均角值为 β'，测量出 OB' 的距离。按式 $(10-3)$ 计算 B' 点处 OB' 线段的垂距 $B'B$。

$$B'B = \frac{\Delta\beta''}{\rho''} \cdot OB' = \frac{\beta - \beta''}{206265''} \cdot OB' \qquad (10-3)$$

然后，从 B' 点沿 OB' 的垂直方向调整垂距 $B'B$，$\angle AOB$ 即为 β 角。如左图所示，若 $\Delta\beta > 0$ 时，则从 B' 点往内调整 B' B 至 B 点；若 $\Delta\beta < 0$ 时，则从 B' 点往外调整 $B'B$ 至 B 点。

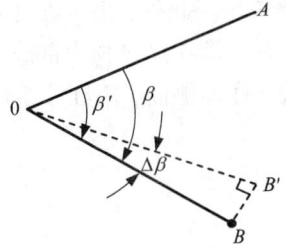

图 10-5　角度测设的精密方法

10.3.3　已知高程的测设

测设由设计所给定的高程是根据施工现场已有的水准点引测的。它与水准测量不同之处在于：不是测定两固定点之间的高差，而是根据一个已知高程的水准点，测设所给定点的高程。在建筑设计和施工的过程中，为了计算方便，一般把建筑物的室内地坪用 ±0.000 标高表示，基础、门窗等的标高都是以 ±0 为依据，相对于 ±0 测设的。

如图 10-6 所示，假设在设计图纸上查得建筑物的室内地坪高程为 $H = 8.500$ m，而附近有一个水准点 A 高程为 8.350 m，现要求把建筑物的室内地坪标高测设到木桩上。在 B 和水准点 A 之间安置水准仪，先在水准点上立尺，若尺上读数为 1.050 m，则视线高程 8.350 + 1.050 = 9.400 m。根据视线高程和室内地坪高程即可算出桩点尺上的应有读数为 9.400 - 8.500 = 0.900 m。然后在 B 点立尺，使尺根紧贴木桩一侧上下移动，直至水准仪水平视线在尺上的读数为 0.900 m 时，紧靠尺底在木桩上画一道红线，此线就是室内地坪 ±0 标高的位置。

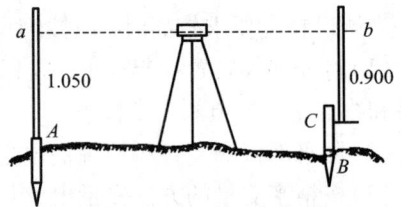

图 10-6　已知高程的测设

10.3.4　已知坡度线的测设

在工程设计中如道路、管线、场地平整的纵向、横向坡度施工时要按给定的坡度施工，因此要在地面用木桩标定出已知坡度线，作为施工的依据。坡度线的测设根据坡度大小，可选用下列两种方法。

1. 水平视线法

水平视线法的基本原理是根据坡度起点、方向、坡度率计算

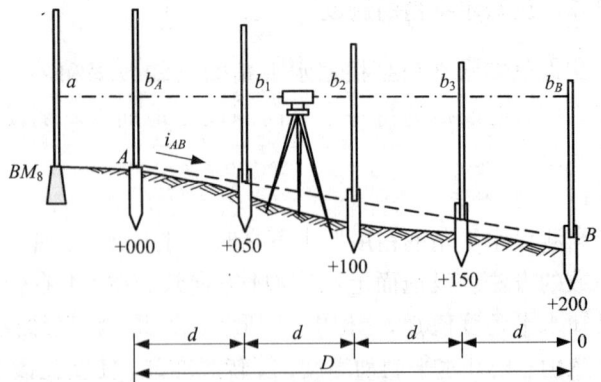

图 10-7　水平视线法测设已知坡度的直线

测设点高程，利用测设已知高程点的方法，确定设计坡度线。如图 10-7 所示，A，B 为设计坡度的两端点，起点设计高程为 H_A，要求在 A，B 之间测设出坡度为 i_{AB} 的坡度线。为施工方

便，每隔距离 d 打一木桩，并标出坡度线的位置。

[例 10-1] 已知水准点 BM_8 的高程为 240.650 m，设计坡长 200 m，设计坡度 $i = -2‰$，起点 A 里程为 $K_0 + 000$，其高程为 240.000 m，终点 B 为已知，需测设每 50 m 一点的坡度线位置。

解 测设方法如下：

(1) 计算各点设计高程；

$$H_设 = H_A + i_{AB} \times d \qquad (10-4)$$

$$H_{+50} = 240.000 - \frac{2}{1\,000} \times 50 = 239.900 \text{ m}$$

$$H_{+100} = 240.000 - \frac{2}{1\,000} \times 100 = 239.800$$

(2) 置经纬仪于起点 A，后视终点 B 定向，每 50 m 打一木桩；

(3) 安置水准仪读取 BM_8 点上后视读数 $a = 1.065$ m；

(4) 计算视线高程：

$$H_i = H_A + a \qquad (10-5)$$

$$H_i = 240.650 + 1.065 = 241.715 \text{ m}$$

(5) 计算出各桩点坡度线位置的前视读数：

$$b_i = H_视 - H_设 \qquad (10-6)$$

$$b_{+50} = 241.715 - 239.900 = 1.815 \text{ m}$$

$$b_{+100} = 241.715 - 239.800 = 1.915 \text{ m}$$

$$b_{+150} = 241.715 - 239.700 = 2.015 \text{ m}$$

$$b_{+200} = 241.715 - 239.600 = 2.115 \text{ m}$$

(6) 按测设已知高程点的方法在桩的侧面标出坡度线位置。

测设时，设计标高低于地面以下，则应使设计标高增加一整数，能使坡度线位置标注在桩上，并在桩上用符号注明下挖数。此方法适用于坡度较小的地段。

2. 倾斜视线法

如图 10-8 所示，此法是根据视线与设计坡度线平行时，其竖直距离处处相等的原理，以确定设计坡度线上各点高程位置的一种方法。它适用于坡度较大，且设计坡度与地面自然坡度较一致的地段。

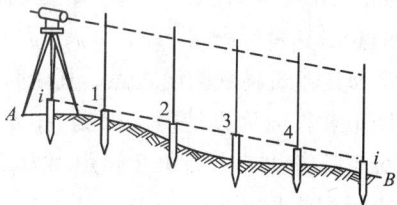

图 10-8 倾斜视线测设坡度线

测设方法：

(1) 已知 A 点的设计高程，按照 i_{AB} 和两端点的距离，计算出 B 点的高程。

(2) 用高程测设的方法，将 $A，B$ 两点的设计高程标定在地面的木桩上。

(3) 在 A 点安置水准仪，量取仪器高，使一个脚螺旋在 AB 方向上，另两个脚螺旋的连线大致与 AB 方向线垂直。转动 AB 方向的脚螺旋和微倾螺旋，使十字丝的横丝对准 B 尺上的读数为仪器高，此时仪器视线与设计坡度线平行，当各桩号上立尺上下移动水准尺使读数为 i，紧贴尺底的画一道红线，就是设计坡度线。测设指定的坡度线，在道路建筑，敷设上、下水管道及排水沟等工程上应用较广泛。

10.3.5 平面点位的测设方法

1. 直角坐标法

直角坐标法是按直角坐标原理,确定一点的平面位置的一种方法。如施工场地有彼此垂直的建筑基线或建筑方格网,则可算出设计图上的待设点相对于场地上控制点的坐标增量,用直角坐标法测设点的平面位置。

如图10-9所示,Ⅰ,Ⅱ,Ⅲ是建筑基线端点(或是建筑方格网点),其坐标为已知,a,b,c,d为拟测设建筑物的四个角点,其轴线均平行于建筑基线,这些点的坐标值均可由设计图给定,由待测设点算得它们的坐标增量,Δx,Δy作为测设数据。现以测设a点为例,设Ⅰ点的坐标为x_1,y_1,点a的坐标为x_a,y_a,则点的测设数据(坐标增量)为:

$$\Delta x_{Ⅰa} = x_a - x_Ⅰ \qquad (10-7)$$

$$\Delta y_{Ⅰa} = y_a - y_Ⅰ \qquad (10-8)$$

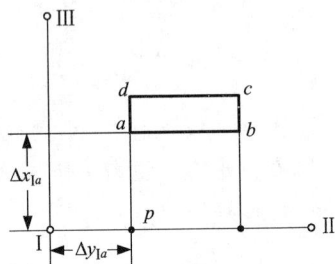

图10-9 直角坐标法

测设方法:在控制点Ⅰ安置经纬仪,瞄准Ⅱ点,沿视线方向用钢尺丈量$\Delta y_{Ⅰa}$值,定出P点。将经纬仪安置到Ⅱ点,用盘左瞄准Ⅱ点,并使水平度盘读数为$0°00'00''$,松开照准部制动螺旋,测设$90°$的垂直线,沿垂线方向丈量$\Delta x_{Ⅰa}$,定出点a,再用盘右位置检查点。同法可测设b,c,d点,最后用钢尺检查ab,bc,cd,da的长度,其值应等于设计长度,允许相对误差为$1/2\,000$。这种方法简单,施测方便,精度高,在施工测量中多采用此法来测定点位。

2. 极坐标法

极坐标法是根据一个角度和一段距离测设点的平面位置。当建筑场地开阔、量距方便且无方格控制网时,可根据导线控制点,应用极坐标法测设点的平面位置。如图10-10所示,A,B,C为地面已有的控制点(导线点),其坐标(x_A,y_A),(x_B,y_B),(x_C,y_C)均为已知。P为某建筑物欲测设之点,其坐标(x_P,y_P)值可从设计图上获得或为设计值。根据A,B,P三点的坐标,用坐标反算方法求出夹角β和距离D_{AP},计算公式如下:

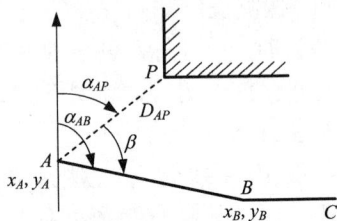

图10-10 极坐标法

坐标方位角计算

$$\tan\alpha_{AB} = \frac{y_B - y_A}{x_B - x_A} = \frac{\Delta y_{AB}}{\Delta x_{AB}} \qquad (10-9)$$

$$\tan\alpha_{AP} = \frac{y_P - y_A}{x_P - x_A} = \frac{\Delta y_{AP}}{\Delta x_{AP}} \qquad (10-10)$$

两方位角之差即为夹角β

$$\beta = \alpha_{AB} - \alpha_{AP} \qquad (10-11)$$

两点间的距离D_{AP}

$$D_{AP} = \sqrt{(x_P - x_A)^2 + (y_P - y_A)^2} \qquad (10-12)$$

测设方法：将经纬仪安置于导线点 A，照准 B 点定向，使水平度盘读数为 $0°00'00''$，然后松开照准部拨 β 角值，沿视线方向用钢尺丈量距离 D_{AP}，定出 P 点在地面上的位置。此法适用于量距方便，且距离较短的情况，是一种常用的方法。使用全站仪极坐标法测设点的位置在工程施工中已是主要的方法。

3. 角度交会法

此法又称方向线交会法。当待测设点远离控制点且不便量距时，采用此法较为适宜。

如图 10 – 11 所示，由于测设误差，若三条方向线不交于一点时，会出现一个很小的三角形，称为误差三角形。当误差三角形边长在允许范围内时，可取误差三角形的重心作为最终放样位置。

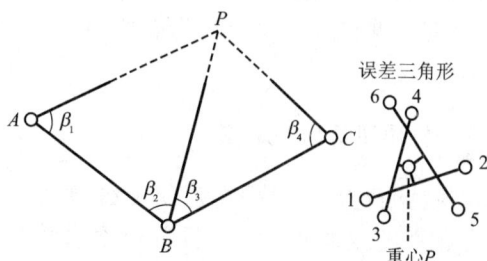

图 10 – 11 角度交会法

4. 距离交会法

距离交会法是根据测设的距离交会定出点的平面位置的一种方法。若施工场地平坦，且控制点到待测点的距离不超过一整尺长的情况下，根据控制点与待测点的坐标，计算出测设距离，如图 10 – 12 所示。测设时，可同时用两把钢尺，分别将尺子零点对准控制点 A，B，然后将尺拉平、拉紧，并使两尺上读数分别为 D_{AP}，D_{BP} 时交会在一点，则该点即为要测设的 P 点。此法使用的工具和测量方法都较简单，容易掌握。但注意两段距离相交时，角度不能太小，否则容易产生较大的交会误差，降低测设的精度。

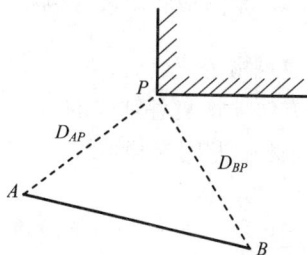

图 10 – 12 距离交会法

10.4 民用建筑施工测量

民用建筑指的是住宅、办公楼、食堂、俱乐部、医院和学校等建筑物。施工测量的任务是按照设计的要求，把建筑物的位置测设到地面上，并配合施工以保证工程质量。

10.4.1 测设前的准备工作

（1）熟悉图纸。设计图纸是施工测量的依据，在测设前，应熟悉建筑物的设计图纸，了解施工的建筑物与相邻地物的相互关系，以及建筑物的尺寸和施工的要求等。测设时必须具备下列图纸资料：

总平面图，是施工测设的总体依据，建筑物就是根据总平面图上所给的尺寸关系进行定位的。

建筑平面图，给出建筑物各定位轴线间的尺寸关系及室内地坪标高等。

基础平面图，给出基础轴线间的尺寸关系和编号。

基础详图（即基础大样图），给出基础设计宽度、形式及基础边线与轴线的尺寸关系。

还有立面图和剖面图，它们给出基础、地坪、门窗、楼板、屋架和屋面等设计高程，是高程测设的主要依据。

（2）现场踏勘，目的是为了解现场的地物、地貌和原有测量控制点的分布情况，并调查与施工测量有关的问题。

（3）平整和清理施工现场，以便进行测设工作。

（4）拟定测设计划和绘制测设草图，对各设计图纸的有关尺寸及测设数据应仔细核对，以免出现差错。

10.4.2 民用建筑物的定位

建筑物的定位，就是把建筑物外廓各轴线交点测设在地面上，然后再根据这些点进行细部放样。测设时，如现场已有建筑方格网或建筑基线时，可直接采用直角坐标法进行定位，如图 10 – 13 所示。

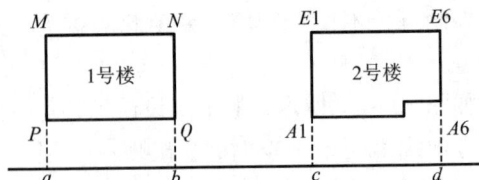

图 10 – 13　直角法定位

10.4.3 龙门板和轴线控制桩的设置

建筑物定位以后，所测设的轴线交点桩（或称角桩），在开挖基础时将被破坏。施工时为了能方便地恢复各轴线的位置，一般是把轴线延长到安全地点，并作好标志。延长轴线的方法有两种：龙门板和轴线控制桩法，见图 10 – 14。

1. 龙门板法

适用于一般小型的民用建筑物，为了方便施工，在建筑物四角与隔墙两端基槽开挖边线以外约 1.5 ~ 2 m 处钉设龙门桩。桩要钉得竖直、牢固，桩的外侧面与基槽平行。根据建筑场地的水准点，用水准仪在龙门桩上测设建筑物 ±0 标高线。根据 ±0 标高线把龙门板钉在龙门桩上，使龙门板的顶面在一个水平面上，且与 ±0 标高线一致。用经纬仪将各轴线引测到龙门板上。

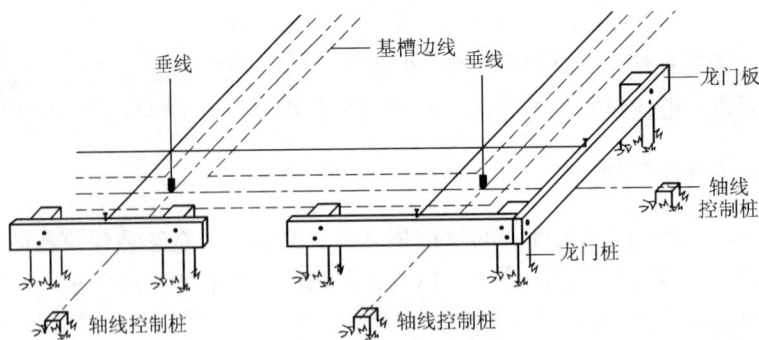

图 10 – 14　龙门板和轴线控制桩的设置

2. 轴线控制桩法

轴线控制桩设置在基槽外基础轴线的延长线上，作为开槽后各施工阶段确定轴线位置的依据。轴线控制桩离基础外边线的距离根据施工场地的条件而定。如果附近有已建的建筑物，也可将轴线投设在建筑物的墙上。为了保证控制桩的精度，施工中往往将控制桩与定位桩一起测设,有时先控制桩,再测设定位桩。

10.4.4　基础施工的测量工作

　　基础开挖前,根据轴线控制桩(或龙门板)的轴线位置和基础宽度,并顾及到基础挖深应放坡的尺寸,在地面上用白灰放出基槽边线(或称基础开挖线)。

　　开挖基槽时,不得超挖基底,要随时注意挖土的深度,当基槽挖到离槽底 $0.3 \sim 0.5$ m 时,用水准仪在槽壁上每隔 $2 \sim 3$ m 和拐角处钉一个水平桩,如图 10 - 15 所示,用以控制挖槽深度及作为清理槽底和铺设垫层的依据。

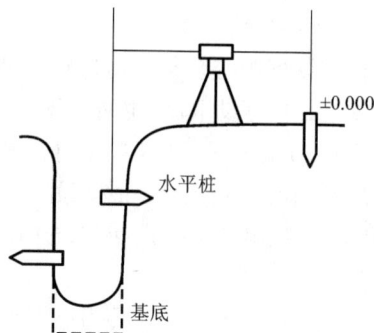

图 10 - 15　水平桩的设置

10.4.5　楼层轴线投测

　　随着楼层不断升高,测量人员需将基础轴线精确地向上投测到各层上,使各层轴线严格一致。其垂直度偏差(或称竖向偏差)在本层内不得超过 ± 5 mm,全楼的累计偏差不得超过 ± 20 mm。

　　投测轴线最简单的方法是在楼层轴线端点位置(楼板或柱边缘)悬吊垂球。

　　当楼层较多垂球投测困难时,可用经纬仪逐层投测中心轴线。如图 10 - 16 所示,将经纬仪安置在 A 轴和 B 轴的轴线桩 A,A′,B,B′ 上,用正倒镜投点法向上投测轴线到每层楼面上,取正倒镜平均位置作为该层中心轴线的投影点 a_1, a_1', b_1, b_1',轴线 $a_1 a_1'$ 轴线 $b_1 b_1'$ 交点 o' 为该层中心点。此时轴线 $a_1 a_1'$, $b_1 b_1'$ 便是该层细部测设和施工的依据。同法,随着建筑物的不断升高,可逐层向上投测轴线。

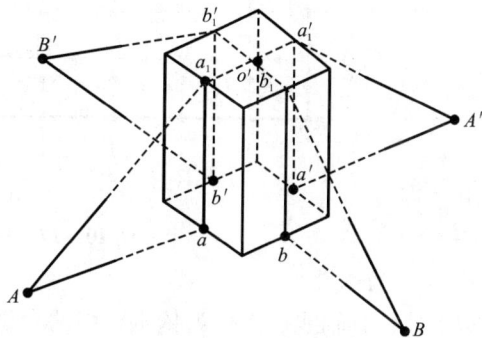

图 10 - 16　楼层轴线投测

10.5　工业厂房施工测量

　　工业厂房多为排柱式建筑,跨距和间距大,隔墙少,平面布置简单,而且其施工测量精度又明显高于民用建筑,故其定位一般是根据现场建筑基线或建筑方格网,采用由柱轴线控制桩组成的矩形方格网作为厂房的基本控制网。

　　厂房有单层和多层、装配式和现浇整体式之分。单层工业厂房以装配为主,采用预制的钢筋混凝土柱、吊车梁、屋架、大型屋面板等构件,在施工现场进行安装。为保证厂房构件就位的正确性,施工测量中应进行以下几个方面的工作:厂房柱列轴线放样,基础施工测量,厂房构件及设备安装测量等。

10.5.1 厂房柱列轴线和柱基的测设

1. 柱列轴线的测设

根据柱列中心线与厂房建筑方格网的尺寸关系,将各柱列中心线测设到建筑方格网的4条边线上,并钉设木桩,以小钉标明点位。如图 10-17 所示,M,N,Q,P 四点是厂房外墙的坐标点;R,S,U,T 是基槽外的矩形控制网。A,B,C 及 ① ~ ⑨等轴线称为柱列轴线。厂房矩形控制网建立之后,根据设计柱间距和跨间距,用钢尺沿矩形控制网逐段测设柱间距和跨间距,以定出各轴线控制桩,并在桩顶钉小钉,作为柱列轴线和柱基放样的依据。

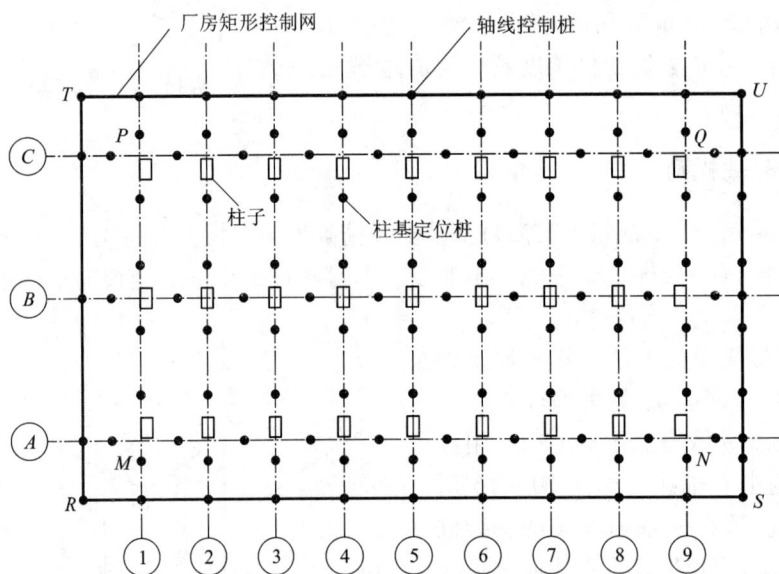

图 10-17 柱列轴线控制桩

2. 柱基的测设

以上述柱列轴线控制桩为依据,用两台经纬仪安置在两条互相垂直的柱列轴线控制桩上,沿轴线方向交会出每一个柱基中心的位置,并在柱基开挖范围外约 0.5 ~ 1 m 处,沿轴线方向分别钉设两个小木桩,以小钉标明,作为基坑施工立模的依据。

3. 基坑的高程测设

当基坑挖到一定深度时,要在基坑四壁离坑底 0.3 ~ 0.5 m 处测设几个腰桩,作为基坑修坡和检查坑深的依据。此外,还应在基坑坑底测设垫层的标高,使桩顶高程恰好等于垫层的设计标高。

10.5.2 基础模板的定位

打好垫层之后,根据坑边定位小木桩,用拉线的方法,吊垂球把柱基定位线投到垫层。用墨斗弹出墨线,用红漆画出标记,作为柱基立模板和布置基础钢筋网的依据。立模时,将模板底线对准垫层上的定位线,并用垂球检查模板是否竖直。最后将柱基顶面设计高程测设在模板内壁。

10.5.3　工业厂房构件的安装测量

装配式单层工业厂房主要由柱子、吊车梁、屋架、天窗架和屋面板等主要构件组成。在吊装每个构件时，有绑扎、起吊、就位、临时固定、校正和最后固定等几道操作工序。下面着重介绍柱子、吊车梁及吊车轨道等构件在安装时的校正工作。

1. 柱子安装测量

（1）柱子安装的精度要求

①柱脚中心线应对准柱列轴线，允许偏差为 ±5 mm。

②牛腿面的高程与设计高程一致，其误差不应超过：柱高在 5 m 以下为 ±5 mm；柱高在 5 m 以上为 ±8 mm。

③柱的全高竖向允许偏差值为 1/1 000 柱高，但不应超过 20 mm。

（2）吊装前的准备工作

柱子吊装前，应根据轴线控制桩，把定位轴线投测到杯形基础的顶面上，并用红油漆画上"▼"标明。同时还要在杯口内壁，测出一条高程线，从高程线起向下量取一整分米数即到杯底的设计高程，如图 10-18 所示。

在柱子的三个侧面弹出主中心线，每一面又需分为上、中、下三点，并画小三角形"▲"标志，以便安装校正。

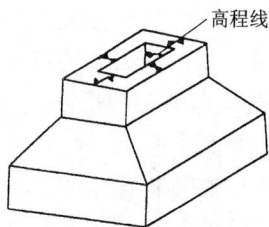

图 10-18　定位轴线投测

（3）柱长的检查与杯底找平

柱子在预制时，由于模板制作和模板变形等原因，不可能使柱子的实际尺寸与设计尺寸一样，为了解决这个问题，往往在浇注基础时把杯形基础底面高程降低 2~5 cm，然后用钢尺从牛腿顶面沿柱边量到柱底，根据这根柱子的实际长度，用 1:2 水泥沙浆在杯底进行找平，使牛腿面标高符合设计要求。

（4）安装柱子时的竖直校正

柱子插入杯口后，首先应使柱身基本竖直，再令其侧面所弹的中心线与基础轴线重合。用木楔或钢楔初步固定，然后进行竖直校正，如图 10-19 所示。校正时用两架经纬仪分别安置在纵横轴线附近，离柱子的距离约为柱高的 1.5 倍。先瞄准柱子中心线的底部，然后固定照准部，再仰视柱子中心线顶部。如重合，则柱子在这个方向上就是竖直的。如果不重合，应进行调整，直到柱子两个侧面的中心线都竖直为止。

由于纵轴方向上柱距很小，通常把仪器安置在纵轴的一侧，在此方向上，安置一次仪器可校正数根柱子。

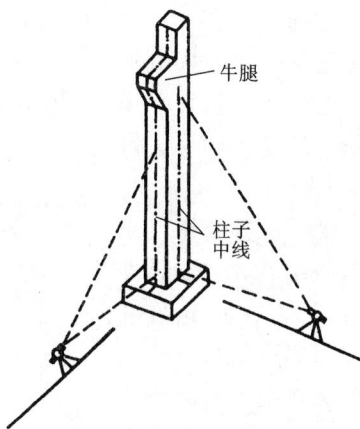

图 10-19　柱子吊装时垂直度校正

（5）柱子校正的注意事项

①校正用的经纬仪事前应经过严格检校，因为校正柱子竖直时，往往只用盘左或盘右观测，仪器误差影响很大，操作时还应注意使照准部水准管气泡严格居中。

②柱子在两个方向的垂直度都校正好后，应再复查平面位置，看柱于下部的中线是否仍对准基础的轴线。

③当校正变截面的柱子时，经纬仪必须放在轴线上校正，否则容易产生差错。

④在阳光照射下校正柱子垂直度时，要考虑温度影响，因为柱子受太阳照射后，柱子向阴面弯曲，使柱顶有一个水平位移。为此应在早晨或阴天时校正。

⑤当安置一次仪器校正几根柱子时，仪器偏离轴线的角度值最好不超过15°。

2.吊车梁的安装测量

如图 10 - 20 所示，安装前先弹出吊车梁顶面中心线和吊车梁两端中心线，安装步骤如下：

(1)如图 10 - 21(a)所示，利用厂房中心线 A_1A_1，根据设计轨道距离在地面上测设出吊车轨道中心线 $A'B'$ 和 $B'B'$。

(2)分别安置经纬仪于吊车轨道中线的一个端点 A' 上，瞄准另一端点 A'，仰起望远镜，即可将吊车轨道中心线投测到每根柱子的牛腿面上并弹以墨线。

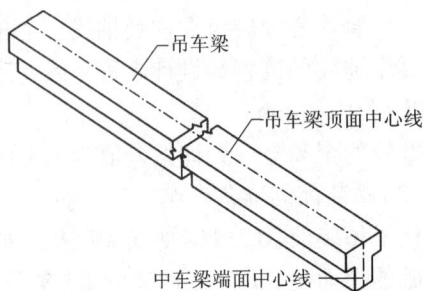

图 10 - 20　在吊车梁顶面和端面弹线

(3)根据牛腿面的中心线和梁端中心线，将吊车梁安装在牛腿上。

(4)吊车梁安装完后，应检查吊车梁的高程，可将水准仪安置在地面上，在柱子侧面测设 +50 cm 的标高线，再用钢尺从该线沿柱子侧面向上量出至梁面的高度，检查梁面标高是否正确，然后在梁下用铁板调整梁面高程，使之符合设计要求。

3.吊车轨道安装测量

(1)安装吊车轨道前，须先对梁上的中心线进行检测，此项检测多用平行线法。如图 10 - 21(b)所示，首先在地面上从吊车轨道中心线向厂房中心线方向量出长度 $a = 1$ m，得到两条平行线 $A''A''$ 和 $B''B''$，然后安置经纬仪于平行线一端点 A'' 上，瞄准另一端点 A''，固定照准部，仰起望远镜投测，此时另一人在梁上移动横放的木尺，当视线正对准尺上 1 m 刻划时，尺的零点应与梁面上的中线重合。如不重合应予以改正，可

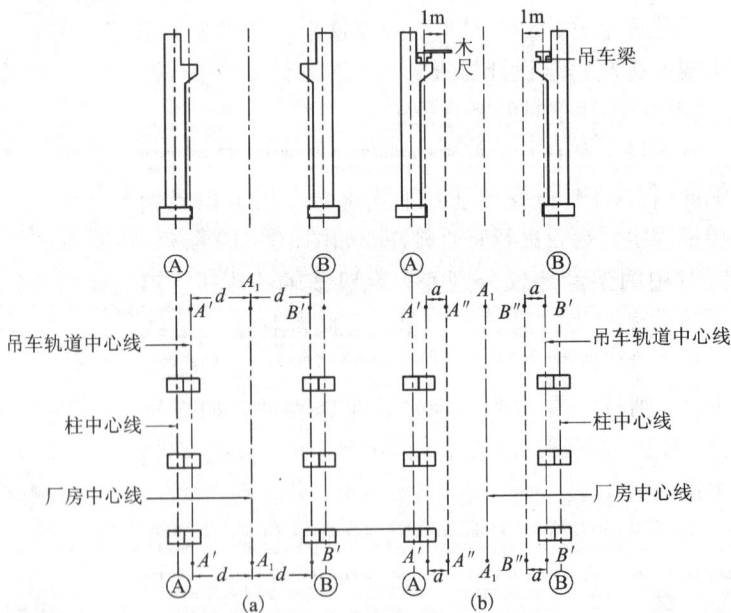

图 10 - 21　吊车梁和吊车轨道的安装

用撬杠移动吊车梁，直至吊车梁中心至 $A''A''$(或 $B''B''$)的距离等于 1 m 为止。

（2）吊车轨道按中心线安装就位后，可将水准仪安置在吊车梁上，水准尺直接放在轨道顶上进行检测，每隔 3 m 测一点高程，与设计高程相比较，误差应在 ±3 mm 以内。还要用钢尺检查两吊车轨道间跨距，与设计跨距相比较，误差不得超过 ±5 mm。

10.6　竣工测量和总平面图的编绘

在每个工程完成后，必须由施工单位进行竣工测量，提供工程的竣工测量成果，作为编绘竣工总平面图的依据。竣工测量与地形图测绘的方法大致相同，但测绘内容和精度要求有所不同。竣工测量重点是测定细部点的坐标和高程。

10.6.1　竣工测量

在每一个单项工程完成后，必须由施工单位进行竣工测量。提出工程的竣工测量成果。其内容包括以下几方面。

1. 工业厂房及一般建筑物

包括房角坐标，各种管线进出口的位置和高程；并附房屋编号、结构层数、面积和竣工时间等资料。

2. 铁路和公路

包括起止点、转折点、交叉点的坐标，曲线元素，桥涵等构筑物的位置和高程。

3. 地下管网

寄并、转折点的坐标，井盖、井底、沟槽和管顶等的高程；并附注管道及官井的编号、名称、管径、管材、间距、坡度和流向。

4. 架空管网

包括转折点、结点、交叉点的坐标、支架间距和基础面高程。

5. 其他

竣工测量完成后，应提交完整的资料，包括工程的名称，施工依据，施工成果，作为编绘竣工总平面图的依据。

10.6.2　竣工总平面图的编绘

竣工总平面图上应包括建筑方格网点，水准点、厂房、辅助设施、生活福利设施、架空及地下管线、铁路等建筑物或构筑物的坐标和高程，以及厂区内空地和未建区的地形。有关建筑物、构筑物的符号应与设计图例相同，有关地形图的图例应使用国家地形图图式符号。

厂区地上和地下所有建筑物、构筑物绘在一张竣工总平面图上时，如果线条过于密集而不醒目，则可采用分类编图。如综合竣工总平面图，交通运输竣工总平面图和管线竣工总平面图等等。比例尺一般采用 1:1 000。如不能清楚地表示某些特别密集的地区，也可局部采用 1:500 的比例尺。

如果施工的单位较多，多次转手，造成竣工测量资料不全，图面不完整或与现场情况不符时，只好进行实地施测，这样绘出的平面图，称为实测竣工总平面图。

练习题

1. 名词解释：施工测量；施工坐标系；建筑方格网；竣工测量。
2. 建筑施工控制网的布设形式有哪些？其施工控制网的特点是什么？
3. 建筑工程测量的内容有哪些？厂区控制网精度设计时应考虑哪些问题？
4. 建筑方格网起什么作用？如何建立？它与一般控制网有何区别？
5. 柱子吊装测量有哪些主要工作内容？
6. 常见的民用建筑图纸有哪几种？

第 11 章　水利工程测量

【学习指导】　本章要求了解水利工程测量定义、任务和特点，熟悉河道纵横断面测量方法，熟悉水下地形测量的基本原理，要求掌握基于 GPS – RTK 技术的无验潮水下地形测量的基本原理和关键技术，熟悉水库库容的计算方法。

11.1　概述

水利工程测量是水利工程的基础性工作，其在水利工程中的应用也源远流长。早在公元前 21 世纪大禹治理洪水时，已有"左准绳，右规矩"，用以测定远近高低（《史记·夏本纪》）。在非洲，公元前 13 世纪古埃及人于每年尼罗河洪水泛滥后，即用测量方法重新丈量划分土地。水利工程测量是人类在对自然长期斗争中，特别是在防御洪水、兴修水利的过程中逐步发展起来的。水利工程测量是国民经济建设不可缺少的保障性和基础性工作，是我国流域治理开发、水资源利用、防汛抗旱保障体系和航道安全建设的重要组成部分。对发展水上交通运输，水量调度，水利工程的规划、建设和管理，支持水资源开发和利用等均起到十分重要的作用。

水利工程测量是指水利工程规划设计、施工建设和运营管理各阶段所进行的测量工作，是工程测量的一个重要的专业分支，它涉及大地测量、普通测量、水下地形测量、纵横断面测量、施工放样以及变形监测等测量技术，为编制地形图、工程设计、河流治理、规划建设和水科学研究提供基础测绘资料。水利工程测量是专门为水利工程建设服务的测量，属于工程测量学的范畴，它的主要任务如下：

（1）为水利工程规划设计提供所需的地形资料。规划时需提供中、小比例尺地形图及有关信息，建筑物设计时要测绘大比例尺地形图。

（2）施工阶段要将图上设计好的建筑物或构筑物按其位置、大小测设于地面，该过程称为施工放样或测设，如坝轴线测设、坝体浇筑中的放样等。

（3）在施工过程中及工程建成后运行管理中，需要对建筑物的稳定性及变化情况进行监测——变形观测，确保工程安全。

限于篇幅，本章主要涉及的水利工程测量内容为：纵、横断面测量，水下地形测量，水位观测以及水库测量与库容计算等。水下地形测量是水利工程测量的重要组成部分，它不同于陆地地形测量，水下地形测量有三个关键技术：定位、测深和配套的测量软件。

1. 定位

为了满足水利工程测量的需求，尤其是河道和水库测量，我国从 20 世纪 50 年代开始先后采用了六分仪、经纬仪、无线电导航定位，全站仪定位和卫星定位系统进行定位。随着 GPS 应用的普及，水下地形测量一般采用 GPS 和测深仪配合采集数据的方式进行。进入 20 世纪 80 年代，GPS 以其高精度、快速、全天候、使用方便等优点在海洋、水库、河道测量中得到了普遍应用。发展到今天，河道测量和水库测量已基本定型于 GPS 和声纳测深仪获取水底地理信息的基本模式。

2. 测深

20 世纪 60 年代测深的主要方式是水砣，70 年代后期主要是以测深仪为主，进入 90 年代以来计算机技术的普及要求测深仪的使用不再局限于模拟水深，同时要求实现数字化水深测量，完成与计算机的同步连接功能，从而实现了水深测量自动化，使整个测量过程人工干预的情况越来越少，提高了工作效率和水深测量精度。

3. 测量软件

数字测量技术的发展首先是从制图自动化开始的。20 世纪 50 年代美国国防制图局开始研究制图自动化问题，即把地图资料转换成计算机可读的形式，并由计算机进行存储和处理，继而能绘制地形图。随着计算机及其外围设备的不断发展和应用，70 年代初制图自动化技术形成了规模生产，美国、加拿大和西欧一些国家在相关部门都建立了自动化制图系统，数字地图的生产和应用受到普遍重视并得到迅速发展。我国从 80 年代开始，原武汉测绘科技大学、清华大学等数十个单位相继开展了数字测图的研究工作。1990 年以后，随着仪器设备的发展，海洋、河道测量和水库测量在技术的开发和应用方面取得了重大进步，如多站多区域潮位自动改正系统、测量计算软件包、水深测量外业数据自动采集及数据检查系统以及用于 GPS 的测量数据处理软件等。国内外海洋、河道测量部门先后研制了多套用于数据采集、数据处理和计算机辅助绘图等自动化系统，如国外的 EZHydro，国内的 Haida 等，这些软件各有特点，但均能满足实际生产需要。

在河道和水库测量中，除了部分陆上测量工作外，主要是水下部分的测量工作。由于人们不能直接观察到水下地形情况，因此不能依靠直接测定地形特征点来绘制河道纵横断面图和水下地形图，必须采用均匀测点法来进行绘制。水下地形点的平面位置和高程也不像陆上地面点那样可以直接测量，而必须通过水上定位和水深测量进行确定。在深水区和水面很宽的情况下，水深测量和测深点平面位置的确定是一项比较困难的工作，需要采用特殊的仪器设备和观测方法。因此，本章重点介绍河道纵横断面和水下地形测量以及相关的水位测量、水深测量、测深点的定位方法、水库测量等相关内容。

11.2　测深方法及断面测量

11.2.1　测深断面和测深点的布设

由于水底地形的不可见性，其测量不能像陆地上一样选择地形特征点进行测绘，因此一般采用测深线法(断面法)或散点法均匀地布设测点。

1. 测深断面和测深点的布设方法

(1)散点法。当水面流速较大时，一般采用散点法。此时，测船不断往返斜向航行，每隔一定的距离测定一点，如图 11-1，先由 1 顺水斜航行至 2，再由 2 顺水航行至 7，然后自 7 逆航行至 3，再由 3 顺水斜航行至 4，…如此连续航行，在每条航路上以尽快的观测速度测定一些水下地形点。

(2)断面法

断面法又叫测深线法，测深线可分为主测深线、补充测深线和检查测深线。主测深线是测深线的主体，它担负着探明整个测区水下地形的任务，补充测深线起着弥补主测深线的作用，而检查测深线是检查以上测深线的水深测量质量，以保证水深测量的精度。

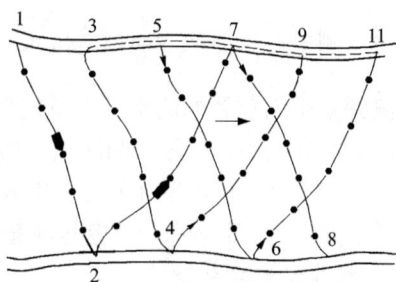

图 11-1　散点法船航行路线示意图

主测深线的间隔依据测图比例尺选择，一般为图上 1 cm，允许变通范围为图上 0.5 ~ 2.0 cm。在测深间距一定的情况下，应当正确选择测深线的方向。测深线可采用以下 3 种方法布置：

①测深线垂直于水流方向。在这种情况下，可使测深线正好通过水底地貌变化比较剧烈和有代表性的地方，有利于全面如实地反映测区的水底地形，这是较为常用的方法，见图 11-2。

②测深线与水流轴线成 45°方向。如图 11-3，该方式常用于比较狭窄的河道或水库测区，由于斜距大于平距，因而它比垂直于水流方向的测深线所包含的测深点更多，更能反映测区的水下地形变化情况。

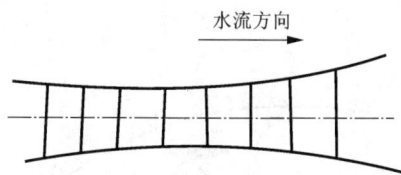

图 11-2　测深线与水流线垂直

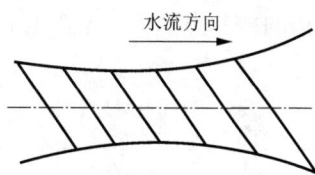

图 11-3　测深线与水流线成 45°角

③测深线成辐射线形式。如图 11-4，辐射线方向布设使测深线间距内密外疏，有利于岛屿周围水下地形的测量。

补充测深线主要用于局部区域的加密水下地形测量，补充测深线的布设方法有两种：补充测深线方向与主测深线方向一致，间距根据需要而定；和航道方向一致布设 3 ~ 5 条补充测深线，中间一条测深线应和航道中心线重合，两侧的测深线则根据航道宽度均匀平行线布设。

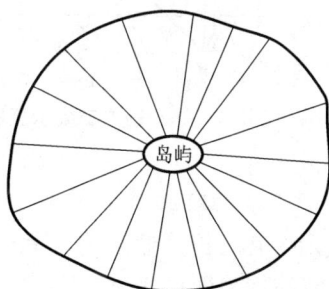

图 11-4　测深线呈辐射线形式

2. 导标放样

为了使测量船能沿着设计好的测深线方向航行，通常在岸上沿测深线方向设立两个导标，这两个导标可用不同颜色的大旗表示，以指示测量船航行。布设导向标时，可借助岸边的控制点用极坐标法测定导标位置，测量仪器可选用经纬仪或全站仪放样导标。其具体过程为：如图 11-5，

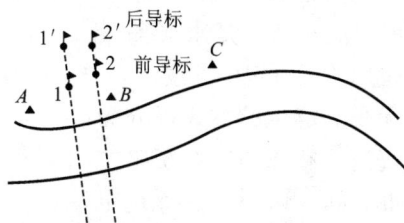

图 11-5　极坐标法放样导标

A，B，C 为测站，1 和 1′以及 2 和 2′为导向标，若采用全站仪可将仪器直接安置在测站 A 处，

用 B 或 C 点定向,根据已知数据,依次测设导标点 1 和 1′, 2 和 2′。

11.2.2 测深点平面位置的测定技术

测深点平面位置的测定是水下地形测量的一个重要组成部分。根据离岸远近有不同的定位方法,本节主要介绍用于测深点平面位置的测定技术:经纬仪前方交会、经纬仪后方交会、无线电定位、全站仪定位和 GPS – RTK 定位,无论采用哪种定位方法,水域定位大都是通过水平角、方位角、距离和距离差等测量来实现。

1. 经纬仪前方交会

图 11 – 6 中 P 为船上的测深点位置, A, B 为岸上的控制点,定位过程为:在岸上控制点 A 和 B 上同时安置经纬仪,同时照准船上目标 P 点,实施前方交会定位,并且要做到与水深测量同步。根据测得的交会角 α 和 β,以及控制点 A 和 B 的坐标就可以很容易求得船上 P 点的坐标。

2. 经纬仪后方交会

图 11 – 7 中 P 为船上的测深点, A, B 和 C 为岸上的控制点,定位过程为:在进行水深测量的同时,在船上利用经纬仪同步观测岸边的 A, B 和 C 三点,实施后方交会,根据测出的角度以及岸边的控制点坐标,计算出 P 点的坐标。

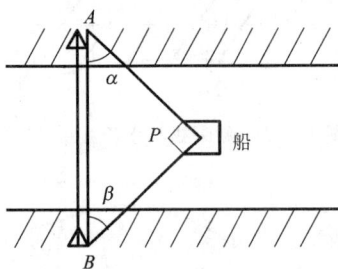

图 11 – 6　前方交会示意图

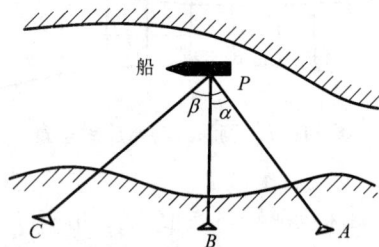

图 11 – 7　后方交会示意图

3. 无线电定位

无线电定位是通过测定无线电波的传播时间来确定两点距离的方法,具有全天候、实时定位的特点,系统作用距离远,覆盖面积大,是水域测量广泛采用的一种定位方法。

无线电定位的方式可分为圆系统定位和双曲线系统定位等,如图 11 – 8 所示,圆系统定位的基本原理是测量待测点到两个无线电站的距离,通过距离交会的方法确定待测点的坐标。双曲线系统定位的基本原理是在待测点上测量到两个无线电站的距离差,然后建立观测方程,求出待测点的坐标。

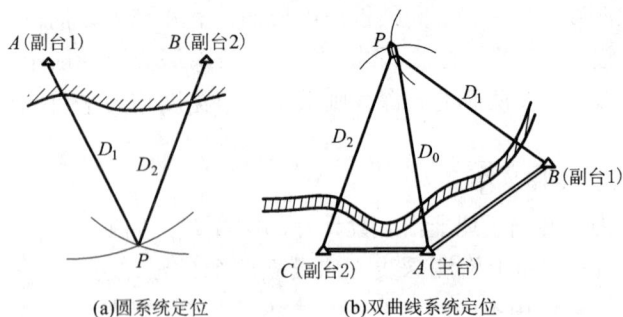

(a)圆系统定位　　　(b)双曲线系统定位

图 11 – 8　无线电定位示意图

4．全站仪定位

近年来，随着电子全站仪的普遍使用，测深点平面位置确定的方法多采用按方位－距离的极坐标法进行定位。观测值通过无线通信可以立即传输到测量船上的笔记本电脑中，立即计算出测点的平面坐标，与对应点的测深数据合并到一起，也可以先存储在全站仪或电子手簿中，在进行内业数据处理时，由数字测图软件自动生成水下地形图。在河道或水库测量中用得比较多，它不但可以满足测绘大比例尺水下地形图的精度要求，而且方便灵活，自动化程度相对较高，精度也较高。

5．GPS 卫星定位

卫星定位是通过空间卫星的瞬时位置确定地面点位置的方法。即利用在空间飞行的卫星不断向地面广播发送某种频率并加载了某些特殊定位信息的无线电信号来实现定位测量。美国建立的全球卫星定位导航系统 GPS，它是一种空间距离交会定位方式。它可以向全球用户提供连续、实时、高精度的三维位置、三维速度和时间信息，定位示意图见图 11－9。

图 11－9 卫星定位示意图

常用于测深点位置确定的方法有两种：单点定位方法和差分定位方法。GPS 单点定位精度为几十米，这对于远海小比例尺水下地形测量来说，可以满足精度要求，但对于大比例尺近海水下地形测量，以及河道和水库大比例尺水下地形测量来说就显得不够，必须采用差分 GPS 技术进行相对定位。目前也可以采用动态精密单点定位技术，该方法要采用精密星历，进行事后相关处理获得结果，但不具备实时性。

差分 GPS 技术定位时将 GPS 接收机与测深仪组合，前者进行定位测量，后者同时进行水深测量。利用笔记本电脑或者专用的测深仪器记录相关观测数据，并配备一系列软件和绘图仪硬件，从而组成水下地形测量自动化系统。

11.2.3 河道纵横断面图的绘制

为了掌握河道的演变规律，在水利枢纽工程设计中，计算回水曲线和了解枢纽上、下游地区的河道形状，或者研究库区淤积等，都需要沿河流布设一定数量的横断面，在这些断面线上进行水深测量，并绘制横断面图。横断面的位置一般可根据设计用途由设计人员会同测量人员先在地形图上选定，然后再到现场确定。横断面应尽量选在水流比较平缓且能控制河床变化的地方。为便于进行水深测量，横断面应尽可能避开急流、险滩、悬崖、峭壁，断面方向应垂直于河槽。横断面的间距视河流大小和设计要求而定，一般在重要的城镇附近、支流入口，建筑物上、下游和河道大转弯处等都应加设横断面；而对于河流比降变化和河槽形态变化较小、人口稀少和经济价值低的地区，可适当放宽横断面的间距。

在河道纵横断面测量中，主要工作是横断面图的绘制，河道横断面图及其观测成果是河道纵断面图绘制的直接依据。

1．断面基点的测定

代表河道横断面位置并用作测定断面平距和高程的控制点，称为断面基点。断面基点应埋设在最高洪水位以上，在进行河道横断面测量之前，首先必须沿河布设一些断面基点，并测量它们的平面位置和高程，作为横断面测量的平面和高程控制。断面基点平面位置的测定精度应不低于编制纵断面图使用的地形图测站点的精度；高程一般应以五等水准测定。当地形条件限制无法测定断面基点的平面位置和高程时，可布设成平面基点和高程基点，分别确定其平面位置和高程。

（1）平面位置的测定。断面基点平面位置的测定有两种情况：

①专为水利、水能计算所进行的纵、横断面测量，通常利用已有地形图上的明显地物点作为断面基点，对照实地打桩定标，并按顺序编号，不再另行测定它们的平面位置。对于那些无明显地物可作为断面基点的横断面，它们的基点需在实地另行选定，再在相邻两明显地物点之间用导线测量方式测定这些断面基点的平面位置。

②在无地形图可用的河流上，须沿河的一岸每隔 50～100 m 布设一个断面基点。这些基点的排列应尽可能地与河道主流方向平行，并从起点开始按里程编号，如图 11－10。各基点间的距离可按具体要求分别采用视距法、光电测距法等方法测定。在转折点上应用经纬仪观测水平角，以便在必要时按导线计算各断面点的坐标。

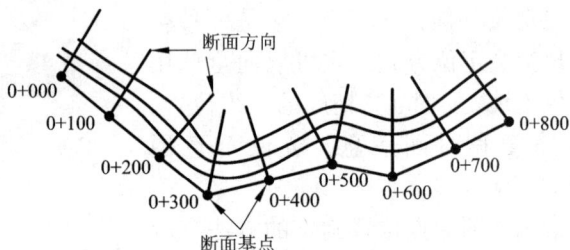

图 11－10　河道横断面基点的布设

（2）高程的测定。断面基点和水边点的高程，应用五等水准测量从邻近的水准基点进行引测。如果沿河没有水准基点，则应先沿河进行四等水准测量，每间隔 1～2 km 布设一个水准基点。

2．横断面方向的确定

在断面基点上安置经纬仪或者全站仪，照准与河道主流垂直的方向，倒转望远镜在本岸标定一点作为横断面后视点，如图 11－11。由于相邻断面基点的连线不一定与河道主流方向恰好平行，所以横断面不一定与相邻基点连线垂直，应在实地测定其夹角，并在横断面测量记录手簿上绘制一略图并注明角值，以便在平面图上标定出横断面方向。为使测船在航行时有定向的依据，应在断面基点和后视点上插上花杆。

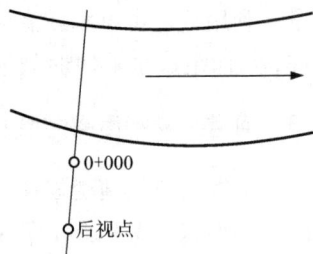

图 11－11　横断面方向的标定

3．陆地部分横断面测量

在断面基点上安置全站仪，照准断面方向，用极坐标法依次测定水边点、地形变化点和地物点的平面坐标和高程。若使用经纬仪，可采用视距法依次测定水边点、地形变化点和地物点到测站点的平面距离和高差，并算出高程。每个断面都要测到最高洪水位以上，对于不可到达处的断面，可利用相邻断面基点按前方交会法进行测定。

4. 水下部分横断面测量及绘制

横断面的水下部分，需要进行水深测量、水位观测以及测深点的定位，可参考本章其他章节内容的介绍，在获得的陆地地形点的平面位置和高程及水下部分测深点的平面位置和水深后，应对观测成果进行整理，检查和计算各测点的起点距，由观测时的工作水位和水深值计算各测点的高程，然后将河道横断面图按一定的比例绘制在图纸上，横向表示平距比例尺一般为 1:1 000 或 1:2 000，纵向表示高程，比例尺为 1:100 或 1:200。绘制时应当注意：左岸必须绘制在左边，右岸必须绘制在右边。因此，绘图时通常以左岸最后一个断面点作为平距的起算点，绘制在最左边，将其他各点对断面基点的平距换算成对左岸断面点的平距，再去展绘各点，见图 11 - 12。

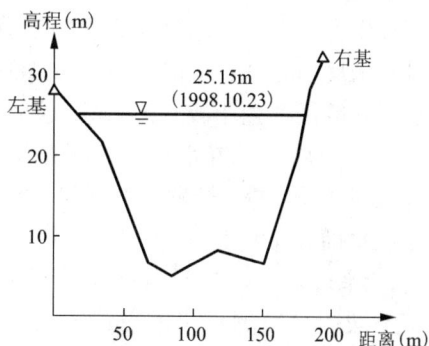

图 11 - 12 横断面图

5. 河道纵断面图的绘制

河流纵断面是指沿着河流深泓点(即河床最低点)剖开的断面。用横坐标表示河长，纵坐标表示高程，将这些河流深泓点连接起来，就得到了河底的纵断面形状。在纵断面图上应表示出河底线、水位线以及沿河主要居民地、工矿企业、铁路、公路、桥梁、水文站等的位置和高程。

纵断面图一般是利用已有的水下地形图、河道横断面图及有关水文资料进行编绘的，其基本步骤如下：

(1)量取河道里程。在已有的水下地形图上，沿河道深泓线从上游(或下游)某一固定点开始算起，往下游(或上游)累计，量距读数至图上 0.1 mm，在有电子地图时，可直接在电子地图上量取。

(2)换算同时水位，同时水位的计算一般根据距离或时间作线性内插。

(3)编制河道纵断面表，内容包括：点编号、点间距、累计距离、深泓点高程、瞬时水位及时间、洪水位及时间、堤岸高程等。

(4)绘制河道纵断面图，一律从上游向下游绘制。高程比例尺一般为 1:200 ~ 1:2 000，距离比例尺一般为 1:25 000 ~ 1:200 000。

11.3 水位观测及水深测量归算

水下地形测量需要测定水下地形点的平面坐标和高程，地形点平面位置的确定技术在前一节已经介绍过，而测深仪或其他水深测量设备获得的是瞬时水面到水底的深度，为了获得水下地形点的高程，需要知道瞬时的水面高程，而且要对测深设备直接测定的水深经过一系列改正。水下地形点的高程是根据测深时的水位减去水深求得，因此水位观测是必需的。

11.3.1 水位观测

水位是指水面相对于某一高程基准面的高程，水位观测是指为确定水位而进行的测量活动。在进行水下地形测量时，如果作业时间很短，河流水位又比较稳定，可以直接测定水边线的高程作为计算水下地形点高程的起算依据。如果作业时间较长，河流水位变化不定时，则应设置水尺随时进行水位观测，以保证提供测深时的准确水面高程。

水尺一般用搪瓷制成，长 1 m，尺面刻划与水准尺相同。设置水尺时，先在岸边水中打入一个长木桩，桩侧定上水尺，使水尺零点在水面以下约 $0.3 \sim 0.5$ m，尺面对向岸边，见图 11 – 13，然后根据邻近水准点用四等水准测量联测水尺零点的高程，水位观测时，将水面所截的水尺读数加上水尺零点高程即为水位高程值。

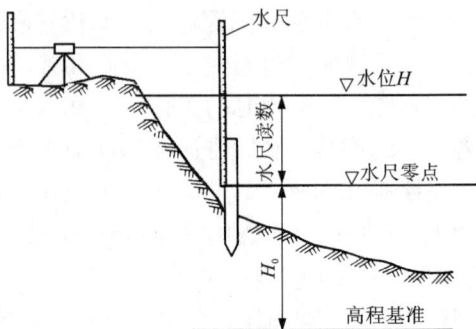

图 11 – 13　水位观测示意图

水深测量期间，按照一定的时间间隔（如 10 min 或 30 min，具体要根据水位变化的幅度确定）对水尺进行读数，并绘制成水位 – 时间曲线，见图 11 – 14，可采用线性内插法或回归内插法获得任意水深观测时刻的水位值。

线性内插是假设水位在时间间隔范围内是按线性变化，那么对于某一时刻的水位值可利用简单的线性内插获得，其公式如下：

$$h(t) = h(t_0) + k \times (t - t_0) \qquad (11 - 1)$$

式中：$h(t)$——水深观测时刻 t 的水位值；

　　　$h(t_0)$——t_0 时刻水位观测值；

　　　k——水位变化率。

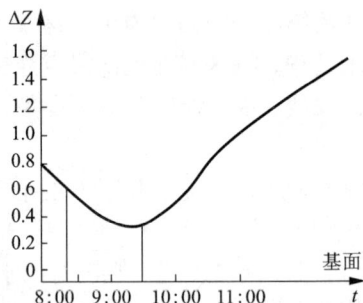

图 11 – 14　水位 – 时间曲线图

回归法是指在时间间隔内水位的变化遵循于一条规则曲线，该曲线可用多项式或样条函数来表达，其公式如下：

$$h(t) = a_0 + a_1 t + a_2 t^2 + a_3 t^3 \qquad (11 - 2)$$

式中：$h(t)$——水深观测时刻 t 的水位值；

　　　a_0，a_1，a_2，a_3——回归系数；

　　　t——水深观测时间。

回归系数 a_0，a_1，a_2，a_3 可通过一定间隔的水位观测值及相应的观测时间，建立回归方程，通过最小二乘法获得。在获得了回归系数后，只要将测深时间代入已经建立好的回归方程，就可以获得当时的水位值。

11.3.2　深度基准面的概念

水下地面点竖向位置的描述可使用与陆地相同的高程系统，由此可得到水下地形图。但有时需要用水深描述水下地面点竖向位置，则可以得到用等深线表示的水深图或海图。水深计算的起算面称为深度基准面。

水深图主要服务于航运，因此深度基准面的确定非常重要。我国在海洋、港湾和河口以往主要采用略低于低潮面的一个面作为深度基准面。从 1956 年开始采用理论最低潮面（即理论深度基准面)作为深度基准面,内河、湖泊采用最低水位、平均低水位或设计水位作为深度基准面。理论深度基准面是理论上可能出现的最低潮面,位于平均海水面以下高度为 L 的平面处。其中 L 值是 8 个主要分潮(M_2,S_2,N_2,K_2,O_1,K_1,P_1,Q_1)的调和函数,即各分潮平均振幅 H 和迟角 g 按照一定的公式计算获得。

设计水位又称为江河航道设计水位,其确定方法主要有 3 种:

(1)多年最低水位平均值法。

(2)多年平均保证率法,即取多年日平均水位历时曲线上与通航保证率相应的水位。

(3)频率法,如用流量频率法,即以不能通航的天数为准,在各年流量过程线上找出相应的流量作为随机变量,绘出理论累积频率曲线,从其上查出规定频率的相应流量曲线作为设计流量,再在水位流量关系曲线上查得对应此流量的水位,即为设计水位。

实践证明,频率法定出的设计水位,一般都低于多年平均保证率法求得的结果,因而保证航运安全的程度比较高。

因此,水下某点的水深值等于深度基准面的高程与该点高程之差。

11.3.3　水深测量归算

在测水深图的时候,必须将水深测量值归算为深度基准面到水低的垂直距离,同时瞬时水深也要进行各项改正:仪器改正、声速改正和动态吃水改正等,各项改正示意图见图 11 – 15。

各项改正的含义:①观测深度是指测深仪原始水深观测值,是由测深仪测量点到水低的垂直距离;②仪器改正是指在观测深度上仪器自动改正值;③声速改正是指初始设置的声速与实际声速不同引起的改正,在实

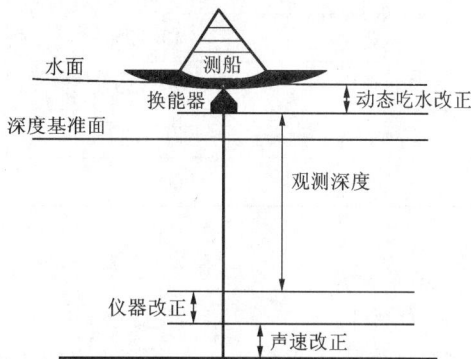

图 11 – 15　回声测深值改正示意图

际测量过程中,一般可采用金属杆比测法或声波速度计直接测定法先确定在该水域声波的传播速度,然后再进行水深测量;④动态吃水改正是指静态吃水加上船沉降和颠簸的总和。

11.4　水下地形测量

11.4.1　水下地形测量基本原理

在沿海、港口码头、沿江河湖的水利工程等工程建设或桥梁建设中都需要进行一定范围的水下地形测绘。水下地形测绘有两种方式:一种是以航运基准面为基准的水深值和等深线表示的航道图,用以显示航道、港口等水下地形情况,我国沿海各港口水下地形测量均以各自的理论深度基准面为基准;另一种是用与陆地高程一致的地形高程点和等高线表示的水下地形图,其基准面为(似)大地水准面。上述两种方式的基准面之间存在一定的差值,且不同的地方差值各不相同。本节以河道和水库为测绘对象,重点介绍用等高线表示的水下地形测绘方法和过程。

水下地形测绘主要包括以下几个过程：测深断面线和断面点的设计与布设；测深点的定位；水深测量；外业成果整理以及河流纵横断面图的绘制等。测深断面线和断面点的设计与布设、测深点的定位技术在前面已经进行了相关介绍，本节将重点介绍测深线和测深点的间距要求，水深测量以及外业成果整理，而河道纵横断面图的绘制将在下一节中进行介绍。

1. 测深线和测深点的间距要求

由于不能直接观察水下地形情况，只能依靠测定一定密度的水下地形点来探索水下地形的变化规律，因此在水下地形测量前，为了保证水下地形测量的成图质量，应根据测区内的具体情况，在实地布设一定数量的断面线和测深点。测深断面线一般规定在图上每隔 1～2 cm 布设一条，测深点的间距一般在图上为 0.6～0.8 cm，见表 11-1。也可以按照不同的测图比例尺来规定测深断面线和测深点的间距，但当水下地形较复杂或设计上有特殊要求时，可适当加密测深断面线和测深点的间距。若测区水流平缓，河床平坦，可适当放宽上述规定。

表 11-1　测深断面线和测深点间距表

测图比例尺	测深断面线间距（m）	测深点间距（m）	等高距（m）
1:1 000	15～25	12～15	0.5
1:2 000	20～50	15～25	1.0
1:5 000	80～130	40～80	1.0
1:10 000	200～250	60～100	1.0

2. 水深测量

（1）测深杆

测深杆适用于水深小于 5 m，且流速不大的浅水区，用松木或竹竿制成，直径为 4～5 cm，杆长为 4～6 m，杆的表面以 10 cm 为间隔，涂以红白或黑白漆，并注以数字。杆底装有铁垫，重 0.5～1.0 kg，可避免测深时杆底陷入泥沙中影响测量精度（见图 11-16）。

图 11-16　测深杆

（2）水砣（或称测深锤）

水砣由铅砣和砣绳组成。它的重量视流速而定。砣绳最长 10 m 左右，以 10 cm 为间隔，系有不同标志，适用水深为 2～10 m，流速小于 1 m/s 的河道。20 世纪 60 年代测深的主要方式是水砣（见图 11-17）。

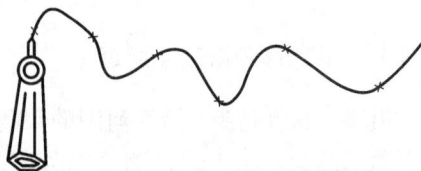

图 11-17　水砣

（3）回声测深仪

在大江或大河或水深流急的河道或港湾地区，使用上述两种测深工具既费劳力又费工时，而且不易测得可靠的成果。随着科学技术的发展，回声测深仪得到广泛的应用。如图 11-18 所示，回声测深的基本原理是测量声波由水面至水底往返的时间间隔 Δt，从而推算出水深。

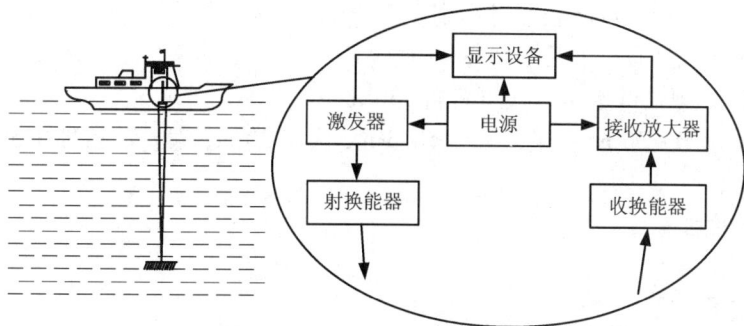

图 11 – 18   回声测深原理

$$S = \frac{1}{2} \int_{t_1}^{t_2} v(t)\, \mathrm{d}t \tag{11 – 3}$$

近似公式：

$$S = v \times \Delta t/2 \tag{11 – 4}$$

式中：v——超声波在水中的传播速度，约为 1 500 m/s。

回声测深仪由换能器和控制仪两大部分组成。在控制仪指挥下发射换能器按约定的时间间隔发生短促的电脉冲，并转换成超声波向水下发射。该超声波自水底反射后向上传播，其中一部分反射波被接收换能器接收，并转换为电脉冲，经放大后输入控制仪。只要测出发射脉冲和接收脉冲之间的时间间隔，从而就可以求出水深（见图 11 – 19）。

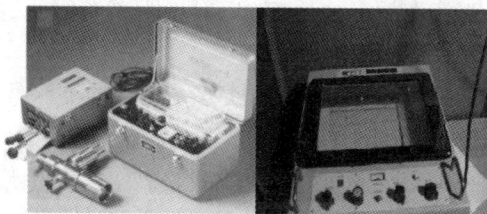

（4）多波束测深系统

多波束测深系统是为了测定船只航线两侧的水底信息资料而研制的一种能在测船航线左右两侧对称的有效带内测量出全部水底地形信息的回声测深系统。

多波束测深系统具有测量范围大、速度快、精度高、记录数字化以及成图自动化等优点，它把测深技术由原先的点线状扩展到面状，并进一步发展到立体测图和自动成图。多波束测深原理（见图 11 – 20）。

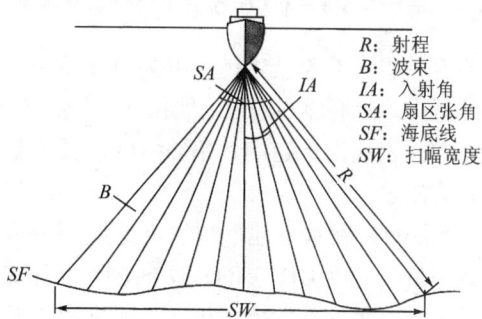

多波束测深的重要特点是可以发射多个波束，呈扇状排列扫过海底并携带反射强度信号回到发射点。决定扇状波束的覆盖宽度和精度的主要参数是发射角宽和波束数。目前的多波束测深仪的发射角宽已经可以达

图 11 – 19   回声测深仪

R：射程
B：波束
IA：入射角
SA：扇区张角
SF：海底线
SW：扫幅宽度

图 11 – 20   多波束测深原理

到120°，甚至150°，波束数已经可以达到上百个，从而大大提高了测深效率和测量精度。

多波束测深系统具有以下几个特点：

①覆盖宽度大(100 m水深一次可覆盖750 m)；

②测深精度高(0~30 m水深，误差<0.3 m，大于30 m，误差不超过0.5%)；

③性能稳定；

④自动化程度强；

⑤处理速度快；

⑥后处理成果丰富。

多波束测深系统的主要误差有安装误差、系统误差、运动误差、声速误差、近场误差和偶然误差等。

①安装误差：安装多波束换能器、GPS流动站天线和运动传感器时的位置、角度不正确而产生测量误差。

②系统误差：系统主要设备和辅助设备本身的误差。

③运动误差：船舶航行、转向、变速和颠簸引起的测量误差。

④声速误差：水体物理性质的变化，主要是水温、盐度、浑浊度的变化造成水体密度变化而引起声波传播速度变化的误差。

⑤近场误差：由于声波反射点距离发射源很近而产生混响，造成信号和噪音难于辨认的误差。

⑥偶然误差：定位数据突然尖跳，或测深数据偶然漂移等产生的误差。

3. 成果整理

外业工作结束后，即开始内业工作，其主要内容有：

①将外业测角和测深数据汇总并逐点核对。

②由水位观测结果和水深记录计算各测点高程。

③展绘各测点位置，并注记相应高程。

④在图上勾绘等高线或等深线表示出水下地形的起伏。

⑤若采用测深仪和差分GPS技术相结合水下地形测绘方式，并采用测深数据和定位数据自动化记录方式，可直接采用相应的自动化成图系统进行水下地形图的绘制。

11.4.2 基于 GPS - RTK 技术的无验潮水下地形测量

随着GPS - RTK技术的不断发展和完善，通过该技术的测量已经被广泛应用到各类相关测量领域中，在地形图测绘、地籍测量、施工放样、海上精密定位、水下地形测量以及数字化成图等方面表现出卓越的效率、精度以及不受通视条件限制等特点，使其成为野外测量作业的有效方法之一。

GPS - RTK在水下地形测量上的应用分为两种模式：无验潮模式和验潮模式。验潮模式就是在测量船上由GPS - RTK实时测定水下地形点的平面位置，由测深仪同步测出此时换能器测量零点到水底的深度，并进行速度改正及仪器改正等，获得改正后的水深值，再根据岸上人员定期观察的水位值内插观测时刻的水位值，随后根据水位值和改正后的水深测量值的数据计算出每个水下地形点的高程值。这种模式已经被广泛应用于江河湖海水面的水深测量之中，并形成了较为成熟的操作模式。无验潮模式就是利用GPS载波相位差分测量技术和

GPS 高程转换方法在测量船上直接用 GPS – RTK 测出换能器测量零点的三维坐标(平面坐标和高程),然后根据同步水深测量值,直接获得水下地形点的平面坐标和高程的作业模式。它不需要在岸上同时进行水位观测,它在水下地形测量中具有独特的优越性。特别是在海洋的大面积水域测量中,由于水位存在坡降比,要在测区内按距离分块设几处水位观测点,每个点至少要配一个工作人员,这样不容易求出准确的水位数据,且工作效率不高。而无验潮模式改进了测量工序,减少了测量人员,提高了工作效率。只要选择合适的作业方法和数据处理方法,目前 GPS – RTK 测量高程

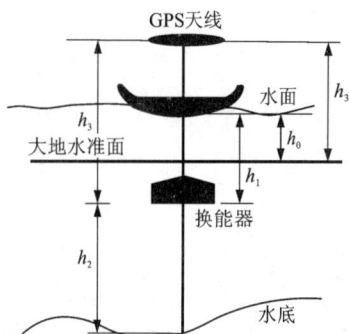

图 11 – 21　GPS 水下地形测量原理图

的精度完全能满足水下地形测量的精度要求,此外如能结合局部区域的(似)大地水准面模型将能进一步提高 GPS – RTK 高程测量的精度,并简化作业过程。

水下地形测量的主要任务是确定水下某一点的平面坐标(x, y)和高程 h,传统的水下地形测量方法一般采用 GPS 定位技术确定其平面坐标(x, y),而水底高程 h,则需要通过验潮求得。如图 11 – 21,通过验潮可求得水面高程 h_0,若测深仪换能器离水面的深度为 h_1,且由测深仪测得换能器至水底的高度 h_2,则可求得测点的高程为

$$h = h_0 - h_1 - h_2 \qquad (11-5)$$

计算水面高程 h_0 时,一般至少需要 3 个验潮站,如果验潮站少于 3 个或验潮站在测点的同一侧,则需要利用有关模型才能计算出测点的水面高程 h_0。若将 GPS 天线架设在测深仪换能器的垂直上方,且已知 GPS 天线的高程 h_3,GPS 天线至换能器的高度为 h_4,则水底点的高程为

$$h = h_3 - h_4 - h_2 \qquad (11-6)$$

采用 GPS – RTK 技术可实时求得厘米级精度的 GPS 天线的三维坐标(x, y, z),可将该三维坐标转换为平面坐标或大地坐标,但坐标无论是哪种形式,其对应的高程系统均属于大地高系,其坐标系统均属于 WGS – 84,而我们进行水下地形测量时所需要的高程系统是正常高系,所需要的坐标系统为北京 1954 坐标系或西安 1980 坐标系,因此要将 GPS – RTK 实时获得 GPS 天线的三维坐标(WGS – 84 坐标),转换为需要的平面坐标和正常高。常用的坐标转换方法有两种:平面相似变换法和布尔沙模型 7 参数法。

1. 布尔沙模型

布尔沙模型是空间 7 参数坐标转换常用的数学模型,其表示如下:

$$\begin{bmatrix} X_i \\ Y_i \\ Z_i \end{bmatrix}_2 = \begin{bmatrix} \Delta X \\ \Delta Y \\ \Delta Z \end{bmatrix} + \begin{bmatrix} X_i \\ Y_i \\ Z_i \end{bmatrix}_1 (1 + \delta u) + \begin{bmatrix} 0 & -Z_i & Y_i \\ Z_i & 0 & -X_i \\ -Y_i & X_i & 0 \end{bmatrix}_1 \begin{bmatrix} \varepsilon_X \\ \varepsilon_Y \\ \varepsilon_Z \end{bmatrix} \qquad (11-7)$$

式中,下标 1, 2 分别表示两个不同坐标基准下的空间直角坐标。ΔX,ΔY 和 ΔZ 为三个平移参数,δu 为尺度参数,ε_X,ε_Y 和 ε_Z 为三个旋转欧拉角。

在实际计算过程中,由于所计算的转换参数为 7 个,所以至少应当有 3 个重合点。若有 $n(n \geqslant 3)$ 个重合点,则应有 $3n$ 个误差方程,其误差方程式为

$$V = AX + L \qquad (11-8)$$

其中,

$$
A = \begin{bmatrix} 1 & 0 & 0 & X_1 & 0 & -Z_1 & Y_1 \\ 0 & 1 & 0 & Y_1 & Z_1 & 0 & -X_1 \\ 0 & 0 & 1 & Z_1 & -Y_1 & X_1 & 0 \\ \vdots & \vdots & \vdots & \vdots & \vdots & \vdots & \vdots \\ 0 & 0 & 1 & Z_n & -Y_n & X_n & 0 \end{bmatrix}
$$

$$
X = \begin{bmatrix} \Delta X & \Delta Y & \Delta Z & \delta u & \varepsilon_X & \varepsilon_Y & \varepsilon_Z \end{bmatrix}^T, \quad L = \begin{bmatrix} X_1 \\ Y_1 \\ Z_1 \\ \vdots \\ Z_n \end{bmatrix}_1 - \begin{bmatrix} X_1 \\ Y_1 \\ Z_1 \\ \vdots \\ Z_n \end{bmatrix}_2
$$

则可得转换参数的最小二乘解

$$
X = (A^T P A)^{-1} A^T P L \tag{11-9}
$$

需要注意的是由式(11-9)计算所得到的转换参数,一般平移参数为几十米到数百米,尺度参数量级约为 10^{-6},而旋转参数约为 10^{-5} 量级甚至更小,点的空间坐标的量级约为 10^6,其差别较大。在实际计算过程中,为改善参数计算精度、提高方程的稳定性、防止计算误差累积,需对转换参数的单位进行换算,一般旋转参数以秒为单位,尺度参数以 ppm(百万分之一)表示。

2. 平面相似变换模型

坐标基准的转换也可以通过平面相似变换的方法实现,其坐标转换的模型如下

$$
\begin{bmatrix} x \\ y \end{bmatrix}_2 = \begin{bmatrix} \Delta x \\ \Delta y \end{bmatrix} + \delta u \begin{bmatrix} \cos\alpha & \sin\alpha \\ -\sin\alpha & \cos\alpha \end{bmatrix} \begin{bmatrix} x \\ y \end{bmatrix}_1 \tag{11-10}
$$

式中,下标 1,2 分别表示两个不同坐标系下的平面坐标。Δx 和 Δy 为两个平移参数,δu 为尺度参数。

由式(11-10)可知,为解得转换参数,至少应当有 2 个重合点。当有多余 2 个重合点时,可采用最小二乘的方法得到转换参数;若有 $n(n \geq 2)$ 个重合点,则可以列立 $2n$ 个误差方程式,其矩阵形式如下:

$$
V = AX + L \tag{11-11}
$$

$$
其中,A = \begin{bmatrix} 1 & x_1 & y_1 & 0 \\ 0 & y_1 & x_1 & 1 \\ \vdots & \vdots & \vdots & \vdots \\ 0 & y_n & x_n & 1 \end{bmatrix}, \quad X = \begin{bmatrix} \Delta x & k_1 & k_2 & \Delta y \end{bmatrix}^T, \quad L = \begin{bmatrix} x_1 \\ y_1 \\ \vdots \\ y_n \end{bmatrix}_1 - \begin{bmatrix} x_1 \\ y_1 \\ \vdots \\ y_n \end{bmatrix}_2
$$

$$
k_1 = \delta u \times \cos\alpha - 1, \quad k_2 = \delta u \times \sin\alpha
$$

则可得平面相似变换转换参数的最小二乘解为

$$
X = (A^T P A)^{-1} A^T P L \tag{11-12}
$$

由于 GPS-RTK 直接测量得到的高程是大地高,要想将其转换为正常高,可采用简单模型拟合法。拟合法进行 GPS 高程转换的主要原理是利用若干个已知 GPS 水准点的大地高和水准高计算各点的高程异常,由于高程异常在局部区域内变化相对比较平缓,可以利用一些

简单函数(如:直线、二次曲线、平面等)对已知点的高程异常数据进行组合表示,通过已知点所获得的高程异常表示(拟合)公式,计算待定点的高程异常值,进而可求得待定点的正常高,有关这方面的成果很多。

若测得某点的大地高为 H,水准高为 h,则高程异常 ζ 为

$$\zeta = H - h \tag{11-13}$$

局部区域内的高程异常 ζ 的变化相对是比较平缓的,因此可以用一组线性无关的基函数 $\varphi(x, y)$ 的线性组合来表示,即:

$$\zeta = \sum_{j=1}^{t} \alpha_j \varphi_j(x, y) \tag{11-14}$$

式中:α_i 为拟合系数,$\varphi_i(x, y)$ 为所选择的基函数,基函数模型主要可分为:垂直平移模型、线性基函数拟合模型、面基函数拟合模型、多面函数和样条函数等。

根据已有的 GPS/水准数据,计算拟合系数,进而就可以求出待求 GPS 点的高程异常。用大地高减去拟合得到的高程异常,就可以获得拟合的正常高。

11.4.3　水上测量软件系统

水上测量软件系统一般可以配备多种 GPS 接收机,用户个性化参数设置全面、便捷,操作方便,界面简洁,是一个集导航、测量、编辑等多种功能于一身的水深测量工具软件,EzHydro 就是一款较好的水上测量软件系统。

1. EzHydro 系统主界面

EzHydro 系统主界面见图 11-22,该软件具有以下特点:

(1)丰富的测线设计功能为计划线的设计提供了极大的方便。

(2)支持多种投影方式和控制点联测自动计算投影转换参数。

(3)支持图层-计划线、控制点、参考点、水尺、航迹和定位记录分别在不同的图层中,可方便地隐藏和查看指定的图层。

(4)支持预定义和自定义符号,不同符号的定位数据可形成单独的图层文件包含全套浏览、查询和显示工具。

(5)允许在导航和测量的同时作图,可在测量船行进的同时用不同符号标记附近定位点。

(6)支持多种 GPS、测深仪和 FixBox,提供灵活方便的设备设置和检查界面。

(7)GPS 状态监视窗口提供实时的卫星数目、卫星分布图、卫星信号信噪比、PDOP 值等数据的直观的图形显示。

(8)水深趋势曲线窗口提供最近 1 min 内所有水深数据的图形显示,便于监视水深变化情况和测深仪工作状态。

(9)偏航显示窗口便于监视测量船的偏航距离。

(10)各种报警提示功能,保证导航和测量数据准确可靠。

(11)提供偏心作业功能,可自动处理测深仪和 GPS 位置的偏差。

(12)图形化的水深编辑器提供灵活方便的水深编辑功能。

(13)可对测量船动态吃水量进行校正。

(14)提供多种水位校正方案以满足不同的需要。

(15)支持无验潮站水位改正。

（16）测量数据可直接转换成多种成图软件的格式。

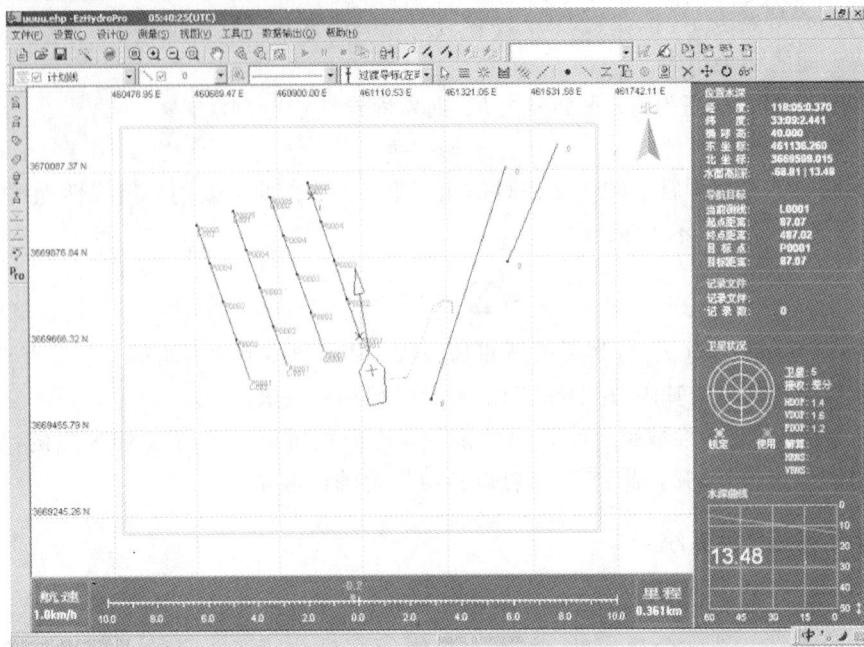

图 11 - 22　EzHydro 系统主界面

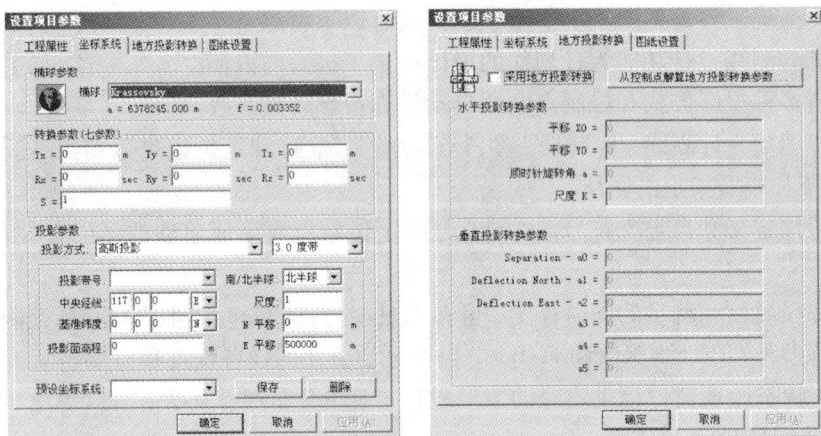

图 11 - 23　坐标系统设置和地方投影转换

2．系统设置

基于 EzHydro 软件，利用 GPS 技术和回声探测仪进行常规水下地形测量，系统设置主要
包括以下几个方面：

（1）准备工作

测量设备安装完成后需检查各测量仪器工作是否正常，如 GPS 和测深仪电源供电是否充
足，相关数据线是否连接正确等。

（2）坐标系统设置

坐标系统包括投影面椭球、投影参数和坐标参数等设置，可以根据工程需要输入指定

值，也可以从软件系统中的预设坐标系统中选择。当需要用到地方坐标系进行测绘时，可以选中采用地方投影转换的复选框，输入平面投影转换参数和垂直投影转换参数，具体界面见图 11 −23。

（3）图纸设置

图纸的设置包括图纸的大小和背景的设置。图纸的大小的参数包括工作区标题、工作区左下角的平面坐标、图纸的宽和高及相应的比例尺等。如图 11 −24 所示。

（4）测量船设置

测量船设置信息包括测量船的船形定义和船的动态吃水改正。船形的描述实际上是描述船形状的线段，包括线段起点坐标和线段的终点坐标。船的中心点的坐标是(0，0)。动态吃水改正是指船在不同行驶速度的吃水量，如图 11 −25 所示。

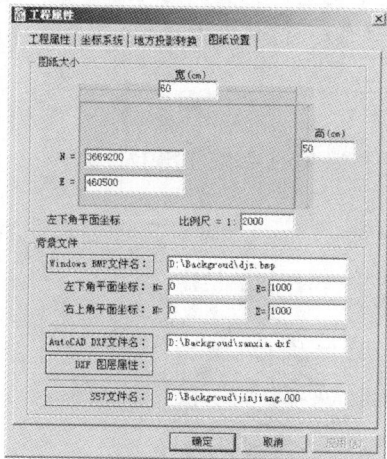

图 11 −24　图纸设置

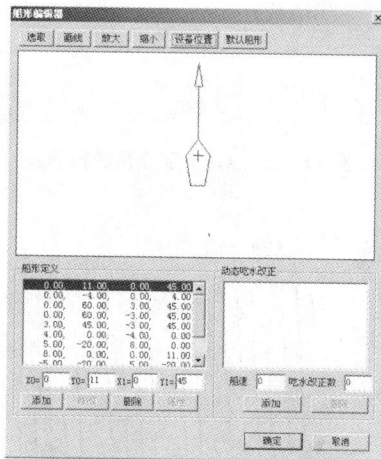

图 11 −25　测量船及吃水设置

（5）GPS 设置

GPS 设置包括 GPS 型号、数据格式、时间常数、数据记录方式以及端口等设置，如图 11 −26 所示。

（6）测深仪设置

测深仪设置包括指定测深仪的型号和测深仪的数据格式、时间参数以及端口设置等，如图 11 −27 所示。

3. 测线编辑

在系统中，一般有几种编辑测线的方法，如平行布线、区域布线、扇形布线以及任意布线等。平行布线是指设计一系列相互平行的测线，其功能通过"平行布线"窗口设计一系列相互平行的测线。区域布线是在限定的区域内布设测线，可通过"区域布线"窗口实现。扇形布线是指在特定区域布设的扇形测深线，可通过"扇形布线"窗口实现，平行布线和区域布线如图 11 −28 所示。

4. 测量外业工作

在系统设置好各仪器设备的参数及设计好测深线后，在实地就可以按照设计好的测深线进行水下地形测量作业，测量船沿着设计好的测线进行导航测深及数据采集，效果图见图 11 - 29，测深断面显示和编辑界面见图 11 - 30。

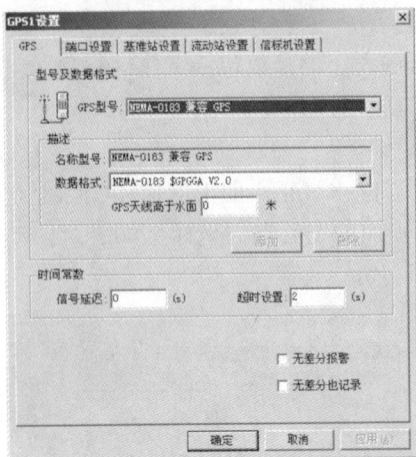

图 11 - 26 GPS 定位系统设置

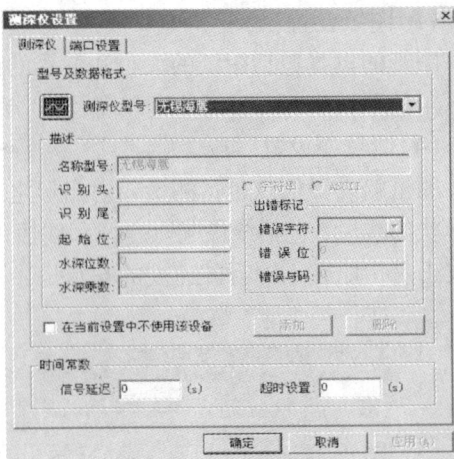

图 11 - 27 测深仪设置

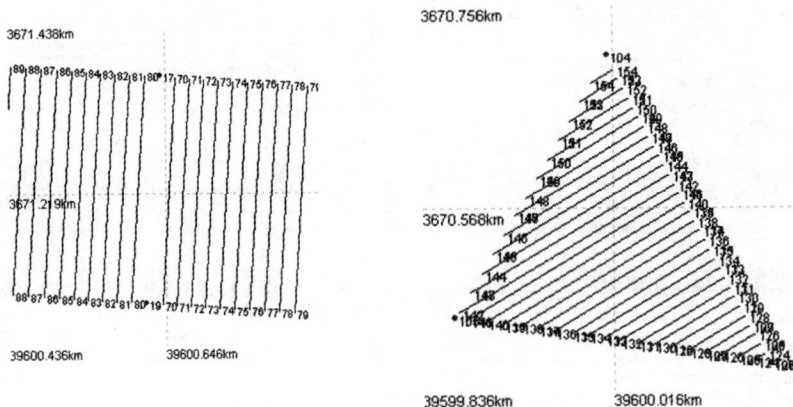

图 11 - 28 平行布线示意图和区域布线示意图

11.5 水库测量与库容计算

11.5.1 水库测量

1. 水库测量的基本任务与特点

水库一般指在河流上因建筑拦河坝(或闸)所造成的人工湖。它能蓄水和调节水量，为兴修水库而进行的测量工作，称为水库测量。在设计水库时，水库测量的基本任务是要确定水库蓄水后淹没的范围，计算水库的汇水面积和水库容积，在实地测定水库淹没界线，设计库岸加固和防护工程等。

2. 水利工程设计对地形图的要求

在水利工程建设中，为了研究河谷地貌的特点，探讨各个梯级中水利枢纽水头的高低、

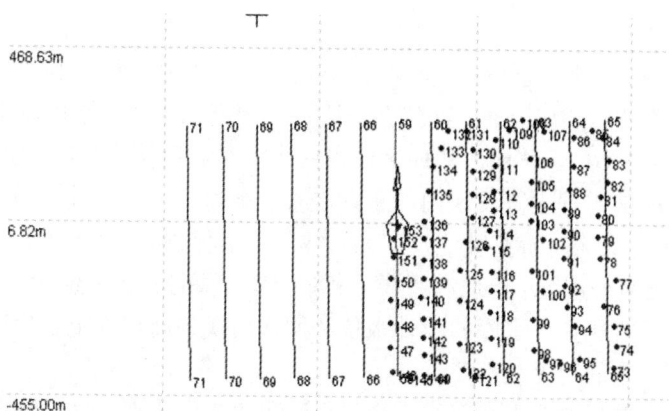

图 11 – 29 测量船沿着设计好的测线进行导航测深及数据采集显示图

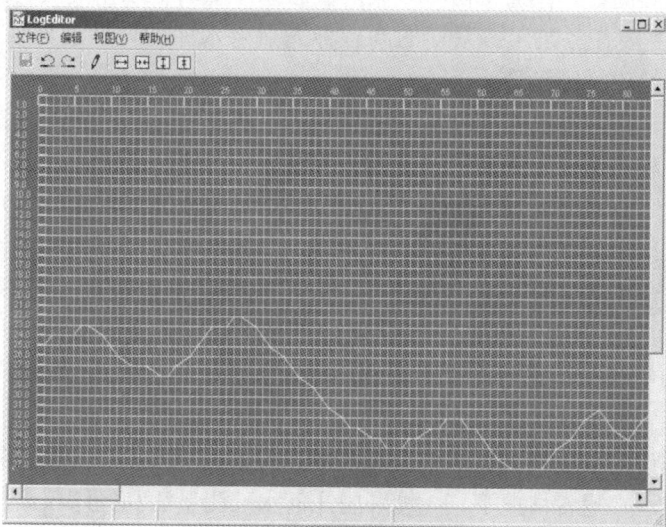

图 11 – 30 测深断面显示和编辑

发电量的大小、回水的分布情况以及流域与水库的面积等，需要提供 1:1 万到 1:10 万比例尺的国家基本地形图以及水面与河底的纵横断面图。为了进行水库设计，主要采用比例尺 1:1 万到 1:5 万的地形图，以解决下述的一些重要问题：①确定回水的淹没范围；②量测淹没面积；③计算总库容和有效库容；④设计库岸的防护工程；⑤确定沿库落入临时淹没或永久浸没地区的城镇、工企业以及重要耕地，并拟订相应的防护工程措施；⑥设计航道及码头的位置；⑦制定库底清理、居民迁移以及道路线改建等的规划。

在初步设计阶段，除了库区的地形图外，在可布设枢纽的全部地区都应有 1:1 万或者 1:2.5 万比例尺的地形图，以便正确地选择坝轴线的位置。坝轴线选定后，即应在这个计划的枢纽布设地区，提供 1:2 万或 1:5 万比例尺地形图，以研究各类建筑物的布置方案。

在施工设计阶段，对于坝区、厂房地区、船闸闸室、引水渠渠道以及引水隧洞的进口等处，可测绘 1:1 000 甚至 1:500 比例尺地形图，以便详细地设计该工程各部分的位置和尺寸。

一般来说大型水库测图比例尺为 1:1 万，中型水库测图比例尺为 1:5 000，小型水库测图比例尺为 1∶2 000。

3．水库淹没界线测量

修建水库时，由于蓄水而造成一定范围的淹没，库区内原有耕地和建筑物将被废弃，居民、工厂和交通线路被迫迁移改建，这就会造成一定程度的损失。水库淹没影响所牵扯到的问题有：居民的迁移安置；迁移或改建库区淹没区内的交通运输建筑物，如铁路、公路、通讯设备及输电线等；迁移或重建淹没区内的工业企业；重建水道上的建筑物，包括桥梁、港口建筑物等；耕地、稀有矿藏、游览胜地及库区古建筑等的保护等。

测设移民线、土地征用线、土地利用线、水库清理线等各种水库淹没、防护、利用界线的工作称为水库淹没界线测量。水库的设计水位和回水曲线的高程确定之后，即可根据设计资料在实地确定水库未来的边界线。

水库边界线测设的目的在于测定水库淹没、浸润和坍岸范围，由此确定居民地和建筑物的迁移，库底清理，调查与计算由于修建水库而引起的各种赔偿，规划新的居民地，确定防护界线等。边界线的测设工作通常由测量人员配合水工设计人员和地方政府机关共同进行。其中，测量人员的主要任务是用一系列的高程标志点将水库的设计边界线在实地标定下来，并委托当地有关部门或村民保管。

这些界线以设计正常蓄水位为基础，结合浸没、坍岸、风浪影响等因素综合确定，根据需要测设其中的一种、几种或全部。测设时，用界桩在实地标出其通过的位置并绘在适当比例尺的地形图上，作为移民规划、迁移安置及库区建设的依据。界桩分为永久桩和临时桩两类。界线通过厂矿区或居民点时，在进出处各设一个永久桩，内部每隔若干米测设一个临时桩，主要街道标出界线通过的实际位置。大片农田及经济价值较高的林区，一般每隔 2～3 km 测设一个永久桩，再以临时桩加密到能互相通视。只有少量庄稼的山地，可只测设临时桩显示界线通过的位置。经查勘确定不予利用的永久冻土地、大片沼泽地、陡峭坡地等经济价值很低的地区，可不测设界桩。

水库边界线测设的方法根据边界种类和现场条件而有所不同，各种边界线的测设精度要求也有一定的差异。在通常情况下，一般采用几何水准测量法和经纬仪高程导线法进行。

水库淹没线测量工作分为：平面控制测量、高程控制测量和界桩的布设，布设平面控制网时，可采用 GPS 静态测量的方法，也可采用常规的导线测量方式，可参考本书的其他章节内容。高程控制测量一般分为三级，即基本高程控制、加密高程控制和测站点高程。界桩测设的精度要求和说明见表 11－2 和表 11－3。

表 11－2　界桩测设的精度要求

界桩类别	内　容　说　明	界桩高程中误差（m）
Ⅰ 类	居民地、工矿企业、名胜古迹、重要建筑物及界线附近地面倾斜角小于 2° 的大片耕地	±0.1
Ⅱ 类	界线附近地面倾斜角为 2°～6° 的耕地和其他有较大经济价值的地区，如大片森林、竹林、油茶林、养牧场及木材加工厂等	±0.2
Ⅲ 类	界线附近地面倾斜角大于 6° 的耕地和其他具有一定经济价值的地区，如有一般价值的森林、竹林等	±0.3

表 11 - 3　界桩测设

界桩类别	界桩高程中误差(m)	测　设　要　求	备　注
Ⅰ类	±0.1	应以五等水准转站点为后视,用水准仪以间视法或支站法测设界桩	
Ⅱ类	±0.2	①与Ⅰ类界桩测设方法相同 ②在视距长度小于 100 m、竖直角小于 10 s 时,允许以五等水准转站点作后视,用全站仪或经纬仪支一站测设界桩	
Ⅲ类	±0.3	当竖直角小于 10 s 时,可用全站仪或经纬仪导线高程转站点作后视,以间视法或支站法测设界桩	包括Ⅱ类可放宽半倍精度的界桩测设
按Ⅲ类放宽半倍精度测设的界桩	±0.45	当竖直角小于 15 s 时,可用全站仪或经纬仪导线高程转站点作后视,以间视法或支站法测设界桩	

11.5.2　水库库容的计算

1. 概述

在水利枢纽工程设计与管理工作中,水库库容是一个非常重要的参数,它的精度高低直接影响水库的防洪安全及发电、灌溉等效益。如何获得具有较高精度的库容曲线,是许多设计单位及管理部门迫切需要研究解决的课题。水库库容的精度,既包括水库库区地形图的测量精度,又包括水库库容的计算方法。

水库库容计算过程一般可分为两大过程:库区地形图资料的获取和水库库容的内业计算。库区地形图资料的获取可分为外业数据采集和内业数据处理两个过程,外业数据采集主要是进行水下地形点三维坐标的获取:①确定水下地形测量比例尺以及选择基本等高距,具体的比例尺和基本等高距要根据相应规范确定,其选择正确与否将直接影响水库库容的计算精度;②控制网布设,控制网布设目前基本都采用静态 GPS 定位技术或者 GPS - RTK 技术,也可采用常规的导线测量方法;③碎步点数据采集,可采用差分 GPS 技术和回声测深仪结合方法,采集方法和过程可参照前面章节内容。内业数据处理主要是根据外业采集的数据,通过专用成图软件生成等高线,如采用 CASS 自动化成图软件或者与测深仪相配套的成图软件。

2. 水库库容计算方法

(1)断面法

断面法是一种常规的计算方法,应用比较广泛,但有一定的局限性。主要适用于典型的河槽式河流。断面法计算模型建立在把水体沿水流流程分割成 n 个梯形体,整体库容由 n 个梯形体体积积分所得。考虑梯形体的不规则性,其数学模型为

$$V = \sum_{i=0}^{n} \frac{1}{3}\left(A_i + A_{i+1} + \sqrt{A_i \times A_{i+1}}\right) \times \Delta L_i \qquad (11-15)$$

式中: V——库容,m^3;

　　A_i——第 i 个横断面面积,m^2;

　　ΔL_i——第 $i \sim i+1$ 个横断面之间间距,m。

（2）等高线容积法

等高线容积法计算水库库容是一种计算精度较高的方法之一，该计算模型建立在把水体按不同高程面微分成 n 层梯形体，整体库容由 n 层梯形体体积积分求得。考虑梯形体的不规则性，其等高线容积法计算水库库容数学模型为

$$V = \sum_{i=0}^{n} \frac{1}{3}(S_i + S_{i+1} + \sqrt{S_i \times S_{i+1}}) \times \Delta h_i \qquad (11-16)$$

式中：V——库容，m^3；

S_i——第 i 根等高线面积，m^2；

Δh_i——第 $i \sim i+1$ 根等高线之间的高程差，m。

（3）方格网法

方格网法是利用已建立的库区数字高程模型（DEM），将水体微分成若干个正方体，通过对每个正方体的体积空间积分，即可求得整个水库库容。其计算公式之一为

$$V = \sum_{i=1}^{n} P_S [H - (h_i + h_{i+1} + h_{i+2} + h_{i+3})/4] \qquad (11-17)$$

式中：V——库容，m^3；

P_S——单个 DEM 格网的面积值，m^2；

H——指定水位的高程面，m；

h_i——格网角点高程面，m；

n——$(h_i + h_{i+1} + h_{i+2} + h_{i+3})/4$ 小于 H 的 DEM 格网个数，当 $(h_i + h_{i+1} + h_{i+2} + h_{i+3})/4$ 大于 H 时，该格网不参与计算。

计算公式之二为

$$V = \sum_{i=1}^{n} P_S (H - h_i) \qquad (11-18)$$

式中：V——库容，m^3；

P_S——单个 DEM 格网的面积值，m^2；

H——指定水位的高程面，m；

h_i——高程小于指定水位的格网高程值，m；

n——高程小于 H 的 DEM 格网个数。

（4）三角网格法

三角网格法是利用已建立的库区数字高程模型（DEM），根据实际库底形态特征将水体微分成 n 个三棱柱体，通过对每个三棱柱体的体积求和，即可求得整个水库库容。其数学模型为

$$V = \sum_{i=1}^{n} P_S [H - (h_i + h_{i+1} + h_{i+2})/3] \qquad (11-19)$$

式中：V——库容，m^3；

P_S——单个 DEM 格网的面积值，m^2；

H——指定水位的高程面，m；

h_i——DEM 三角格网角点高程面，m；

n——DEM 三角格网个数。

3. 库容计算误差源

库容量算误差来源主要有两类：①计算库容数学模型的选取和微分量级。数学模型与水库形态、大小和复杂程度有关，不合适的数学模型和微分量级会带来较大的计算误差。②基础资料的精度对库容计算结果精度的影响。计算库容的基础资料主要是地形图及由此生成的DEM 数据，当地形图精度较差时，其库容计算精度必然低。库容计算结果的质量与基础资料的精度成正比。

练习题

1. 何为水利工程测量？
2. 测深断面和测深点的布设方法有哪些？
3. 测深点平面位置的测定技术有哪些？
4. 简述河道横断面图的测量过程。
5. 简述河道纵断面图的绘制步骤。
6. 何谓深度基准面？
7. 简述水位观测的方法和过程。
8. 水深测量归算一般可包含哪几项？
9. 试述 GPS-RTK 无验潮水下地形测量的基本原理。
10. 水库测量的基本任务是什么？
11. 简述水库库容计算方法主要有哪些？
12. 表 11-4 是某地进行 GPS-RTK 无验潮水下地形测量的测量点坐标，其中，G1 和 G2 是控制点，同时具有 WGS-84 坐标和西安 80 坐标，其余 3 个点为测深点，只具有 WGS-84 坐标，现在要想将它们转换为西安 80 坐标，应当如何进行转换？（提示：利用四参数相似变换方法）

表 11-4 测量点坐标表

点名	WGS-84 坐标		西安 80 坐标	
G1	5 982 484.158	541 145.720	5 982 487.493	541 054.474
G2	5 846 504.419	359 966.146	5 846 506.883	359 874.258
G3	5 822 459.423	547 800.649	*	*
G4	5 702 925.716	428 059.191	*	*
G5	5 733 741.064	577 611.679	*	*

第12章　地下工程测量

【学习指导】　地下测量包括地下控制测量与地下施工测量两个部分。介绍了联系测量、地下控制测量、地下施工测量和贯通测量。重点掌握地下控制测量方法和地下施工测量方法。难点是几何定向与高程传递、横向贯通误差的估计。

12.1　概述

隧洞施工测量是隧道工程建设中不可缺少的重要部分。隧道工程属于地下工程范畴，包括铁路与公路隧洞，水利工程的输水隧洞、越江隧洞等。一般情况下隧洞开挖时互相不通视，隧洞施工要求隧洞在洞轴线的某一点贯通。在隧洞施工过程中隧洞施工测量直接决定着隧洞能否正确贯通。

隧洞施工测量通常是按照：隧洞外地面控制测量——洞内洞外联系测量——隧洞内控制测量——隧洞内中线测量——隧洞施工测量的程序进行。

其中隧洞外地面控制测量是在隧洞各开挖口之间建立一精密的控制网，设置各开挖洞口的引测投点，以利施工时据以进行洞内控制测量和中线测量，保证隧洞的准确贯通，其内容包括平面控制测量和高程控制测量。

洞内外联系测量是在隧洞外地面控制测量完成的基础上，把各洞口的线路中线控制桩和洞控制网联系起来。其内容包括由隧洞外向隧洞内传递方向和坐标和由洞内向洞内传递高程等。

隧洞内控制测量，是在隧洞内所作平面和高程控制测量，由于隧洞内场地狭窄，洞内平面控制测量常采用导线等形式，高程控制测量可采用水准测量和光电三角高程测量的方法。

隧洞内中线测量，由于隧洞内的施工都是以中线为依据来进行。当洞内敷设导线之后，导线点不一定恰好在线路中线上，更不可能恰好在隧洞的结构中线上（即隧道轴线上）。而隧洞衬砌后两个边墙间隔的中心即为隧洞中心，在直线部分则与线路中线重合；曲线部分由于隧洞衬砌断面的内外侧加宽不同，所以线路中心线就不是隧洞中心线。因此需要进行隧洞内中线测量。

隧洞施工测量：由于隧洞是边开挖、边衬砌，为保证开挖方向正确、开挖断面尺寸符合设计要求，施工测量工作必须要求紧紧跟上。其内容大概分为导坑延伸测量、隧洞结构物的施工放样、设备安装与调校测量和竣工测量。

12.2　联系测量

12.2.1　概念

在隧道工程建设、矿井建设和地下工程建设中，为了保证各项开挖面能正确贯通和符合设计要求，使地面和地下都采用统一的坐标系统和高程系统所进行的测量工作，就必须把地面控制网中的坐标、方向和高程传递到地下去,这些传递工作就叫作联系测量。通过联系测量,使地下平面控制网和高程控制网与地面有统一的平面坐标和高程。

12.2.2 通过竖井进行定向测量

平面联系测量的主要任务是确定地下一控制点的坐标和一条边的方位角。由于测定地下一条边的方位角比测定一点的坐标影响更大,因此人们称平面联系测量为定向测量。

对于隧洞工程,为了加快工程进度,除了在线路上开挖横洞斜井增加工作面之外,还可以用开挖竖井的方法增加工作面,此时为了保证两相向开挖隧洞能准确贯通,就必须将地面洞外控制网的坐标、方向及高程,经过竖井传递至地下洞内,叫作竖井联系测量。在竖井联系测量中,将地面控制网坐标、方向传递至地下洞内,称为竖井定向测量。定向测量的方法及其要求见表 12 – 1。

表 12 – 1 定向测量的方法及其要求

方法	地下定向边方位角中误差	地下近井点位中误差(mm)	备 注
竖直导线定向法	±8″	±10	平均边长 60 m,导线边竖直角≤30°
联系三角形法	±12″	—	联系三角形布设应满足规定要求
铅垂仪、陀螺仪定向法	±20″(一次)	±10	独立三次方位角中误差≤±8″

竖井的定向测量可通过一个井筒,也可以同时通过两个井筒进行。这种定向测量是利用地上、地下控制点之间的几何关系将坐标、方向和高程引入地下,故称为几何定向。

由于陀螺仪技术的飞速发展,在导航和测量工作中已经被广泛应用。实践证明,陀螺仪重量轻、体积小、精度高、使用方便,在隧道联系测量工作中,是一种经济、快速、高效的现代化定向仪器。

1. 几何定向

几何定向分为一井定向和两井定向。

(1)一井定向

一井定向是在井筒内挂两根钢丝,钢丝的上端在地面,下端投到定向水平。在地面测算两钢丝的坐标,同时在井下与永久控制点连接,如此达到将一点坐标和一个方向导入地下的目的(见图 12 – 1)。定向工作分投点和连接测量两部分。

①投点

投点所用的垂球重量与钢丝的直径随井深而异。井深 <100 m 时,垂球重 30 ~ 50 kg;大于 100 m 时为 50 ~ 100 kg。

投点时,先用小垂球(2 kg)将钢丝下放井下,然后换上大垂球。并置于油桶或水桶内,使其稳定。

由于井筒内受气流、滴水的影响,使垂球发生偏移和不停的摆动,故投点分稳定投点和

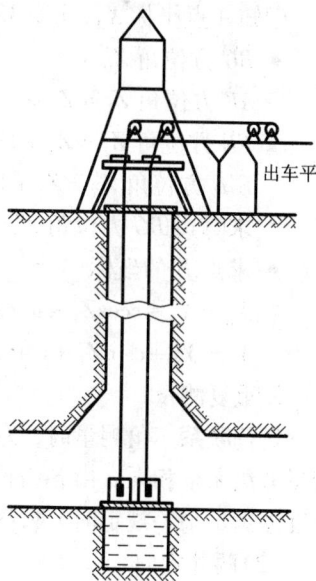

图 12 – 1

摆动投点。稳定投点是指垂球的摆动振幅不大于 $0.4\ mm$ 时，即认为垂球线是稳定的，可进行井上井下同时观测；垂球摆动振幅 $>0.4\ mm$ 时，则按照观测摆动的振幅求出静止位置，并将其固定。

②连接测量

同时在地面和定向水平上对垂球进行观测，地面观测时为了求得两垂球线的坐标及其连线的方位角；井下观测是以两垂球的坐标和方位角测算导线起始点的坐标和起始边的方位角。连接测量的方法很多，普遍使用的是连接三角形法。

ⓐ导线布设。先投点后连接，垂线 1，2 是通过竖井绞车及导向滑轮悬挂并吊有垂球的高强钢丝。Z、A 为已知的地面导线点，B、G 为待求的井下导线点。

ⓑ三角测量，测 e，f，e'，f' 角度；量 a，b，c，a'，b'，c' 边长。

ⓒ三角形平差计算，根据 a，b，c，f 求 j：$\sin j = b\sin f/a$。

c 的计算值：$c_算 = b\cos f + a\sin j$

c 的不符值：$h = c_算 - c$

a 边改正值：$\Delta_a = -h/4$

b 边改正值：$\Delta_b = -h/4$

c 边改正值：$\Delta_c = h/2$

以改正后的边长 a，b，c 为平差值，按正弦定理计算出 i，j，即平差后的角值。f 改正很小，仍采用原测角值。

采用上述方法可计算出井下三角形平差后的边角 a'，b'，c'，i'，j'。f' 改正很小，仍采用原测角值。

③坐标和方位传递计算

已知 A 点坐标 X_A，Y_A，AZ 方位角为 Z_0。根据平差后的三角形边角进行计算。

- BG 方位角 Z_0'

  AF 方位角 $Z_1 = Z_0 + e$

  FE 方位角 $Z_2 = Z_1 + 180 + j$

  $E'B$ 方位角 $Z_S = Z_2 + 180 - j'$

  求算边 BG 方位角 $Z_0' = Z_S + 180 + e'$

- 求点 B 的坐标

  $X_B = X_A + c\cos Z_1 + a\cos Z_2 + c'\cos Z_S$

  $Y_B = Y_A + c\sin Z_1 + a\sin Z_2 + c'\sin Z_S$

④重复测量

进行联系三角测量时，为保证精度，要重复观测数组。每组只将两垂线位置稍加移动，测量方法完全相同。由各组推算井下同一导线点之坐标和同一导线边之坐标方位角。各组数值互差满足限差规定时，取各组的平均值作为该次测量的最后成果。

（2）两井定向

当有两个竖井，井下有巷道相通，并能进行测量时，就可在两井筒各下放一根垂球线，然后在地面和井下分别将其连接，形成一个闭合环，从而把地面坐标系的平面坐标和方位角引测到井下，此即两井定向（见图 12－2）。

两井定向时，由于垂球线间距离大大增加，因而由投点误差引起的投向误差也大大减小，这是两井定向的最大优点。

①投点

在两个竖井中各悬挂一根垂球线 A 和 B。投点设备和方法与一井定向时相同，一般采用单稳定投点。

②地面连接测量

从近井点 K 分别向两垂球线 A，B 测设连接导线 K—Ⅱ—Ⅰ—A 及 K—Ⅱ—B，以确定 A，B 的坐标和 AB 的坐标方位角。连接导线敷设时，应使其具有最短的长度并尽可能沿两垂球线连线方向延伸，因此此时量边误差对连线的方向不产生影响。导线可采用一级或二级导线。

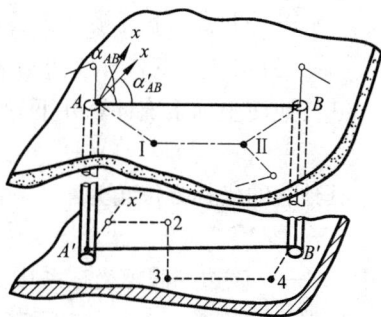

图 12-2　两井定向示意图

③井下连接测量

在井下定向水平，测设经纬仪导线 A—1—2—3—4—B，导线可采用 7″或 15″基本控制导线。

④两井定向的内业计算

ⓐ根据地面连接测量的结果，计算两垂球连线的方位角及长度。

按一般计算方法，算出两垂球线的坐标 x_A，y_A，x_B，y_B，根据算出的坐标，计算 AB 的方位角及长度：

$$\alpha_{AB} = \arctan \frac{y_B - y_A}{x_B - x_A}$$

$$c = \frac{y_B - y_A}{\sin\alpha_{AB}} = \frac{x_B - x_A}{\cos\alpha_{AB}} \sqrt{(\Delta x_A^B)^2 + (\Delta x_A^B)^2}$$

ⓑ根据假定坐标系统计算井下连接导线。

假设 A 为坐标原点，A_1 边为 x' 轴方向，即 x_A'，y' $\alpha_{A1}' = 0°00'00''$。

$$\alpha_{AB}' = \arctan \left(\frac{y_B'}{x_B'} \right)$$

$$c' = \frac{y_B'}{\sin\alpha_{AB}'} = \frac{x_B}{\cos\alpha_{AB}'} = \sqrt{(x_B')^2 + (y_B')^2}$$

ⓒ测量和计算的检验。

用比较井上与井下算得的两垂线间距离 c 和 c' 进行检查。由于两垂球的向地心性，差值 Δc 为：

$$\Delta c = c - \left(c' + \frac{H}{R} c \right)$$

式中：H——井筒深度；

R——地球的曲率半径。

Δc 应不超过井上、井下连接测量中误差的两倍

$$\Delta c \leqslant 2 \sqrt{\frac{1}{R^2} \sum m_{\beta_i}^2 R_{x_i}^2 + \sum m_{l_i}^2 \cos^2 \varphi_i}$$

式中：m_{β_i}——井上、下连接导线的测角中误差；

R_{x_i}——井上、下连接导线个点(不包括近井点到结点)到 AB 连线的垂直距离；

$$m_{l_i}$$——井上、下连接导线各边(不包括近井点到结点)的量边误差;

$$\varphi_i$$——井上、下各导线边与 AB 连线的夹角。

ⓓ按地面坐标系统计算井下导线各边的方位角及各点的坐标。

$$\alpha_{A1} = \alpha_{AB} - \alpha'_{AB} = \Delta\alpha$$

其他边的坐标方位角为:

$$\alpha_i = \Delta\alpha + \alpha'_i$$

式中: α'_i——该边在假定坐标系中的假定方位角。

根据起算数据 x_A, y_A, α_{A1} 与井下导线的测量数据重新计算井下连接导线点的坐标。将地面与井下求得的 B 点坐标相比较,如果其相对闭合差符合井下所采用连接导线的精度时,可将坐标增量闭合差按井下连接导线边长成比例反号加以分配,因地面连接导线精度较高,可不加改正。

ⓔ两井定向应独立进行两次,其互差不得超过 $1'$,取两次独立定向计算结果的平均值作为两井定向井下连接导线的最终值。

2. 陀螺仪定向

陀螺经纬仪定向具有精度高、灵活性大、作业简单、速度快等特点。

陀螺定向工作由三部分组成:

①经竖井由地面向地下隧道投点;

②井上、下与垂球线的连接测量;

③井下基本控制导线起始边的陀螺经纬仪。

如图 12-3,图中为近井点(控制点);EF 为起始方向;Ⅰ,Ⅱ为地面连接导线点;$E'F'$ 为井下控制导线起始边,即陀螺定向边;1,2,3 点是井下连接导线点。点 1 与 E',F' 组成一组永久导线点。

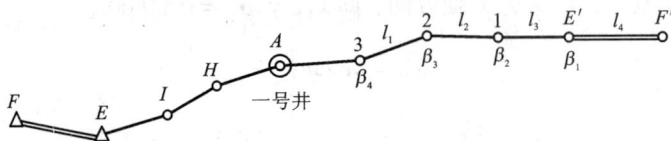

图 12-3 陀螺定向图

(1)投点

一般采用钢丝投点法。为尽量减少占用或不占用井筒的提升时间,垂球线可布设在管子间。投点可采用单稳定投点。所需设备及安装方法同一井定向。

(2)连接

地面连接:由 EF 敷设一级复测导线至连接点Ⅱ,在Ⅱ点架仪器与 A 连接。

井下连接:由陀螺定向边 $E'F'$ 起敷设一级或二级复测导线至 1,2,3 点。在点 3 架仪器与垂球线 A 连测。

地面连接导线 $F—E—Ⅰ—Ⅱ$ 和井下连接导线 $F'—E'—1—2—3$ 可在与垂球线连接前或连接后进行观测。井上、下连接导线及与垂球线的连接都应独立进行两次,其最大相对闭合差对地面一级导线不得超过 1/12 000,对二级导线不应大于 1/8 000。

(3)定向

在井下起始边 $E'F'$ 上进行陀螺经纬仪定向,测出该边的坐标方位角 α_0。陀螺定向可在投点连接前先行完成, 也可在连接后再进行。

内业计算:

(1)根据地面连接测量的结果, 按复测支导线计算垂球线 A 的坐标。当相对闭合差符合上述要求时, 取两次计算的平均值作为垂球线 A 的最或然坐标 x_A, y_A。

(2)计算井下连接导线各边的坐标方位角。

按下式计算复测支导线各边的坐标方位角:

$$\left.\begin{array}{l}\alpha_1 = \alpha_0 + \beta_1 \pm 180° \\ \alpha_2 = \alpha_1 + \beta_2 \pm 180° \\ \alpha_3 = \alpha_2 + \beta_3 \pm 180° \\ \alpha_4 = \alpha_3 + \beta_4 \pm 180°\end{array}\right\}$$

式中: α_0——陀螺定向边的坐标方位角;

β_1, β_2, β_3, β_4——井下连接导线水平角。

当角度闭合差 $f_\beta = \alpha_{4\text{I}} - \alpha_{4\text{II}} \leqslant 10'' \sqrt{n_1 + n_2}$ 时, 取两次坐标方位角的平均值作为最或然值。

(3)计算井下导线起始点的坐标。

根据各边平差后的方位角, 按下式计算井下基本控制导线起始点的坐标:

$$\left.\begin{array}{l}x_{E'} = x_A + l_4 \cos\alpha_4 + l_3 \cos\alpha_3 + l_2 \cos\alpha_2 + l_1 \cos\alpha_1 \\ y_{E'} = y_A + l_4 \cos\alpha_4 + l_3 \cos\alpha_3 + l_2 \cos\alpha_2 + l_1 \cos\alpha_1 \\ x_{F'} = x_{E'} + l_T \cos\alpha_T \\ y_{F'} = x_{E'} + l_T \cos\alpha_T\end{array}\right\}$$

式中: l_i——井下连接导线各边的水平距离。

当导线的相对闭合差满足要求时, 取两次平均值作为最或然值。

3. 通过竖井传递高程

隧洞高程联系测量又称导入标高, 其目的是建立隧洞内、外统一的高程系统。采用或斜井开挖的隧洞, 高程联系测量可采用水准测量或三角高程测量, 将地面水准点的高程传递到隧洞内部。采用竖井开挖的隧洞则可通过竖井传递高程。竖井传递高程的方法大体可分为钢丝法和光电测距法。

(1)钢尺(丝)法导入标高

经由竖井传递高程时, 过去一直采用悬挂钢尺的方法, 即在井上悬挂一根经过检定的钢尺(或钢丝), 尺零点下端挂一标准拉力的重锤, 使其处于自由悬挂状态; 然后, 在井上安置水准仪, 读取 A 点水准尺读数 a 和钢尺读数 c; 同样在井下安置水准

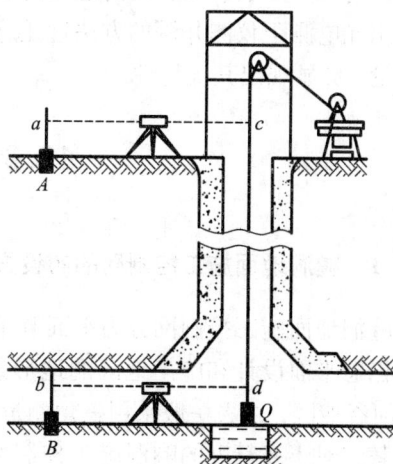

图 12-4 钢尺(丝)法导入标高示意图

仪得到 B 点水准尺读数 b 和钢尺读数 d(如图 12-4 所示)。由此可求得井下水准点 B 的高程:

$$H_B = H_A + a - [(c - d) + \Delta t + \Delta k] - b$$

式中: H_A——地面水准点 A 的高程;

a，b——井上、井下水准尺读数；

c，d——井上、井下钢尺读数，$L = l_1 - l_2$；

Δt——钢尺温度改正数，$\Delta t = \alpha_L(t_{均} - t_0)$；

α_L——钢尺的线膨胀系数，取 $1.25 \times 10^{-5}/℃$；

$t_{均}$——井上、井下的平均温度；

t_0——钢尺检定时的温度；

Δk——钢尺尺长改正数。$\Delta k = \dfrac{L}{l} \cdot \Delta l$；$l$ 和 Δl 分别是钢尺的名义长度和它的尺长改正数。

若采用检定之后的钢丝，则分别在水准仪瞄准钢丝的部位 c，d 上作标记；变换仪器高最后，可通过在地面建立的比长台用钢尺往返分段测量出钢丝上两标记间的长度 L，其他计算方法同钢尺法。

（2）光电测距法导入标高

如果在井上装配一托架，安装上光电测距仪，使照准头向下直接瞄准井底的反光镜测出井深 D_h，然后在井上、井下用两台水准仪，同时分别测定井上水准点 A 与测距仪照准头转动中心的高差（$a_上 - b_上$）、井下水准点 B 与反射镜转动中心的高差（$b_下 - a_下$），即可求得井下水准点 B 的高程 H_B，如图 12-5 所示。

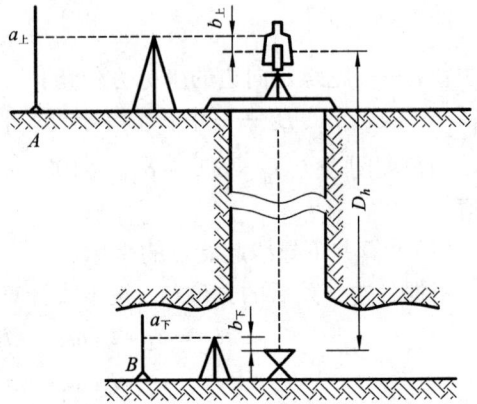

图 12-5 光电测距法导入标高示意图

$$H_B = H_A + (a_上 - b_上) - D_h + (b_下 - a_下)$$

式中：H_A——井上水准点 A 的已知高程。

用光电测距仪测井深的方法远比悬挂钢尺的方法快速、准确，尤其是对于 50 m 以上的深井测量，更显现出其优越性。

12.3　地下控制测量

12.3.1　隧洞地面施工控制网的布设方案和要求

隧洞地面施工控制网分为平面测量控制网和高程测量控制网。施工平面控制网的布设，应根据总平面设计和施工地区的地形条件来确定。隧洞地面施工一般在起伏较大的山岭地区、河谷地区，过去一般采用三角测量（或边角测量）的方法建网。现在，大多数已为 GPS 网所代替。对于高精度的隧洞施工控制网，则用 GPS 网与地面边角网或导线网相结合联合布设。而高程控制测量的任务，是按照测量设计中规定的精度要求，以洞口附近一个线路定测点的高程为起算高程，测量并传算到隧道另一端洞口与另一个定测高程点闭合。

1. 隧洞地面施工控制网的布设方案

（1）隧洞地面施工控制网的布设方案

隧洞洞外的控制测量，应在隧洞开始施工前完成，平面控制网应结合隧洞长度和平面形式以及通过地区的地形情况，减少对植被破坏，合理地选择控制网。

旧的测量模式多采用三角网、重点多边形、三边测量或导线测量等形式。由于隧洞工程多建于山区，障碍物植被较多，故采取上述方法其施测强度是很大的，再加上点位较多，基于通视的要求，对植被的砍伐也非常大，不符合现代对景观和环保的要求。同时由于测边测角多，计算平差也非常繁琐。

基于现代 GPS 全球定位系统、电子全站仪、电子水准仪的广泛使用，现阶段地面控制网采用导线控制，其优点为布网灵活、线形简单、计算方便，劳动强度低等优点。

具体布设方法与工作步骤：

①搜集资料

当接受测量任务后，首先要进行搜集资料工作，这项工作进行得好坏，将直接影响到日后的具体布网、选点、观测以及整个网的使用是否方便。其搜集的资料有：已有控制点的成果及精度，点位的具体位置、地形、地貌、植被分布等情况。

②现场踏勘

对所搜集到的资料进行初步研究之后，为了进一步判定已有资料的正确性和具体了解情况，必须对隧道所穿越地区进行详细踏勘。在踏勘时，应特别注意两端洞口线路的走向、地形与施工设施的布置情况。如果隧道有一部分位于曲线上，应特别注意线路上圆曲线的起点与终点，缓和曲线的起点与终点以及隧道穿越区的地形地貌。

③选点布网

根据点少、实用的原则，合理地选择布网形式。应根据踏勘的结果，在选点、埋点上应符合有关要求。特别是控制点应避开隧道穿越路线及可能产生位移的区域。还应根据隧道的埋深、偏压、地形及为日后进行变形观测方便，合理地选择控制点。

④地面导线测量

在隧道施工中，地面导线测量可以作为独立的地面控制，但在施测时应注意与线路的衔接。在直线隧道中，为减少导线测距误差对隧道横向贯通的影响，应尽可能将导线平行于隧道中线敷设，导线点不宜过多，以减少测角误差对横向贯通的影响。对于曲线隧道而言，导线应沿着曲线的切线方向布设。为满足成果精度，施测时应符合规定测回。

⑤成果整理

测量完成后，应对测量数据进行平差，平差应采用电脑软件或计算器程序进行严密平差，并应对平差结果进行评价。

经上述过程施测，经验表明现阶段隧道地面控制应采用电子全站仪导线，有条件的可采用 GPS 控制，高程采用水准测量，测量结果平差采用电脑软件严密平差，把地面测量元素换算到标准椭球面上的模式，以减少误差在以后施工中的影响。

2. 隧洞地面控制网布设形式和要求

作为控制隧洞施工的地面测量控制网，其主要作用是：控制相向开挖的两侧，在不能彼此通视的条件下，需要取得正确的贯通，此外还应保证隧道施工中线与其两侧的路基中线的平顺连接。

为达到上述目的，隧洞控制测量网建网的基本要求：

(1)应有确定统一的坐标基准(起算坐标及其坐标系统)，方位基准(起算方位)，长度基准(边长投影参照面，长度的计量单位)。控制网应控制全隧洞(包括辅助坑道)的长度和方向、高程。这样确立的坐标系统，能保证整座隧洞的测量工作约束于同一个测量基准中，减少错误发生的概率。

（2）控制网应与隧道所处的线路设计位置建立有确定的关系（边角实测连接或对应确定的几何计算关系）。

（3）布设依然遵循先整体后局部原则，但主网与局部子网（插网、辅助洞口附网）观测及计算精度要求应一致。应优先采用主网与子网统一联合平差，有特殊原因时才考虑主、子网分离单独平差，此时子网附合于主网的合适控制点、边上，将主网附合控制点视作无误差的已知固定点。

（4）点位布设除满足相关测量规范要求外，尚应考虑能达到放样的精度要求，布设桩位满足使用便捷，稳固可靠，能长期保存。

（5）相对点位精度应作为施工测量控制网最主要的精度指标加以设计，并在实施过程中对其影响的各观测元素切实加以控制。

隧洞控制测量分为洞内、洞外控制测量，常见的洞内、外控制测量布网形式主要有以下几种：

①中线法，洞外、洞内控制均可（仅限于较短隧道）；

②三角网法（边角网等）用于洞外、洞内控制（目前隧道控制较少用）；

③精密光电导线环锁（边角同测），洞外、洞内控制；

④隧道地面或地下导线网加测陀螺方位角布网方式控制；

⑤GPS控制网，洞外控制；

⑥GPS控制网与光电导线环锁混合网，洞外控制。

3. 隧洞地面高程控制网

洞外高程控制测量的任务，是按照设计精度施测两相向开挖洞口附近水准点之间的高差，以便将整个隧洞的统一高程系统引入洞内，保证按规定精度在高程方面正确贯通，并使隧洞工程在高程方面按要求的精度正确修建。

高程控制的二、三等采用水准测量。四、五等可采用水准测量，当山势陡峻采用水准测量困难时，亦可采用光电测距仪三角高程的方法测定各洞口高程。每一个洞口应埋设不少于2个水准点，两水准点之间的高差，以安置一次水准仪即可测出为宜。水准测量的精度，一般参照表12-2即可。

表12-2　洞外高程测量的等级划分

测量部位	测量等级	每千米水准测量偶然中误差 $M\Delta$（mm）	两开挖洞口间高程路线长度（km）	水准仪等级/测距仪等级	水准尺类型
洞外	二	≤±1.0	>36	$DS_{0.5}$,DS_1	因瓦水准尺
	三	≤±3.0	13～36	DS_1	因瓦水准尺
				DS_3	区格式水准尺
	四	≤±5.0	5～13	DS_3/Ⅰ,Ⅱ	区格式水准尺
	五	≤±7.5	<5	DS_3/Ⅰ,Ⅱ	区格式水准尺

12.3.2　洞内导线测量

洞内导线测量的目的是以必要的精度，按照与地面控制测量统一的坐标系统，建立地下的控制系统。根据地下导线的坐标，就可以标定隧道中线及其衬砌位置，保证贯通等施工。洞内导线的起始点通常设在隧道的洞口、平洞口、斜洞口。起始点坐标和起始边方位角由地面控制测量或联系测量确定。

这种在隧道施工过程中所进行的洞内导线测量与一般地面导线相比较具有以下特点：

(1)地下导线随隧道的开挖而向前延伸，所以只能逐段敷设支导线。而支导线采用重复观测的方法进行检核。

(2)导线在洞内开挖的坑道内敷设，因此其导线形状完全取决于坑道的形状，导线点选择余地小。

(3)洞内导线是先敷设精度较低的施工导线，然后再敷设精度较高的基本控制导线。

布设洞内导线时应该考虑到贯通时所需的精度要求。另外还应考虑到导线点的位置，以保证在隧道内能以必要的精度放样。在隧道建设中，导线一般采用分级布设。

①施工导线　在开挖面向前推进时，用以进行放样且指导开挖的导线测量。施工导线的边长一般为 25～50 m。

②基本控制导线　当掘进长度达 100～300 m 以后，为了检查隧道的方向是否与设计相符合，并提高导线精度，选择一部分施工导线点布设边长较长、精度较高的基本控制导线。

③主要导线　当隧道掘进大于 2 km 时，可选择一部分基本导线点敷设主要导线，主要导线的边长一般可选 150～800 km。对精度要求较高的大型贯通，可在导线中加测陀螺边以提高导线精度。陀螺边一般加在洞口起始点到贯通点距离的三分之二处。

在隧道施工中，一般只敷设施工导线与基本控制导线。当隧道过长时才考虑布设主要导线。导线点一般设在顶板岩石坚固的地方。隧道的交叉处须设点。考虑到使用方便，便于寻找，导线点的编号尽量做到简单、按次序排列。

由于洞内导线布设成支导线，而且测一个新点后，中间要间断一段时间，所以当导线继续向前测量时，需先进行原测点检测。在直线隧道中，检核测量可只进行角度观测；在曲线隧道中，还需检核边长。在有条件时，尽量构成闭合导线。

由于洞内导线的边长较短，仪器对中误差及目标偏心误差对测角精度影响较大，因此应根据施测导线等级，增加对中次数。井下导线边长丈量可用钢尺或测距仪进行。

12.3.3　洞内水准测量

洞内水准测量以洞口水准点的高程作为起始数据，经导入高程传递到洞内水准基点，然后由洞内水准基点出发，测定隧道内各水准点的高程，作为施工放样的数据。洞内水准测量与洞外水准测量基本相同。由于光线不好、灰粉较多，以及受施工干扰等因素影响，洞内水准测量具有以下特点：

(1)水准路线与洞内导线相同。在隧道贯通之前，地下水准线路均为支线，因而需要往返测。

(2)通常利用洞内导线点作为水准点，有时还可将水准点埋设在底板或边帮上。

(3)在隧道施工中，洞内水准支线随开挖面的进展而向前延伸。为满足施工要求，一般可先测设较低精度的临时水准点，其后再测设较高精度的永久水准点。永久水准点最好按组设置，每组应不少与两个点。各组之间的距离一般为 300 ~ 800 m。

洞内水准测量可采用 s_3 或 s_{10} 型工程水准仪，水准尺多采用塔尺，使用前须对仪器和水准尺进行检校。

洞内水准测量的作业方法与地面水准测量相同。由于隧道内通视条件差，应把仪器到水准尺的距离控制在 50 m 以内。水准尺可直接立于导线支点上，以便测出导线点高程。两次仪器高所测得的高差之差不超过 ±3 mm。当水准点设在顶板上时，要倒立水准尺，以尺底零端顶住测点。

当往返测不符值在容许范围之内时，取两次所得高差平均值作为其终值。每次水准支线向前延伸，须先进行原有水准点的检测。当隧道贯通后，应将两水准支线连成附和在两洞口水准点的单一水准线路。

为了控制施工的标高和坡度，先要根据洞口的设计高程、隧洞的设计坡度和洞内各点的掘进距离，算出各处洞低的设计高程，然后依据洞内水准点进行高程放样。在隧洞壁上每隔一定距离(5 ~ 10 m)，测设出比洞底设计地坪高出 1 m 的标高线，称为腰线。腰线的高程由引入洞内的水准点进行测设。它与隧道的设计地平高程线是平行的。它可方便隧洞的断面放样，指导隧洞顶部和底部按设计纵坡开挖。

12.4　地下施工测量

隧洞是边开挖、边衬砌，为保护开挖方向正确、开挖断面尺寸符合设计要求，另外还要定期检查工程进度及计算完成的土石方数量，所以在隧洞开挖过程中，施工测量工作必须要紧紧跟上。隧洞开挖中的测量工作主要包括隧洞平面掘进方向的标定和隧洞竖直掘进方向的标定以及隧洞结构物的施工放样测量。

12.4.1　隧洞平面掘进方向的标定

隧洞的掘进施工方法有全断面开挖法和开挖导坑法，根据施工方法和施工程序的不同确定隧洞掘进方向的方法有中线法和串线法。

当隧洞采用全断面开挖法进行施工时，通常采用中线法。如图 12 - 6 所示，P_1，P_2 为导线点，A 为隧道中线点，根据已知数据，即可计算出放样中线点所需的有关数据 β_2，β_A 和 L。

$$\alpha_{P_2A} = \arctan \frac{Y_A - Y_B}{X_A - X_B}$$

$$\beta_2 = \alpha_{P_2A} - \alpha_{P_2P_1}$$

$$\beta_A = \alpha_A - \alpha_{AP_2}$$

$$L = \frac{Y_A - Y_{P_2}}{\sin\alpha_{P_2A}} = \frac{X_A - X_{P_2}}{\cos\alpha_{P_2A}}$$

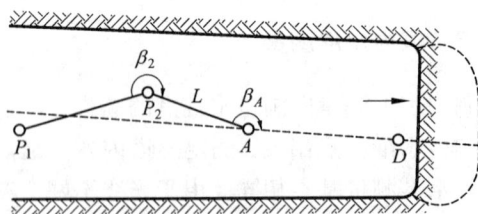

图 12 - 6　中线标定示意图

将经纬仪安置在导线点 P_2 上，用盘左后视导线点 P_1，拨角度 β_2，并在实现方向上丈量距

离 L，即得到中线点 A_1。然后盘右用同样方法可得 A_2，取 A_1A_2 的分中点得到 A 点。

在 A 点上埋设与导线点相同的标志。用经纬仪重新测定出 A 点的坐标。标定开挖方向时将仪器安置于 A 点，后视导线点 P_2，拨角 β_A，即得中线方向。随着开挖面向前推进，A 点距开挖面越来越远，这时需要将中线点向前延伸，埋设新的中线点。其标设方法同前。

当隧道采用开挖导坑法施工时，因其精度要求不高，可用串线法指示开挖方向。此法是利用悬挂在两临时中线点上的垂球线，直接用肉眼来标定开挖方向。使用这种方法时，首先需用类似前述设置中线点的方法，设置三个临时中线点（设置在导坑顶板或底板上），两临时中线点的间距不宜小于 5 m。标定开挖方向时，在三点上悬挂垂球线，一人在 B 点指挥另一人在工作面持手电筒（可看成照准标志）使其灯光位于中线点 B，C，D 的延长线上，然后用红油漆标出灯光位置，即得中线位置。

如果采用激光导向仪，将其挂在中线洞顶部来指示开挖方向，可以定出 100 m 以外的中线点，这种方法对于直线隧洞和全面开挖的定向，既快捷又准确。

随着开挖面的不断向前推进，中线点也应随之向前延伸，地下导线也紧跟着向前敷设，为保证开挖方向的正确，必须随时根据导线点来检查中线点，随时纠正开挖方向。

对于曲线隧道掘进时，其永久中线点是随导线测量而测设的。而供衬砌时使用的临时中线点则是根据永久中线点加密的，一般采用偏角法（适用于钢尺量边时）或极坐标法（适用于光电测距仪测距时）测设。现主要介绍极坐标法。

用极坐标法放样时，设导线点 I 坐标为 $(X_I，Y_I)$，中线点 J 的坐标为 $(X_J，Y_J)$，待测点 K 坐标为 $(X_K，Y_K)$。首先求出放样数据 α_{JK}，α_{JK} 和 L_{JK}，在 J 点安置仪器，瞄准后试点 I 后配置水平读盘读书为 α_{JK}。转动仪器找准部至水平读盘读数为 α_{JK}，沿该方向量测 L_{JK} 即可标定出 K 点，其他待定点均可按照上述方法标定。

12.4.2　隧道竖直面掘进方向的标定

在隧道开挖过程中，除标定隧道在水平面内的掘进方向外，还应定出坡度，以保证隧道在竖直面内贯通精度。通常采用腰线法。隧道腰线是用来指示隧道在竖直面内掘进方向的一条基准线，通常标设在隧道帮上，离开隧道底板一定距离（该距离可随意确定）。

在图 12-7 中，A 点为已知的水准点，C，D 为待标定的腰线点。标定腰线点时，首先在适当的位置安置水准仪，后视水准点 A，依此可计算出仪器视线的高程。根据隧道坡度 i 以及 C，D 点的里程计算出两点的高程，并求出 C，D 点与仪器视线间的高差 Δh_1，Δh_2。由仪器视线向上或向下量取 Δh_1，Δh_2 即可求得 C，D 点的位置。

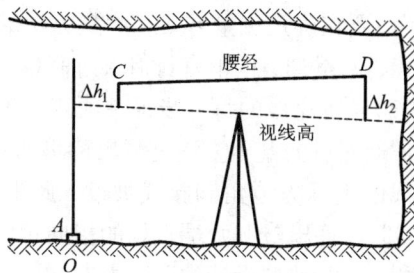

图 12-7　腰线标定示意图

12.4.3　隧洞结构物的施工放样

隧洞开挖断面测量，为使开挖断面能较好的符合设计断面，在每次掘进前，应在开挖断面上，根据中线和轨顶高程，标出设计断面尺寸线。

分部开挖的隧洞在拱部和马口开挖后，全断面开挖的隧道在开挖成形后，应采用断面自动测绘仪或断面支距法测绘断面，检查断面是否符合要求；并用来确定超挖或欠挖工程数量。测量时按照中线和外拱顶高程，从上至下每 0.5 m(拱部和曲墙)和 1.0 m(直墙)向左右量测支距。量测支距时，应考虑到曲线隧洞中心和路线中心的偏移值和施工预留宽度。

仰拱断面测量，应由设计轨顶高程线每隔 0.5 m(自中线向左右)向下量出开挖深度。结构物的施工放样在施工放样之前，应对洞内的中线点和高程点加密并检核其准确性。中线点加密的间隔视施工需要而定，一般为 5 ~ 10 m 一点。在衬砌之前，还应进行衬砌放样，包括立拱架测量、边墙及避车洞和仰拱的衬砌放样，洞门砌筑施工放样等一系列的测量工作。

12.5　贯通测量

12.5.1　隧洞贯通测量的要求

在隧道施工中，采用两个或两个以上相向或同向的掘进工作面分段掘进隧道，使其按设计要求在预定地点彼此接通，称为隧道贯通测量。为实施贯通而进行的有关测量工作称之为贯通测量。贯通测量涉及大多数的隧道测量内容。由于各项测量工作中都存在误差，从而使贯通产生偏差。贯通误差在隧道中线方向的投影长度称为纵向贯通误差，在垂直于中线方向的投影长度称为横向误差；在高程方向的投影长度称为高程误差；纵向误差一般对隧洞施工和隧洞质量不产生影响，从我国隧洞施工调查中得知，一般不超过 ±320 mm，即使达到这种情况，对施工质量也无影响。高程误差对坡度有影响，在施工过程中利用一般水准测量方法即可满足；而横向贯通误差则直接影响隧道的施工质量，严重者甚至会导致隧洞报废。

隧洞贯通时，隧洞测量人员的任务就是要保证各掘进工作面均沿着设计位置与方向掘进，使贯通后接合处的偏差不超过规定限度，对隧洞贯通不造成严重影响。显然，贯通测量是一项非常重要的测量工作，测量人员所负的责任是十分重大的。如果因为贯通测量过程中发生错误而未能贯通，或贯通后结合处的偏差值超限，都将影响隧洞质量，甚至造成隧洞报废、人员伤亡等严重后果，在经济上和时间上给国家造成很大损失，也使测量人员的信誉一落千丈。因此要求隧洞测量人员必须一丝不苟，严肃认真地对待贯通测量工作。工作中应当遵循下列原则：

(1)要在确定测量方案和测量方法时，保证贯通所必须的精度，既不因精度过低而使隧洞不能正常贯通，也不盲目追求过高精度而增加测量精度和成本。

(2)对所完成的每一步每一项测量工作都应有客观独立的检查校核，尤其要杜绝粗差。

贯通测量的基本方法是测出待贯通隧洞两端导线点的平面坐标和高程。通过计算求得隧洞中线的坐标方位角和腰线坡度，此坐标方位和坡度应与原设计相符，差值在容许范围之内，同时计算出隧洞两端点处的指向角，利用上述数据在隧洞两端分别标定出隧洞中线和腰线，指示隧洞按照设计的同一方向和同一坡度分头掘进，直到贯通相遇点处相互正确接通。

12.5.2　横向贯通误差估算

隧洞控制测量的主要作用是保证隧洞的正确贯通。他们的精度要求主要取决于隧洞贯通精度的要求、隧洞长度与形状、开挖面的数量以及施工方法等。隧洞贯通误差在线路中线方向上的投影称为纵向贯通误差，在垂直于中线方向的投影长度称为横向贯通误差，在高程方向上的投影高程贯通误差，分别用 mz，mq 和 mh 表示。对于山岭隧洞来说，纵向误差只要不大于定测中线的误差，能够满足铺轨的要求即可。高程误差影响隧洞的坡度，但其容易满足限差的要求。而横向误差如果超过了限差，就会引起隧洞中几何形状的改变，甚至洞内建筑物浸入规定限界而使以衬砌部分拆除重建，给工程造成损失。一般取两倍中误差作为各项贯通误差的限差。对于纵向误差，通常都是按定测中线的精度要求给定，见式（12 – 1）。

$$\Delta l = 2m_1 \leqslant \frac{1}{2\,000} L \qquad (12-1)$$

式中：L 为隧洞两开挖洞口间的长度。对于横向贯通误差和高程贯通误差的限差，按《铁路测量技术规则》根据两开挖洞口间的长度确定（见表 12 – 3）。

表 12 – 3　长度确定表

两开挖洞口间的长度(km)	<4	4 ~ 8	8 ~ 10	10 ~ 13	13 ~ 17	17 ~ 20
横向贯通限差(mm)	100	150	200	300	400	500
高程贯通限差(mm)	50					

1. 地面边角网测量误差对横向贯通精度影响的近似估算公式

在隧道的地面三角测量中常采用三角锁，因此主要讨论三角锁测量误差所引起的横向贯通误差的近似估算公式（以直线隧道为例）。

（1）简化为导线的近似估算公式

将三角锁的边看作导线边选择最靠近隧洞中线的一条线，将其作为导线，用式（12 – 6）、式（12 – 7）估算对横向贯通误差的影响值，式中 m_β 取先验的测角中误差，$\frac{m_l}{l}$ 取最弱边的相对中误差。

（2）按方向的间接平差估算公式

在方向间接平差中，可按求平差未知数函数的精度的方法估算横向贯通误差，另外还有零点误差椭圆法，上述两种方法都属于严格估算方法。可利用控制网通用平差程序（可考虑基本条件）在微机上进行，能适合各种网形，使用简便，具有普遍推广意义。

①按求平差未知数函数精度的方法估算横向贯通误差。

如图 12 – 8 所示，G_J，G_C 分别表示由进出口点通过联系角 β_J 和边长 S_{JG}，S_{CG} 计算的贯通点。在计算地面控制网测量误差岁横向贯通误差的影响时，应将 β_J，β_c，S_{JG}，S_{CG} 视为不含误差的量。由图可知横向贯通误差即贯通面上的

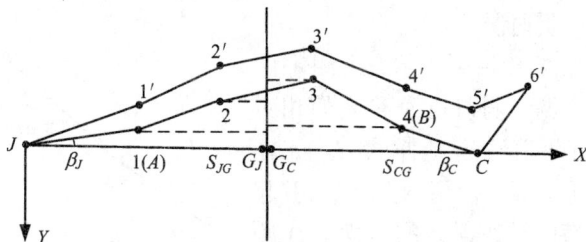

图 12 – 8　隧洞贯通误差预计图

两点 G_J，G_C 的横向标差 ΔY_G 的中误差。因此应首先列出计算 ΔY_G 的公式，然后对 ΔY_G 全微分，可得权函数式：

$$d(\Delta Y_G) = a_{JA}\Delta X_{JG}\mathrm{d}x_J + (1 + b_{JA}\Delta X_{JG})\mathrm{d}y_J - a_{JA}\Delta X_{JG}\mathrm{d}x_A - b_{JA}\Delta X_{JG}\mathrm{d}y_A$$
$$- a_{CB}\Delta X_{CG}\mathrm{d}x_C - (1 + b_{CB}\Delta X_{CG})\mathrm{d}y_C + a_{CB}\Delta X_{CG}\mathrm{d}x_B - b_{CB}\Delta X_{CG}\mathrm{d}y_B \qquad (12-2)$$

式中：$a_{JA} = \Delta Y_{JA}/S_{JA}^2$，$b_{JA} = -\Delta X/S_{JA}^2$，下标 J，C，A，B，G 分别表示进、出口点、定向点和贯通点。权函数式的系数可由上述点的坐标计算。因此，只要能计算出进出口点及其定向点的协方差阵(可由通用平差程序求得)，即可按广义误差传播定律计算出 ΔY_G 的方差。

由式(12-2)不难看出，影响值与贯通值点 C 的位置有关(G 应位于进出口点之间的中部)，且与定向点的位置和精度也有关，选取不同的定向点，则影响值也不同。若进出口分别有 m，n 个定向点，则有 $m \times n$ 个影响值。测量设计时，可计算出最小影响值所对应的定向点组。由洞外向洞内做进洞测量时，应优先考虑这一组定向点做联系方向点，并以其他定向点检核。进一步还可将影响值的权函数式表示为观测值的线性函数，即：

$$d(\Delta Y_G) = D_R^T\mathrm{d}l_R + D_S^T\mathrm{d}l_S \qquad (12-3)$$

式中：$\mathrm{d}l_R$，$\mathrm{d}l_S$ 分别为方向、边长观测值的微分向量；G_R，G_S 为相应的系数向量。

由上式可研究每一观测值误差对横向贯通精度的影响，这对网的优化设计具有意义。

②零点误差椭圆法。

若将 βJ，βC 和 S_{JG}，S_{CG} 视为不含误差的虚拟观测值，并将 GJ，GC 作为控制网的点纳入一起计算，在通用平差程序中，可计算 GJ，GC 两点的相对误差椭圆，该椭圆长半轴在贯通面上的投影即为影响值，即：

$$m_q = \sqrt{E^2\cos^2\psi + F^2\sin^2\psi} \qquad (12-4)$$

式中：ψ 是以椭圆长半轴为起始方向时 Y 轴的方位角，按下式计算：

$$\psi = 90° - \varphi_0 \qquad (\varphi_0 \leqslant 90°)$$

或
$$\psi = 270° - \varphi_0 \qquad (\varphi_0 > 90°)$$

上面的公式中，E，F，φ_0 为零点相对误差椭圆的元素。用该法所计算的影响值综合了所有的测量误差，其影响值是唯一的，其值不同于坐标差权函数法的任意结果，相当于用所有的定向点进行多点定向进洞。

用上述两种方法计算影响值时，需要给出网的近似坐标、观测方案以及观测精度等值，用通用平差程序计算坐标未知数向量的协因数阵，乘以先验单位权方差的协方差矩阵。地面网施测之后，也可以按上述方法用验后单位权方差计算实际网的影响值。

2. 导线测量误差引起的横向贯通误差

(1)地面导线测量误差引起的横向贯通误差

如图 12-9 所示，为测定曲线隧道两个洞口点 A 和 F 的相对位置，沿着隧道延伸的方向，在地面上布设了一条支导线，引起隧洞横向贯通误差的地面导线测量误差包括导线测角误差 m_β，导线量边误差 m_l 和洞口两端起始边方位角误差 $m_{\sigma 0}$，则由于地面导线测量误差而引起的横向贯通误差可表示为：

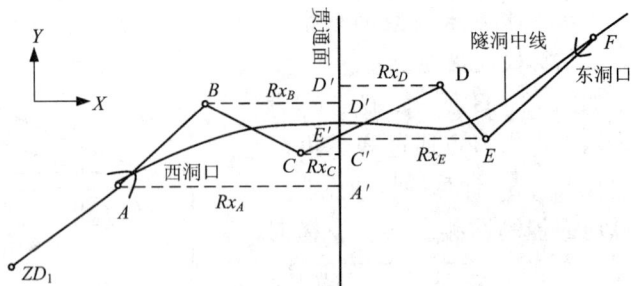

图 12-9 地面贯通导线误差预测图

$$m_{q\perp} = \pm\sqrt{m_{\gamma\beta}^2 + m_{\gamma l}^2 + m_{\gamma\alpha}^2}$$

$$= \pm \sqrt{\left(\frac{m_\beta^2}{\rho}\right)^2 \sum R_x^2 + \left(\frac{m_l}{l}\right)^2 \sum d_x^2 + \left(\frac{m_{\alpha01}}{\rho}\right)^2 \sum R_{01}^2 + \left(\frac{m_{\alpha02}}{\rho}\right)^2 \sum R_{02}^2} \qquad (12-5)$$

式中：$m_{\gamma\beta}$，$m_{\gamma l}$，$m_{\gamma\alpha}$——测角、量边和洞口两端起始边方位角误差所引起的横向贯通误差；

      m_β——地面导线的测角中误差，以秒计；

      $\dfrac{m_l}{l}$——导线边长的相对中误差；

      $\sum R_x^2$——各导线点至贯通面的垂直距离的平方和；

      $\sum d_i^2$——各导线边在贯通面上投影长度平方的总和；

      $m_{\alpha01}$，$m_{\alpha02}$ 为洞口两端起始边方位角误差；

      R_{01}，R_{02} 为洞口两端点至贯通面的垂直距离。

（2）洞内导线测量误差引起的横向贯通误差

$$m_{q\text{下}} = \pm \sqrt{m_{\gamma\beta\text{下}}^2 + m_{\gamma l\text{下}}^2} = \pm \sqrt{\left(\frac{m_{\beta\text{下}}}{\rho}\right)^2 \sum R_{x\text{下}}^5 + \left(\frac{m_{l\text{下}}}{l}\right)^2 \sum d_{y\text{下}}^2} \qquad (12-6)$$

式中各符号的含义同上。

（3）导线测量误差引起的横向贯通误差

由式（12-5）和式（12-6）可得：

$$m_q = \sqrt{m_{q\text{上}}^2 + m_{q\text{下}}^2} \qquad (12-7)$$

上式即为导线测量误差对横向贯通误差的影响值的近似公式。因为它是按支导线推导的，而实际工作中，总是要布设为环形或网形，通过平差，测角测边精度都会产生增益，故按上式进行横向贯通误差估算将偏于安全。

对于等边直伸的地下导线来说，导线的测角误差引起横向误差，而量边误差与横向误差无关。因地下导线一般为支导线，而测角引起的横向贯通误差可表示为：

$$m_{q\text{下}} = \sqrt{\frac{n^2 s^2 m_\beta^2}{\rho^2} \cdot \left(\frac{n+1.5}{3}\right)} \qquad (12-8)$$

式中：m_q——贯通误差，m；

      s——导线边长，m；

      n——导线的边数。

3. GPS 网对贯通误差影响的估算方法

由 GPS 网的测量误差所引起隧道贯通误差，可以根据进、出口点及定向点的坐标值及其协方差矩阵，由贯通点的设计坐标、贯通面的方位角等信息，编写一段专门计算贯通误差影响值的程序，在微机上进行。

如图 12-10 所示，J，C 为进、出口（不一定在中线上），A，B 为定向点（可能有多个），G 为贯通点，在不考虑边长 S_{JG}，S_{CG} 和联系角 β_J，β_C 的误差的情况下，

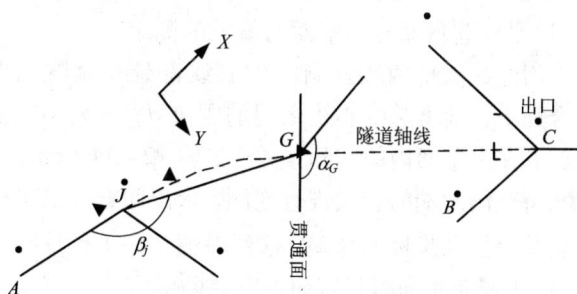

图 12-10　GPS 网贯通误差影响

由进、出口推算出贯通点的坐标 ΔX_G，ΔY_G 的权函数式为：

$$d(\Delta X_G) = (1 - a_{JA}\Delta Y_{JG})dx_J - a_{JA}\Delta Y_{JG}dy_J + a_{JA}\Delta Y_{JG}dx_A + b_{JA}\Delta Y_{JG}d_{YA} -$$
$$(1 - a_{CB}\Delta Y_{CG})dx_C + b_{CB}\Delta Y_{CG}dy_C - a_{CB}\Delta Y_{CG}dx_B - b_{CB}\Delta Y_{CG}dy_B \qquad (12-9)$$

$$d(\Delta Y_G) = a_{JA}\Delta X_{JG}dx_J + (1 + b_{JG}\Delta X_{JG})dy_J - a_{JA}\Delta X_{JG}dx_A - b_{JA}\Delta X_{JG}dy_A - a_{CB}\Delta X_{CG}dx_C -$$
$$(1 + b_{CB}\Delta X_{CG})dy_C + a_{CB}\Delta X_{CG}dx_B + b_{CB}\Delta X_{CG}dy_B \qquad (12-10)$$

式中：$a_{JA} = \Delta Y_{JA}/S_{JA}^2$，$b_{JA} = -\Delta X_{JA}/S_{JA}^2$。

设未知数函数线性化函数式为：

$$dF(X) = f^T dX, \quad dG(X) = g^T dX \qquad (12-11)$$

则由协因数传播定律可得权函数的权倒数（协因数）和互协因数，即：

$$\frac{1}{P_F} = q_F = f^T Q_{xx}f, \quad \frac{1}{P_{FG}} = f^T Q_{xx}g \qquad (12-12)$$

因此，由式（12-9）、式（12-10），可计算出 ΔX_G，ΔY_G 的协因数 $q\Delta_X$，$q\Delta_y$ 以及它们的互协因数 $q\Delta_x\Delta_x$，乘以 GPS 网的验后单位权方差，即可得到贯通点坐标差的方差和协方差，由它们可以计算贯通点零点相对误差椭圆，该椭圆在贯通点上的投影即为 GPS 网的横向贯通误差影响值。

12.5.3 贯通后实际偏差的测定与中腰线的调整

隧洞贯通后，应及时地进行贯通测量，测定实际的横向、纵向、竖向贯通误差。实际偏差的测定是一项重要的工作，它具有以下意义：

①对隧洞贯通的结果做出最后的评定；

②用实际数据检查测量工作的成果，从而检证贯通测量误差预计的正确程度，以丰富贯通测量的理论和经验；

③通过贯通后的连测，可使两端原来没有闭合或附和条件的井下控制测量网有了可靠的检核和进行平差和精度评定；

④作为隧洞中腰线最后调整的依据。

所以《煤矿测量规程》中规定：井巷贯通后，应在贯通点处测量贯通实际偏差值，并将两端导线、高程连接起来，计算各项闭合差。重要贯通的测量完成后，还应进行精度分析，并作出总结，总结要连同设计书，外业资料一起保存。

1. 贯通后实际偏差的测定

（1）平斜巷贯通时水平面内偏差的测定

①用经纬仪把两端隧洞的中心线都延长到隧洞贯通接合面上，量出两中心线之间的距离 d，其大小就是贯通隧洞在水平面内的实际偏差，如图 12-11 所示。

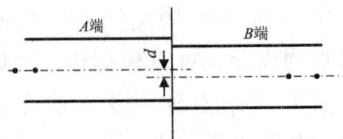

②将隧洞两端的导线进行连测，求出闭合边的坐标方位角的差值和坐标闭合差，这些差值实际上也反映了贯通平面测量的精度。

（2）平斜巷贯通时竖直面内偏差的测定

①用水准仪测出或用小钢尺直接量出两端腰线在贯通接合处的高差，其大小就是在竖直面内的实际偏差。

②用水准测量或经纬仪三角高程测量连测两端巷道中的已知高程控制点（水准点或经纬

图 12-11

仪导线点），求出高程闭合差，它也实际上反映了贯通高程测量的精度。

（3）立井贯通后井中实际偏差的测定

立井贯通后，可由地面上或由上水平的井中处挂下中心垂球线到下水平，直接丈量出井筒中心之间的偏差值，即为立井贯通的实际偏差值。有时也可测绘出贯通接合处上、下两段井筒的横断面图，从图上量出两中心之间的距离，就是立井贯通的实际偏差。

立井贯通后，应进行定向测量，重新测定下水平下导线边的坐标方位角和用来标定下水平井中位置的导线点的坐标，于原坐标的差值 Δx 和 Δy，以及导线点的点位偏差 $\Delta = \sqrt{\Delta x^2 + \Delta y^2}$，它也反映了立井贯通的精度。

2. 贯通后巷道中腰线的调整

测定巷道贯通后的实际偏差后，还需对中腰线进行调整。

（1）中线的调整

巷道贯通后，如实际偏差在容许的范围内，对次要巷道只需将最后几架棚子加以修整即可。

（2）腰线的调整

若实际的贯通高程偏差 Δh 很小时，可按实测高差和距离算出最后一段隧洞的坡度，重新标定出腰线，在隧洞中，如果贯通的高程偏差 Δh 较大时，可适当延长调整坡度的距离。

练习题

1. 陀螺经纬仪定向精度主要取决于哪些因素？
2. 简述贯通后实际偏差的测定与调整方法。
3. 简述井下引起测角误差的原因及提高测角精度的措施。
4. 联系测量的任务是什么？为何要进行联系测量？

第13章　变形观测的理论与方法

【学习指导】　介绍了变形观测的目的、特点和方法，变形观测的频率、观测精度指标的确定方法，沉降观测，水平位移观测，倾斜、裂缝和挠度观测、观测数据处理与变形分析。掌握变形观测的基本概念，沉降观测、水平位移的基本方法。难点是观测基点稳定性检验，变形数据处理与分析方法。

13.1　概述

13.1.1　变形观测的概念及意义

地表、边(滑)坡、建筑物、构筑物的变形观测是国际减灾、防灾的重要手段。改革开放以来，我国兴建了大量的国防和民用建筑物，以及为开发地下资源而进行的地下开采，这些工程建筑物及采区地表在运营过程中都会产生变形。这种变形在一定限度之内，应认为是正常的现象，但如果超过了承受的限度，就会影响建筑物的正常使用，严重时还会危及建筑物的安全，导致生命和财产的损失。因此，在工程建筑物的施工和运营期间，必须对它们进行位移观测，即变形观测。

通过变形观测达到了解地表、边坡、滑坡、建筑物等产生的原因是非常重要的。一般来讲，变形主要是由两方面的原因引起的：一是自然条件及其变化，即建筑物地基的工程地质、水文地质、土壤的物理性质、大气温度等的变化。例如基础的地质条件不同，有的稳定，有的不稳定，会引起水利工程设施的不均匀沉陷，使其发生倾斜；构筑在土基上的构筑物，由于土基的塑性变形而引起沉陷；由于温度与地下水位的季节性和周期性的变化，而引起建筑物的规律变化。另一种是与建筑物本身相联系的原因，即建筑物本身的荷重、建筑物的结构、型式及动荷载(如水力、水压等)的作用。此外，由于勘测、设计、施工以及运营管理工作做得不合理，还会引起建筑物产生额外的变形。

这些变形的原因是互相联系的。随着大型构筑物的兴建，改变了地面原有的承载状态，对建筑物的地基施加了一定的外力，这就必然会引起地基及其周围地层的变形。而构筑物本身及其基础，也由于地基的变形及其外部荷载与内部应力的作用而产生变形。

构筑物的变形按其类型来区分，可以分为静态变形和动态变形。静态变形通常是指变形观测的结果只表示在某一期间内的变形值，也就是说，它只是时间的函数；动态变形是指在外力影响下而产生的变形，故它是以外力为函数来表示的动态系统对于时间的变化，其观测结果是表示建筑物在某个时刻的瞬时变形。

13.1.2　变形观测的任务及方法

变形观测的任务是周期性地对观测点进行重复观测，求得其在相邻两个观测周期间的变化量，以此判定监测对象的安全状况。为了求得瞬时变形，则应采用各种自动记录仪器记录其瞬时位置。变形观测的内容，应根据建筑物的性质与地基情况来定。要求有明确的针对性，既要有重点，又要作全面考虑，以便能正确反映出建筑物的变化情况，达到监视建筑物的安全运营、了解其变形规律之目的。

至于工程建筑物变形观测的方法，要根据建筑物的性质、使用情况、观测精度、周围的环境以及对观测的要求来选定。Muqian 目前变形观测的方法大致有：①几何大地测量（含测量机器人），②地面近景摄影测量，③GPS 监测系统，④物理测量，如应变测量、引张线观测、静力水准测量、正倒锤观测等。一般地说，垂直位移多采用精密水准测量、液体静力水准测量和微水准测量的方法进行观测。而水平位移的观测，情况就比较复杂。对于直线型建筑物，如直线型混凝土坝和土坝，常根据布设在坝顶上、廊道内、土坝的迎水坡正常高水位以上与背水坡面上的观测点，采用基准线法观测。对于混凝土坝下游面上的观测点，常采用前方交会法。对于曲线型建筑物，如拱坝，可根据在廊道内布设的观测点，采用导线测量的方法，对于拱坝顶部和下游面上的观测点，也可采用前方交会的方法。混凝土坝挠度的观测，一般都是通过竖井或竖管以不锈钢丝悬挂的重锤线（通常称为正锤或正锤线），在一定的高程面上设置观测点，用坐标仪观测钢丝的位置，从而算得坝体的挠曲程度。坝体和基础的倾斜或转动，可在横向廊道内以倾斜仪观测，或采用液体静力水准测量，也可用精密水准测量的方法测定高差后再算得其转动角。裂缝（或伸缩缝）观测则使用测缝计或根据其他的观测结果进行计算（例如根据坐标仪测定的沿坝轴线方向的读数，即可计算伸缩缝在这个方向的开合度）。对于工业与民用建筑物、地表形变观测，也可采用地面摄影测量的方法测定其变形值。这些方法不仅用于前面所列举的工程建筑物，同时也用于其他建筑物的变形观测，例如桥梁、船闸、船坞等。而这些方法本身，随着机械工业、电子工业等科学技术的发展，也在不断地改进。目前正在向着半自动化和自动化的方向发展。

13.1.3　变形观测的特点

与常规的测量工作相比，变形观测具有以下特点：

（1）观测精度要求高

由于变形观测的结果直接关系到构筑物的安全评判，影响到对变形原因和变性规律的正确分析，和其他测量工作相比，变形观测必须具有很高的精度。典型的变形观测精度要求是 1 mm，或相对精度 1×10^{-6}。因此，根据变形观测的不同目的，确定合理的观测精度和观测方法，优化观测方案，选择测量仪器是科学实施变形观测的前提。

（2）需要重复观测

构筑物由于各种原因产生的变形有个时间效应。计算其变形量最简单、最基本的方法是计算构筑物上同一点在不同时间的坐标差和高程差。这就要求变形观测必须依据一定的时间周期进行重复观测，时间跨度大。重复观测的周期取决于观测的目的、预计变形量的大小和速率。

（3）严密的数据处理方法

构筑物的变形一般都较小，有时甚至与观测精度处在同一个数量级；同时，大量重复观测使原始数据增多。要从不同时期的大量观测数据中，精确确定变性信息，必须采用严密的数据处理方法。

13.2　变形观测的频率及精度指标的确定

13.2.1　变形观测的频率

工程建筑物的变形观测能否达到预定目的，要受很多因素的影响。其中最基本的因素是观测的精度与频率及观测点的布置，以及每次观测的时间，通过变形观测设计，尽量捕捉变形的时间、位置及变形的最大允许值，以便合理布置观测点位、确定采样间隔和采样精度。观测点的布置与各类工程的特点有关。观测频率是指对水利工程构筑物在单位时间段内的观测次数，应根据工程的性质、施工进度、地基地质情况及基础荷载的变化情况而定。基本情况如下：

（1）在建筑物主体开工前，进行第一次观测。

（2）在建（构）筑物主体施工过程中，一般每盖 1～2 层观测一次。如中途停工时间较长，应在停工时和复工时进行观测。

（3）当发生大量沉降或严重裂缝时，应增加观测频率。

（4）建筑物封顶或竣工后，一般每月观测一次，如果沉降速度减缓，可改为 2～3 个月观测一次，直至沉降稳定为止。

下面以基础沉陷的观测过程为例，说明确定观测频率的方法。

在荷载的影响下，基础下土层的压缩是逐渐实现的，因此，基础的沉陷亦是逐渐增加的。一般认为在砂类土层上的建筑物，其沉陷在施工期间已大部分完成，而建筑在黏土类土层上的基础，其沉陷在施工时期只完成了一部分。图 13－1 为不同类土层的沉降过程线，由图中可看出，对于砂类土层上基础的沉陷过程可以分为四个阶段：第一阶段是在施工期间，随着基础上压力的增加，沉陷速度很大，年沉陷量达 20～70 mm。到第二阶段，沉降量就显著地变慢，年沉陷量大约为 20 mm。第三阶段为平稳下沉阶段，其速度为每年

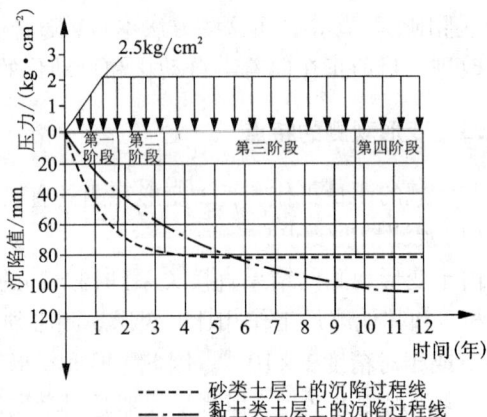

图 13－1　不同类土层的沉降过程线

1～2 mm。第四阶段沉陷曲线几乎是水平的，也就是说到了沉陷停止的阶段。根据这种情况，在观测精度要求相同时，沉陷观测的频率是变化的。在施工过程中，频率应大些，一般有三天、七天、半月三种周期，到了竣工投产以后，频率可小一些，一般有一个月、两个月、三个月、半年及一年等不同的周期。在施工期间也可以按荷载增加的过程进行观测，即从观测点埋设稳定后进行第一次观测，当荷载增加到 25% 时观测一次，以后每增加 15% 观测一次。竣工后，一般每一年观测四次，第二年两次，以后每年一次。在掌握了一定规律或变形稳定之后，可减少观测次数。这种根据日历计划（或荷载增加量）进行的变形观测称为正常情况下的系统观测。

13.2.2 变形观测精度指标的确定

位移观测是监测受扰对象安全性态的一种重要手段。通过实时获取变形体的动态位移信息，达到预警变形体的安危状况的目的。变形监测应具有实时性、事前性与可靠性 3 个基本属性。任何位移监测工作均包括两个同时运作的过程：①变形体的动态位移信息的实时获取；②变形体安全状况的预警诊断。

目前，从国内外的变形观测实际情况来看，位移观测始终存在着两个难点：①对于给定的监测对象，如何合理地确定对它的必要监测精度指标；②如何依据所测量的数据对监测对象的安全状况进行诊断与预警。由于以上问题的存在，使得众多的位移观测实践都带有或多或少的盲目性。上述两个问题的核心是监测对象的允许变形值问题。允许变形值的合理确定，一方面作为评判变形体安危性态的量化参照标准；另一方面作为确定与检验变形监测必要精度指标的直接依据。目前所有设计规范中均未明确规定允许变形值。国内外变形测量领域通用的确定位移必要观测精度的准则是：①以安全监测为目的，则观测误差应小于允许变形值的 $1/10 \sim 1/20$；②以了解变形过程为目的，则观测误差要远远小于允许变形值。准则中提到的允许变形值，其确定原则一般从以下方面考虑：①保证变形体的健康运行；②保证变形体结构的安全可靠。作为变形观测应首先选择后。具体对象的观测精度指标应根据对象性质、结合相关的专业知识进行拟定。

一般来讲，从实用的目的和需要出发，对于有传动设备、连续生产的大型车间（钢结构、钢筋混凝土结构的建筑物），以及水利水电工程的混凝土大坝，通常要求观测工作能反映出 1 mm 的沉陷量，那么沉陷观测的精度则要求达到 0.5 mm；对于不是连续生产的一般工业厂房、民用建筑、高层房屋建筑，以及土工建构筑物，要求观测工作能反映出 2 mm 的沉陷量，则沉陷观测的精度要达到 1 mm 的要求。至于观测的频率决定于变形值的大小和变形速度，以及观测的目的。通常要求观测的次数既要能反映出变化的过程，又要不遗漏变化的时刻。

13.3 沉降观测

所谓沉陷观测，就是定期地测量观测点相对于水准点的高差以求得观测点的高程，并将不同时期所得的高程加以比较，得出建筑物的沉陷情况。

目前沉陷观测中最常采用的是水准测量方法和静力水准测量法。对于中、小型厂房和土工建筑物沉陷观测可采用普通水准测量；而对于高大重要的混凝土建筑物，例如大型工业厂房、高层建筑物以及混凝土坝，要求其沉陷观测的中误差大于 1 mm，因而，就得采用精密水准测量的方法。

工业与民用建筑物的变形观测中进行工作最多的是基础沉陷观测。对于建造在深度为 $8 \sim 10$ m 以上的基坑中的基础，需要观测基坑回弹。观测时所用的标志埋设在基础各部分所钻的钻孔中，标志顶头高程应低于基坑底面 0.5 m 左右。埋设时，先将标志（一般为一节钢管，管顶焊一半圆形端头，管壁钻有孔眼）吊入钻孔底部，浇筑水泥砂浆，使标志与土层（或岩层）团结。

深式标志高程变化的观测一般采用一种特制的钢线尺（或钢尺）悬吊重锤与标顶接触的办法。测量时必须使重锤与水准标点很好的接触，因此需要多次地将重锤拉上放下，进行检查。

工业与民用建筑物沉陷观测的水准线路(从一水准点到另一水准点)应形成闭合线路。与一般的水准测量相比较,所不同的是视线长度较短;一般不大于 25 m,一次安置仪器可以有几个前视点。在不同的观测周期中,仪器应安置在同样的位置上,以削弱系统误差的影响。对于中、小型厂房采用三等水准测量;而对于大型厂房、连续生产的设备基础与动力基础、高层混凝土框架结构等,采用二等水准测量。

对于埋设在基础上的观测点,在埋设之后就开始第一次观测,往后随着荷重的逐步增加(例如砌筑墙壁或安装设备后,机器开始工作之前等),重复进行观测。在运行期间重复观测的周期,根据沉陷的快慢而定:每月、每季、每半年或每年观测一次,一直到全停止为止。

由于在各类建筑物基础沉降观测时,水准路线往往不是很长,并且其闭合差一般不会超过 1~2 mm,因此闭合差可按测站平均分配。如果观测点之间的距离相关很大,则闭合差可以按距离成比例地分配。

为了测定混凝土坝的基础沉陷和混凝土坝体本身在垂直方向的伸缩,在基础与坝顶面埋设了沉陷观测点。为了测定这些观测点的沉陷,在靠近坝的下游两岸,设置工作基点。而工作基点的变动情况,要由离坝较远的水准基点来进行联测。对于前一种观测、称之为观测点观测;后一种观测,称为基准点观测。下面分别叙述这两种观测在线路形状、精度要求、仪器设备、操作方法、观测周期以及成果的检查计算等方面的特点。

13.3.1 基准点观测

工作基点与参考准基点间所布设的水准环线,一般要求每公里水准测量高差中数的中误差不大于 0.5 mm。采用精密水准仪 $S_{0.5}$ 和因瓦水准尺进行施测。

作业方法按一等水准测量规定进行,由于工作条件的不同,操作方法上有其特点。例如,由于沉陷观测是固定线路,重复进行。为便于观测,消除一些误差的影响,通常在转点处埋设简便的金属标头作为立尺点。

由参考基点到工作基点的联测,每年进行一次(或两次),尽可能固定月份,即选择外界条件相近的情况进行观测,以减少外界条件对观测成果的影响。

水准环线是分段(例如每段 1 km 左右)进行观测,各段往、返测高差较差不得超过 $d_{限} = 4\eta\sqrt{R} = 4 \times 0.5 \text{ mm}\sqrt{R} = 2 \text{ mm}\sqrt{R}$($R$ 为测段水准路线长度,以 km 计)。

往、返观测的高差加标尺长度改正后计算往返高差较差。高差较差合格后,根据加标尺长度改正后的往返高差计算高差中数,再由高差中数计算环线闭合差。将环闭合差按各测段线路长度进行分配。然后,由水准基点的高程推算工作基点(和沿线各水准点)的高程,再与各点的首次观测高程比较,可得工作基点(和沿线各水准点)高程的变化值。从这些水准点高程的变化,还可以了解坝坡下游地面的沉陷情况。

按照上述规定所施测的精密水准测量,根据生产单位的经验,每公里高程的传递精度可以达到 0.5 mm 的要求。

每公里水准测量高差中数的中误差可按下式计算:

$$u_{km} = \sqrt{\frac{[pdd]}{4n}} \tag{13 - 1}$$

而

$$p_i = \frac{1}{R_i} \ (i = 1, 2, \cdots, n) \tag{13 - 2}$$

式中：n——水准环线的测段数；

R_i——各测段的线路长度，以 km 计；

d_i——各测段往返高差的较差，以 mm 计，它们的权各为 $p_i/2$。

13.3.2 测点观测

观测点的沉陷是根据工作基点来测定的。对于建筑在岩基上的混凝土坝，其沉陷观测中误差要求不超过 ±1 mm。一般采用精密水准仪，按二等水准测量操作规定进行施测。由于沉陷观测在施工过程中就开始，因此受施工干扰大。而且大部分观测是在廊道内进行，由于有的廊道高度不够，有的廊道底面呈阶梯形等，使得立尺、架仪器和观测都受到一定限制，尤其是基础廊道，高低不平，起伏坡度变化大，使得视线很短（有的短到 3 m），因此，每公里的测站数很多。根据生产单位的经验，对观测点的观测作了如下补充规定：

①设置固定的置镜点与立尺点，使往、返测或复测能在同一路线上进行；

②使用固定的仪器、标尺；

③仪器至标尺的距离，最长不得超过 40 m，每站的前后视距差不得大于 0.3 m，前后视距累积差不得大于 1 m，基辅差不得超过 0.25 mm；

④每次观测进出廊道前后，仪器、标尺均需凉置半小时以后再进行观测；

⑤在廊道内观测采用手电筒照明。

大坝沉陷观测的周期，在施工期间和运转初期次数较密，而运转后期，当已掌握变形规律后，测次可适当减少，但在特殊情况下（暴雨、洪峰、地震），除规定的周期观测外，尚应增加补充的测次。

测定观测点沉陷的水准路线大多敷设成两工作基点之间的附合路线。每次观测值均要加标尺长度改正。根据视线短、每公里线路测站数很多的特点，对附合线路闭合差采取按测段的测站数多少进行分配的方法。然后，根据工作基点的高程推算各沉陷观测点的高程，而对于钢管标点还要加钢管温度改正（即由该次观测时温度改正到首次观测时的温度），将本次计算的各观测点高程与各点首次观测的高程比较，即可求得各观测点相对于本点首次观测的沉陷量（其符号规定：下沉为正；上升为负）。还需指出，工作基点本身逐年也会有些下沉，但各次沉陷观测点高程仍以工作基点的首次高程作为起算高程，而将工作基点各年的下沉量视为一常数，在分析资料时一并考虑。附合水准路线上一测站高差中数的中误差可按下式计算：

$$u_{站} = \sqrt{\frac{[pdd]}{4n}} \qquad (13-3)$$

而

$$p_i = \frac{1}{N_i} \quad (i = 1, 2, \cdots, n) \qquad (13-4)$$

式中：n——附合水准路线的测段数；

N_i——各测段的测站数；

d_i——各测段往返测高差较差，以 mm 计，它们的权各为 $\frac{p_i}{2}$。

离工作基点最远的观测点，其高程的测定精度最低。最弱点相对于工作基点的高程中误差按下式计算：

$$m_{弱} = u_{站} = \sqrt{K} \qquad (13-5)$$

而

$$K = \frac{K_1 \cdot K_2}{K_1 + K_2} \qquad (13-6)$$

式中：K_1，K_2——由两工作基点分别测到最弱点的测站数。

沉陷量是两次观测高程之差。因此，最弱点沉陷量的测定中误差 $m_{沉} = \sqrt{2} m_{弱}$，应满足 ± 1 mm 的精度要求。

13.3.3 沉降观测的成果整理

（1）整理原始记录　每次观测结束后，应检查记录的数据和计算是否正确，精度是否合格，然后，调整高差闭合差，推算出各沉降观测点的高程，由此计算沉降量。计算内容和方法如下：

①计算各沉降观测点的本次沉降量

沉降观测点的本次沉降量 = 本次观测所得的高程 - 上次观测所得的高程

②计算累积沉降量

累积沉降量 = 本次沉降量 + 上次累积沉降量，计算出沉降观测点本次沉降量、累积沉降量，并记录观测日期、荷载情况等。

③绘制沉降曲线

沉降曲线分为两部分，即时间与沉降量关系曲线和时间与荷载关系曲线。绘制方法如下：

（2）绘制时间与沉降量关系曲线　首先，以沉降量 s 为纵轴，以时间 t 为横轴，组成直角坐标系。然后，以每次累积沉降量为纵坐标，以每次观测日期为横坐标，标出沉降观测点的位置。

最后，用曲线将标出的各点连接起来，并在曲线的一端注明沉降观测点号码，这样就绘制出了时间与沉降量关系曲线。

（3）绘制时间与荷载关系曲线　首先，以荷载为纵轴，以时间为横轴，组成直角坐标系。再根据每次观测时间和相应的荷载标出各点，将各点连接起来，即可绘制出时间与荷载关系曲线。

13.4　水平位移观测

根据场地条件，水平位移的观测方法可分为基准线法（包括视准线，引张线等）、小角法、几何大地测量方法（包括导线法、变会法、GPS 观测监测网等）。

13.4.1 基准线法测定水平位移

基准线法的原理是以通过水式建筑物轴线（例如大坝轴线）或平行于建筑物轴线的固定不变的铅直平面为基准面，根据它来测定建筑物的水平位移。

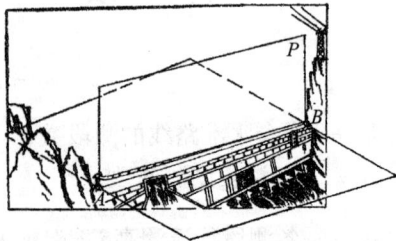

图 13 - 2 坝顶基准线示意图

图 13 - 2 为某坝坝顶基准线示意图。A，B 分别为在坝两端所选定的基准线端点。当经纬仪在 A 点，在 B 点安置标牌，则通过仪器中心的铅直线与 B 点处固定标志中心所构成的铅直平面 P 即形成基准线法中的基准面。这种由经纬仪的视准面形成基准面的基准线法，我们称之为视准线法。

视准线法按其所使用的工具和作业方法的不同，又可分为"测小角法"和"活动觇牌法"。

测小角法是利用精密经纬仪精确地测出基准线方向与置镜点到观测点的视线方向之间所夹的小角，从而计算观测点相对于基准线偏离值。活动觇牌法则是利用活动觇牌上的标尺，直接测定此项偏离值。

随着激光技术的发展，出现了由激光束建立基准面的基准线法，根据其确定偏离值的原理，有以激光束替代经纬仪视线的"激光经纬仪准直"和利用光干涉原理的"波带板激光准直"（三点法准直）。

在大坝廊道的特定条件下，采用通过拉直的钢丝的竖直面作为基准面来测定坝体偏离值具有一定的优越性，这种基准线法称之为引张线法。

由于建筑物的位移值一般来说是很小的，因此对位移值的观测精度要求很高（例如混凝土坝位移观测的中误差要求小于 ±1 mm），因而在各种测定偏离值的方法中都采取了一些提高精度的措施。对基准线端点的设置、对中装置构造、觇牌设计及观测程序等均进行了不断的改进。

1. 观测墩

目前，一般采用钢筋混凝土结构的观测墩。观测墩底座部分要求直接浇筑在基岩上，以确保其稳定性。

为了减少仪器与觇牌的安置误差，在观测墩顶面常埋设固定的强制对中设备，通常要求它能使仪器及觇牌的偏心误差小 0.1 mm。满足这一精度要求的强制对中设备式样很多，有采用圆锥、圆球插入式的，有用埋设中心螺杆的，也有采用置中圆盘的（如图 13-3）。置中圆盘的优点是适用于多种仪器，对仪器没有损伤，但加工精度要求较高。

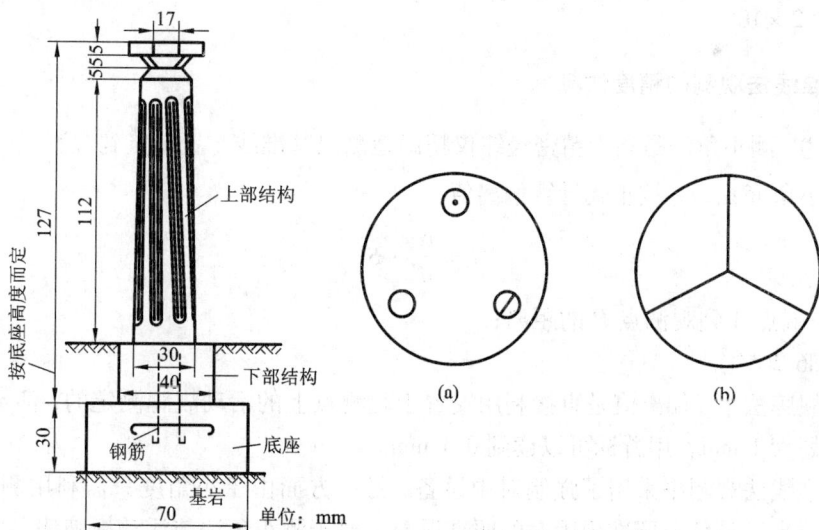

图 13-3 观测墩示意图

2. 觇牌图案形状、尺寸及颜色

视准线法的主要误差来源之一是照准误差，研究觇牌形状、尺寸及颜色对于提高视准线的观测精度具有重要意义。一般地说，觇牌设计应考虑以下 5 个方面。

①反差大：用不同颜色的觇牌所进行的试验表明，以白色作底色，以黑色作图案的觇牌为最好。白色与红色配合，虽则能获得较好的反差，但它相对前者而言易使观测者产生疲劳。

②没有相位差：采用平面觇牌可以消除相位差，在视准线观测中一般采用平面觇牌。

③图案应对称。

④应有适当的参考面积：为了精确照准，应使十字丝两边有足够的比较面积，同心圆环图案对精确照准是不利的。

⑤便于安置：所设计的觇牌希望能随意安置，亦即当觇牌有一定倾斜时仍能保证精确照准。

实验表明，如图 13-4 的双线标志(白底，标志为黑色)是比较合适的图案。试验表明，在觇牌的分划板倾斜大约 5°时，观测者仍可通过十字丝两边楔形面积的比较达到精确照准的目的。

其双线标志的宽度可按下式计算：

$$l = \frac{3b}{f} \cdot S \qquad (13-7)$$

式中：S——视线长度；

　　　b——十字丝单丝粗；

　　　f——物镜焦距。

对于近距离照准，可采用单线标志(用十字丝双丝夹标志来照准)，单线标志宽度可按下式计算：

图 13-4　双线标志

$$l = \frac{u''}{2\rho''} \cdot S \qquad (13-8)$$

式中：u——十字丝双丝所夹角值；

　　　ρ''可取 2×10^5。

13.4.2　视准线法观测的精度估算

如前所述，测小角法是利用精密经纬仪精确地测出基准线与置镜点到观测点(P_i)视线之间所夹的微小角度 α_i，并按正式计算偏离值：

$$l_i = \frac{\alpha_i}{\rho''} \cdot S_i \qquad (13-9)$$

式中：S_i——端点 A 到观测点 P_i 的距离；

　　　$\rho'' = 206\ 265''$。

在活动觇牌法中，偏离值是直接利用安置于观测点上的活动觇牌测定的，活动觇牌读数尺上最小分划为 1 mm。用游标可以读到 0.1 mm。

由于视准线法观测中采用了强制对中设备，另一方面由于小角度只需利用测微器测定，所以主要误差来源是仪器照准觇牌时的照准误差。对于测小角法与活动觇牌法，当采用对观测点照准相同次数时，则两者具有相同的精度估算式，故此处仅对测小角法进行讨论。

1. 对于距离 S_i 精度要求

将式(13-9)进行全微分，并转成中误码差可得：

$$m_{l_i}^2 = \frac{1}{p^2} S_{\alpha_i}^2 = \frac{1}{p^2} \alpha_i^2 \cdot m_{s_i}^2 \qquad (13-10)$$

相对于测小角 α 来说，量测具有足够精度的边长 S_i 是比较容易的。为此令

$$\frac{1}{p} S_i m_{\alpha_i} = 3 \frac{\alpha_i}{p} m_{s_i} \tag{13-11}$$

代入式(13-10)整理后可得

$$m_{s_i} = \frac{p \cdot m_{l_i}}{3.16 \cdot \alpha_i} \tag{13-12}$$

顾及式(13-9)，上式可写成：

$$m_{s_i} = \frac{m_{l_i} \cdot S_i}{3.16 \cdot l_i} \tag{13-13}$$

或写成相对误差形式为

$$\frac{m_{s_i}}{S_i} = \frac{m_{l_i}}{3.16 l_i} \tag{13-14}$$

如果要求 $m_{l_i} = 0.5$ mm，且设偏离值 $l_i = 40$ mm，则有 $\dfrac{m_{s_i}}{S_i} = \dfrac{1}{250}$，边长相对误差也仅要求 $1/1\,000$。通常以 $1/2\,000$ 的精度丈量边长就可以完全满足其精度要求。所以在测小角法中，边长只需丈量一次，在以后的各周期观测中，此值可认为不变。

2. 观测小角 α_i 的精度要求

略去式(13-10)右边第二项后，即可得

$$m_{l_i} = \frac{m_{\alpha_i}}{p} \cdot S_i \tag{13-15}$$

前已述及，测小角度的主要误差来源为照准误差，当小角度观测采用测回法时，一测回所测小角的误差，由误差传播定律可求得为

$$m_\alpha = m_v \tag{13-16}$$

式中：m_v 为照准误差。

将式(13-16)代入式(13-15)则有

$$m_{l_i} = \frac{S_i}{p} m_v \tag{13-17}$$

由此可知，测小角法观测之精度，取决于照准误差 m_v 数值的大小。在一般测量书籍中，通常取肉眼的视力临界角为 $60''$，假定照准误差为

$$m_v = \frac{60''}{v} \tag{13-18}$$

式中：v 为望远镜的放大倍数。

从实际观测来看，影响照准误差的因素很多，它不仅与望远镜放大倍率、人眼的视力临界角有关，而且与所用觇牌的图案形状、颜色有关，不同的视线长度，外界条件的影响等，也改变照准误差的数值。因此，为了使估算更加符合实际，最好在观测现场对所用仪器设备具体地测定照准误差的数值。确定了 m_v 的数值后，不难由式(13-16)估算测小角法的精度。

3. 测小角法观测程序的设计

由式(13-15)可得

$$m_{\alpha_i} = \frac{p}{S_i} m_{l_i} \tag{13-19}$$

对于规定的精度要求 m_{l_i}，根据现场所量得的距离，即可计算对小角度观测的要求。

[**例 13 – 1**]　设某观测点到端点（置镜点）距离为 400 m，若要求测定偏离值的精度为 ± 0.7 mm，试问用小角度法观测时，小角度的限差应为多少？

解　显然由式（13 – 18）可直接求得

$$m_\alpha > \pm 0.35''$$

[**例 13 – 2**]　对例 13 – 1 中的数据，若设 $m_v = \dfrac{60''}{v}$，则当采用 L_1 型仪器（用 $40^\times$ 的望远镜）观测时，小角度应观测 n 个测回？

解　由式（13 – 15）可计算得小角度观测一测回的中误差为：

$$m_\alpha = m_v = \frac{60''}{40} = 1.5''$$

所以要使小角度达到 ±0.35″ 的精度，则小角度观测的测回数 n 应满足

$$0.3'' = \frac{1.5''}{\sqrt{n}}$$

由此求得 $n \approx 19$，即小角度应以不少于 19 测回的精度测定。

由于测小角度中主要误差来源为照准误差，所以有人提出如下的小角度观测程序，即在测小角度时，在每半测回中对每一方向观测，均采用瞄准目标后用测微器读数，再瞄准一次目标再读测微器的第二个读数。这样每半测回中每一方向各照准两次，因而提高了小角度的观测精度。

13.4.3　分段基准线观测

当基准线很长时，偏离值测定的误差是很大的。此时，为了减少旁折光的影响，对于观测时间的选择要求更加严格。

在基准线很长时，为了能获利较高的观测精度，可以分段进行观测；即先测定基准线中少数观测点（分段点）相对基准线的偏离值，再将它们作为起始点，然后在各分段中测定测点相对分段基准线的偏离值。最后归算到两端点的基准线上[图 13 – 5(a)，(b)，(c)]分别为二分之一、四分之一与三分之一基准线分段观测示意图。

在分段基准线法中，整条基准线仅需测定极少数分段点，如四分之一分段观测中，AB 基准线只需测定分段点 C 的偏离值，然后再由 AC 与 BC 分别测定分段点 D，E 的偏

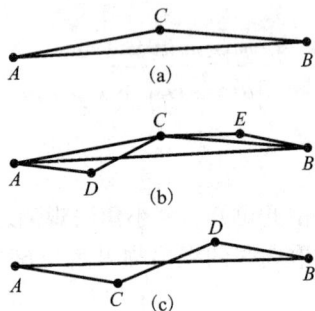

图 13 – 5　基准线分段观测示意图

离值。所有其余的观测点就可以在 AD，DC，CE，EB 分段基准线中进行观测，这时由于视线缩短，就大大削弱了折光影响。由于 AB 基准线只需 C 点一个点的偏离值，就可以选择最有利时间进行观测，同时可以采用增加测回数的方法来提高观测精度。

为了提高分段点的测定精度，也可以采用增加多余观测的方法，表 13 – 1 给出了四分之一分段基准线增加多余观测的 5 种方案，表中还给出了各方案测定分段点的中误差计算式，现以观测方案（a）为例给出计算式的推证方法。

直接推证法：

由图 13 – 5 可知，分段点的偏离值可用下式求得：

$$L_C = \frac{1}{2}\left(\frac{a_1}{p}S_{AC} + \frac{a_2}{p}S_{BC}\right)$$

将上式微分(略去边长误差影响)转成中误差,则得

$$m_{LC} = \frac{1}{2p}\sqrt{\frac{S_{AC}^2}{S_{AB}^2} + \frac{S_{BC}^2}{S_{AB}^2}} \cdot S_{AB} \cdot m \tag{13-20}$$

取用 $p = 0.2062654 \times 10^6$, $S_{AB} = S_{AB} \cdot 10^6$ mm

则得

$$m_{LC} = 2.424\sqrt{\frac{S_{AB}^2}{S_{AB}^2} + \frac{S_{BC}^2}{S_{AB}^2}}S_{AB}m \tag{13-21}$$

当 C 点在 AB 中间时,即得表 13-1 方案(a)中 C 点偏离值的中误差计算式:

$$m_{LC} = 2.424 \cdot \sqrt{\frac{1}{2}}S_{AB}m_a = 1.71S_{AB}m_a$$

表 13-1　基准线各观测方案的比较

观 测 方 案	观测角数	分段点 C 偏离值的中误差 m_{LO}(mm)	分段点 D, E 偏离值的中误差 $m_{LD} = m_{LE}$(mm)
(a)	6	$1.71S_{AB}m_\alpha$	$1.21S_{AB}m_\alpha$
(b)	8	$0.99S_{AB}m_\alpha$	$0.93S_{AB}m_\alpha$
(c)	10	$0.99S_{AB}m_\alpha$	$0.82S_{AB}m_\alpha$
(d)	14	$0.78S_{AB}m_\alpha$	$0.81S_{AB}m_\alpha$
(e)	20	$0.71S_{AB}m_\alpha$	$0.64S_{AB}m_\alpha$

注:表中 S_{AB} 以公里为单位计;m_α 以秒计。

为了推证 m_{LD},由图 13-6 可以求得 $L_D = l_D' + L_D'$,由于分段点 C, D 等对基准线的偏离一般仅几个厘米,而分段基准线 AC, AD 等的长度为几百米,因而可以足够近似地写出

$$l_D' = l_D \tag{13-22}$$

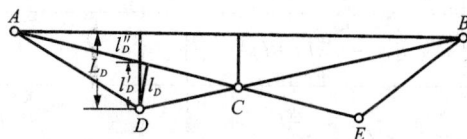

图 13-6　分段基准线观测

由相似三角形原理, 可以求得

$$l'_D \approx \frac{S_{AD}}{S_{AC}} \cdot L_C$$

故有

$$L_D = l_D + \frac{S_{AD}}{S_{AC}} \cdot L_C \tag{13-23}$$

由此得

$$m_{LD}^2 = m_{lD}^2 + \left(\frac{S_{AD}}{S_{AC}}\right)^2 m_{LC}^2 \tag{13-24}$$

由式(13-21)可求得

$$m_{lD} = 2.424\sqrt{\frac{S_{AD}^2}{S_{AC}^2} + \frac{S_{CD}^2}{S_{AC}^2}} \cdot S_{AC}m_\alpha = 2.424\sqrt{\frac{1}{2}} \cdot \frac{1}{2}S_{AB}m_\alpha = 0.855S_{AB}m_\alpha \tag{13-25}$$

将所求得的 m_{lD} 与前面求得的 m_{LC} 值代入式(13-24)则有

$$m_{LD}^2 = (0.855S_{AB}m_\alpha)^2 + (1.71S_{AB}m_\alpha)^2\left(\frac{1}{2}\right)^2 \tag{13-26}$$

由此得

$$m_{LD} = 1.21S_{AB}m_\alpha \tag{13-27}$$

同理可求得

$$m_{l_E} = 1.21S_{AB}m_\alpha \tag{13-28}$$

至此, 我们就证明了表13-1方案(a)中分段点偏离值中误差的计算公式。

用间接观测平差法:

当多余观测数增大时(如表13-1中方案 e 中多余观测数为17), 此时仍用直接法来推求分段点偏离值中误差的计算公式就较困难, 而采用间接观测平差法就较容易。现仍以方案(a)为例推证如下:

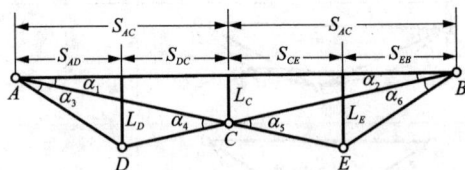

图13-7 分段观测偏差

为了简化推证, 我们仍然略去边长丈量误差对偏离值的影响, 同时足够近似地采用式(13-15)的近似关系。由图13-7可以写出改正数误差方程(见表13-2):

表13-2 改正数误差方程表

$v_1 = L_C$	$-\dfrac{\alpha_1}{p}S_{AC}$	1(权)
$v_2 = L_C$	$-\dfrac{\alpha_2}{p}S_{BC}$	1
$v_3 = -\dfrac{S_{AD}}{S_{AC}}L_C + L_D$	$-\dfrac{\alpha_3}{p}S_{AD}$	4
$v_4 = -\dfrac{S_{AD}}{S_{AC}}L_C + L_D$	$-\dfrac{\alpha_4}{p}S_{CD}$	4
$v_5 = -\dfrac{S_{BE}}{S_{BC}}L$	$+L_E - \dfrac{\alpha_5}{p}S_{CE}$	4
$v_6 = \dfrac{S_{BE}}{S_{BC}}L_C$	$+L_E - \dfrac{\alpha_6}{p}S_{BE}$	4

式中：L_C，L_D，L_E——分段点 C，D，E 偏离值的最或然值。

在测角精度相同时，由于偏离值的测定误差与距离成正比，故它们的权与距离平方成反比，我们取单位权中误差 $u = \dfrac{m_\alpha}{p} S_{AC}$，则由于 $S_{AD} = S_{CD} = S_{CE} = S_{BE} = \dfrac{1}{2} S_{AC}$，故 $v_3 - v_6$ 的权均为 4。

顾及 $\dfrac{S_{AD}}{S_{AC}} = \dfrac{S_{CD}}{S_{AC}} = \dfrac{S_{CB}}{S_{BC}} = \dfrac{S_{BE}}{S_{BC}} = \dfrac{1}{2}$，由上述误差方程可以求得法方程式的系数矩阵

$$N = \begin{pmatrix} 6 & -4 & -4 \\ -4 & 8 & 0 \\ -4 & 0 & 8 \end{pmatrix}$$

由此求得协因数矩阵

$$Q = N^{-1} = \begin{pmatrix} 0.5 & 0.25 & 0.25 \\ 0.25 & 0.25 & 0.125 \\ 0.25 & 0.125 & 0.25 \end{pmatrix} \tag{13 - 29}$$

故得：$P_{LC} = \dfrac{1}{0.5} = 2$，$m_{LC} = \dfrac{u}{\sqrt{P_{OC}}} = \dfrac{1}{\sqrt{2}} \dfrac{m_\alpha''}{\rho''} S_{AC} = \dfrac{1}{\sqrt{2}} \dfrac{m_\alpha''}{\rho''} \dfrac{S_{AC}}{S_{AB}} S_{AB}$，

仍取 $\rho'' = 0.206265 \times 10^6$，$S_{AB} = S_{AB} \cdot 10^6$，则得

$$m_{LC} = \dfrac{1}{\sqrt{2}} \cdot \dfrac{1}{0.206265} \cdot \dfrac{1}{2} \cdot S_{AB} m_\alpha = 1.71 S_{AB} m_\alpha \tag{13 - 30}$$

同样可求得：

$$m_{LD} = m_{LB} = 1.21 S_{AB} m_\alpha \tag{13 - 31}$$

13.5 倾斜、裂缝和挠度观测

13.5.1 倾斜观测

测定建筑物倾斜的方法有两类：一类是直接测定建筑物的倾斜；另一类是通过测量建筑物基础相对沉陷的方法来确定建筑物的倾斜。

直接测定建筑物倾斜的方法中最简单的是悬吊垂球的方法，根据其偏差值可直接确定建筑物的倾斜，但是由于有时在建筑物上面无法固定悬挂垂球的钢丝，因此对于高层建筑、水塔、烟囱等建筑物，通常采用经纬仪投影或测水平角的方法来测定它们的倾斜。

如图 13 - 8(a)，根据建筑物的设计，A 点与 B 点位于同一竖直线上，当建筑物发生倾斜时，则 A 点对 B 点移动了某一数值 a，则该建筑物的倾斜为

$$i = \tan\alpha = \dfrac{a}{h} \tag{13 - 32}$$

因此，为了确定建筑物的倾斜，必须量出 a 和 h 的数值，其中 h 的数值一般已知；当 h 未知时，则可对着建筑物设置一条基线，用三角测量的方法测定。这时经纬仪应设置在离建筑物较远的地方(距离最好在 $1.5h$ 以上)，以减少仪器纵轴不垂直的影响。

对于 a 值而言，如果 A' 是屋角上的标志，可用经纬仪将其投影到 B 点的水平上而量得。

投影时经纬仪要在固定测站上很好地对中，并严格整平，用盘左、盘右两个度盘位置往下投影，取其中点，并量取中点与 B 点在视线方向的偏离值 a_1；再将经纬仪移到与原观测方向约成 $90°$ 的方向上，用同样的方法可以求得与视线垂直方向的 a_2 值。然后用矢量相加的办法，即可求得该建筑物的偏歪值 a。

图 13-9 是用测定水平角的方法来测定烟囱倾斜的例子。离烟囱 $50 \sim 100$ m 远，在互相垂直方向上很好地标定的两个固定标志作为测站。在烟囱上标出作为观测用的标志点 1，2，3 和 4，同时选择通视良好的远方不动点 M_1 和 M_2。然后从测站 1 用经纬仪测量水平角（1），（2），（3）和（4），并计算半和角 $\dfrac{(2)+(3)}{2}$ 及 $\dfrac{(1)+(4)}{2}$，它们分别表示烟囱上部中心 a 和烟囱勒脚部分中心 b 之方向。知道测站 1 至烟囱中心的距离，根据 a 与 b 的方向差，可计算偏歪分量 a_1。同样在测站 2 上观测水平角（5），（6），（7）和（8），重复前述计算，得到另一偏歪分量 a_2。用矢量相加的办法求得烟囱上部相对于勒脚部分的偏歪值 a（还可根据相似三角形原理计算烟囱上部相对于基础底座的偏歪值 $A = \dfrac{h_1+h_2}{h_1}\cdot a$）。利用式（13-1）即可算出烟囱的倾斜度。

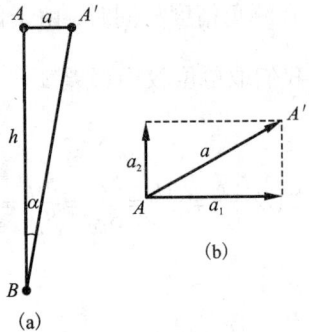

图 13-8 锤球法测定建筑物倾斜

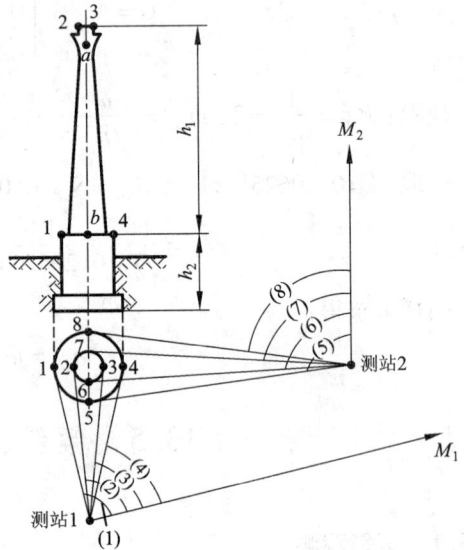

图 13-9 水平角法测定建筑物倾斜

除此之外，可以用测定建筑物基础相对沉陷的方法来确定建筑物的倾斜。例如对于混凝土重力坝，因为各坝段基础的地质条件不同（如有的坝段位于岩石破碎带，其强度比完整岩石低得多）。由于坝体结构的关系，坝体各部分的混凝土重量不相等，以及水库蓄水后，库区地壳承受很大的静水压力，使地基失去原有的平衡条件，这些因素都会使坝的基础产生不均匀沉陷（即基础倾斜），因而使得坝体产生倾斜。

倾斜观测点的位置往往与沉陷观测点配合起来进行布置。例如混凝土重力坝要在基础廊道（或坝体的下部）布置沉陷观测点。对于地质条件较差的坝段和重点分析研究的坝段，可在其横向廊道或宽缝的两端增设一些沉陷观测点。通过对这些点的相对沉陷观测，可获得基础倾斜的资料。

目前我国测定基础倾斜常用水准测量的方法、液体静力水准测量方法以及使用气泡式倾斜仪。

①水准测量方法的原理是用水准仪测出两个观点之间的相对沉陷，由相对沉陷与两点间

距离之比，可换算成倾斜角。对于混凝土坝，采用精密水准仪按二等水准测量进行施测，这样求得的倾斜角的精度可达 $1 \sim 2$ s。

②用液体静力水准测量方法测定倾斜的实质是利用液体静力水准仪(相联结的两容器中盛有均匀液体时，液体的表面处于同一水平面上，利用两容器内液面的读数可求得两观测点间的高差)测定两点的高差，其与两点间距离之比，即为倾斜度。要测定建筑物倾斜度的变化，可进行周期性的观测。这种仪器不受距离限制，并且距离愈长，测定倾斜度的精度愈高。

③气泡式倾斜仪。气泡式倾斜仪由一个高灵敏度的气泡水准管 e 和一套精密的测微器组成，如图 13-10。测微器中包括测微杆 g，读数盘 n 和指标 k。气泡水准管 e 固定在支架 a 上，a 可绕 c 点转动，a 下装一弹簧片 d，在底板 b 下有置放装置 m。将倾斜仪安置在需要的位置上以后，转动读数盘，使测微杆向上(或向下)移动，直至水准气泡居中为止。此时在读数盘上读数，即可得出该处的倾斜度。

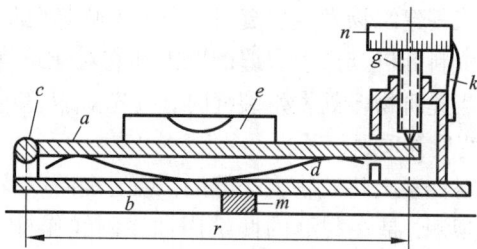

图 13-10　气泡式倾斜仪

我国制造的气泡式倾斜仪，灵敏度为 $2''$，总的观测范围为 $1°$。气泡式倾斜仪适用于观测较大的倾斜角或量测局部地区的变形，例如测定设备基础和平台的倾斜。

为了实现倾斜观测的自动化，可采用图 13-11 所示的电子水准器。它是在普通的玻璃管水准器(内装酒精和乙醚的混合液，并留有空气气泡)的上、下面装上三个电极 1，2，3，形成差动电容器的一种装置。U_0 为输入的高坝交流电压，差动电

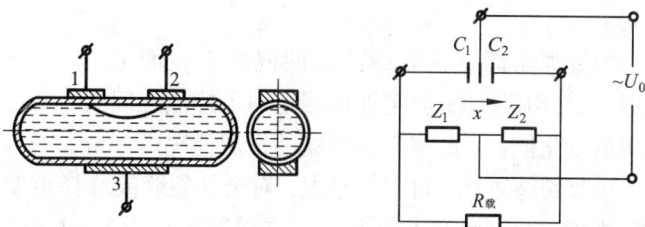

图 13-11　电子水准器

容器 C_1 与 C_2 构成桥路的两臂，Z_1 和 Z_2 为阻抗，$R_{载}$ 为负载电阻。电子水准器的工作原理如下：当玻璃管水准器倾斜时，气泡向旁边移动(x)，使 C_1 与 C_2 中介质的介电常数发生变化，引起桥路两臂的电抗发生变化，因而桥路失去平衡，可用测量装置将其记录下来。

这种电子水准器可固定地安置在建筑物或设备的适当位置上，就能自动地进行倾斜观测，因而适用于作动态观测。当测量范围在 $200''$ 以内时，测定倾斜值的中误差在 $\pm 0.2''$ 以下。

另外还有一种用于深部倾斜观测的测斜仪，主要用于深基坑倾斜观测、钻孔测斜等。

13.5.2　裂缝观测

当建筑物出现裂缝之后，应及时进行裂缝观测。常用的裂缝观测方法有以下两种：

1. 石膏板标志

用厚 10 mm，宽约 $50 \sim 80$ mm 的石膏板(长度视裂缝大小而定)，固定在裂缝的两侧。当裂缝继续发展时，石膏板也随之开裂，从而观察裂缝继续发展的情况。

2. 白铁皮标志

①用两块白铁皮，一片取 150 mm × 150 mm 的正方形，固定在裂缝的一侧。

②另一片为 50 mm × 200 mm 的矩形，固定在裂缝的另一侧，使两块白铁皮的边缘相互平行，并使其中的一部分重叠。

③在两块白铁皮的表面，涂上红色油漆。

④如果裂缝继续发展，两块白铁皮将逐渐拉开，露出正方形上原被覆盖没有油漆的部分，其宽度即为裂缝加大的宽度，可用尺子量出。

工程建筑物发生裂缝时，为了了解其现状和掌握其发展情况，应该进行观测，以便根据这些资料分析其产生裂缝的原因和它对建筑物安全的影响；及时地采取有效措施加以处理。

当建筑物多处发生裂缝时，应先对裂缝进行编号，然后分别观测裂缝的位置、走向、长度、宽度等项目。

对混凝土建筑物上裂缝的位置、走向以及长度的观测，是在裂缝的两端用油漆画线作标志，或在混凝土表面绘制方格坐标，用钢尺丈量。

根据裂缝分布情况，可以对重要的裂缝，选择在有代表性的位置上埋设标点（如图 13 – 12）。标点系直径为 20 mm，长约 60 mm 的金属棒，埋入混凝土内 40 mm，外露部分为标点，在其上面各有一个保护盖，两标点的距离不得少于150 mm。

裂缝观测标点在裂缝两侧的混凝土表面上各埋一个，用游标卡尺定期地测定两个标点之间距离的变化值，以此来掌握缝宽的发展情况。

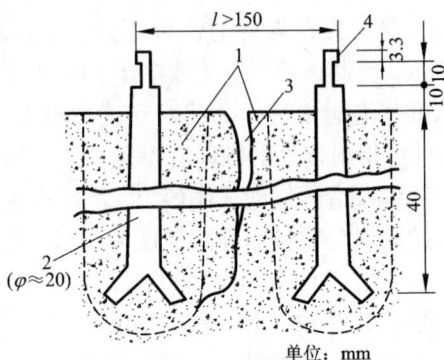

图 13 – 12　裂缝观测

土坝裂缝观测，可根据情况，对全部裂缝或选择重要裂缝；或选择有代表性的典型裂缝进行观测。对于缝宽大于 5 mm，或缝宽虽小于 5 mm 但长度较长或穿过坝轴线的裂缝，弧形裂缝，明显的垂直错缝以及与混凝土建筑物连接处的裂缝，必须进行观测。观测的次数，应视裂缝的发展情况而定，一般在发生裂缝的初期应每天一次，在裂缝在显著发展和库水位变动较大时应增加观测次数，暴雨过后必须加测一次；只有当裂缝发展缓慢后，才适当减少观测次数。对于需长期观测的裂缝，应考虑与土坝位移观测的次数相一致。

对于混凝土大坝进行裂缝观测时，一般应同时观测混凝土的温度、气温、水温、上游水准等因素。观测次数与土坝基本上一样。但在出现最高、最低气温和上游最高水位时，或气温及上游水位变化较大时，或裂缝有显著发展时，均应增加观测次数。经过长期观测判明裂缝已不再发展方可以停止观测。

13.5.3　挠度观测

对于高层建筑物，由于它们相当高，故在较小的面积上有很大的集中荷载，从而导致基础与建筑物的沉陷，其中不均匀的将导致建筑物的倾斜，局部构件产生弯曲和引起裂缝。对于房屋类的高层建筑物，这种倾斜与弯曲将导致建筑物的挠曲，而对于塔式建筑物，在温度和风力荷载作用下，其挠曲会来回摆动，从而就需要地建筑物进行动态观测——振动（摆动）

观测。对于特高的房屋建筑，也存在摆动现象（例如美国纽约"帝国大厦"，高 102 层，观测结果表明，在风荷载作用下，最大摆动达 7.6 cm）。

建筑物的挠度可由观测不同高度处的倾斜来换算求得。当采用电子测斜仪观测倾斜时，则这种方法可用于进行建筑物的动态观测。为了观测建筑物的振动，也可采用专用的光电观测系统，这种方法从原理上来说与激光准直相类似，只不过在方向上旋转了 90°。

大坝的挠度观测采用在坝体竖井中从坝顶附近挂下一根铅垂线而直通至坝底。在铅垂线的不同高程上设置测点，以坐标仪测出各点与铅垂线之间的相对位移值，这种方法称为正垂线法。

正垂线法的主要设备包括：悬线装置、固定与活动夹线装置、观测墩、垂线、重锤、油箱等（见图 13－13）。

①固定夹线装置——它是悬挂垂线的支点，该点在使用期间应保持不变，若万一垂线

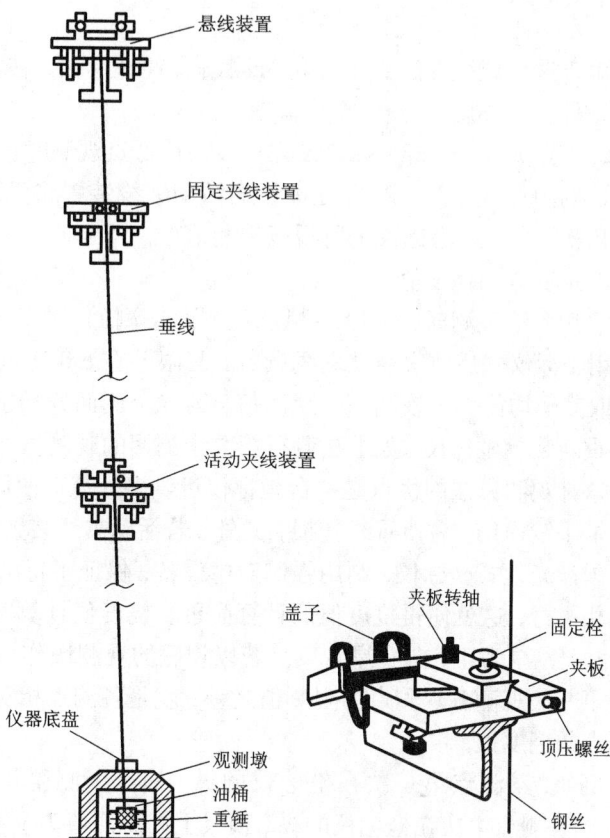

图 13－13　正垂线法观测

受损而折断，支点应能保证所换垂线位置不变，当采用较重的重锤时，在固定夹线装置的上方 1 m 处设有悬线装置。

固定夹线装置应装在坝顶附近人能到达之处，以便调节垂线的长度或更换垂线。

②活动夹线装置为多点夹线法观测时的支点，其构造需考虑不使垂线有突折变化，以免损伤垂线，同时还需考虑到在每次观测时都不改变原点位置。下图为活动夹线装置在夹线时的情况。

③垂线——它是一种高强度且不生锈的金属丝，垂线的粗细由本身的强度和重锤重量来决定，一般直径为 1～2.5 mm。

④重锤及油箱——重锤是使垂线保持铅垂状态的重物，可用金属或混凝土制成砝码的形式。垂线直径为 1 mm 时，重锤重量为 20 kg；直径为 2.5 mm 时，重锤的重量为 150～200 kg。重锤上设有止动叶片，以加速垂线的静止。油箱的作用是不使重锤旋转或摆动，亦即加大阻力以保持重锤的稳定。

利用正锤线测定挠度的方法有两种：

①多点观测法：如图 13－14，铅垂线自坝顶附近挂下，保持不动，在各观测点上安置坐

标仪进行观测，由坐标仪测得的观测值（S_0、$\bar{S}_N$ 等）为各观测点与顶点之间的相对位移，于是任一观测点 N 的挠度可按下式算出：

$$S_N = S_0 - \bar{S}_N \qquad (13-33)$$

由于这种观测方法必须在每个测站设置坐标仪，在仪器不足的条件下不方便。

②多点夹线法：将坐标仪设在垂线的最低点观测时，由在各高程上的测点 N_0、N_1、N_2 等处埋设的活动夹线装置将垂线自上而下依次夹紧，在坐标仪上所得以观测值（S_0、S_1、S_2 等）即为各点相对最低点的挠度值。

采用此法观测时，一般各测点观测两个测回，在每个测回中，用坐标仪先后两次照准垂线读数，其限差在 ±0.3 mm 之内时，取其平均值作为该测回的观测值，第二个测回开始前，需在测点上重新夹定垂线；在测站上重新装置坐标仪，如上法测得第二个测回的观测值。测回差应不大于 ±0.3 mm。

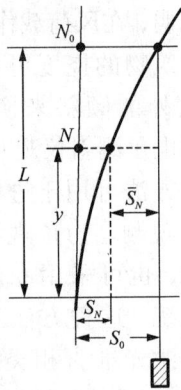

图 13-14　多点法观测

这种观测方法的优点是一台坐标仪可供多处流动使用。由于观测时须在各测点处进行多次夹卡垂线损伤，易使垂线受损，此外，若活动夹线装置的构造较差，会使观测误差加大。

国产光学式坐标仪，利用强制对中设备，保证了每次安置时坐标仪上的纵（或横）尺与坝轴线相平行；这就使得挠度值的计算简单。挠度值计算时，规定位移值向上游为负，向下游为正；向左岸为正，向右岸为负。若以坝底的观测墩作为基准点，本次观测各观测点的观测值与第一次观测各观测点的观测值之差，就是各测点相对观测墩（垂线最低点）的位移值，即各测点的挠度值。

例如，某测点第一次在坐标仪的纵、横尺上测得相对观测值为 $y_0 = 2.2$ mm，$x_0 = 2.6$ mm；同一测点本次在坐标仪的纵、横尺上的观测值为 $y_i = 1.6$ mm，$x_i = 1.3$ mm。

则
$$\Delta y = y_i - y_0 = -0.6 \text{ mm（向上游位移）}，$$
$$\Delta x = x_i - x_0 = -1.3 \text{ mm（向左岸位移）}，$$

Δy 表示挠度值，Δx 表示两相邻坝段的开合度。

13.6　观测数据处理与变形分析

13.6.1　工作基点稳定性的检查及其位移测定

在测定建筑物位移时，为了满足变形观测的高精度要求，作为位移观测的工作基点（包括基准线观测与导线测量中的端点，前方交会法中的测站点等）均不能离建筑物太远，因而工作基点本身可能产生变动。为了检查与测定工作基点的位移，通常需设置基准点，以便对工作基点进行定期的检核。基准点应设置在远离建筑物的稳固地区或采用将基准点深埋的方法（如设置到倒锤装置）设置。

远离建筑物设置的基准点，其结构与工作基点相同。对工作基点的检核可以采用三角测量法；有条件时也可以设置稳定不变的定向点，在工作基点处以后方交会法测定其位移值。三角测量法与后方交会法中位移值的计算均可按照上一节中所述的类似公式进行计算。

对用基准线法观测的建筑物(如大坝或大桥)在有条件时(端点方向上地势比较平坦、开阔)可用检核方向线法,这个方法是利用端点连线的延长线来检核端点的稳定性。在两端点 A, B 的延长线上,布设两条检核方向线(如图 13–15),每条检核方向线由 4~5 个点组成,各点间的距离为 24 m 或 24 m 的整倍数。这些点(图中 T, 1, 2, 3, 4, 5, 6, M 等)的位置应选在地质条件良好,最好在承压范围以外的地方,各点上均建造类似工作基点结构的观测墩。

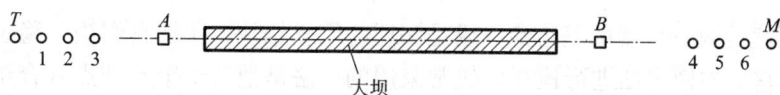

图 13–15 基准线检核线设置

每次在检核 A, B 点之前,首先对检核方向线上之各点是否变动进行检测,检测时,可用不同的组合方向线,如图中可用 T—3 方向线来检核 1, 2 点,用 1—3 方向线来检核 T, 2 点,用 2—3 方向线来检核 T, 1 点……并同时用因瓦尺来丈量各点间的距离,以鉴定判断的正确性,从中找出稳定点。根据稳定点用视准线法来检核 A, B 两端点的位移。

基准点也可采用深埋入基岩以下的倒锤线装置,它是利用钻孔民,将垂线(直径 0.8~1.0 mm 的不锈钢丝)一端的连接锚块深埋到基岩之中。垂线另一端与一浮体相连拉,垂线在浮力的作用下被拉紧,始终可以回复到铅直的位置上,并静止于该位置,从而提供了在基岩下一定深度的基准点。

倒垂线装置的关键是钻孔必须基本铅直,要保证使垂线在钻孔内能自由活动的有效空间。

倒垂线的位置应与欲检核的工作基点相适应,利用在工作基点的观测墩(有强制对中装置)上的坐标仪可同时测定工作基点相对于垂线的两个坐标值(x, y),比较其不同观测周期的坐标,即可求得工作基点的位移值。

坐标仪分机械式与光学式两种。国产的光学式坐标仪下部有一可供望远镜前后(纵向)移动的凹型槽板,目镜端的下部有一套固定和微动用的螺旋,螺旋下有一游标尺。凹型槽板下另设有供望远镜左右(横向)移动的装置,及固定和微动用的螺旋,其下也设有一游标尺。

望远镜设计有使钢丝的影像旋转 90° 的光学系统。观测时从两个方向移动仪器的望远镜,用微动螺旋精确照准垂线。当照准垂线后,在目镜视场中可以看到两根正交的钢丝影象,如图 13–16 所示。

坐标仪下部为基座,其上附有圆水准器,可以整平仪器,其座置于观测墩上可以强制对中。

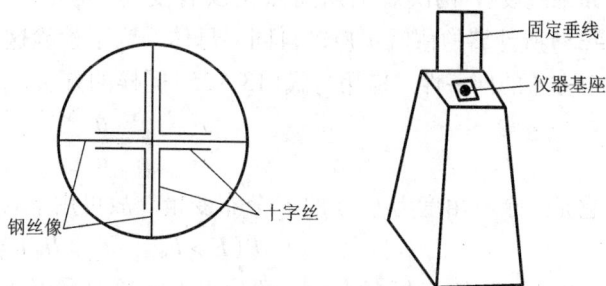

图 13–16 仪器检测台

利用坐标仪进行观测时,将仪器安置在强制对中底盘上。整平仪器,检查钢丝是否有足够的张力,待钢丝静止后,用坐标仪对钢丝观测三测回。每一测回应使仪器从不同移动方向照准钢丝两次,两次读数差不超过 0.3 mm,各测回观测值之差也不超过 0.3 mm。

每次观测前后,应在专用的仪器墩上(如图 13 - 16 所示)对仪器进行检查。其作法是用上述操作方法对固定垂线进行读数,以首次观测前后的读数平均值减去本次观测前后的读数平均值,作为本次观测的改正数。

13.6.2 基准点稳定性的统计检验

无论是远离建筑物设置的基准点,或是深埋的倒垂锚块,在把它们当作稳定不变的固定点之前,应对它们的稳定性进行检查。较常采用的方法是把若干个基准点联合组成一个三角网,定期地(一年或几年)进行重复三角测量,计算它们的坐标,用统计检验的方法来判断它们点位的稳定性。

由于事先无法预知哪些点是稳定的,因此在处理各周期三角测量成果时,不能事先给出已知数据,平差计算时必须采用自由网(没有已知数据)平差方法。

由不同周期观测的计算成果检验点位稳定性的基本思想是:假设在两个观测周期期间,网中所有基准点均没有变动,那么可以把两个周期的观测看成是对同一网进行的两次连续观测,由这两次观测资料所求得的两级基准点坐标可以看成是一组双观测值,则利用由双观测值之差求方差的方法计算观测值的单位权方差估值 θ^2,在这里 d 为两次观测的坐标差矢量。

对基准点组成的控制网,根据每一周期观测的成果,也可以计算单位权方差的估值

$$\left.\begin{aligned} u_1^2 &= \frac{(V^T P V)^1}{f_1} \\ u_j^2 &= \frac{(V^T P V)^j}{f_j} \end{aligned}\right\} \tag{13-34}$$

上式中分别用上标 1,j 表示不同的两个周期观测的成果。一般情况下两个不同周期观测的精度是相等的(必要时需进行验证),与式(13 - 34)一样,可以将 u_1^2 与 u_j^2 联合起来求一个共同的单位权方差估值,亦即

$$u^2 = \frac{(V^T P V)^1 + (V^T P V)^j}{f} \tag{13-35}$$

式中:
$$f = f_1 + f_j$$

如果假设:"两次观测期间点位没有变动"是正确的,则由坐标差所算得的 θ^2 与由式(13 - 35)所计算的估值 u^2 应来自同一母体。为了检验这一假设的正确性,用 F 检验法,检验这两个方差的同一性。应用与式(13 - 35)同样的方法,作统计量

$$F = \frac{\theta^2}{u^2} \tag{13-36}$$

它是一个自由度为 f_d,f 的 F 分布变量。故可用下式

$$P(F > F_{1-a}, f_{d,f}/H_0) = a \tag{13-37}$$

来检验"点位没有变动"的假设。置信水平 a 通常采用 0.05;由 a 与自由度 f_d,f 可以从统计检验书籍的 F 分布表中查得分位值 F_{1-a},$f_{d,f}$。

当统计量 F 小于其分位值时,则表明我们无足够的证据来怀疑原假设,因而接受原假设,即认为基准点的稳定的,变形分析即告完成。

当统计量 F 大于分位值时，则必须拒绝原假设，亦即认为基准点发生了变动。在这种情况下，是所有的基准点都发生变动，还是其中一部分发生变动，如果其中还有一部分点没有变动，又如何设法找出它们。为了解决这个问题，将所有基准点分成两组，亦即将坐标差矢量 d 分成：

$$d^{\mathrm{T}} = |d_F^{\mathrm{T}} \vdots d_M^{\mathrm{T}}| \qquad (13-38)$$

式中：下标 F 表示估计可能稳定的点，M 则表示可能移动的点。在这种情况下，自然相应地有

$$P_d = \begin{vmatrix} P_{FF} & \vdots & P_{FM} \\ \hdashline P_{MF} & \vdots & P_{MM} \end{vmatrix} \qquad (13-39)$$

为了采用前面所述的检验方法，就需要分别根据 F 组与 M 组中的点来作为双观测值，计算其单位权方差估值。由于两组之间的数差 d 是相关的，也即 $P_{FM} = P_{MF} \neq 0$。为此按下式进行变换：

$$\left. \begin{aligned} \overline{d}_M &= d_M + P_{MM}^{-1} P_{MF} d_F \\ \overline{P}_{FF} &= P_{FF} - P_{FM} P_{MM}^{-1} P_{MF} \end{aligned} \right\} \qquad (13-40)$$

由此获得

$$d^{\mathrm{T}} P_d d = d_F^{\mathrm{T}} \overline{P}_{FF} d_F + \overline{d}_M^{\mathrm{T}} P_{MM} \overline{d}_M \qquad (13-41)$$

这样就将 $d^{\mathrm{T}} P_d d$ 分成两项：第一项可用来检验 F 这一组点的稳定性，第二项可用来检验 M 这一组点的稳定性。

在实际工作中，通常先假设一个点可能变动（即 M 组中只有一个点）；并选择与下式

$$\overline{d}_{Mj}^{\mathrm{T}} P_{MjMj} \overline{d}_{Mz} = \max(\overline{d}_{Mi}^{\mathrm{T}} P_{MiMi} \overline{d}_{Mi}) \, (i \text{ 为 } 1, 2, \cdots, t) \qquad (13-42)$$

所相应的 j 点作为可能变动的点。在剔除 j 点后，其余点的稳定性则由统计量的检验来决定

$$F_I = \frac{Q_F^2}{u^2}$$

上式中

$$Q_F^2 = \frac{d_F^{\mathrm{T}} \overline{P}_{FF} d_F}{f_h}$$

当 F_1 小于其分位值时，分析即结束，否则需继续剔除可能移动的点，继续检验直到接受原假设为止。

基准点的稳定性也可用变形椭圆的方法进行检验。前文中曾介绍了点位误差椭圆的计算与绘制。利用类似的方法，可以根据所选择的置信水平，绘制置信误差椭圆，以用来检验点位的稳定性。前文中所介绍的误差椭圆绘制时，是由坐标的协因数（权系数）矩阵 Q 中选取相应的子矩阵，以计算与绘制误差椭圆；在变形分析中则需根据坐标差协因数矩阵 Q_d 中选取子矩阵。

13.6.3　工作基点位移对变形值的影响

前面介绍了工作基点（包括基准线与导线的端点，前方交会的测站点）与基准点（用于检查工作基准点稳定的检查点）本身稳定性的问题。当工作基点确实存在位移时，对观测成果产生多大的影响，亦即如何根据工作基点的位移，对位移观测值施加改正。

对于基准线观测，当端点 A，B 由于本身位移而变动到了 A'，B' 的位置时（图 13-17），

则对 p_i 点进行观测所得之偏离值将不再是 l'_i ($\overline{P_iP'_i}$)，而变成 l_i ($\overline{P_iP''_i}$)。由上图不难看出，端点位移对偏离值的影响为

$$\delta_i = l'_i - l_i = \frac{s_{iB}}{D}(\Delta a - \Delta b) + \Delta b \quad (13-43)$$

式中：Δa，Δb 分别为基准线端点 A，B 的位移值；D 为基准线 AB 的长度；S_{iB} 为观测点 P_i 与端点 B 之间的距离。设 P_i 点首次观测之偏离值为 l_{0i}，则改正后位移值为

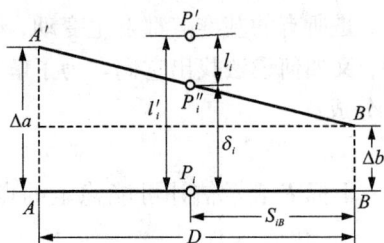

图 13-17 工作基点位移对变形值的影响

$$d = (l_i + \delta_i) - l_{oi}$$

将上式的 δ_i 值代入，并令 $K = \dfrac{S}{D}$，则上式可写成

$$d = \left[l_i + K\Delta a + (1-K)\Delta b \right] - l_{oi} \quad (13-44)$$

将上式微分，并写成中误差形式：

$$m_d^2 = m_{l_i}^2 + K^2 m_{\Delta a}^2 + (1-K)^2 m_{\Delta b}^2 + m_{l_{oi}}^2$$

假设

$$m_{\Delta a} = m_{\Delta b} = m_{端}$$

则得

$$m_d^2 = 2m_{测}^2 + (2K^2 - 2K + 1)m_{端}^2 \quad (13-45)$$

当观测点在基准线中间时，即 $K = \dfrac{1}{2}$ 时，$m_d^2 = 2m_{测}^2 + \dfrac{1}{2}m_{端}^2$，当观测点靠近端点时，即 K 近似等于 1 或 0 时，$m_d^2 = 2m_{测}^2 + m_{端}^2$。

从上两式可以看出，端点位移测定误差对越靠近端点的观测点的影响越大。由于靠近端点的观测点(对大坝而言)一般处于非重点观测部位上；另外，由于这些点距端点较近，因而它们的偏离值测定精度较高(即 $m_{测}$ 较小)。考虑到这些情况，可以采用位移值测定的精度要求 ±1 mm 作为对端点位移测定的精度要求，此时，位移值测定的精度仍将接近 ±1 mm。

当前方交会的测站点产生位移时，可以将测站点的位移看作仪器的偏心，而对各交会方向施加仪器归心的改正数，然后利用改正后的方向值来计算位移量。

13.6.4　变形观测资料的预处理

1. 观测资料整理的目的、意义、内容和方法

欲使变形观测充当工程运营管理的耳目，起到指导工程安全使用和充分发挥工程效益的作用，除了进行现场观测取得第一手资料外，还必须对观测资料进行及时的整理分析。观测资料整理分析主要包括两个方面的内容：

(1)观测资料的整理

这一阶段的主要工作是对现场观测所取得的资料加以整理、编制成图表和说明，使它成为便于使用的成果，其具体内容如下：

①校核各项原始记录，检查各次变形观测值的计算有否错误；

②对各种变形值按时间逐点填写观测数值表；

③绘制各种变形过程线，建筑物变形分布图。

（2）观测资料的分析

这一阶段是分析归纳建筑物变形过程、变形规律、变形规律、变形幅度。分析变形的原因，变形值与引起变形因素之间的关系，找出它们之间的函数关系；进而判断建筑物的工作情况是否正常。在积累了大量观测数据后，又可以进一步找出建筑物变形的内在原因和规律，从而修正设计的理论以及所采用的经验系数。这一阶段的工作可分为：

①成因分析（定性分析）。

成因分析是对结构本身（内因）与作用在结构物上的荷载（外因）以及观测本身，加以分析、考虑、确定变形值变化的原因和规律性；

②统计分析。

根据成因分析，对实测数据进行统计分析，从中寻找规律，并导出变形值与引起变形的有关因素之间的函数关系；

③变形预报和安全判断。

在成因分析和统计分析的基础上，可根据求得的变形值与引起变形因素之间的函数关系，预报未来变形值的范围和判断建筑物的安全程度。

2. 观测资料的整编

整编工作的主要内容是将变形观测值绘制成各种便于分析的图表。现将目前常用的图表介绍如下：

观测点变形过程线：

某观测点的变形过程线是以时间为横坐标，以累积变形值（位移、沉陷、倾斜、挠度等）为纵坐标绘制成的曲线。观测点变形过程线可明显地反映出变形的趋势、规律和幅度，对于初步判断建筑物的工作情况是否正常是非常有用的。观测点变形过程线的绘制：

①根据观测记录填写变形数值表。表 13-3 为位移数值表的形式。

表 13-3　1967 年位移数值表

累计位移值　日期 观测点	1 月 10 日	2 月 11 日	3 月 10 日	4 月 11 日	5 月 10 日	6 月 10 日	7 月 11 日	8 月 11 日	9 月 10 日	10 月 11 日	11 月 11 日	12 月 10 日
⋮ 5# ⋮	+4.0	+6.2	+6.5	+4.2	+4.3	+5.0	+2.2	+3.8	+1.5	+2.0	+3.5	+4.0

注：表中的累计位移值以 mm 为单位。

②绘制观测点实测变形过程线。图 13-18 为根据表 13-3 绘制的某坝 5# 观测点的位移过程线。图中横坐标代表时间，纵坐标为观测点的累计位移值。

③实测变形过程线的修匀。由于观测是定期进行的，故所得成果在变形过程线上仅是几个孤立点。直接连接这些点自然得到的是折线形状，加上观测中存在误差，就使实测变形过程线常呈明显跳动的折线形状。为了更确切地反映建筑物变形的规律，需将折线修匀成圆滑的曲线。常用的修匀方法为"三点法"。例如图 13-19 中 $(i-1)$, i, $(i+1)$ 为实现变形过程线相邻的三个点，其用"三点法"修匀的步骤如下：

ⓐ用直尺将点 $i-1$ 和 $i+1$ 相连（图中虚线，实际工作时可不画出），求取此线与过 i 点的

纵坐标轴平行线之交点 K；

ⓑ在直线 $\overline{iK}$ 上求取 I 点，使 $\overline{IK} = \dfrac{p_i}{[p]}\overline{iK}$，则点 I 即为 i 的修正位置；式中 $[p] = p_{i-1} + p_i + p_{i+1}$ 而 p_{i-1}，p_i，p_{i+1} 分别为点 $(i-1)$，i，$(i+1)$ 根据实际情况决定的权。

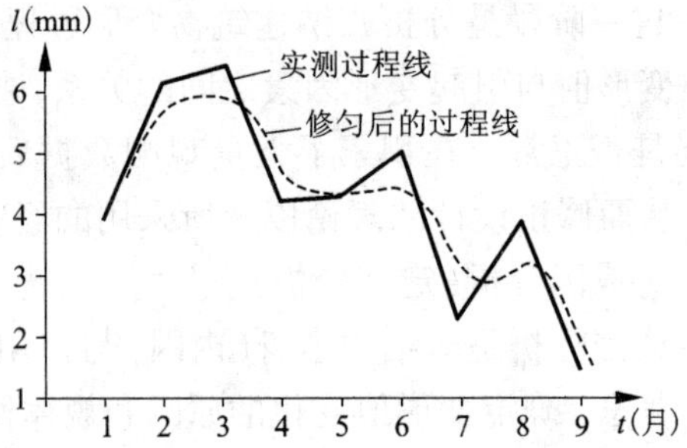

当 $p_i = p_{i-1} = p_{i+1}$ 时，$\dfrac{p_i}{[p]} = \dfrac{1}{3}$；

当 $p_i = 2$，$p_{i-1} = p_{i+1} = 1$ 时，$\dfrac{p_i}{[p]} = \dfrac{1}{2}$；

当 $p_i = 4$，$p_{i-1} = p_{i+1} = 1$ 时，$\dfrac{p_i}{[p]} = \dfrac{2}{3}$。

图 13－18　测点实测变形过程线

由点 1，2，3 修正点 2，由点 2（原测点位），3，4 修正点 3…将各修正点用圆滑曲线连接起来，即得到修匀后的过程线。图 13－19 中虚线即为用"三点法"进行修匀后的过程线，修匀中假定权为 $p_i = 4$，$p_{i-1} = p_{i+1} = 1$。图 13－20 为某坝变形过程线的实例。

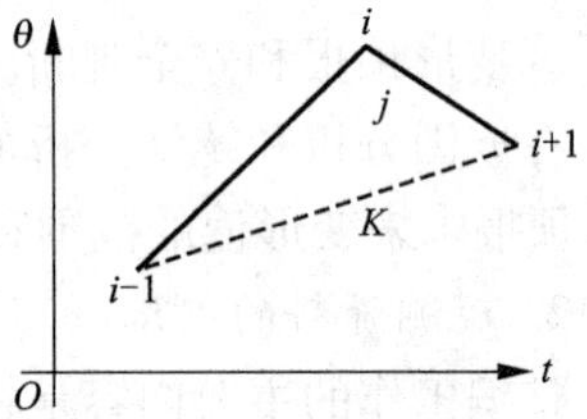

在实际工作中，为了便于分析，常在各种变形过程线上画出与变形有关因素的过程线，例如库水位过程线，气温过程线等。图 13－21 为某土石坝 160 m 高程处沉陷点的沉陷过程线。图上给出了气温过程线。因为横坐标（时间）是两个过程线公用的，故画在两个过程线的中间。

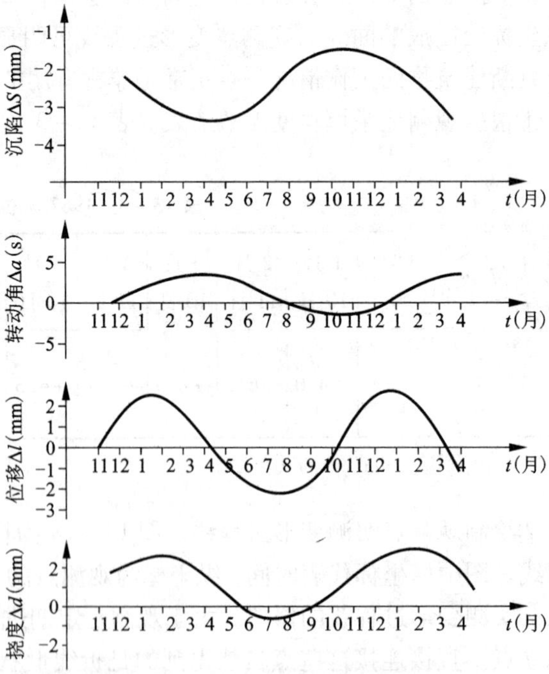

图 13－19　变形过程线的修匀

13.6.5　变形机理分析的理论与方法

根据实测变形值整编的表格和图形，显示了变形的趋势、规律和幅度。例如某混凝土坝各种变形过程线可以明显地看出坝的年周期变形规律，因其近似正弦曲线的情况可看出建筑物的变形是一个弹性变形。

在经过长期的观测，初步掌握了变形规律后，可绘制观测点的变形范围图。绘制时，可先绘制观测点变形过程曲线，然后用 2 倍的变形值的中

图 13－20　水平位移变化曲线

误差绘制变形值的变化范围，变形范围图可以用来初步检查观测是否有粗差，同时也可初步判断建筑物是否有变形。利用长期观测掌握的建筑物变形范围的数据资料来判断建筑物的运

营是否正常，这在一般情况下是可行的。但对异常情况，例如大坝遇到特大洪水，变形值超过变化范围时的观测资料用来判断坝体是否正常就缺乏必要的理论根据。此外，这种方法也无法对变形的原因作出解释。要搞清变形的规律，必须分析引起变形的因素，即解决变形机理方面的问题。

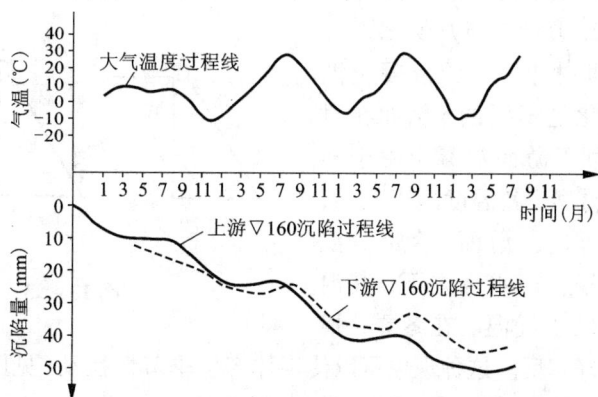

图 13－21　沉降变形曲线

由于变形体变形机理的复杂性和多样性，对变形分析与建模理论和方法的研究，必须结合地质、力学、水文、风振、雨振等相关学科的信息与方法，引入数学、信号处理、系统科学以及非线性科学的理论与方法，采用数学模型来逼近、模拟和揭示变形体的变形规律和动态特征，为工程设计和灾害防治提供决策支持。以大坝变形机理分析为例进行分析，其他可以参照进行分析。

1. 静水压力

（1）静水压力作用下，由于坝体不同高度处不同的水平推力的作用，使坝体产生挠曲变形 b［图 13－22（a）］。

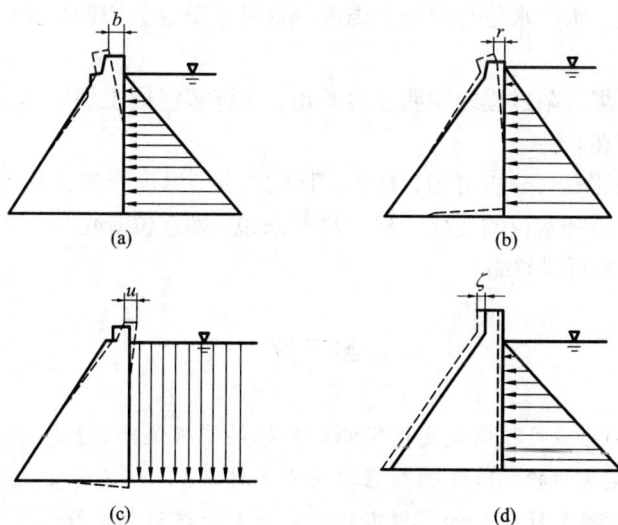

图 13－22　坝体受力分析

（2）由于水库水压以及坝底压力的作用，使坝体产生向下游转动而引起的变形 r［图 13－22（b）］。

（3）由于水库水体的重力作用使库底变形，引起坝基向上游转动而引起的变形 u［图 13－22（c）］。

（4）由于剪应力对坝底接触带的作用，在静水压力作用下产生的滑动 ξ［图 13－22（d）］。

对重力坝来说，滑动是绝对不允许产生的，因为滑动就意味着坝体失去稳定，有毁坏的危险。

2. 坝体的温度变化

坝体上、下游混凝土温度变化是不同的，例如在夏季，坝下游面混凝土由于烈日的暴晒，其温度高于气温，但在坝的上游面，大部分混凝土浸在库水面之下，其温度将低于气温。在冬季，情

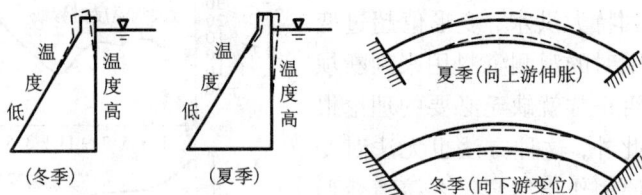

图 13 - 23　坝体受温度变化的影响

况恰好相反。这种现象可以使坝体产生季节性摆动（见图 13 - 23）。坝体温度变化引起混凝土的收缩与膨胀是坝顶沉陷的主要原因。

对于运营初期的大坝，坝体本身混凝土产生的放热升温与冷却降温，也将使坝体产生不同的变形。

3. 时效变化

时效变化是由于建筑材料的变形（例如混凝土的收缩、徐变）以及基础岩层在荷载作用下引起的变形所产生的。它的特点是施工时期与运营初期比较大，随着时间的推移而渐趋稳定。时效变化为不可逆变形。

由于水库水量来源一般是在春、夏季节，故这时水位逐渐升高，到秋冬季节时水位下降，呈现以年为周期的变化。由于大气气温与水库水温（它也与气温有关）所引起的坝体混凝土温度也呈年周期变化。水库水位与混凝土温度的这种季节性的周期变化，造成了坝体变形的周期性变化。

时效变化在土石坝沉陷过程线中明显地看出，在许多混凝土坝变形成果分析中，也证实了时效变化的明显存在。

根据我国水坝观测资料分析可知，对于坝顶的位移，温度影响往往比水位影响大。坝顶沉陷的主要因素是温度和水位的变化。对于坝基来说，库水位变化是垂直位移和倾斜变形的主要因素，而温度影响可以忽略。

练习题

1. 变形观测有哪些项目？制定变形观测的周期的依据是什么？

2. 为何要进行建筑物的沉降观测？它的特点是什么？

3. 沉降观测的步骤是什么？如何根据观测成果判断建筑物沉降已经趋于稳定？

4. A，B 为相距 25 m 的同一直线上的两点，C 为 A，B 之间的沉降点，距离 A 点 12 m，现测得三点的沉降量分别为 16.7 mm，14.1 mm，20.8 mm。试计算其挠度。

5. 什么是平差问题的基准？如何选择监测网的基准？

6. 经检测某烟囱顶部在两个相互垂直方向上偏离底部中心 58 mm 及 73 mm，设烟囱的高度为 90 m，试求烟囱的总倾斜度及其倾斜方向的倾角，并画图说明。

7. 水平位移观测的方法有哪些？

参 考 文 献

[1] 许娅娅，雒应. 测量学(第二版)[M]. 北京：人民交通出版社，2004

[2] 卜正富. 测量学[M]. 北京：中国农业出版社，2004

[3] 顾孝烈，鲍峰，程效军. 测量学(第二版)[M]. 上海：同济大学出版社，1999

[4] 合肥工业大学，等. 测量学(第四版)[M]. 北京：中国建筑工业出版社，1995

[5] 朱建军，贺跃光，曾卓乔. 变形测量的理论与方法[M]. 长沙：中南大学出版社，2004

[6] 刘谊，汪金花，吴长悦. 测量学通用基础教程[M]. 北京：测绘出版社，2005

[7] 张正禄，李广荣，潘国荣，等. 工程测量学[M]. 武汉：武汉大学出版社，2005

[8] 孔祥元. 测绘工程监理学[M]. 武汉：武汉大学出版社，2005

[9] 张坤宜，覃辉，金向农. 交通土木工程测量[M]. 武汉：武汉大学出版社，2005

[10] 宁津生，陈俊勇，李德仁，等. 测绘学概论[M]. 武汉：武汉大学出版社，2004

[11] 孙现申，赵泽平. 应用测量学[M]. 北京：解放军出版社，2004

[12] 胡伍生，潘庆林，黄腾. 土木工程施工测量手册[M]. 北京：人民交通出版社，2005

[13] 赵建三，王唤良. 测量学[M]. 北京：中国电力出版社，2008

[14] 潘正风，杨正尧，程效军，等. 数字测图原理与方法[M]. 武汉：武汉大学出版社，2004

[15] 过静珺. 土木工程测量[M]. 武汉：武汉工业大学出版社，2000

[16] 覃辉，马德富，等. 测量学[M]. 北京：中国建筑工业出版社，2007

[17] 顾孝烈，鲍峰，程效军. 测量学[M]. 上海：同济大学出版社，1999

[18] 张序. 测量学[M]. 福州：东南大学出版社，2007

[19] 孔祥元，梅是义. 控制测量学(上)[M]. 武汉：武汉大学出版社，2002

[20] 付新启. 测量学[M]. 北京：北京理工大学出版社，2008.

[21] 孔祥元，郭际明. 控制测量学(下)[M]. 武汉：武汉大学出版社，2006

[22] 宁津生，陈俊勇，李德仁，等. 测绘学概论[M]. 武汉：武汉大学出版社，2004

[23] 李天文. 现代测量学[M]. 北京：科学出版社，2007

[24] 刘星，吴斌，等. 工程测量学[M]. 重庆：重庆大学出版社，2004

[25] 梁盛智，李章树，石景钊. 测量学(第二版)[M]. 重庆：重庆大学出版社，2002

[26] 武汉测绘科技大学测量平差教研室. 测量平差基础(第三版)[M]. 北京：测绘出版社，1996

[27] 王兆祥. 铁道工程测量[M]. 北京：中国铁道出版社，1998

[28] 工程测量规范(GB 50026—2007)[M]. 北京：中国计划出版社，2008

[29] 徐绍铨，王泽民. GPS 测量原理及应用[M]. 武汉：武汉大学出版社，2002

[30] 邹永廉. 土木工程测量[M]. 北京：高等教育出版社，2004

[31] 张兴福，沈云中，胡雷鸣. 一种新的 GPS－RTK 高程测量及数据处理方法[M]. 工程勘察，2006(4)

[32] 高井祥，肖本林，等. 数字测图原理与方法[M]. 北京：中国矿业大学出版社，2001

[33] 杨晓明，王德军，时东玉. 数字测图(内外业一体化)[M]. 北京：测绘出版社，2001

[34] 严荦稼，李晓莉，邹积亭主编. 建筑测量学教程(第二版)[M]. 北京：测绘出版社，2007

[35] 张坤宜. 交通土木工程测量(第三版)[M]. 武汉：华中科技大学出版社，2008

[36] 周秋生，郭明建. 土木工程测量[M]. 北京：高等教育出版社，2004

[37] 本书编委会. 测量员一本通[M]. 北京：中国建材工业出版社，2008

[38] 陈龙飞, 金其坤. 工程测量[M]. 上海: 同济大学出版社, 1990

[39] 王侬, 过静珺. 现代普通测量学[M]. 北京: 清华大学出版社, 2001

[40] 宋文. 公路施工测量[M]. 北京: 人民交通出版社, 2005

[41] 梁盛智. 测量学(第二版)[M]. 重庆: 重庆大学出版社, 2005

[42] 卢彤. 水库库容测量与计算精度研究[M]. 太原: 山西水利, 2007(2)

[43] 黄张裕, 魏浩翰, 刘学求. 海洋测绘[M]. 北京: 国防工业出版社, 2007

[44] 袁天生, 熊先仁. 水电站的勘测与规划[M]. 北京: 中国水利水电出版社, 2005

[45] 渠守尚. 数字河道测量系统的研究与开发[M]. 北京: 中国人民解放军信息工程大学出版社, 2004

[46] 周建郑. 工程测量[M]. 郑州: 黄河水利出版社, 2006

[47] 翟毅, 赵夫来, 等. 现代测量学[M]. 北京: 测绘出版社, 2008

[48] 严荤稼, 李晓莉, 邹积亭. 建筑测量学教程[M]. 北京: 测绘出版社, 2007

[49] 周秋生, 郭明建. 土木工程测量[M]. 北京: 高等教育出版社, 2004

[50] 何沛锋. 矿山测量[M]. 徐州: 中国矿业大学出版社, 2005

[51] 李天和. 矿山测量[M]. 北京: 煤炭工业出版社, 2005

[52] 张国良. 矿山测量学[M]. 徐州: 中国矿业大学出版社, 2001

[53] 何秀凤. 变形监测新方法及其应用[M]. 北京: 科学出版社, 2007

[54] 周建郑. 建筑工程测量[M]. 北京: 中国建筑工业出版社, 2004

[55] 李朝奎, 等. 基于可靠度理论的变形监测必要精度指标的确定方法[J]. 武汉大学学报(信息科学版), 2002

[56] 黄声享, 尹晖. 变形监测数据处理[M]. 武汉: 武汉大学出版社, 2002

[57] 尹晖. 时空变形分析语预报的理论和方法[M]. 北京: 测绘出版社, 2002

[58] 李朝奎. 边坡信息管理系统的理论与实践[D]. 硕士学位论文, 长沙: 中南工业大学, 1997

[59] 黄声享, 尹晕, 蒋征, 等. 变形监测数据处理[M]. 武汉: 武汉大学出版社, 2003